Roland Scharff

KASACHSTAN ALS POSTSOWJETISCHER WOHLFAHRTSSTAAT

Die Transformation des sozialen Schutzsystems

Mit einem Vorwort von Joachim Ahrens

ibidem-Verlag
Stuttgart

Bibliografische Information der Deutschen Nationalbibliothek
Die Deutsche Nationalbibliothek verzeichnet diese Publikation in der Deutschen Nationalbibliografie; detaillierte bibliografische Daten sind im Internet über http://dnb.d-nb.de abrufbar.

Bibliographic information published by the Deutsche Nationalbibliothek
Die Deutsche Nationalbibliothek lists this publication in the Deutsche Nationalbibliografie; detailed bibliographic data are available in the Internet at http://dnb.d-nb.de.

∞

Gedruckt auf alterungsbeständigem, säurefreien Papier
Printed on acid-free paper

ISSN: 1614-3515

ISBN-13: 978-3-8382-0622-6

Printed in Germany

Soviet and Post-Soviet Politics and Society (SPPS) Vol. 128

ISSN 1614-3515

Soviet and Post-Soviet Politics and Society (SPPS)

ISSN 1614-3515

Founded in 2004 and refereed since 2007, SPPS makes available affordable English-, German-, and Russian-language studies on the history of the countries of the former Soviet bloc from the late Tsarist period to today. It publishes between 5 and 20 volumes per year and focuses on issues in transitions to and from democracy such as economic crisis, identity formation, civil society development, and constitutional reform in CEE and the NIS. SPPS also aims to highlight so far understudied themes in East European studies such as right-wing radicalism, religious life, higher education, or human rights protection. The authors and titles of all previously published volumes are listed at the end of this book. For a full description of the series and reviews of its books, see www.ibidem-verlag.de/red/spps.

Editorial correspondence & manuscripts should be sent to: Dr. Andreas Umland, DAAD, German Embassy, vul. Bohdana Khmelnitskoho 25, UA-01901 Kyiv, Ukraine. e-mail: umland@stanfordalumni.org

Business correspondence & review copy requests should be sent to: ***ibidem*** Press, Leuschnerstr. 40, 30457 Hannover, Germany; tel.: +49 511 2622200; fax: +49 511 2622201; spps@ibidem.eu.

Authors, reviewers, referees, and editors for (as well as all other persons sympathetic to) SPPS are invited to join its networks at
www.facebook.com/group.php?gid=52638198614
www.linkedin.com/groups?about=&gid=103012
www.xing.com/net/spps-ibidem-verlag/

Recent Volumes

120 *Ruslana Vovk*
Die Offenheit der ukrainischen Verfassung für das Völkerrecht und die europäische Integration
Mit einem Vorwort von Alexander Blankenagel
ISBN 978-3-8382-0481-9

121 *Mykhaylo Banakh*
Die Relevanz der Zivilgesellschaft bei den postkommunistischen Transformationsprozessen in mittel- und osteuropäischen Ländern
Das Beispiel der spät- und postsowjetischen Ukraine 1986-2009
Mit einem Vorwort von Gerhard Simon
ISBN 978-3-8382-0499-4

122 *Michael Moser*
Language Policy and the Discourse on Languages in Ukraine under President Viktor Yanukovych (25 February 2010–28 October 2012)
ISBN 978-3-8382-0497-0 (Paperback edition)
ISBN 978-3-8382-0507-6 (Hardcover edition)

123 *Nicole Krome*
Russischer Netzwerkkapitalismus
Restrukturierungsprozesse in der Russischen Föderation am Beispiel des Luftfahrtunternehmens "Aviastar"
Mit einem Vorwort von Petra Stykow
ISBN 978-3-8382-0534-2

124 *David R. Marples*
'Our Glorious Past'
Lukashenka's Belarus and the Great Patriotic War
ISBN 978-3-8382-0574-8 (Paperback edition)
ISBN 978-3-8382-0675-2 (Hardcover edition)

125 *Ulf Walther*
Russlands "neuer Adel"
Die Macht des Geheimdienstes von Gorbatschow bis Putin
Mit einem Vorwort von Hans-Georg Wieck
ISBN 978-3-8382-0584-7

126 *Simon Geissbühler (Hrsg.)*
Kiew – Revolution 3.0
Der Euromaidan 2013/14 und die Zukunftsperspektiven der Ukraine
ISBN 978-3-8382-0581-6 (Paperback edition)
ISBN 978-3-8382-0681-3 (Hardcover edition)

127 *Andrey Makarychev*
Russia and the EU in a Multipolar World
Discourses, Identities, Norms
ISBN 978-3-8382-0629-5

Inhalt

Vorbemerkung

Die Öffnung von Studiengängen und Förderprogrammen als Reaktion auf die transformatorischen Bewegungen in Osteuropa führte zu wiederholten Begegnungen mit Kolleginnen und Kollegen wie auch mit Studierenden aus Zentralasien. Sie hielten sich im regelmäßigen Turnus als DAAD-Stipendiaten an der WISO-Fakultät der Hochschule Osnabrück auf, absolvierten Betriebspraktika oder hospitierten im Rahmen von Tempus-Programmen. Andererseits ließen sich im Verlauf von Gastdozenturen, wie an der Finanzökonomischen Fakultät der Nationalen Kasachischen Pädagogischen Universität (imeni Abaja) in Almaty, die Umbrüche im Hochschulsystem Kasachstans und in der kasachischen Gesellschaft unmittelbar beobachten. Dabei kontrastieren frühere Erfahrungen, gewonnen zu sozialistischen Zeiten, mit aktuellen Eindrücken: Massive Veränderungen im Weichbild der vormaligen Hauptstadt als Folge des Baubooms, das Nebeneinander von "biznesmeny" in Limousinen aus dem Luxussegment und betagten "Neulandpionieren", die am Straßenrand auf Zuwendungen von Passanten hoffen; auf neuen Brachen Bulldozer, die Raum für Einkaufszentren und Finanzinstitute schaffen; der zentrale Basar in Almaty, mit seinem vielfältigen Kleinunternehmertum, gleichermaßen umkreist von Tagelöhnern auf der Suche nach einem Job als Träger wie von motorisierter Kundschaft auf der Suche nach einem Parkplatz; im Park der 28 Panfilowzy viele frischvermählte Paare, die dem zentralen Denkmal für die Gefallenen des Großen Vaterländischen Krieges ihren zeremoniellen Besuch abstatten und anschließend mitsamt Hochzeitsgesellschaft wieder den wartenden Stretchlimousinen zustreben. Astana, die neue, zukunftsorientierte Hauptstadt schmückt sich dagegen mit zentralen Symbolen anderer Art. In Almaty beginnt der angemessene Blick zurück in die Vergangenheit mit einer Straßenbahnfahrt in Richtung zentrales Staatsmuseum. Die Fahrt selbst ist ein Erlebnis in Sachen zeitlicher Entschleunigung und bietet die passende Einstimmung für einen Rundgang durch die Siedlungsgeschichte und ethnische Vielfalt Kasachstans, angefangen bei der Replik des "goldenen Mannes von Issyk" bis hin zum Traktor auf Eisenrädern aus der Kollektivierungsphase, oder in den Worten Olzhas Suleimenov's: "...from foot wraps to spacesuits, from yurts to skyscrapers". In räumlicher Nähe, doch einen historischen Entwicklungssprung entfernt, widmen sich Finanzinstitute nationaler und internationaler Couleur ringsum der Erschließung kapitalistischen Neulands. Die Vielfalt des Geschauten, Gehörten, Gelesenen und Vermuteten nährt zwangsläufig das Verlangen, sich "darauf einen Reim zu machen". Eine Möglichkeit, dies auf eine systematische Weise anzugehen, besteht in der Anknüpfung an die sozialen Errungenschaften des sozialistischen Vorgängermodells. Die Sozialpolitik stellt – dank ihres konstitutiven Charakters für eine sozialistische Gesellschaftsordnung wie für eine soziale Marktwirtschaft – ein Bindeglied zwischen alter und neuer Ordnung dar, ein thematischer Anknüpfungspunkt auch für jeden sozialpolitisch interessierten Leser. So bietet sich infolge dieser gemeinsamen "Schnittmenge" die sozialstaatliche Neustrukturierung als Beobachtungs- und Erklärungsobjekt an. Der Gegenstand der Betrachtung stellt einerseits für sich selbst ein Transformationsobjekt in ständiger Restrukturierung dar, es steht andererseits in seinen intendierten Funktionen und realen Ergebnissen aber auch für die soziale und politische Qualität der gesamten Transformation.

Ein zusätzlicher Impuls, Zentralasien im Blick zu behalten und die Entwicklung im sozialpolitischen Bereich weiter zu verfolgen, resultierte aus der Teilnahme an einem Forschungskolloquium an der PFH Göttingen und den Kommentaren von Fachkolleginnen und Kollegen zu dem dort angesiedelten Zentralasien-Projekt. Einzelne ihrer Beiträge finden sich in dieser Arbeit wieder.

Für seine Diskussionsbeiträge und sorgfältige Korrekturlesung bin ich Herrn Torsten Masson (Helmholtz-Zentrum, Leipzig) zu besonderem Dank verpflichtet. Ferner danke ich Frau Valerie Lange vom ibidem-Verlag für die kompetente und engagierte Unterstützung bei der Endbearbeitung des Textes und der Zusammenstellung des Index. Die verbliebenen Fehler und Unzulänglichkeiten hat allein der Verfasser zu verantworten.

Staufen, Dezember 2013

Vorwort

Im Gegensatz zu den ostmitteleuropäischen Ländern verfolgen die Länder Zentralasiens keine liberalen, sondern staatskapitalistische Entwicklungsmodelle, die sich implizit oder explizit am Beispiel Chinas oder anderer ostasiatischer Staaten orientieren. Dies gilt auch und vor allem für Kasachstan, das sich seit vielen Jahren als politisch stabile Autokratie darstellt, über ein beeindruckendes Wirtschaftswachstum verfügt und zahlreiche wirtschaftliche Entwicklungserfolge vorweisen kann. Der Staat scheint zu einem effektiven Motor wirtschaftlicher Entwicklung geworden zu sein, sodass im Zusammenhang mit Kasachstan immer häufiger der Begriff des *Developmental State* erwähnt wird.

Kasachstan ist politisch und ökonomisch das bedeutsamste Land in Zentralasien und hat als Regionalmacht eine wichtige Brückenfunktion zwischen Europa und Asien inne. Für die Regierung unter Führung von Nursultan Nasarbajew gilt es, zwei mitunter divergierende Ziele staatlicher Politik zu beachten: Auf der einen Seite ist der Staat gefordert, das Wirtschaftswachstum nachhaltig zu stärken, die Ökonomie zu diversifizieren und die Wirtschaftsentwicklung voranzutreiben, um sich auf globalen Märkten behaupten zu können. Auf der anderen Seite darf diese Entwicklung nicht die politische Ordnung gefährden, sondern muss vielmehr die finanzielle und legitimatorische Basis des autoritären Regimes stärken.

Vor dem Hintergrund dieses Spannungsverhältnisses werden in dem hier vorliegenden Buch die Rolle des Staates und seine institutionellen Anreizstrukturen für wirtschaftliche Performanz und soziale Stabilität und Fortschritt in Kasachstan untersucht. Dabei wird ein systematischer und tiefer Blick in die formale wie informelle Verregelung und Steuerung der sozialen und wirtschaftlichen Ordnung geworfen.

Roland Scharff legt mit diesem Buch eine Studie vor, die sich mit einem zentralen Aspekt der sogenannten Systemtransformation beschäftigt – der "Transformation des sozialen Schutzsystems". Dabei berücksichtigt er explizit die sich durch das Sowjeterbe ergebende Pfadabhängigkeit sowie die Interdependenzen von politischer, ökonomischer und sozialer Ordnung und deren Veränderungen im Zeitverlauf.

Bisher liegen nur wenige Untersuchungen vor, die das in Bezug auf Ostasien entwickelte Konzept des *Developmental State* auf den postsowjetischen Raum anwenden. Angesichts der bestehenden politischen, wirtschaftlichen und sozialen Strukturen in den rasch wachsenden, autoritär regierten politischen Ökonomien Zentralasiens bietet sich dieser Ansatz allerdings an, einen geeigneten analytischen Bezugsrahmen zu bilden, der in Ergänzung zum *Varieties of Capitalism*-Ansatz von Hall und Soskice sowie zu Aokis *Comparative Institutional Analysis* komparative und ergebnisoffene Analysen ermöglicht. Roland Scharff wählt in diesem Buch einen entsprechenden konzeptionellen Rahmen und zeichnet ein überaus differenziertes und ausgewogenes Bild der reformpolitischen und institutionellen Entwicklung in Kasachstan in der jüngeren Vergangenheit bis in die Gegenwart.

Da in Kasachstan seit seiner Unabhängigkeit eine relativ erfolgreiche, stabile politische Ökonomie entstanden ist, die aber bestenfalls hybride, patrimoniale Strukturen eines *Developmental State* aufweist, stellt sich die Frage, wie man die vergleichsweise gute Systemperformanz erklären kann. In diesem Kontext entscheidet sich Roland Scharff, das gerade in der jüngeren Vergangenheit wieder prominent gewordene Konzept des Staatskapitalismus in autoritären Systemen in den Mittelpunkt seiner Arbeit zu rücken. Ähnlich wie China und mit Einschränkungen Russland, weist auch Kasachstan (anscheinend) langfristig stabile autoritäre Strukturen auf, deren Institutionen innerhalb des Landes eine relativ große Legitimität besitzen, die vor allem durch wirtschaftlichen Erfolg, aber auch durch politische und soziale Stabilität begründet wird. Die Eliten sind in der Lage, die Vorteile der internationalen Arbeitsteilung in einer globalisierten Welt für sich zu nutzen und gleichzeitig Lebensbedingungen für die Bevölkerungen zu schaffen, welche im Rahmen einer sogenannten *Dual Economy* für große Teile der Bevölkerung eine Teilhabe am wirtschaftlichen Fortschritt erlaubt und ein gewisses Maß an sozialer Sicherheit generiert. Dabei liegt die Schlussfolgerung nahe, dass in diesem Kontext der Staatskapitalismus wichtige Funktionen eines hybriden *Developmental State* zu übernehmen vermag und somit dazu beiträgt, die ökonomische Performanz und die daraus folgende institutionelle Legitimität eines Regimes zu sichern.

Aus dieser Perspektive erscheint das nachfolgende Buch als ein willkommener und wichtiger Beitrag für ein besseres Verständnis der Funktionsbedingungen des autoritären Staatskapitalismus in Kasachstan.

Joachim Ahrens
Göttingen, im Januar 2014

Übersicht zu den Exkursen

Tabellenverzeichnis

Abbildungsverzeichnis

Abkürzungen und Akronyme

ADB	Asian Development Bank
ASRK	Agency for Statistics of the Republic of Kazakhstan
BIP	Bruttoinlandsprodukt
BNE	Bruttonationaleinkommen
CPI	corruption perceptions index
EPL	employment protection legislation
FIGI	framework of inclusive growth indicators
GDP	gross domestic product
HDI	human development index
HBS	household budget survey
HCR	headcount ratio
ILO	International Labour Organization
IMF	International Monetary Fund
KZT	Kazakhstan tenge (nationale Währung)
MCF	microcredit finance
MDG	millenium development goals
MPI	multidimensional poverty index
NBRK	National-Bank der Republik Kasachstan
NFRK	Nationaler Fonds der Republik Kasachstan
NGO	non-governmental organization
OECD	Organization for Economic Co-operation and Development
PPP	purchasing power parity
SPI	social protection index
TSA	targeted social assistance
WB	World Bank
WFP	World Food Programme

The welfare state is at once one of the great structural uniformities of modern society and, paradoxically, one of its most striking diversities.

H.L. Wilensky

1 Ziel und Fragestellungen

Europas politische Karte ist dicht besetzt mit Wohlfahrtsstaaten. Bei näherer Betrachtung dieser historisch gewachsenen soziokulturellen Vielfalt, die doch gleichzeitig auch geprägt ist von strukturellen Uniformitäten, liegen Form- und Leistungsvergleiche nahe. Wirtschaftlicher Wettbewerb und politische Konkurrenz – friedlicher und unfriedlicher Art – auf engem geographischem Raum trugen zum Entstehen einer Variantenvielfalt an Wohlfahrtsregimen bei, die andererseits wieder ein intensives Suchen nach Gemeinsamkeiten provozierte. Im Bemühen um die Rekonstruktion von Typologien entwickelte sich unter Sozialforschern eine Art *welfare modelling business* (Abrahamson). Eine einheitliche europäische Sozialpolitik scheiterte vorläufig (noch) an der Verschiedenartigkeit der normativen Orientierungen und der institutionellen Strukturen einzelner nationaler Sozialsysteme (Scharpf 2002). Zwischen den "drei Welten des Wohlfahrtskapitalismus" (Esping-Andersen) oder den vier Europäischen Sozialmodellen (Sapir) nahmen deren operationelle Differenzen zu, so dass die Vision eines "Europäischen Sozialmodells" noch geraume Zeit auf ihre Realisierung via "Open Method of Coordination" (OMC) zu warten hat. Es fehlten bisher die über Minimalstandards hinausgehenden Harmonisierungsimpulse, der Wettbewerb durch Vielfalt führte auch nicht allerorten zu einem effizienteren Sozialstaat. Aber es gab über Jahrzehnte einen gemeinsamen Hintergrund, vor dem man sich kollektiv absetzen konnte: In der Phase ausgeprägter ideologischer Lagerbildung bot sich stets ein Struktur- und Leistungsvergleich mit sozialistischen Konkurrenzmodellen an. Einerseits unterlag das sozialpolitische Handeln mit seinen Resultaten einer ständigen Distanz- und Leistungsvermessung zwischen "erster" und "zweiter" Welt, andererseits erwuchsen aus diesem Konkurrenzverhältnis auch Impulse für die Sensibilisierung politischer Akteure für aktuelle "soziale Fragen" und es festigte sich – in den ersten Nachkriegsjahrzehnten – bei kalkulierter Konzilianz der Kapitalseite der "Primat politisch definierter sozialer Zwecke" (Streeck 2013:51). Infolge von Planversagen musste das Konkurrenzmodell schließlich nach der zunehmenden Schwächung seiner ökonomischen Basis auch politisch kapitulieren, seine sozialstaatliche Agenda stornieren und schließlich transformieren. Andernorts wuchsen indessen die Zweifel, ob der europäische Wohlfahrtsstaat der wirtschaftlichen Internationalisierung würde standhalten können.

Die einzelnen Mitgliedsländer der Gemeinschaft Unabhängiger Staaten (GUS) nahmen diesen transformativen Akt – teilweise aus der faktischen Position eines Entwicklungslandes heraus – mit wechselndem Elan und variierenden Konzepten in Angriff. Trotz eines prägenden, gemeinsamen institutionellen Erbes aus Sowjetzeiten traten einzelne Länder doch mit höchst unterschiedlichen Randbedingungen in die transitorische Phase ein, mit entsprechenden Konsequenzen für die institutionelle und finanzielle Ausgestaltung ihrer neu zu konzipierenden Sozialpolitik.

Eine der entscheidenden Randbedingungen bildet der Adressat dieses Politikfeldes, die Bevölkerung selbst. So weisen einzelne Länder untereinander deutliche Unterschiede in ihrer *demographischen Dynamik* auf, die auf Grund ihrer langfristig wirkenden Bewegungsweise wenig Ansatzpunkte für Ad-hoc-Lösungen bietet (vgl. Kap. 8.2). Eine weitere Herausforderung an die langfristige Stabilität einzelner Länder bildete von Beginn der Unabhängigkeit an die ethnische Vielfalt im zentralasiatischen Raum im Allgemeinen und jene in Kasachstan mit über 90 unterschiedlichen Nationalitäten im Besonderen. Obschon Titularnation, so stellten die Kasachen anfänglich keineswegs die absolute Mehrheit. Ihrem Anteil mit 44 Prozent folgte der Bevölkerungsteil der Russen mit 37 Prozent relativ dichtauf. Mit dieser *ethnischen Gemengelage* befrachtet und in der keineswegs abwegigen Befürchtung, Russland könne territoriale Ansprüche auf Gebiete im Nordteil des Landes stellen, zweifelten viele außenstehende Beobachter an der politischen Überlebensfähigkeit Kasachstans. Hinzu kam noch die Frage anhaltender religiöser Profilierungsprozesse, insbesondere der islamisch geprägten Bevölkerungsteile. An der Peripherie kapitalistischer Entwicklung gelegen und immer noch durchzogen von Strukturen eines feudalistischen tribalen Erbes, ergaben sich Zweifel an der Befähigung zum schnellen Rollentausch vom "homo soveticus", dem "Sowok", zum Bürger einer eher imaginierten Nation, deren Konturen erst noch an Schärfe gewinnen mussten. So konstatiert M. Ketebayev – nicht ohne lebhaften Widerspruch zu provozieren: "And the majority of Kazakh-speaking people are mentally on the feudal level, and it will take some time for the market to 'grind' them, break their archaic social structure, atomise their population" (Ketebayev 2012).

Jeweils ausgestattet mit einem (über Zentralasien hin regional höchst ungleich verteilten) *Ressourcenreichtum* (Öl, Gas, Mineralien), der auf den ersten Blick im Vergleich zur verarbeitenden Industrie mit ihren technologisch veralteten Anlagen gute Entwicklungsperspektiven verheißt, geht mit diesem jedoch ein nicht weniger großes "Infektions"-Potential für politische, ökonomische und soziale Sonder- bzw. Fehlentwicklungen einher. Zu diesem Potential zählen a) die *Überhitzung* der Binnennachfrage infolge eines zu schnellen Wachstums; b) der geringe Beitrag der kapitalintensiven Branche Öl zum Beschäftigungswachstum und deren schwache produktive Verbindungen zu den übrigen Bereichen der Volkswirtschaft; c) die *holländische Krankheit* (Dutch disease) mit der Aufwertung der heimischen Währung infolge des Exportes von Primärprodukten und den nachfolgenden Wettbewerbsverlusten für den exportierenden Agrar- und Industrie-Sektor, d.h. dieser "Infekt" droht die Diversifizierung der Volkswirtschaft einzuschränken; d) erhöhte Risiken für handelbare Güter infolge der Bewegungen des realen Wechselkurses, ausgelöst durch die *Volatilität* der Ölpreise (ihre jahresdurchschnittliche Standardabweichung beträgt ca. 30 Prozent); zusätzlich übt die Ölpreisvolatilität einen stark negativen Einfluss auf die Haushaltsdisziplin eines Staates und auf die Kontrolle öffentlicher Finanzen aus; e) die *Rentensuche* (rent-seeking) in Gestalt anhaltender Versuche von Interessengruppen und Unternehmen durch die Manipulation des politischen Systems monopolistische Profite zu erlangen, die unter regulären Wettbewerbsbedingungen nicht zu generieren wären (Adam Smith: "reaped by those who did not sow"); und schließlich f) der *Ressourcenfluch* (Resource curse) in Verbindung mit der paradoxen Tatsache, dass es offensichtlich nicht selbstverständlich ist, Besitz und Abbau gewaltiger Vorkommen an Öl, Gas oder Edelmetallen in eine umfassende und anhaltende Prosperität bzw. Reduzierung der Armutsquote zu überführen (Karl 2007).

Spuren im Sozialbudget hinterlässt auch ein weiteres Erbe, das die betroffenen Nachfolgestaaten gerne ausgeschlagen hätten: die *ökologischen* Belastungen (Jalling 2003). Deren Folgen treffen zentralasiatische Staaten – darunter gerade Kasachstan – in einem besonderen Maße. Beispielhaft dafür stehen die Testzonen des militärisch-industriellen Sektors, – erstmals durch die Nevada-Semipalatinsk Antinuclear Campaign (1989-1991) ins öffentliche Bewusstsein gehoben –, sowie die Hinterlassenschaften einer ineffizienten Bewässerungs(landwirt)schaft, die ein ganzes Bündel von international abzustimmenden Präventiv- und Korrekturmaßnahmen erfordern. Diese reichen wiederum vom technischen, über den sozialpolitischen bis in den sicherheitspolitischen Bereich hinein.

Ein eher hochgeschätztes Erbe aus Sowjetzeiten bildeten dagegen die Schulen, Kliniken, Verkehrsanlagen und Kraftwerke, der soziale Schutz; d.h. die Versorgung *mit öffentlichen und meritorischen Gütern*. Am Einkommensniveau gemessen traten die Sowjeterben in die Transformationsphase mit sozialen Indikatoren ein, die international über dem Durchschnitt lagen, dies gilt für das hohe Bildungsniveau ebenso wie für das niedrige Niveau an Ungleichheit. Bezüglich der Minimierung sozialer Risiken war die Erwartungshaltung der Bevölkerung gegenüber der Regierung hoch (Fox 2003:2). Ein eher tragisch zu nennendes Erbe stellen die Einrichtungen für soziale Dauerbetreuung dar, in denen gebrechliche und invalide Personen, Waisen und benachteiligte Kinder versorgt wurden. Der Transformationsschock marginalisierte noch mehr Personen aus diesem Kreis und die Kapazitäten zu deren Betreuung waren schnell überfordert. Das gesamte System für die Vermittlung sozialer Assistenz war auf einen anderen Bedingungsrahmen zugeschnitten. Über diese humane Ebene hinaus erwiesen sich im neu zu etablierenden nationalökonomischen Kontext die überkommenen Verteilungsmuster im Verkehrs- und Energiewesen teilweise als dysfunktional und unterdimensioniert. Ähnliches gilt für die Standortwahl industrieller und agrarischer Produktionsstätte, – eine Wahl, die teils unter beschäftigungspolitischen Gesichtspunkten getroffen worden war, teils auf die spezifischen arbeitsteiligen Schwerpunkte der Sowjetunion zugeschnitten war (z.B. die regionale Verteilung von Getreide- und

Baumwollanbau). Die Streuung von Wertschöpfungsketten über ein immenses Gebiet voller regionaler Disparitäten zog zwangsläufig erhöhte Transaktionskosten (Kommunikation, Transport) nach sich. Die infrastrukturellen Muster dieses vormals in Richtung exogener Zentralen orientierten Konzepts mussten mit der frisch gewonnenen Unabhängigkeit so umgeformt werden, dass sie den neuen Ansprüchen staatlicher Souveränität genügten.

Ein höchst ambivalent wirkendes Erbe bildet die "Kultur" der *staatlichen Intervention und Kontrolle*. Einerseits bietet das bürokratische Erbe mit einer eingespielten Verteilerelite und seiner staatspaternalistischen Tradition einen konstruktiven Ansatzpunkt für den Übergang zu einem modernen Wohlfahrtsstaat (Leisering 2002:9), andrerseits kann sich diese über zwei Generationen reichende Erfahrung zur belastenden Hypothek entwickeln. Diese spezifische Sozialisation unter den bürokratischen Fittichen eines staatlichen Gesamteigentümers erschwert nun die Trennung privater von öffentlichen Interessen und umgekehrt, funktional wie personell, zumal vormalige Vertreter der Bürokratie in Netzwerken weiter aktiv sind. und Karriereübergänge aus dem politischen in den ökonomischen Bereich (und umgekehrt) pflegen. Beispielhaft stehen dafür die Lebensläufe "roter Direktoren" als den vornehmlichen Nutznießern der Privatisierung. Hier wirkt sich aus, dass die Struktur der kasachischen Wirtschaft zunächst unter der Dominanz der politischen Struktur ausgerichtet und nach politischen Interessen funktionalisiert wurde, wobei im ersten Transformationsjahrzehnt noch Handlungsmuster aus Sowjetzeiten durchschlagen (Raballand 2004). In diesem Konfigurationsprozess bietet das Rechtssystem – ebenfalls ein Erbe aus Sowjetzeiten – als eine bürokratisch und willkürlich agierende Institution keine verlässliche Kontroll-, Entscheidungs- und Korrekturhilfe. Zivilgesellschaftliche Ansätze mit ihrem kontrollierenden Potential fehl(t)en, daran hat selbst die aktuelle Vielfalt von NGOs nur wenig geändert. Eine derartige Konstellation ist anfällig für administrative Korruption und state capture, zumal in einer Phase des Transfers öffentlichen Vermögens in private Hände. Ähnlich den aus Sowjetzeiten bekannten Mustern, sind die Übergänge zwischen politischer und wirtschaftlicher Macht häufig fließend.

In ihrem Bemühen, aus der realsozialistischen "zweiten" Welt in die kapitalistische "erste" zu wechseln, unterscheiden sich zentralasiatische Länder bei der Gestaltung ihrer politischen und ökonomischen Entwicklungspfade von jener der europäischen "Muster"-Vorlagen nationaler Wettbewerbsstaaten. Dies gilt auch für ihre Reformansätze auf sozialpolitischem Felde, die sich zwischen Pfadabhängigkeit, Ad-hoc-Maßnahmen und Ideentransfer bewegen. Die nachfolgenden Abschnitte sollen nach einer einführenden Charakterisierung von Wohlfahrtsregimen zunächst einmal Aufklärung in allgemeiner Form darüber vermitteln, warum und wie das sozialpolitische Konzept Kasachstans einer Umgestaltung innerhalb einer umfassenderen Transformation unterworfen wurde, wie es weiterhin angepasst und ausdifferenziert wird. Dabei geht es um folgende wesentliche Aspekte, an denen sich häufig auch internationale Vergleiche von Wohlfahrtsstaaten orientieren: Ausgangslage, normative Grundlagen, das politische und institutionelle Design, die Inputs, die Produktion in ihren operationellen Abläufen (Output) und das Ergebnis (Outcome):

- "Inputs refer to legislative inputs, or the expenditure of resources, whether monetary or workforce (e.g. spending on social protection).
- Outputs can refer to the implementation of legislation and the provision of specific services (e.g. coverage rates of social insurance benefits for designated groups).
- Outcomes refer to the final impact on individuals (e.g. poverty rates) or on societal distributions (e.g. level of inequality)" (Gough 2005:4)

Man sollte sich dabei stets des Fehlens an analytischer Klarheit bewusst bleiben, wenn es um die Abgrenzung zwischen Inputs, intermediären Produkten und Outputs auf einem operativen Feld dieser Art geht (Fleurbaey/Blanchet 2013:15). Im Wesentlichen definieren übergeordnete wirtschaftliche Ziele das Wesen eines Wohlfahrtsstaates. Ein zentrales Ziel im Transformationsprozess ist die Ablösung einer Politik extensiven Wachstums auf der Grundlage massenhafter Mobilisierung des Faktors Arbeit durch eine wettbewerbsorientierte Politik in einem internationalen Umfeld unter Einsatz qualitativ verbesserter Produktionsfaktoren. Wie entwickelt sich nun die Verbindung zwischen dem Produktionsregime und dem Wohlfahrtsregime Kasachstans? Welche grundlegenden Reformen wurden bisher in Angriff genommen, mit welchem (vorläufigen) Ergebnis? Steuert Kasachstan auf ein bestimmtes Modell zu? Verfügt die Regierung im Sinne dieser Absicht – neben der Pflege machtpolitischer Eigeninteressen – über eine normativ politische Philosophie, die "ihren" Typus moderner Wohlfahrtsstaatlichkeit prägt? Welchen Vorstellungen von Gesellschaft und welchen Gestaltungsprinzipien folgen die sozialpolitischen Akteure in ihrer transformatorischen Absicht? Jede Gesellschaft bringt ihre eigenen, spezifischen Hypotheken institutioneller, normativer und habitueller Art in einen derartigen Prozess ein. Wirkt das aus diesen normativen oder habituellen Überlegungen abgeleitete Politikdesign im Ergebnis konstruktiv oder destruktiv? Mit welchen Determinanten der Entwicklung sehen sich die "Macher" konfrontiert? Welche sozialstrukturelle Eigenheiten, insbesondere demographischer Art (Altersschichtung, Stadt-Land-Verteilung, Migrationsströme), und welche Dualismen (formell/informell) haben sie zu berücksichtigen? Welche sozialen Verwerfungen generiert der initiierte Transformationsprozess (insbesondere auf den Faktormärkten) selbst? Wie sieht die Antwort darauf in Gestalt des Wohlfahrtsmix' aus? Welche Ressourcen werden mobilisiert? Wie ist es um die Finanzierungsmodi bestellt: In welchem Umfange werden Steuermittel und Renten mobilisiert und umverteilt? Inwiefern ist das extraktive System (Steuern, Abgaben etc.) seinerseits "sozial gerecht" angelegt? Wie ist die intergenerative Ressourcenallokation angelegt? Welche Träger sind mit der Verteilung der (finanziellen, materiellen und personellen) Ressourcen im Sinne sozialpolitischer Leitbilder und Zielvorgaben befasst? Verfügt die Regierung über ausreichend "governance" für deren optimalen Einsatz, halten der Ausbau und die Professionalisierung der Staatsadministration Schritt mit der notwendigen Aneignung umverteilungsfähiger Ressourcen und deren Einsatz in wohlfahrtspolitischer Absicht? Wie wird dem möglichen Konflikt zwischen Effizienz und Verteilungsfunktion bei der anvisierten Steigerung sozialer Wohlfahrt begegnet? Ist das Regime selektiver, produktivistischer oder inklusiver Natur? Wie lässt sich die Umverteilungsleistung einzelner Programme identifizieren? Fühlen sich alle Staats- und Wohnbürger in die kollektive Wohlstandsmehrung einbezogen und sind sie ihrer subjektiven Einschätzung nach mit den Sozialleistungen zufrieden? Sieht die Bevölkerung damit ihre übergreifende Vorstellung von "sozialer Gerechtigkeit" erfüllt? Und schließlich: Zeichnet sich möglicherweise innerhalb des zu schildernden Regimes ein neuer Typus von Wohlfahrtsstaat im zentralasiatischen Raum ab?

2 Wohlfahrtsstaat und Wohlfahrtsregime

Wohlfahrtsstaatlichkeit unter den Rahmenbedingungen eines "demokratischen Wohlfahrtskapitalismus" anerkennt die Inanspruchnahme sozialer Leistungen als soziales Individualrecht, erklärt sich verantwortlich für die Wohlfahrt der Bürger, sorgt für eine entsprechend normativ-legitimatorische Verankerung und eine angemessene institutionelle Umsetzung. Entsprechend operiert der Wohlfahrtsstaat der Gegenwart unter hohem finanziellem, personellem und materiellem Aufwand auf Feldern der sozialen Wohlfahrt (social welfare), der sozialen Protektion (social protection) und der sozialen Entwicklung (social development). Entsprechende Interventionen des Staates sind darauf ausgerichtet, individuelle Lebens- und Teilhabechancen in den Bereichen Einkommenssicherung, Bildung, Gesundheit und Wohnen zu fördern (Alber/Behrendt 2001:580). In diesen weit gefassten Interventions- und Förderungsbereich ist staatliche Sozialpolitik im engeren Sinne eingebettet: Sie konzentriert sich auf die soziale Absicherung von individuellen Risiken und Lebenslagen wie Alter, Krankheit, Arbeitslosigkeit, Unfall oder Tod, die Absicherung von Familienarbeit, ergänzt durch soziale Sicherungsnetze für die Gewährleistung eines Existenzminimums, um die Mitglieder ihrer Gesellschaft gegen exzessive soziale Ungleichheiten und unakzeptable Lebensbedingungen zu schützen. Über diesen Kernbereich hinaus werden noch weitere, bereits erwähnte Komponenten, wie die Wohnungs- und Gleichstellungspolitik sowie die Bildungspolitik in eine erweiterte Agenda als "soziale Sektorenpolitik" eingereiht (Obinger/Kittel 2006:355; Gentilini/Omamo 2009:6). In der Literatur herrscht weitgehend Einigkeit über wenigstens drei wesentliche Funktionen eines *sozialen Schutzsystems* (Robalino, Rawlings, Walker 2012:4):

1. Schutz des Einkommens (Arbeitseinkommen, Kapitaleinkommen) und des Konsums angesichts von Schocks wie Krankheit, Arbeitslosigkeit oder Unfähigkeit im hohen Alter;
2. Kampf gegen Armut und Deprivation durch Sicherung des Zugangs zu einer Grundausstattung an Gütern und Dienstleistungen; und

3. Verbesserung individueller Verdienstmöglichkeiten durch Förderung von Investitionen in Humankapital, durch Zugang zu Krediten und durch die Aktivierung von Arbeitsmärkten.

Der Verweis auf die zentrale Rolle von Arbeitsmärkten und Arbeitsmarktpolitik (occupational welfare) macht deutlich, dass die materiellen Lebenschancen von Bürgern nicht nur durch den sozialen Sicherungsschutz direkt gewahrt werden, sondern auch indirekt beeinflusst werden durch wirtschaftspolitisches Makromanagement (wie einer antizyklischen Fiskalpolitik) und durch steuerpolitische Maßnahmen (fiscal welfare; mit dem Ziel vertikaler Umverteilung) etc., ergänzt durch weitere funktionale Substitute für Sozialpolitik, wie Berufsbildungs- und Familienpolitik. In der engen wie in der weiten Fassung dient die soziale Sicherung allerdings nicht nur dem unmittelbaren Adressatenkreis von Individuen, sondern strahlt auch auf die Meso- und Makroebenen von Wirtschaft und Gesellschaft aus: Transferausgaben helfen Individuen nicht nur ihren Konsum über Lebens- und Wirtschaftszyklen hin auszugleichen und eine Gesellschaft als Risikogemeinschaft zu strukturieren (siehe Exkurs 1), sondern tragen durch ihre nicht-diskretionäre Natur als automatischer Stabilisator zum Ausgleich instabiler Wirtschaftslagen bei, und fördern schließlich durch die Balance zwischen Effizienz und Verteilungsgerechtigkeit langfristig auch stetiges Wachstum. Viele der dabei getroffenen Maßnahmen haben eine über Jahre anhaltende Wirkung und beeinflussen die Lastenverschiebung zwischen Generationen. Weniger im Blick der Wohlfahrtsforschung, doch parallel dazu, verfolgt auch "corporate welfare" in Reaktion auf Marktrisiken eine ähnliche Ausgleichsfunktion. Das angestrebte Resultat ist dabei nicht Dekommodifizierung von Marktprozessen, sondern deren Rekommodifizierung (Farnsworth 2013).

Exkurs 1 Defizite und Überschüsse im Lebenszyklus

Im individuellen Lebenslauf wechseln sich Phasen der ökonomischen Abhängigkeit mit Phasen wirtschaftlicher Unabhängigkeit ab. Kinder, junge Erwachsene und Ältere verfügen über keinerlei Arbeitseinkommen (Y_L) bzw. kein ausreichendes Einkommen, um ihren Konsum (C) zu finanzieren. Die Differenz wird als Lebenszyklus-Defizit bezeichnet. Die Betroffenen benötigen zur Deckung der Konsumausgaben öffentliche oder private Transfers und/oder greifen auf private Ersparnisse zurück. Sparen und Teilen sind unter diesem Aspekt also entscheidende Verhaltensparameter einer Gesellschaft. In der Regel erzielen Personen etwa zwischen dem 20. bis 60. Lebensjahr einen Überschuss ($Y_L > C$) aus ihrem Arbeitseinkommen (Ausnahmen: working poor), so dass sie zur Finanzierung ihres Konsums (und den ihrer Familie) nicht auf die Unterstützung durch vorangehende oder nachfolgende Generationen, auf staatliche Transfers oder auf Entsparen angewiesen sind, sondern darüber hinaus Ersparnisse bilden und Steuerlasten (Lohnsteuer, Sozialbeiträge) tragen. Die Überschuss-Phasen variieren international in ihrer zeitlichen Spanne je nach Ausbildungsdauer und Renteneintrittsalter. Das vor- und nachgelagerte Lebenszyklus-Defizit lässt sich durch folgende Strömungsidentität veranschaulichen (Lee/Mason 2011:56):

$$C(x) - Y_L(x) = Tr^+(x) - Tr^-(x) + Y_A(x) - S(x)$$

Lebenszyklusdefizit = Netto-Transfers + Vermögensbasierte Reallokation

Reallokationen

Erläuterung: Das Lebenszyklusdefizit (pro Kopf) setzt ein, sobald die Ausgaben für Konsum das Lohneinkommen zur jeweiligen Altersstufe (x) übersteigen. Die entsprechende Lücke wird durch zwei Formen von Reallokationen gedeckt: durch Netto-Transfers (Saldo aus zufließenden und abfließenden Transfers) und vermögensbasierten Reallokationen (Saldo aus Vermögenseinkommen und Ersparnissen). Diese Reallokationsströme sind ihrerseits wieder in zwei Komponentenströme – einen staatlichen und einen privaten – aufgegliedert. Die öffentlichen Transfers bestehen einerseits aus Zuflüssen in Richtung der jeweiligen Alterskategorie, gespeist aus öffentlichen Fonds für Gesundheit, Bildung, Renten und anderen staatlichen Programmen (= Tr_g^{+}), andererseits aus Abflüssen von den jeweiligen Altersjahrgängen in Gestalt von Steuern in Richtung der erwähnten Programmfonds (Tr_g^{-}). Daneben strömen private Transfers (als Zufluss bzw. Abfluss), einerseits zwischen den Haushalten, anderseits innerhalb von Haushalten (Tr_f^{*} bzw. Tr_f^{-}). Innerhalb der vermögensbasierten Reallokationen ist ebenfalls der öffentliche Sektor vom privaten zu trennen. Die privaten Vermögenseinkommen umfassen die Erlöse aus Kapitalanlagen und Dividenden (= Y_K), sowie Zinsen, Pachtgeldern und Mieten (= Y_M). Staatliche Vermögenseinkommen resultieren aus entsprechendem öffentlichem Besitz von Vermögen und Zinszahlungen auf Staatsschulden (ein Negativwert). Öffentliche und private Ersparnis führen zu einem Abfluss, während Entsparen (oder Schuldenaufnahme) für Zuflüsse (zur Deckung des Defizits) sorgen. Unter Berücksichtigung der genannten Komponenten lässt sich die oben zitierte Gleichung in folgende Form von Zu- und Abflüssen bringen (wobei die beiden Investitionskomponenten $I_K + I_M = S$ und die beiden Einkommensarten $Y_K + Y_M = Y_A$):

$$\mathbf{Y_L + Y_K + Y_M + Tr_g^+ + Tr_f^+ = C + I_K + I_M + Tr_g^- + Tr_f^-}$$

Übersicht: Klassifikation der Reallokationen Nationaler Transferkonten

Stromtypus	Vermögensbasierte Ströme		Transfers
	Kapital und natürliche Ressourcen	Finanzvermögen	
Öffentlich	Land und Mineralien im öffentlichen Besitz	Staatsschulden, Staatliche Vermögensfonds, Währungsstabilitätsfonds	Öffentl. Bildung, Öffentl. Gesundheitsfürsorge, Nichtfondsbasierte Rentenpläne
Privat	Land, Mineralien, Ausrüstung, Immobilien, Wohnungen in Eigennutzung	Verbraucherschulden und Kredite, Private Pensions-Fonds, Investmentfonds Private Ersparnis	Familiäre Unterstützung für Kinder und Eltern, Vermächtnisse, Spenden

Quelle: Lee/Mason 2011:65

Umgesetzt auf ein Länderbeispiel (Österreich 2000) ergeben sich daraus folgende graphische Lebenszyklus-Verläufe mit den angesprochenen Überschuss- und Defizitarealen. Es wird dabei keine Alterskohorte über die Jahre verfolgt, sondern es werden verschiedene Altersjahrgängen zu einem bestimmten Zeitpunkt in ihrer Geber- bzw. Empfängerposition abgebildet.

Abb. 2.1 Arbeitseinkommen, Konsum und Lebenszyklus-Defizit

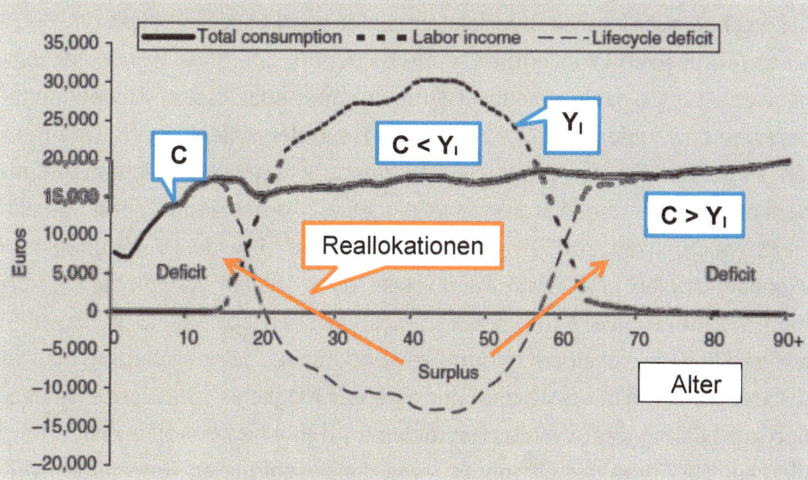

Nach einer Vorlage von Sambt/Prskawetz (2011:259) am Beispiel Österreichs, 2000

Weiterführende Literatur: Lee/Mason (2011); National Transfer Accounts Project unter http://www.ntaccounts.org/ (Kasachstan ist daran nicht beteiligt).

Von dieser Lang- und Kurzfassung eines sozialpolitischen Aufgabenkatalogs abgesehen, gilt zunächst einmal jeder moderne Industriestaat als Wohlfahrtsstaat, sofern er für ein Mindestmaß an Wohlfahrt sorgt ("for securing some basic modicum of welfare for its citizen"; Esping-Andersen 1990:18). Der Wohlfahrtsstaat wird dieser Art von (Selbst-)Verpflichtung gerecht, indem er für die Umverteilung von Ressourcen unter den Mitgliedern seiner Gesellschaft ebenso wie für die Umverteilung individueller Ressourcen über den Lebenszyklus des einzelnen hin sorgt und damit die menschliche Reproduktion erleichtert. Das Hauptanliegen besteht in der Stiftung einer möglichst umfassenden (betrifft die Anwendungsbereiche) und universellen (betrifft den Kreis der Adressaten) Wohlfahrt seiner Bürger. Dieses "heroische" Ziel bleibt allerdings eine Idealvorstellung, wie die jeweils zugrunde liegenden Ausgangspositionen (Verteilungsgerechtigkeit, Chancengleichheit), die wiederum auf der Basis moralischer, politischer und philosophischer Überlegungen begründet werden (siehe dazu Kap. 6) und den instrumentellen Ansatz einer "korrektiven Chancengleichheit" favorisieren (Rosanvallon 2013:287). In der politischen Praxis wird das Ziel mit wechselnder Intensität verfolgt, mitunter auch gänzlich selektiv in Form eines regressiven Wohlfahrtssystems betrieben, d.h. unter bewusster Vernachlässigung einzelner sozialer Gruppen oder spezifischer Anwendungsbereiche bzw. unter gezielter Förderung bis in den Elitenbereich. Das Fehlen singulärer Elemente aus dem eingangs zitierten (staatlichen) Aufgabenkatalog oder die Ausgrenzung einzelner Adressatengruppen "qualifiziert" (noch) nicht zum "Nicht-Wohlfahrtsstaat". Bei der Verfolgung von Wohlfahrtszielen bietet sich der Einsatz einer Vielfalt von Sicherungsformen als funktionale Alternativen zum staatlichen sozialen Schutzsystem an: traditionelle, religiöse, informelle, kooperative, betriebliche, private, familiäre. Der Wohlfahrtsstaat ist nur eine der möglichen Schlüsselinstitutionen zur Lösung des "Wohlfahrtsproblems", d.h. eine Antwort zu finden auf die zentrale Frage der Ökonomie, "wie die beschränkten Ressourcen verwendet und eingesetzt werden sollen, damit die Mitglieder der Gesellschaft eine möglichst hohe Wohlfahrt erzielen. Die Wohlfahrt des Einzelnen wird dabei an einem breit definierten Konsumbegriff festgemacht" (Keuschnigg 2011:1). Dieser weitgefasste Konsum bezieht eine Fülle von nutzenstiftenden Gütern und Diensten ein, deren Palette von der Freizeit über die Versicherung gegen Einkommens- und Konsumrisiken bis hin zur Versorgung mit öffentlichen Gütern (Rechtssicherheit, Infrastruktur, Umweltqualität) reicht.

Das Bündel an genannten Sicherungsformen ermöglicht und bewirkt jeweils "Wohlfahrt" *in* einem Staate, alternativ oder ergänzend dazu lassen sich entsprechende Effekte *durch* den Staat selbst produzieren. Verlässt sich ein Staat bei der Wohlfahrtsproduktion ausschließlich auf erstere, kann er – obschon Wohlfahrt innerhalb seines Hoheitsgebiets produziert wird – für sich selbst nicht die Bezeichnung "Wohlfahrtsstaat" in Anspruch nehmen. Er toleriert ein Wohlfahrtsregime ohne staatliche Beteiligung am Wohlfahrtsmix. Ähnliches gilt auch, wenn der Staat anstelle expliziter Programme zum sozialen Schutz (vgl. Tab. 2.1) ausschließlich funktionale Alternativen als Substitute (im Sinne einer Entwicklungsstrategie) verfolgt und fördert (Beschäftigungsprogramme, Vergabe von Mikrokrediten, Subventionsprogramme u.a.m.). Er sollte dann unter einer anderen Bezeichnung firmieren oder sich durch ein diskriminierendes Adjektiv absetzen.

Wird dem Anspruch jedoch Genüge getan, trifft der Staat also von sich aus Vorkehrungen zum sozialen Schutz seiner Bürger, so treten Wohlfahrtsstaaten nicht in einer idealtypisch geschlossenen Form auf, sondern nehmen – ausgehend von ihrer jeweiligen ordnungspolitischen Basis in der Verknüpfung zwischen Staat und Wirtschaft – unter Zulassung verschiedener Sicherungsformen variierende Ausprägungen von Wohlfahrtsregimen an (z.B. konservativ, liberal, sozial-demokratisch oder andere Formen, z.B. hybride). Zum Kernbestand eines jeden Regimes zählen in Anlehnung an Esping-Andersen (1990) drei Hauptkomponenten, die sich in folgender Kurzformel zusammenfassen lassen (Gough 2000:5):

Welfare regime = Welfare mix + welfare outcomes + stratification effects.

Der erste Term, der Wohlfahrtsmix, setzt sich in der Formulierung von I. Gough wiederum aus zwei Komponenten zusammen:

1. "The pattern of state policies and programmes, usually distinguishing social assistance, social insurance and universal citizenship modes of distributing benefits in cash and in kind;
2. the wider pattern of welfare provisioning in society, usually in terms of the division of responsibility between the state, the market and the household."

Nach der Identifizierung einzelner Träger und Aktionsbereiche werden deren unmittelbare wohlfahrtsorientierte Ergebnisse und deren mittelbare strukturierende Effekte auf längere Sicht unterschieden:

3. "The welfare outcomes of these institutions, in terms of the degree of 'de-commodification' achieved – the extent to which a household's standard of living is insulated against their position in the labour market (...) has now added a measure of 'de-familiarisation' – the extent to which a person's standard of living is independent of their family or household membership;
4. the stratification outcomes of these institutions: how and to what extent the welfare system in turn shapes inequalities, interests and power in society and in this way reproduces the welfare regime through time."

In dem zuletzt zitierten Punkt ist unter anderem die Erklärung dafür zu suchen, warum sich reife Wohlfahrtsstaaten – einmal etabliert – als ausgesprochen änderungsresistent erweisen. Alle Punkte zusammen ergeben den Referenzrahmen für ein länderspezifisches Projekt eines Wohlfahrtsregimes, in unserem Fall jenes von Kasachstan. Dieser Referenzrahmen lässt immer noch ausreichend Gestaltungsspielräume eigener ordnungs- und prozesspolitischer Art zu, wobei der Regimecharakter in Esping's Sinne durch spezifische Machtverhältnisse (s.u.) geprägt ist.

Inmitten der allgemeinen und mittels seiner eigenen institutionellen Komplexität trägt der "Wohlfahrtsstaat" als Strukturelement zur Neuordnung sozialer Beziehungen bei: Er nimmt dabei zunächst eine (strukturell ambivalente) Art von Übertragung wahr, ähnlich einer Synapsenfunktion, mit deren Hilfe Impulse einer kollektiven Vorstellung von Gerechtigkeit übertragen, moduliert und gespeichert werden. Unterstützt wird er in dieser Funktion durch seine eigene – im Ausbau begriffene – institutionelle Architektur ("seinem" neuronalen Netz) und ein "technisches" Instrumentarium, bestehend aus sozialpolitischen Gesetzen, Einrichtungen und Programmen (Lessenich 2012:26). Er greift – um bei der gewählten Metapher trotz deren (sozio-)logischer "Verlegenheit" zu bleiben – die aus den ökonomischen und sozialen Konkurrenzarenen kommenden Divergenzen und Widersprüche etc. als Impulse auf, konfiguriert diese entsprechend dem immanenten Potential an "künstlicher" Sozial-Intelligenz in "Erregungsleitungen" (der Bürokratie, der Zivilgesellschaft) und betreibt dann unter Einsatz des genannten Instrumentariums ein (jeweils mehr protektiv, partizipativ oder produktiv orientiertes) Krisenmanagement, das sich bei der sozialrechtlichen Sicherung des einzelnen Bürgers an den Gestaltungsprinzipien der "Versicherung", der "Versorgung" und der "Fürsorge" orientiert. Diese – nicht immer in Reinkultur umgesetzte – Gestaltungsarbeit schlägt sich in strukturierenden Effekten auf die Mikro- und Makrostruktur der Gesellschaft nieder bzw. reagiert umgekehrt auf deren Ausdifferenzierung. In jeder Gesellschaft sind die Risiken und Chancen des Ausgleichs spezifischer Risiken (Arbeitslosigkeit, Krankheit, Alter, Armut) ungleich verteilt, die sich in Phasen systemischer Transformation geradezu "systematisch" verschärfen. Einen Ausgleich zu vermitteln gehört zu den wesentlichen Funktionen eines sozialen Sicherungssystems. Daraus ergibt sich ein Bündel von weiteren Aufgaben, die sich vornehmlich auf die Integration oder Inklusion jener gesellschaftlichen Gruppen konzentrieren, die den genannten Risiken im besonderen Maße ausgesetzt sind (Blanke 2000:46). In politischer Hinsicht mindert dies die Gegensätze zwischen gesellschaftlichen Gewinner- und Verlierergruppen (s. Pareto-Verteilung), dämpft das aus sozialem Stress erwachsende Frust- und Gewaltpotential, bewahrt einen Minimalkonsens zu den bestehenden gesellschaftlichen Verhältnissen. In ökonomischer Hinsicht fördern sozialstaatliche Eingriffe die Humankapitalbildung, steigern die Arbeitsproduktivität und damit das gesamtgesellschaftliche Wohlfahrtsniveau, ein Aspekt, der hinter dem am Input orientierten Prinzip einer "Chancen erweiternden Solidarität" (Wolfgang Streek) steht. Diese Eingriffe wirken aber auch strukturierend auf die Einkommens-, Vermögens- und Machtverteilung ein: zunächst einmal über die Art und Weise der Generierung von Ressourcen für soziale Programme, zum anderen über die Verteilungs- und Wirkungsmuster dieser Programme mit ihren variierenden Folgen für die soziale Positionierung und für die Steigerung individuellen und kollektiven Handlungsvermögens (A. Sen). In der Summe – so Blanke u.a. – "gewährleistet Sozialpolitik die sozialen Lebenswelten der Wohlfahrtsproduktion, d.h. sie stabilisiert den Bereich der privaten Lebensformen, in deren Kontext Humankapital reproduziert und regeneriert wird" (Blanke u.a. 2000:46).

Das vorläufige Ergebnis präsentiert sich (historisch) als Wohlfahrtsstaat, der auf neue Risikoprofile reagiert und damit neue Handlungsfelder in "sozialer" Absicht generiert (bzw. obsolete Felder aufgibt), sozusagen seine "Sozial-Intelligenz" über eine adaptive Infrastruktur weiter entwickelt und dabei laterale Felder (wie Bildung) in diese Absicht einzubinden sucht. Damit ergeben sich neue, erweiterte Variationen "synaptischer Verknüpfungen" und ein Wandel des Sozialstaats selbst. Im Verlangen nach gesellschaftlicher Verbesserung – so R. Forst – wird somit die Infrastruktur einer Gesellschaft zum ersten und ursprünglichen Ort des Fortschritts (Forst 2012:43).

Bevor nun der Versuch unternommen wird, die Entwicklung und Dimensionen Kasachstans als Wohlfahrtsstaat auszuloten, gilt es erst einmal das Land im internationalen Leistungsumfeld zu positionieren (um seine wohlfahrtsstaatlichen Leistungen später vor diesem Hintergrund zu relativieren). Die Weltbank ordnet Kasachstan in die Einkommensgruppe "upper middle income" ($ 4036-$12475 GNI per capita) ein. Dessen Volkswirtschaft bewegt sich aktuell am oberen Einkommensrand dieser Gruppe, doch damit verbleibt das Land in einer Kategorie, die auch noch den Status eines "Entwicklungslandes" einschließt. Kasachstan selbst versteht sich als "Entwicklungsstaat" (developmental state) und reiht sich damit absichtsvoll ein in eine Riege staatlicher Einheiten, mit der man überwiegend ostasiatische Staaten verbindet, die über einen längeren Zeitraum hin hohe Wachstumsraten erzielten und mittlerweile diese Phase beschleunigter Entwicklung zum Teil bereits hinter sich gelassen haben (Japan, Korea). Um diesen spezifischen Wachstumstypus aus der Gruppe mit einem ähnlich dynamischen Muster auszugrenzen, schlägt L. Routley folgende, zunächst etwas tautologisch anmutende Arbeitsdefinition vor: "A developmental state has sufficient state capacity to be effective in its targeted areas and has a developmental vision such that it chooses to use this capacity to work towards economic development" (Routley 2012:8). Das Ergebnis hebt also das Tautologische in der Definition auf. Drei Elemente müssen demnach zusammenkommen: Strukturen und eine Selbstverpflichtung zur Entwicklung, die eine signifikante Verbesserung im Lebensstandard breiter Bevölkerungskreise – dem dritten Element als "Outcome" – bringt, um schließlich eine Gesellschaft ohne Armut und soziale Exklusion zu schaffen. Das Kriterium der Selbstverpflichtung ist im Falle Kasachstans eindeutig gegeben, belegt durch nationale Projekte und deren Kampagnecharakter im ökonomischen wie im sozialen Bereich (vgl. beispielsweise den Ukaz des Präsidenten "O strategii industrial'no-innovacionnogo razvitija Respubliki Kazakhstan na 2003-2015 gody" vom 17.5.2003, an dessen Stelle der gleichnamige Ukaz vom 19.3.2010 rückte, angepasst an den "Strategic Development Plan of Kazakhstan to 2020" vom 1.2.2010, bis hin zur schon früh geäußerten Vision, mittels "Strategy 2030" der erste "asiatische Schneeleopard" zu werden; siehe die Übersicht zu mehreren Strategiedokumenten zwischen 1997 und 2010 bei Utegenova 2010). Kasachstan weist idiosynkratische, auf langfristiges Wirken angelegte politisch-institutionelle Strukturen unter patrimonialer Führung auf und die Regierung verfolgt mittels einer partiell professionell agierenden Bürokratie eine aktive Rolle bei der Umsetzung längerfristig angelegter Zielsetzungen, unterstützt durch entsprechende öffentliche Investitionen (Bildung, Infrastruktur). Dem auf mineralischen Reichtum gegründeten Entwicklungsmodus nach verkörpert Kasachstan vorläufig die Variante eines "developmental patrimonial state". Andere Autoren belassen es bei der vorläufigen Klassifizierung Kasachstans als "market-developing autocracy". Um dessen Status als "developmental state" zu begründen, bedarf es ihrer Meinung nach gründlicherer Kenntnisse über das Zusammenspiel von formellem mit dem informellen Sektor: "The alignment of formal rules, official announcements, and de jure procedures with informal institutions, actual policies, and de facto practices" (Stark/Ahrens 2012:42)

Mit dem Begriff der "Entwicklung" ergeben sich zwangsläufig inhaltliche Überschneidungen mit jenem der Wohlfahrt und, da beide Begriffe normativ geladen sind, zwangsläufig auch Dissens. Eine gewisse Kongruenz stellt sich ein, wenn über das zentrale Entwicklungsziel, nämlich eines Mehr an Produktivität und Pro-Kopf-Produktion, hinaus die Reduktion von Armut, Verbesserungen in Bildung und Gesundheit sowie die Erweiterung sozialer (und politischer) Freiheiten angestrebt wird. Dissens tritt wiederum ein, sobald mit dem Begriff des "developmental welfare state" (Kwon 2007) operiert wird, der auf der Vorstellung basiert, die wohlfahrtsstaatliche Unterstützung auf jene zu konzentrieren, die in produktiven Sektoren aktiv sind; d.h. im Sinne eines "produktivistischen Wohlfahrtsregimes" (Holliday) eine gezielte Entwicklung der Humanressourcen durch Investitionen in Personen und produktivitätserweiternde Institutionen zu betreiben und die "übrigen" der Abhängigkeit vom Staat zu entwöhnen. Ein derartiges auf konjunkturelle Schönwetter-Lagen zugeschnittenes Modell erweist sich in Krisenphasen als wenig sozial stabilisierend, wie Beispiele aus dem asiatischen Raum belegen.

In diesem breiten Bedeutungs- und Realisierungsspektrum eines "Mehr oder Weniger" an Wohlfahrtsstaat drängt sich die Frage nach dessen Wesenskern, d.h. nach einem eindeutigen, analytisch diskriminierenden Kriterium auf (Veit-Wilson 2000: 3-5), das eine eindeutige Antwort auf die Frage: "Wann ist ein Staat ein Wohlfahrtsstaat?" ermöglicht. Das von vielen Sozialwissenschaftlern vorgeschlagene Kriterium, der Eckstein im modernen System sozialen Schutzes, heißt: Sicherung eines realen Mindesteinkommens (minimum level of living) für alle. Fällt die Antwort darauf eindeutig aus, eröffnet sich die nächste Frage nach dessen Effizienz: "Wie erfolgreich ist dieser Wohlfahrtsstaat bei der Bekämpfung von Armut, sei es durch soziale Inklusion oder durch Mindestrealeinkommen?" (Veit-Wilson 2000:20). Das Projekt Wohlfahrtsstaat reicht jedoch über diesen Wesenskern hinaus, wie die verschiedenen Konzeptualisierungsweisen von Wohlfahrtsprogrammen belegen. Aus der Fülle möglicher Ansätze, um das Projekt – wenn nicht in toto, so doch in Teilaspekten – zu verfolgen (definitorisch, deskriptiv, präskriptiv, evaluatorisch) wählt Asa Briggs in seinem klassischen Essay eine funktionelle Sichtweise, mit dem sozialen Schutz (social protection) als Kernelement und der Versorgung mit Wohlfahrtsleistungen als *rechtlich garantierten Gütern*. Das Wesen des Wohlfahrtsstaates besteht seiner Auffassung nach in Handlungen der Regierung, die darauf abzielen, das Spiel der Marktkräfte zu modifizieren und das Wohlbefinden jener Bürger zu verbessern, die nicht in der Lage sind für sich selbst zu sorgen (Briggs 1961:221-258). Das heißt, es zählen weniger die guten Absichten als das praktische Handeln, ohne stigmatisierende Ausschlüsse. Damit ist der Wohlfahrtsstaat als ein zentrales Strukturmerkmal bzw. Subsystem demokratischer-kapitalistischer Gesellschaften (mit einem langen Entwicklungsvorlauf) thematisiert. Briggs identifiziert drei spezifische Ziele (analog zu Punkt 1 im Konzept des Wohlfahrtsregimes von Gough, s.o.), denen drei zweckmäßige Politikfelder als Interventionsbereiche entsprechen, die wiederum ausgerichtet sind auf jeweils engere oder erweiterte Adressatenkreise von Nutznießern.

Das nachstehende Raster (Tab. 2.1) setzt in dem hier gewählten Länderfall die zentralen Orientierungsmarken für die Identifizierung spezifischer Ausprägungen nationaler Wohlfahrtsstaatlichkeit, in Verbindung mit einem spezifischen politischen Regime – im Beobachtungsfall einem semiautoritären – als handelnde Hauptfigur im Wohlfahrtsmix. Dabei enthält die Rubrik "Politiken" bereits die traditionellen Kategorien an Programmen, die der Einlösung der oben zitierten Kernfunktionen eines sozialen Schutzsystems dienen: a) Programme zur sozialen Versicherung (Renten, Arbeitslosigkeit, Krankheit); b) Programme zur sozialen Unterstützung (Transfers an Arme und Bedürftige) und c) aktive und passive Arbeitsmarktprogramme.

Neben die bzw. an die Stelle der aus der Industrialisierung erwachsenen "sozialen Kontingenzen" (Stichwort: Arbeitslosigkeit) und "Klassenrisiken" haben sich zwischenzeitlich "neue soziale Risiken" geschoben. Es erwuchs eine neue Typologie von Risiken: Erscheinungen wie der demographische Alterungsprozess, neue Regeln des globalen Wettbewerbs, veränderte Erwerbsbiographien, neue Familienmuster und Geschlechterverhältnisse, die ihrerseits einen veränderten Zuschnitt der Politikfelder und damit des Risikomanagements verlangen. An die Stelle "hierarchischer Risiken" (Armut) treten "demokratische Risiken" (Smog, Verschmutzungsprozesse etc.), eine Universalisierung von Risiken also, mit einem "Infektionspotential", das quer durch alle Klassen reicht (Schmid/Schömann 2004:3).

Tab. 2.1 Funktionales Raster eines Wohlfahrtsstaates

Ziele	Politiken	Empfänger
Wirtschaftliche Sicherheit: Schutz der Bürger vor allgemeinen Lebensrisiken durch Ersatz verlorener Einkommen.	Soziale Sicherheit (social insurance): Soziale Versicherung im Falle von Krankheit, Arbeitslosigkeit, Invalidität, Alter, Tod des Partners.	Die arbeitende Bevölkerung, Rentner, sowie deren Familien und Abhängige.
Hinreichendes materielles Auskommen: Versorgung mit einem Minimum an sozialem Schutz	Öffentliche Unterstützung (social assistance) in Form von Direktzahlungen und sozialen Diensten	Arme und Benachteiligte
Basisdienste: Gewährleistung des Zugangs zu kritischen Gütern und Dienstleistungen	Bildung, Gesundheit, Wohnen, Ernährung (universal citizenship modes of distributing benefits)	Alle Bürger

Keine eindeutige Antwort vermittelt der funktionell orientierte Ansatz auf die Frage nach dem zwingenden Zusammenhang zwischen Ziel, Aktion und Ergebnis; zu schweigen von den langfristig strukturierenden Wirkungen aktueller Aktionen auf die sozio-ökonomische Positionierung der Klientelgruppen oder die Kaperung von Aktionsfeldern durch Adressatengruppen. Es bleibt ein Ansatz auf mittlere Sicht, der – wie die sozialpolitische Praxis selbst – der Nachjustierung bedarf, und dies nicht nur aufgrund der aktuellen "double binds", d.h. der unerquicklichen Kombination aus Budgetschwächen und erhöhten Sozialausgaben.

Abb. 2.2 Soziale Schutzprogramme entsprechend den Kernfunktionen

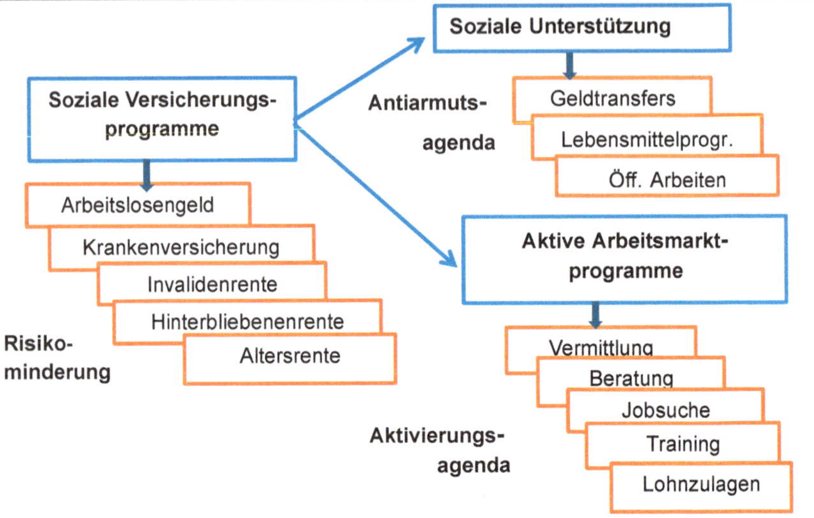

Quelle: Nach einer Vorlage von Robalino et al. 2012

Die nachfolgenden Ausführungen zur Transformation Kasachstans in einen modernen Wohlfahrtsstaat orientieren sich in ihrer Systematisierung an der eingangs vorgestellten Formel eines "Wohlfahrtsregimes" und dem funktionalen Raster eines Wohlfahrtsstaates. Im Bewusstsein der potentiellen Weiterungen des Begriffs "Wohlfahrtsregime" und seiner Träger werden sich die nachfolgenden Ausführungen hauptsächlich auf die Bereiche der drei vorgestellten sozialen Schutzprogramme (s. Abb. 2.2) beschränken. Das Regime ist nach I. Gough Ausdruck jener interdependenten Verknüpfungen, durch die Wohlfahrt zwischen Staat, Markt sowie Haushalt und vierten Parteien produziert und alloziert wird (Gough 2000:4).

Abb. 2.3 Säulen und Interdependenzen eines Wohlfahrtsregimes

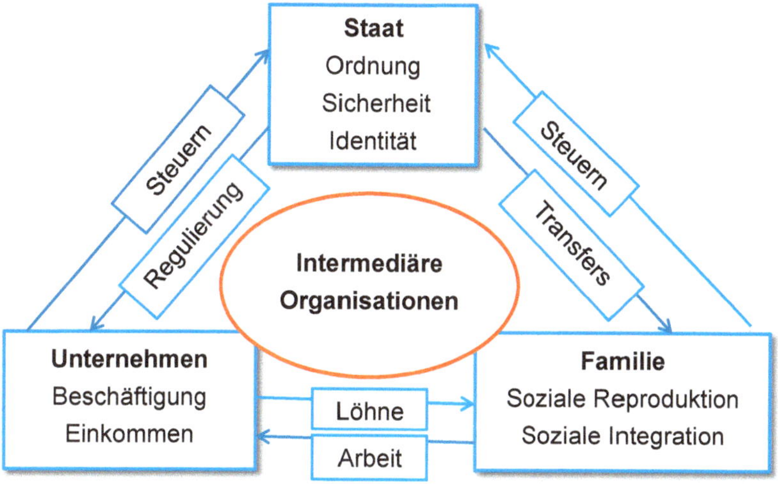

Nach der eingangs vorgestellten Gleichung ist der Wohlfahrtsmix Bestandteil eines Wohlfahrtsregimes. Hergestellt wird dieser Mix im nationalen Kontext mittels der Interaktionen einer Triade, bestehend aus Staat, Unternehmen und Haushalten, die ihrerseits unter dem Einfluss intermediärer Organisationen stehen. Unter diesen Intermediären lassen sich wiederum drei Basisgruppierungen unterscheiden (Schmid/Schömann 2004:12): 1. Religiöse, ethnische und kulturelle (vor allem Sprach-)Gruppen; 2. Soziale Partner und Akteure der informellen Wirtschaft, einschließlich privater Haushalte; und 3. Organisationen für Kapitalbildung, Human- und Sozialkapitalbildung eingeschlossen. Öffentlicher Sektor, privater Sektor (Unternehmen) und die Haushalte tragen mit ihren jeweils zentralen Funktionen gemeinsam zur Produktion des Lebensunterhalts bei und wirken bei der interpersonellen Um-Verteilung von Wohlfahrt mit. Die spezifischen Grundfunktionen dieser drei wesentlichen Säulen heben sich deutlich voneinander ab. So ist es Aufgabe des Staates für die physische und soziale Sicherheit seiner Bürger zu sorgen, eine politische Ordnung zu etablieren und eine politische Identität zu stiften; die der Unternehmen besteht darin, für Beschäftigung und Einkommen zu sorgen und die Aufgabe der Familie konzentriert sich auf die soziale Reproduktion und die soziale Integration (Schmid/Schömann 2004:12; vgl. Abb. 2.3).

Die "institutionelle Verantwortungsmatrix" bei der Generierung von Wohlfahrt reicht vielerorts über diesen nationalen Rahmen hinaus und schließt internationale Organisationen und Geber mit ein, die sich bei ihren wohlfahrtsorientierten Aktivitäten nicht nur ausschließlich auf Entwicklungsländer konzentrieren (Gough 2000:4).

3 Transformation, Wohlfahrt und politisches Regime

Kasachstan durchlief in seinem Entwicklungsverlauf als Wohlfahrtsstaat innerhalb einer Spanne von 80 Jahren einige Phasen grundlegender Veränderungen: Während die territorialen Stammesgesellschaften noch zu Zarenzeiten ein System mit traditionellen Sicherungselementen in Großfamilien praktizierten, wurden diese in der Phase der ersten sowjetischen Planungsintervalle als Titularnation in ein paternalistisch-kollektives Sozialstaatsmodell überführt, das schließlich in der ersten Transformationsdekade – von informellen Elementen begleitet – in ein hybrides staatliches Wohlfahrtsregime semiautoritärer Natur umgestaltet wurde und gegenwärtig weiteren institutionellen Korrekturen unterzogen wird (s.u.). Die ethnisch zunehmend durchmischte Nation durchlebte innerhalb eines Jahrhunderts wiederholt einen von außen initiierten sozialen Wandel (siehe dazu einen bebilderten Überblick bei Fergus 2003:127-143). Zunächst einmal sah sie sich in ihrer pastoral geprägten Gesellschafts- und Wirtschaftsverfassung dem kolonialen Druck durch das zaristische Russland und der Eingrenzung des angestammten Migrationsradius ausgesetzt; dem folgte nach einem militärischen Binnenkonflikt ein abrupter Bruch im traditionellen Lebensstil, ausgelöst durch Aktionen der Sesshaftmachung und Kollektivierung, die wiederum von schwerpunktartig inszenierten Industrialisierungskampagnen, u.a. im Zuge der Verlagerung von Rüstungsbetrieben während des zweiten Weltkriegs, abgelöst wurden, parallel dazu begleitet von ideologischen Attacken auf Traditionen und Religion, bis hin zur physischen Liquidierung von Vertretern der nationalen Intelligenz (der Ingenieur Muchametžan Tynyšpaev ist einer der vielen, deren Vita mit der stereotypen Wendung "repressirovan i rasstreljan v 1938 godu" endet). Flucht und Hunger dezimierten die Bevölkerung in den nun "eigenen" Landesgrenzen (um über 40 Prozent). Die Neulanderschließung von 1954 brachte eine weitere Siedlerwelle von außen (Tulepbaev 1984: 210 ff.), die sich langfristig als ein störender Eingriff in die natürlichen Grundlagen Kasachstans erwies. Während Glasnost und Perestrojka unter Gorbatschow das Nationalbewusstsein einzelner Sowjetvölker und deren Verlangen nach Unabhängigkeit weckten, hielt sich Kasachstans politische Führung bedeckt. Nach dem "Geschenk" der Unabhängigkeit entschloss sie sich erst nach einer Phase des Zögerns zur Wende in Richtung einer "revidierten Moderne" mit kapitalistischem Zuschnitt (siehe dazu ausführlicher Olcott 2010). Nach einem zwanzigjährigen Transformationsprozess, dessen wirtschaftlicher Erfolgsgrad anerkannt, jedoch in seiner politischen Dimension strittig ist, sieht sich das Land in der Verfolgung seiner Variante von Wohlfahrtskapitalismus mit Vorgaben durch Institutionen einer global governance (Weltbank, ADB u.a.) konfrontiert und Anpassungszwängen eines ökonomischen Globalisierungsprozesses (WTO) ausgesetzt, der wiederum potentiellen Einfluss auf die wohlfahrtsstaatliche Konfiguration hat.

Allein die Bezeichnung "Transformation einer Gesellschaft" verweist in ihrem transitiven Charakter auf ein bewusst in Gang gesetztes Handeln, das darauf angelegt ist, ein Ordnungsparadigma bzw. einen Typ sozialer Ordnung (Sozialismus) im beschleunigten Verfahren, gleichsam durch das Ausscheren aus der langsameren evolutionären Spur, in einen neuen Typus (Kapitalismus) zu überführen, versehen mit den Charakteristika einer postindustriellen, wissensbasierten und dienstleistungsorientierten Ökonomie auf marktwirtschaftlicher Grundlage. Übergeordnetes Ziel dieser Anstrengung ist eine anhaltende Verbesserung des Wohlfahrtsniveaus einer Gesellschaft im Sinne einer Pareto-Verbesserung, d.h. die Gewinner des Wandels können die Verlierer kompensieren (Wagener 2010:26). Um dies zu erreichen, gilt es Strukturen zu ändern, zu produzieren und zu reproduzieren, sowie in einem gesamtgesellschaftlichen Diskurs die sozialen Regeln, Normen und Werte auf den neuen Systemtyp hin auszurichten und die unterschiedlichen Muster von Verteilungskonflikten sozialpolitisch zu entschärfen. Das heißt allerdings nicht, dass die Eliten dabei den gesamten "Kuchen" zur Verteilungsdiskussion und -disposition zu stellen gedenken (siehe dazu Kap. 8.1). Ellman erinnert daran, dass die "transition countries" keineswegs ausschließlich das Ziel "Marktwirtschaft" verfolg(t)en. Während Zentral-Europa mittels Realisierung dieses Zieles "zurück nach Europa" wollte, nahmen sich politische Gruppierungen in GUS-Länder andere übergeordnete Ziele vor: "To end the rule of the former all-Union Communist party and replace it by rule by local elites, enrich the local elites by looting the national economy, and create an economic system with substantial market elements (in particular imported consumer goods)". Und ihr Konzept ging bisher auf (Ellman 2012:26).

Vorbilder und Varianten des Zielmodells mit der umfassenden Bezeichnung "welfare capitalism" existieren bereits im globalen Umfeld, so dass sich vordergründig der Eindruck von Linearität und Uniformität eines historischen Prozessverlaufs aufdrängt, der weiter in Richtung auf eine räumlich erweiterte und zeitlich gedehnte Moderne hin vorstößt. Unterstützt wird dieser Eindruck durch das Aufkommen von isomorphen politischen und sozialen Formen, hinter denen jedoch höchst unterschiedliche Intentionen der jeweils verantwortlichen politischen Agentur und deren Klientel stehen können ("Western in form, Eastern in content"). Denn entgegen dem äußeren Anschein wird hier kein funktionaler Wandel präzise nach einer vorgegebenen Strukturschablone in Gang gesetzt, noch nehmen hier theoretische Konstrukte nach Blaupausen von Sozialingenieuren Gestalt an. Selbst wenn mit Blick auf einzelne Teilsysteme, wie dem sozialen Sicherungssystem, nach Schablonen – vorgeformt von Bismarck oder Beveridge – gehandelt wird, so treffen diese bei der Umsetzung auf höchst unterschiedliche Wertemuster und gesellschaftliche Gefüge, deren Mitglieder den Umbruchsprozess in ihren (Re-)Aktionen mitgestalten. In der Summierung derartig "sozial geerdeter" Teilordnungsreformen erwächst der transformatorischen Gesamtanstrengung eine je eigene Qualität. Das vorläufige Zwischenergebnis der Transition präsentiert sich in Gestalt von Marktwirtschaften mit unterschiedlichen Etikettierungen wie "state-enabled", "state-influenced" und "state-interfered".

Exkurs 2 Die wirtschaftliche Transformation

Der Hauptgrund für den Start der Transformation im Raum der vormaligen Sowjetunion war das Unvermögen der zentralen Planwirtschaft nach den massiven strukturellen Veränderungen auf lange Sicht für anhaltendes Wachstum zu sorgen und ein Wohlfahrtsniveau zu generieren, das an jenes von entwickelten Industriestaaten heranreichte. Der Slogan aus der sowjetischen Frühphase, "Einholen und Überholen", entfaltete seine reale Dynamik hauptsächlich auf sozialpolitischem und militärischem Felde. Der aufgerüstete Riese stand auf immer schwächer werdenden wirtschaftlichen Beinen. Die unter Gorbatschow eingeleitete Phase der Perestrojka brachte den Unternehmen größere finanzielle Freiheiten, den Haushalten erweiterte Konsumspielräume, doch der Gesamtwirtschaft eine fallende Industrieproduktion und eine zügig expandierende Geldmenge. 1991 in die Unabhängigkeit entlassen, suchte Kasachstan nach einer eigenen Reformstrategie. Es stand – wie seine zentralasiatischen Nachbarn – vor einer dreifachen Herausforderung (triple transition): Seine nationale und staatliche Identität zu festigen, die Demokratisierung des politischen Systems einzuleiten sowie seine Wirtschaftsordnung völlig neu zu gestalten. Ein "Oberster Wirtschaftsrat" war berufen, mit Unterstützung ausländischer Experten (Russland, Südkorea, USA) ein entsprechendes Konzept zu entwerfen. Das Arbeitsprogramm konzentrierte sich auf die Schwerpunkte: Privatisierung des Staatseigentums und Restrukturierung der Unternehmen, Deregulierung und Liberalisierung des mikroökonomischen Handlungsrahmens, makroökonomische Stabilisierung, Aufbau einer marktgerechten institutionellen Ordnung. Ab 1992 setzte der Privatisierungsprozess mit drei aufeinanderfolgenden Phasen ein (Kalyuzhnova 1998), wobei sich die erste Phase (1992-1993) auf die Restrukturierung von Staatsunternehmen und deren Überführung in Aktiengesellschaften konzentrierte. Die eigentliche Massenprivatisierung mittels Coupons folgte in der zweiten Phase (1993-1995), begleitet von der Gründung privater Investitionsfonds, die in ihren Portfolios mittels der eingesammelten Coupons wachsende Beteiligungen an den neu geschaffenen Aktiengesellschaften aufbauten. Die dritte Phase (1996-1998) konzentrierte sich schließlich auf individuelle Projekte staatlicher Großunternehmen (blue-chip privatisation). Mit der Umsetzung des Privatisierungsprogramms waren die Grundlagen für eine Wettbewerbsordnung geschaffen. Die Restrukturierung des staatlich kontrollierten Banken- und Finanzsystems setzte ab 1991 ein und war nicht frei von Skandalen. Mit zwei Gesetzesakten zur Nationalbank und den Geschäftsbanken wurde 1993 das Fundament zum gegenwärtigen Bankensystem gelegt. Die Nachfolgebanken aus der Sowjetzeit akkumulierten große Portfolios an faulen Krediten und verlangten nach ständiger Rekapitalisierung. 1995 liquidierten die neuen Bankregulatoren 60 Banken und reduzierten damit deren Gesamtzahl auf 130. Mehrere Reformgesetze in Folge und die Zulassung ausländischer Banken sollten zur Professionalisierung des Bankensektors beitragen. Börse und Kapitalmarkt nahmen erst später ihre Funktion auf. Im September 1997 eröffnete Kazakhstan Stock Exchange formell den Aktienhandel, bei vorläufig noch schwachen Umsätzen. Kasachstan war zunächst im Rubelverbund verblieben und damit nicht in der Lage, während der ersten Jahre die umlaufende Geldmenge selbst zu kontrollieren. Die eigene Landeswährung, der Tenge, wurde im November 1993 eingeführt, bei einem anfänglich freien Wechselkurs. Dieser Maßnahme war der entscheidende Liberalisierungsschritt, nämlich die Aufhebung staatlicher Preiskontrollen, vorausgegangen. Es folgte ein starker Inflationsschub, der den Realwert von Löhnen, Renten und Ersparnissen erodierte. Im fiskalischen Bereich führte eine fundamentale Revision der nationalen Steuergesetzgebung zu einer deutlichen Reduzierung der Anzahl von Steuern von 45 auf 11, darunter eine einheitliche Mehrwertsteuer von 20 Prozent. Infolge einer schrumpfenden Steuerbasis und einer laxen Steuermoral litt das Staatsbudget anfänglich an chronischer Unterfinanzierung. Das Prinzip einer gleichmäßigen regionalen Entwicklung, 1996 implementiert, brachte nicht das erwartete Ergebnis. Positiv wirkte dagegen das Ende 1994 erlassene Gesetz zu Auslandsinvestitionen, das ausländischen Investoren die Rolle des Gesamteigentümers (ausgenommen blieb der Besitz von Agrarland) und den vollen Gewinntransfer in ausländische Währung garantierte. Im Außenhandel löste sich Kasachstan von der dominanten Partnerschaft mit Russland und begann seinen Ressourcenreichtum mit ausländischer Unterstützung über erweiterte Absatzwege selbst zu vermarkten, also ein exportorientiertes Wachstumsmodell zu verfolgen. Mit dieser positiven Perspektive handelte sich Kasachstans Wirtschaft allerdings auch multiple Anfälligkeiten ein, die das Umschwenken auf eine Diversifikationsstrategie dringend nahelegen.

Weiterführende Literatur: Myant, M./J. Drahokoupil (2011).

Wenn auch die Typisierungen und die Zuschreibung dominanter Merkmale wechseln (siehe Cerami/Stubbs 2011), gemeinsam war und ist den Eliten betroffener Transformationsökonomien der Entschluss, aus dem verfehlten oder – wie andere argumentieren würden – im Kern richtigen, doch fehlerhaft umgesetzten Modernisierungsansatz des Sowjetsystems (trotz dessen substantiellen Modernisierungsleistungen im Verlauf einer forcierten Industrialisierung) auszusteigen. Es waren nicht allein deren hohe Kosten, die das System an seine wirtschaftliche und soziale Leistungsgrenze führten, sondern es war auch dessen begrenztes Anpassungspotential an die Herausforderungen einer "modernen Zivilisation" (Sakwa 2012:49). Kreative Antworten auf diese Herausforderungen zu finden war schwierig, wenn nicht gänzlich unmöglich, da gesellschaftliche Binnenkonflikte gemäß ideologischer Scheuklappen nicht (mehr) existent und – sofern sie existierten – im gesamtgesellschaftlichen Kontext praktisch auch nicht zu kommunizieren und dialogisch auszufechten waren. Damit war eine Stagnation à la Breschnew (zastoj) vorprogrammiert, blieben selbst wiederholte Reformanläufe ohne nachhaltige Wirkung.

Im Prozess der Neuorientierung wechselt nun der gesamtgesellschaftliche Primat von der "Politik" – dem Modernisierungsansatz à la Sowjetunion – hin zu "Wirtschaft" bzw. "Wirtschaftlichkeit" als Ansatz einer Neo-

Modernisierung. Das heißt, die kausale Verknüpfung zwischen wirtschaftlicher und politischer Entwicklung bleibt bestehen, nur die Richtung des Kausalitätsverlaufs bzw. des Subordinationsmusters wechselt innerhalb veränderter Randbedingungen, und zwar über einen wachsenden Ökonomisierungsdruck (als Kosten- und Kommodifizierungsdruck) auf alle anderen gesellschaftlichen Teilsysteme. Der Präsident Kasachstans hat es selbst in unverblümter Geradlinigkeit so formuliert: "Economy is the first, then comes politics" (Nazarbaev 2009:9). Auf ähnliche Weise hatte sich Park Chung-Hee in Süd-Korea geäußert. Für die betroffenen Bürger bedeutet dieser Ansatz die Konfrontation mit einer veränderten Risikostruktur und eine verstärkte Individualisierung von Verantwortlichkeiten. Beide "Primate" – der ökonomische wie der politische –, die jeweils für eine spezifische historische Entwicklungsvariante stehen, teilen sich aber immer noch eine gemeinsame Schnittmenge, bestehend aus einem institutionellen Areal – dem "Wohlfahrtsregime", das einer Selbstschutz- und Ausgleichsfunktion mit sozialpolitischen Mitteln dient. Diese Art Verpflichtung aus Notwendigkeit lässt sich als gemeinsames Erbe betrachten, hervorgegangen aus den funktionalen Erfordernissen und Risiken des Industrialisierungsprozesses, den beide Spielarten sozio-ökonomischer Entwicklung zeitversetzt durchliefen. In der westlichen (Modernisierungs-)Variante erwuchs daraus der Wohlfahrtsstaat als "institutionalisierter Kompromiss von Kapitalismus und Demokratie" (Borchert/Lessenich 2004:570), in der östlichen "Einheit von Wirtschafts- und Sozialpolitik" entwickelte sich eine paternalistische Variante sozialen Ausgleichs und Schutzes mit universellem Charakter. Einem egalitären Leitbild und sozialer Gerechtigkeit verpflichtet, herrschte bei der kollektiven Planerfüllung eine parteioffizielle Interessenharmonie zwischen den nominellen Eigentümern der Produktionsmittel und jenen mit der faktischen Verfügungsgewalt über deren Einsatz und der Verwendung von Produktionsergebnissen. Beide Seiten verfolgten in der Praxis jedoch je eigene Optimierungsstrategien im Prozess der Realisierung von Planzielen und der Teilwerdung an den Ergebnissen sozialistischer Wertschöpfung, die quantitativ und qualitativ nicht immer der Bedürfnisstruktur des sowjetischen Konsumentenheeres entsprach. Für die Auflösung dieses sich immer wieder aufbauenden Spannungsverhältnisses bot sich – neben der Option fallweiser repressiver "Befriedung", die durchaus als Mittel letzter Wahl zur Anwendung kam – ein permanentes Krisenmanagement in Gestalt wohlfahrtsstaatlicher Konzessionen an, die vor allem auf Betriebsebene als Mittel zur Herstellung von Akzeptanz der allgemeinen Lebens- und Arbeitsbedingungen eingesetzt wurden.

Seit die Sowjetunion Kasachstan in die Souveränität "entließ" und das Land eine eigene nationale Identität annahm, begeht Kasachstan jeweils am 16. Dezember den Jahrestag seiner Unabhängigkeit. Als es 2001 das zehnjährige Jubiläumsdatum feierte, sah sich die politische Führung seitens außenstehender Beobachter noch mit der Kritik "unerfüllter Versprechungen" konfrontiert (Olcott: 2002). Kasachstan schien zu diesem Zeitpunkt bei der Transformation seines Realsystems die Fortsetzung "seines" Weges in die Moderne bzw. der Neo-Modernisierung wieder aufgegeben zu haben, d.h. die Bewegung hin zu einem Gesellschaftstyp von universeller Relevanz mit vier wesentlichen, zunächst einmal institutionell definierten Charakteristika. Diese Charakteristika setzen sich zusammen aus den "modernen Konkurrenzarenen" (Pollack 2008: 50-51); dazu zählen wettbewerbsorientierte Marktwirtschaft (bei Konkurrenz zwischen den entscheidenden Leistungsträgern und Leistungsanbietern) und Konkurrenzdemokratie (die Möglichkeit, im gewaltlosen Wettbewerb und ohne Zustimmung des Staates Organisationen zu bilden), ergänzt durch Rechtsstaatlichkeit (der Staat ist der Herrschaft des Rechts unterstellt) und Zivilgesellschaft (definiert als ein weder staatlich noch marktlich regulierter Raum bürgerschaftlicher Aktivität). Bei unterschiedlicher Dynamik einzelner Aspekte dieser zentralen Merkmale und deren partiellen Einfärbung durch "local rules" hat Kasachstan mittlerweile seine internationale Positionierung verbessert und ist der Erfüllung seines ökonomischen, politischen und sozialen Modernisierungs-Potentials mittels der Herausbildung basaler Institutionen einer modernen Gesellschaftsordnung deutlich näher gekommen (siehe Bertelsmann Stiftung 2009). In der Summe (der Indikatorenwerte) handelt es sich dabei nicht zwangsläufig um eine "Dynamik des Fortschritts" (wie steigende Indikatorenwerte auf den ersten Blick suggerieren), sondern zunächst einmal um eine "Dynamik der Veränderung" (North et al. 2001:13) bei immer noch offenen Pfaden in eine "vielfältige Moderne".

4 Vom staatssozialistischen zum semiautoritären Wohlfahrtsstaat

Das allgemeine Aufbau- und Verlaufsmuster, wie im zweiten Eingangskapitel vorgestellt, bietet einen möglichen Referenzrahmen für die vorläufige Einordnung Kasachstans als Wohlfahrtsstaat. Damit lassen sich Kongruenzen und Abweichungen von allgemeinen Trends und Teilordnungen feststellen, doch die Eigenprofilierung bleibt dabei immer noch unscharf; denn in diesem Länderfall hat der Ordnungsmechanismus mit Regimecharakter (bedingt durch seine spezifische Logik, s.o.) in der Kombination von "kapitalistischer Wirtschaft" und einem hybriden politischen Regime mit autokratischen Wesensmerkmalen als "Wohlfahrtsstaat in einem semiautoritären Kontext" bereits eigene (euro-asiatische) Züge angenommen. In dieser Charakterisierung als hybrides System klingt bereits an, dass sich das politische Regime Kasachstans weder als demokratisch noch als autokratisch klassifizieren lässt, es oszilliert bewusst zwischen diesen beiden Polen, kultiviert diese Ambiguität als eine Spielart jener semiautoritären Regime, "that combine rhetorical acceptance of liberal democracy, the existence of some formal democratic institutions, and respect for a limited sphere of civil and political liberties with essentially illiberal or even authoritarian traits" (Ottaway 2003:3). In der politischen Praxis stellt das institutionelle Ergebnis von Wohlfahrt als Teilsystem nicht die automatische Verknüpfung zwischen Demokratisierung, Bürgerrechten und Entwicklung einer Wohlfahrtsgesellschaft ("welfare society") dar, sondern steht zunächst einmal als eine eigene, etatistisch ausgerichtete Antwort (gestaltet als Variante eines "welfare state") auf die Herausforderungen der Systemtransformation selbst, sowie in der weiteren Folge reagierend auf Prozesse der (De-)Industrialisierung, Tertiarisierung und Globalisierung (Forrat 2012:20). Dem Elektorat oder einzelnen Sozialpartnern, wie beispielsweise den Gewerkschaften, kommen hier nur begrenzte Korrektivfunktionen zu, die Gestaltungshoheit liegt im politischen Zentrum.

Eine detaillierte Agenda zum Auf- und Ausbau eines Wohlfahrtsstaates stand in Kasachstan wie in anderen Transformationsökonomien zunächst nicht im Zentrum politischen Gestaltungswillens. Das lag einerseits an dem Einfluss des pfadbestimmenden Erbes bzw. der Erblast eines vormaligen sozialistischen Vollbeschäftigungsgebots. Diese wohlfahrtsstaatliche Variante prägte vorerst immer noch die Erwartungen der Bevölkerung: Sozialer Schutz durch Beschäftigung als soziales Recht und individuelle Verpflichtung, bzw. Teilhabe an den "Errungenschaften" aus dem "sozialen Konsumtionsfonds" (eine Sammelbezeichnung für wohlfahrtsstaatliche Interventions-, Redistributions- und Strukturpolitik (Beyme 1977:44).

Exkurs 3 Das staatssozialistische Wohlfahrtsmodell

Die sowjetische Führung ging von der ideologisch begründeten Überzeugung aus, dass der im Entstehen begriffene "neue kommunistische Mensch" die Interessen der Gesellschaft über seine individuellen stellen und jede Art antisozialen Verhaltens ablegen werde. Nach der Konsolidierung ihrer politischen Macht verfolgten die kommunistischen Eliten eine Entwicklungsstrategie, die sich mit entsprechend hohen Investitionsanteilen vor allem auf den Ausbau der Schwerindustrie (Sektor A), auf die Mobilisierung von Arbeitskräften und eine "Binnenkolonialisierung" der Landwirtschaft konzentrierte, finanziert durch Konsumbeschränkungen für die Bevölkerung (Zwangssparen). Werktätige in Industrie und Landwirtschaft waren der politischen, wirtschaftlichen und organisatorischen Logik einer Plan- und Befehlswirtschaft unterworfen, versehen mit einer durch die Verfassung garantierten Beschäftigungsperspektive auf Lebenszeit. Diese Perspektive bildete in Verbindung mit den politisch festgelegten, realen Lohneinkommen die Basis für ein breites soziales Sicherungsprogramm. Gewerkschaften fungierten in ihrem Rollenverständnis von Sozialpartnerschaft einerseits als "Transformationsriemen" zwischen Plan und Produktion, andererseits übten sie im staatlichen Auftrag wesentliche sozialpolitische Funktionen auf betrieblicher Ebene aus. Ein dichtes Netz von Kinderbetreuungsstätten (und offene Bildungszugänge) gewährte(n) die Voraussetzungen für eine hohe Erwerbsquote der Frauen. Lohnarbeiter und Militärpersonal genossen beim sozialen Schutz Priorität vor den Bauern und anderen Gruppen. In Abwesenheit privater Träger übernahm der Staat – häufig mittels der Delegierung der Trägerschaft an (Groß-)Betriebe – die Versorgung und Finanzierung von sozialen Dienstleistungen in Bereichen der Gesundheit, der Altersfürsorge, Erholung und bei den Unterkünften. Die Einlösung von Ansprüchen und Pflichten aus dem Sozialvertrag bis hin zu sportlichen Aktivitäten spielte sich weitgehend im betrieblichen Rahmen ab. Dieses Konzept folgte den Forderungen N. Semaško's (Kommissar für Gesundheit 1918 – 1930), dass jeder bedürftige Werktätige das Recht habe, durch den Staat in allen Fällen von Krankheit, Invalidität, Alter, Arbeitslosigkeit oder Notsituationen – aus welcher Ursache auch immer – unterstützt zu werden. Im Verlauf der forcierten Industrialisierung war dieses Schutzangebot allerdings auch mit harschen Maßnahmen zur Aufrechterhaltung der Arbeitsdisziplin verknüpft. In den Anfangsjahren blieben die entsprechenden Ansprüche (Renten, Sozialbezüge) zunächst Beschäftigten in staatlichen Betrieben (und urbanen Regionen) vorbehalten, im Verlauf der anschließenden Kollektivierung sowie in den 50er und 60er Jahren wurden diese auch auf das (Agrar-)Land und letztlich auf alle Kolchosmitglieder ausgedehnt. Leistungen und Anspruchsberechtigungen nahmen damit universellen Charakter an. Nivellierte Löhne, Preisbindungen und massive Subventionen sorgten für einen egalitären Zugang zu Grundnahrungsmitteln. Weltkriegsveteranen, Helden der Arbeit, Nomenklaturangehörige kamen in den Genuss von Privilegien. Die zentralisierte Beschäftigungsplanung schloss auch die Entwicklung von Qualifikationsprofilen, insbesondere die Berufsausbildung und letztlich die Bildung insgesamt, in gesamtstaatliche Planungsprozesse ein. Die neue Verfassung von 1977 – sie löste die Stalinsche von 1936 ab – bestätigte eine Fülle sozialer Rechte, darunter das Recht auf Arbeit, Erholung, Gesundheitsschutz, Altersversorgung, Bildung. Formen meritokratischer Selektion blieben in der Praxis erhalten. Die "Armut" war offiziell getilgt, aber es gab "bedürftige" Personen (vgl. Tab. 4.1). Mit einem monatlichen Durchschnittseinkommen unter 75 Rubel (nach offiziellem Kurs = $117) zählte man offiziell (1989) zu diesem Personenkreis (= 11 Prozent der Gesamtbevölkerung der UdSSR). Hohe Anteile konzentrierten sich jeweils in Zentralasien.

Tab. 4.1 Anteile "bedürftiger" Personen (in %) mit einem Monatseinkommen unter 75 Rubel (1989) bzw. "armer Personen" unter $1,25 pro Tag (1091, 1989, 1990)

Land	1981	1989	1990
Armenien	0,9	14,3	6,3
Aserbaidschan	13,4	33,6	16,1
Belarus	0,0	3,3	0,0
Estland	0,0	1,9	0,0
Kasachstan	**0,0**	**15,5**	**0,5**
Kirgistan	0,0	32,9	4,8
Moldawien	20,2	11,8	15,2
Russland	0,7	5,0	1,4
Tadschikistan	1,4	51,2	1,5
Turkmenistan	21,9	35,0	34,2
Usbekistan	0,0	43,6	4,9

Quelle: UNDP 2001, UN 2009

Das letzte Rentengesetz der Sowjetunion vom 15.5.1990 vereinheitlichte das System der Rentensicherung für alle Beschäftigten und richtete einen vom Staatsbudget unabhängigen Rentenfonds der UdSSR ein. Mit dem universellen Charakter dieses Wohlfahrtsregimes entstanden Anspruchsgruppen (stakeholder), deren Interessen noch im späteren Transformationsverlauf der einzelnen unabhängigen Republiken zu berücksichtigen waren.

Das sowjetische "Nicht-Versicherungs"-Erbe wirkte sich insofern fiskalisch belastend aus, als gewährte Leistungen und Beitragszahlungen zueinander in keiner versicherungsstatistischen Verbindung standen. So klassifizierte Esping-Andersen das sowjetische Wohlfahrtssystem als eine Kombination aus sozial-demokratischen und korporativ-etatistischen Merkmalen.

Weiterführende Literatur: Hofmann 1956; Haggard/Kaufman 2008: 143-178.

In der offiziellen Bezeichnung des zuständigen Ministeriums klingt, wie im Falle Kasachstans, dieses Erbe heute noch an: *Ministerium für Arbeit und sozialen Schutz*. Andererseits drängte sich sozialpolitisches Handeln im Transformationsfluss mit dessen sozialen Verwerfungen (s.u.) zwangsläufig auf. Die begleitende Fachliteratur der 90er Jahre hatte vorwiegend die Agenda aus Stabilisierung, Privatisierung und Liberalisierung im Blick und konzentrierte sich – möglicherweise im Vertrauen auf das "Wohlfahrtserbe" aus der Einheit von Wirtschafts- und Sozialpolitik – weniger auf die sozialen Konsequenzen dieser Agenda. Im Übrigen wurde vielfach nur mit einer relativ kurzen Transformationsrezession gerechnet. Doch Arbeitslosigkeit, Armut und Inflation machten – später verschärft durch das Intermezzo einer Finanzkrise – Maßnahmen zum sozialen Schutz dringend erforderlich bzw. unterwarfen das bestehende soziale Netz – wie groß dessen Maschen auch immer angelegt waren – einem andauernden Belastungstest. Zwar standen Fragen der nationalen Identitätsfindung und der ökonomischen wie politischen Transformationsagenda im Vordergrund, gleichwohl hieß es auch die basale Solidarität mittels einer kompensatorischen Sozialpolitik zu wahren, insbesondere in einem multiethnischen Staat wie Kasachstan.

Im Bereich des sozialen Schutzes baute sich ein erheblicher Handlungs- und Reformdruck auf: Der Staat konnte seiner Rolle als Wohlfahrtsproduzent infolge steuerlicher und institutioneller Schwächen nicht (mehr) gerecht werden, der Markt wiederum vermochte seinen potentiellen (Beschäftigungs- und Steuer-)Beitrag (noch) nicht zu leisten, die privaten Rücklagen hatte die Inflation minimiert, so blieben letztlich nur die (Mehr-Generationen-) Familie, Patronage und die (Glaubens-) Gemeinschaften als "Wohlfahrtsspender". In dieser Improvisationsphase verfügten betroffene Länder – wie eben Kasachstan – (noch) nicht über eine geschlossene Entwicklungsprojektion mit adäquaten institutionellen Ausprägungen und waren in ihrer sozialpolitischen Praxis daher keiner der "Drei Welten des Wohlfahrtskapitalismus" Esping-Andersen's (sozialdemokratisch, konservativ, liberal) oder einem vierten Typ südländischer Art zuzuordnen. Einige der Transformationsländer entziehen sich bis heute einer entsprechenden Zuordnung; sie betreiben innerhalb bestehender Produktions-, Eigentums- und Machtverhältnissen eine wohlfahrtsorientierte Integrationsveranstaltung eigener Art, bilden eine Residualkategorie in der wohlfahrtsstaatlichen Typenbildung.

Es zeichnen sich allerdings, ohne eine endgültige Festschreibung des Typus zum aktuellen Zeitpunkt vornehmen zu können, doch allgemeine Konturen wohlfahrtsstaatlicher Regime ab, "(which) refer to institutions, both formal and informal, that protect against life-cycle and labor market risks, regulate employment and labor market participation, and organize the distribution of resources." (Myant/Drahokoupil 2011:185). Sie unterscheiden sich länderspezifisch nach Aktionsfeldern, Finanzierungsformen, Parametern und Tiefenwirkung. Die kasachische Variante steht unter dem Einfluss eines "petro driven social contract" (Ostrowski 2010:153) zwischen einem neo-patrimonialem Regime, das sich durch einen hochgradig personalisierten Regierungsstil auszeichnet, und einer Gesellschaft, die neben weiteren Korrekturen in der Einkommensverteilung und des sozialen Schutzes verstärkt sozialer Investitionen bedarf, u.a. zum Aufbau von Humankapital. Die neu erschlossenen Ölfelder bzw. der extraktive Sektor insgesamt erweisen sich hier entgegen allgemeiner Erwartungen weniger als Beschäftigungseldorado, gleichwohl dienen sie neben dem Primärziel – Steigerung des nationalen Outputs und der Ansammlung von Devisenreserven – als entscheidende Finanzierungsquelle für (nachholendes) wohlfahrtsstaatliches Engagement. So gesehen wäre der finanzielle "Zauberstab" gegeben, um das Land vom "Fluch" des Ressourcenreichtums zu befreien. Paradoxerweise fließt aber der Einkommensstrom gerade in den ölreichen Regionen am unteren Einkommensquintil weitgehend vorbei.

Im globalen Kontext stehend versucht die Regierung des Landes ein entwicklungsfähiges Modell der Modernität mit eigenwilligen Zügen – durchsetzt mit "local rules" – für sich selbst zu gestalten, dem Musterkatalog der Moderne eine eigene Variante hinzuzufügen und die Modernisierung unter Bedingungen der nationalen Selbstbestimmung fortzusetzen. Entworfen und umgesetzt wird diese durch eine Exekutive als policy agency (siehe dazu Kap. 8.3), die im Falle Kasachstans ihre Legitimation und (Verteilungs-)Macht aus der Verfügungsgewalt über Energie- und Rohstoffressourcen bezieht (Cook 2007). Vorläufig erweist sich dieses kasachische Syndrom von "dominant-power politics" als allgemein stabil und effizient hinsichtlich der Aufrechterhaltung sozialer Ordnung. Doch liegt eine der Gefahren, ausgehend von derartigen Kaperakten durch Eliten, in der (wahrscheinlichen) Konservierung von Ineffizienzen und deren institutionellen Festschreibung im System bzw. in dessen Teilsystemen (wie beispielsweise dem Wohlfahrtsregime im allgemeinen und Formen der sozialen Sicherung im besonderen), die einen ständigen Anlass zu Auseinandersetzungen über Verteilungsgerechtigkeit und die Teilhabe am "Reichtum der Nation" bieten.

5 Institutioneller Kernbestand, Strukturprobleme, Rekalibrierung des Wohlfahrtsregimes

In der öffentlichen Wahrnehmung verbinden sich mit der sozio-ökonomischen Entwicklung Kasachstans gewöhnlich mehr typische Charakteristika eines Petrostaates, einschließlich der Verwandlung seiner Hauptstadt in ein glitzerndes Mini-Dubai, und weniger ausgeprägte Merkmale eines modernen Wohlfahrtsstaates oder – näher an der Realität – einer sozialpolitisch flankierten Marktwirtschaft in einem reifen natürlichen Staat (North'scher Prägung). Gleichwohl stand die politische Führung Kasachstans von Transformationsbeginn an vor der Aufgabe, ihren nun unabhängigen Staat nicht nur als Rechtsstaat und Leistungsstaat zu entwickeln, sondern auch als Sozialstaat oder Wohlfahrtsstaat. Befrachtet mit dem staatspaternalistischen Erbe eines umfassenden Preissubventionssystems, hoher Erwerbsquoten, großzügiger (Früh-)Verrentung, umfänglicher betrieblicher Sozialleistungen und verbreiterter One-Company-Towns geriet das System sozialer Wohlfahrt in den ersten Transformationsjahren praktisch an den Rand des Zusammenbruchs, finanziell wie administrativ. Im stabilitätspolitischen Programmteil der Transformation stand zunächst einmal der Kampf gegen Negativwachstum und Inflation im Vordergrund. Später wirkten die positiven Wachstumsraten teilweise als Substitut für sozialpolitische Korrekturen. Mit der Rückkehr zu einem stabileren Wachstumsmuster galt es eine neue Balance zu finden zwischen Förderung des wirtschaftlichen Wachstums einerseits und der Verteilung des expandierenden Nationaleinkommens andererseits.

Bevor die künftig noch zu erwartenden inhärenten Schwächen und Strukturprobleme eintreten, die dem ökonomischen Basismodel "Kapitalismus" als "genetischer Defekt" eigen sind (wie die jüngst geplatzten "Blasen"), sehen sich die politischen Akteursgruppen in der aktuellen Phase der Entwicklung "ihrer" postsowjetischen Kapitalismusvariante mit spezifischen Strukturproblemen konfrontiert, die in ihrer Komplexität noch über jene des Basismodells hinausgehen. Es geht dabei allgemein um das Aufbrechen interner Widersprüchlichkeiten von im Entstehen begriffenen gesellschaftlichen Makrostrukturen und der daraus resultierenden gesellschaftlichen Entwicklungsdynamik gewünschter (Emigration ethnischer Minderheiten) oder weniger wünschenswerter Art (Langzeitarbeitslosigkeit, Armut, Anomie), also weitgehend um intern erwachsene Probleme, die aus dem Ordnungswandel resultieren. Ihre Bewältigung – ein weiterer Belastungstest nach der Bewahrung staatlicher Integrität im Auflösungsprozess der Sowjetunion und den Erschütterungen durch die Finanzkrise – stellt eine Vielzahl von Anforderungen. Auf der politischen Ebene betrifft dies die systemstabilisierende Kapazität politischer Institutionen, auf der wirtschaftlichen Ebene die Leistungskapazität von Märkten und Unternehmen sowie auf der gesellschaftlichen Ebene die soziale Integrationskapazität von politischen, ökonomischen und sozialen Institutionen (Cerami 2008:3-4). Was die Strukturprobleme auf gesellschaftlicher Ebene angeht, so konzentrieren sich diese auf drei Teilbereiche, die a) Prozesse der sozialen In- bzw. Exklusion, b) Veränderungen von Lebenschancen (insbesondere bezogen auf Bildung, Gesundheit, materiellen Gewinn, aber auch auf die Veränderung demographischer Parameter wie Mortalität, Lebenserwartung, u.a.m.), und letztlich c) die Lebensqualität der Bürger betreffen. Infolge der sehr abrupten Transformation von Arbeits- und Lebenswelten erwachsen aus diesem Problembündel neue soziale Risiken (Cerami 2009), häufig in Gestalt gruppenspezifischer Risiken oder Verlusten an kulturellem und sozialem Kapital, für die Lösungen präventiver, palliativer, repressiver oder nachsorgender Art gefunden werden (müssen). Dieses Bündel "neuer sozialer Risiken" ist nur teilweise kongruent mit jenem hochentwickelter Sozialstaaten der EU, deren Risiken aus dem Umbau der industriellen Produktion (im Falle Kasachstans Abbau der industriellen Produktion), aus Budgetproblemen (im Falle Kasachstan eher eine Frage der Teilhabe an den "Renten"), sich verändernden Familienbeziehungen (im Falle Kasachstans mit Vorlaufcharakter) und einer alternden Bevölkerung (im Falle Kasachstans mit Nachlaufcharakter) bestehen. Es haben sich daneben aber auch noch sozialpolitische Herausforderungen entwickelt, deren Entstehen nicht auf Binnenursachen zurückzuführen ist, sondern auf die intensivierte Globalisierung, die von außerhalb der Landesgrenzen das Ausmaß der Umverteilung durch den Wohlfahrtsstaat beschränken und dessen Dekommodifizierungskraft schwächen (können). Das heißt, der Spielraum für

Routineaktionen des nationalen Wohlfahrtsstaates wird durch den internationalen Wettbewerb auf Güter- und Geldmärkten eingeengt.

Dieses weit gefächerte Spektrum von internen und externen Auslösern sozialpolitischen Handelns macht deutlich, dass es sich beim Wohlfahrtsstaat um eine Dauerbaustelle handelt. Der Wohlfahrtsstaat – so Anton Hemerijck – "is best understood as an 'evolutionary' system, whose goals, aims, functions, institutions change over time, however slowly and imperfectly" (Hemerijck 2012:14). Soll dieses Teilsystem seinen Aufgaben halbwegs gerecht worden, so verlangt dies eine ständige Ausrichtung seiner Kapazitäten auf die wechselnden Dimensionen alter und neuer Risiken. Ferrera, Hemerijck und Rhodes sprechen in diesem Zusammenhang von einer "Rekalibierung" (recalibration), die sich auf vier Schlüsselbereiche konzentriert: Funktional, distributiv, normativ und institutionell. (Ferrera/Hemerijck/Rhodes 2000). Der Umbau auf der Makroebene bedarf der Überprüfung alter und der Einführung neuer konstitutiver Elemente auf der Meso- und der Mikroebene, und zwar nicht nur institutioneller Art.

Die *funktionale* Rekalibrierung betrifft zunächst die sozialen Risiken, zu deren Abwehr und Bewältigung der Wohlfahrtsstaat aufgerufen ist. Diese Risiken haben sich aus Sicht der Kasachischen Bürger einmal infolge des Ordnungswandels verschoben, mit spürbaren Konsequenzen für die alten sowjetischen Schutzreservate, wie dem Arbeits- und dem Wohnungsmarkt; andererseits wird das Risikoprofil von neuen Phänomenen bestimmt. Die in entwickelten Volkswirtschaften beobachtbare Ablösung der industriellen "male breadwinner"-Gesellschaft durch die postindustrielle "dual earner"-Gesellschaft und die damit verbundene Feminisierung der Arbeitswelt zählt dabei zu den historischen Erfahrungen in nahezu allen Wirtschaftssektoren Kasachstans (s.u.) und ist somit eine Fortsetzung sowjetischer Standards unter neuen Rahmenbedingungen. Der gesamte Wandel vollzieht sich unter den weniger günstigen Voraussetzungen einer einsetzenden demographischen Alterung, begleitet von steigenden Scheidungs- und fallenden Geburtenraten (s. Kap. 8.2), was wiederum die Intensität dieses Typs von Wandel verstärkt und die Familie als solche vor ein Reproduktionsdilemma stellt: Einmal den Einstieg in den Arbeitsmarkt zu finden, um das notwendige Einkommen zu erzielen, zum anderen eine zeit- und kostenintensive Elternschaft zu "riskieren". In der transitorischen

Phase eines Lebens als Familie kann daraus schnell ein Trilemma erwachsen, wenn auch noch die Pflege der älteren Generation übernommen werden muss. Die Rekalibrierung sollte unter derartigen Bedingungen auf den Ausbau familienfreundlicher Dienstleistungen zielen.

Bei der *distributiven* Rekalibrierung sind verschiedene Bereiche und potentielle Korrekturfelder im Blick zu behalten. Erwähnt wurde bereits eine soziale Gruppierung, nämlich die (junge) Familie, die unter dem Druck "neuer sozialer Risiken" schnell an die Grenzen ihrer finanziellen Spielräume und der eigenen "Binnenstabilität" gerät. Ihre Möglichkeiten einen außerparlamentarischen Druck aufzubauen oder Druck als Elektorat auszuüben, um Sozialbudgets zu ihren Gunsten umzustrukturieren, sind gering. Sie fallen nicht unter jenen Personenkreis, der mit gezielten Verschiebungen von sozialen Zuschlägen in seine Richtung rechnen kann. Sie verfügen nicht über einen adäquaten gesellschaftlich und politisch kritischen Einfluss, um mit "Aufmerksamkeiten" rechnen zu dürfen, die einer gezielten Klientelpflege aus politischen Motiven zu verdanken sind. Bereits in Sowjetzeiten konnten Angehörige der Nomenklatura und spezifische Berufsgruppen (Militär u.a.) mit speziell für sie reservierten Dienstleistungen (Kliniken, Kuren) und zusätzlichen Gratifikationen (Datschen, Auslandsreisen, Pensionen) rechnen. Das Gros der Haushalte erzielt sein Einkommen in Gestalt von Löhnen, Gehältern und Lohnnebenleistungen durch Beschäftigung auf dem formellen bzw. informellen Arbeitsmarkt. Im Falle Kasachstans kann kaum von einem homogenen Arbeitsmarkt gesprochen werden, also von einem Arbeitsmarkt ohne größere Divergenzen bei den Einkommenshöhen, den Arbeitsbedingungen, den Aufstiegschancen und der Beschäftigungsstabilität. Bei einer beschreibenden Annäherung drängt sich eher der Eindruck einer Aufteilung nach dem "klassischen" Verteilungssyndrom auf, d.h. die Aufspaltung des Arbeitsmarktes in ein primäres und sekundäres Segment entlang der Aufspaltung des Gütermarkts in einen stabilen Kernbereich (core economy) und einen peripheren Randbereich (peripheral economy), von dem aus der Aufstieg in ein höheres berufliches oder soziales Umfeld nur mit Schwierigkeiten möglich ist. Dieses Syndrom drückt sich im Kontext Kasachstans in einem Nebeneinander von oligopolistischen, kapitalintensiv produzierenden Unternehmen im Energie- und Rohstoffbereich und kleineren, arbeitsintensiv produzierenden Betrieben aus, die auf kompetitiven Märkten oder im schattenwirtschaftlichen Bereich operieren. Daneben findet sich die Aufspaltung des Gesamtarbeitsmarktes auf mikroökonomischer Ebene in interne und externe Segmente. In dem externen Arbeitskräftepotential sammeln sich Vertreter benachteiligter Gruppen, wie Ausländer, Arbeitsmigranten, Unqualifizierte, ältere Arbeitnehmer. Als Transformationsopfer zählen hierzu auch noch jene, deren vormalige Qualifikationen unter den neuen Rahmenbedingungen obsolet geworden sind. Dieser Kreis kann im Gegensatz zu Angehörigen des ersten Segments nicht damit rechnen, dass Einsatz und Gratifikation durch institutionelle Regeln bestimmt sind. Ein besonderes Korrekturfeld stellt die weite Öffnung der Einkommensschere dar, wobei das untere Quintil nicht nur von relativer Armut betroffen ist, sondern in Teilen auch von absoluter (mit stark rückläufiger Tendenz s.u.). Wie lässt sich unter derartigen Bedingungen Verteilungsgerechtigkeit praktizieren?

Damit liegt die Frage nach einer *normativen* Kalibrierung nahe, die einer Gesellschaft hilft, mittels (Neu-)Setzung von Normen und Werten die Widersprüche zwischen funktionaler Effizienz und gerechter Verteilung aufzuheben (efficiency versus equity) oder wenigstens zu glätten. Mit dem Ordnungswandel wurden Normen und Werte selbst nicht unmittelbar verändert, doch unterlagen sie in ihrem jeweiligen Stellenwert einer Rekombination und mit dem Wechsel vom Plan zum Markt verschob sich auch das (Referenz-)Spektrum ihrer Konnotationen. Der Umgang mit dem Begriff "Einkommensgerechtigkeit" mag dies verdeutlichen: Ein Sowjetbürger empfand sie als gerecht, solange seine Nachbarn und Kollegen nicht (viel) *mehr* bezogen als er selbst. Sein westlicher Kollege hat(te) dagegen bei einem Mehr oder Weniger kaum Akzeptanzprobleme, solange die Differenzen auf Qualifikations- und Leistungskriterien gründeten.

Im Prozess der Neukalibrierung geht es nicht darum, einen neuen Wertekanon einzuführen, sondern bekannte Werte und Normen in einer rekombinierten Form auf neue Schwerpunkte sozialpolitischen Handelns zu konzentrieren. Einer weitaus stärkeren Änderung unterliegen dagegen die Gestaltungs- und Wirkprinzipien der sozialen Sicherung, wenn beispielsweise das Versorgungsprinzip durch das Versicherungsprinzip abgelöst wird oder das Äquivalenzprinzip neben dem Solidaritätsprinzip praktiziert wird.

Eine entscheidende, weil vielfältige Rolle spielt letztlich die *institutionelle* Rekalibrierung. In der Konzeption von Hemerijck betrifft sie "reforms in the design of institutions, levels of decision-making, and social and economic policy governance, including the seperate and joint responsibilities of individuals, states, markets and families" (Hemerijck 2006:13). Nach Auffassung vieler Politikwissenschaftler und Ökonomen entscheiden langfristig die großen Institutionen über Erfolg und Misserfolg einer Gesellschaft. Unterschiede im wirtschaftlichen Erfolgsgrad resultieren aus den Unterschieden zwischen ihren Institutionen. Beispielhaft für diese Position stehen D. Acemoglu und J. Robinson: Sie stellen den (erfolgreicheren) inklusiven Institutionen, die (weniger erfolgreichen) exklusiven Institutionen gegenüber. Inklusive ökonomische Institutionen wiederum sind solche "that allow and encourage participation by the great mass of people in economic activities that make best use of their talents and skills and that enable individuals to make the choices they wish. To be inclusive, economic institutions must feature secure private property, an unbiased system of law, and a provision of public services, that provides a level playing field in which people can exchange and contract; it also must permit the entry of new businesses and allow people to choose their careers." (Acemoglu/Robinson 2012: 74-75). Exklusive Institutionen sind im Gegensatz dazu so angelegt, dass sie einem Teil der Gesellschaft Einkommen und Vermögen entziehen, um es einem anderen Teil zukommen zu lassen, allerdings nicht in Robin-Hood-Manier. Eine hartnäckige Eigenschaft dieser Institutionenform besteht darin, dass sie sich sozusagen über das "Genom" Macht vererbt und damit dem "ehernen Gesetz der Oligarchie" (s. dazu ausführlicher Kap. 8.3) folgt.

Welche Qualität der Institutionen auch immer als Markenzeichen des politischen Regimes zum Durchbruch kommt, es ist die jeweilige Regierung, welche die (gute/schlechte) Politik gestaltet, die Finanzierung der Budgets organisiert, die Verwaltung betreibt und für die Implementation ihrer sozialpolitischen Vorgaben sorgt. Es ist dieses staatlich-zentrierte Gebäude des Wohlfahrtsstaates (Mekerijck), das hier über den ursprünglichen Bauplan hinaus mitsamt den späteren "Anbauten" nicht nur teilsaniert werden muss, sondern in seiner Gesamtanlage unter neuen statischen (in Gestalt der neuen sozialen Risiken) und stilistischen (unter Maßgabe der neuen

Konkurrenzarenen) Vorgaben, neu errichtet werden muss, und dies teilweise unter Verwendung alter Baumaterialien (siehe Rentensystem). Eine weitere Gestaltungsoption bestünde darin, die Umsetzung der sozialpolitische Agenda zum Teil auszulagern und mit vereinten Kräften (joined up governance) zwischen staatlichen Abteilungen, öffentlichen Agenturen, privaten und kommunalen Organisationen zu betreiben. Diese Variante zeichnet sich auf Kasachstan bezogen in Ansätzen (z.B. bei der Errichtung von Kindergärten) ab, ergänzt durch informelle Aktionsfelder sozialen Schutzes. Unabhängig von der jeweiligen Trägerschaft des institutionellen Kernbestandes eines Sozialstaats konzentrieren sich in nahezu allen Transformationsökonomien die entsprechenden Aktionsfelder auf eine Standardtypologie von Sicherungsbereichen: Arbeitslosen-, Unfall-, Kranken- und Rentenversicherung sowie soziale Unterstützung im weiteren Sinne (vgl. World Bank 2000). Die protektiven wie produktiven Interventionsbereiche staatlicher Wohlfahrt sind im Einzelnen weit gefächert, Sozialpolitik umfasst multiple Rollen: Produktion, Umverteilung, Reproduktion, sozialer Zusammenhalt, soziale Kontrolle und Nationenbildung.

Abb. 5.1 Formen und Träger des sozialen Schutzes

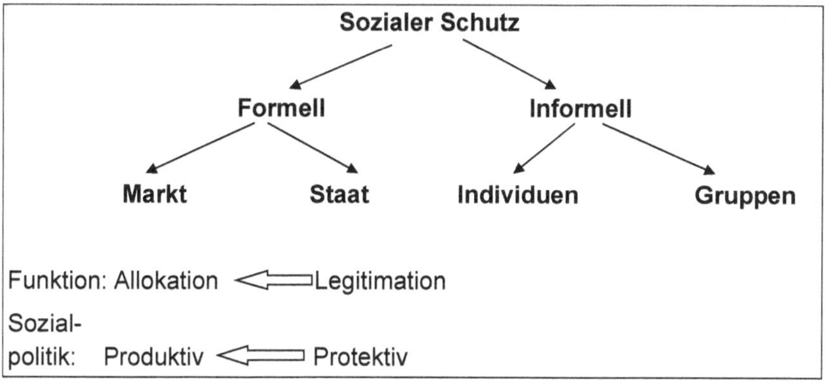

Die Einschätzung Kasachstans als Wohlfahrtsstaat erfolgt nachfolgend in Anlehnung an das eingangs vorgestellte funktionale Raster, doch weitgehend unter der typologischen Einschränkung auf drei wesentliche Dimensionen des Sozialstaats, wie sie überwiegend unter dem Aspekt des Managements *sozialer Risiken* (Holzmann/Jorgensen, 2000) behandelt werden; denn mit dem Übergang zur "Konkurrenzarena" Marktwirtschaft hat sich Kasachstan auch deren Risikofelder bis hin zum Marktversagen eingehandelt:

1. Den Umgang mit den Folgen flexibler formaler Arbeitsmärkte, auf denen sich die Entlohnung und Allokation von Arbeitskraft an Produktivität und Effektivität orientieren. Die Nachfrage auf dem Arbeitsmarkt bestimmt entsprechend die arbeitsmarktpolitischen Maßnahmen. Deren Erfolge oder Misserfolge hinterlassen Spuren im Staatsbudget und den Fonds für soziale Sicherung.
2. Renten und soziale Versicherungsvarianten, wie eine finanzierbare Arbeitslosenversicherung, die Einkommens- und Konsumrisiken über den Lebenszyklus abmildern.
3. Soziale Unterstützung in Geld-, Waren- oder Dienstleistungsform bzw. in Gestalt von Subventionen durch den Staat, der auf diesem Wege die Auswirkungen negativer Einkommensschocks oder eines anhaltenden Mindereinkommens reduziert bzw. den Lebensstandard betroffener Personen über die Armutsgrenze hebt.

Diese Bereiche decken sich weitgehend mit jenen des von der A D B entwickelten Social Protection Index (dieser schließt explizit noch "Child Protection" und "Micro and Area-Based Schemes" ein).

Zwar hat die Führung Kasachstans alte soziale Risiken und unmittelbare Folgen der "sozialen Implosion" weitgehend bewältigt und Milleniumsziele vorzeitig eingelöst (s. Kap. 10), doch verbleibt ihr wenig Zeit, sich auf den sozialpolitischen Lorbeeren auszuruhen. Nach Ablauf dieses ersten Abschnitts mit der begleitenden Verrechtlichung und Verbürokratisierung "ihres" Wohlfahrtskonzepts, werden sich jene am politischen Steuer – in einer mehr reaktiv geprägten Phase – mit funktionalen Antagonismen und "dialektischen Paradoxien" konfrontiert sehen, die jedem wohlfahrtsstaatlichem Konzept im Kontext kapitalistischen Wirtschaftens eigen sind. In diesem Handlungsrahmen ergibt sich eine Paradoxie dialektischer Art aus der Notwendigkeit von Sozialpolitik (und einem antizyklisch handelnden Interventionsstaat) in Gestalt eines "saving capitalism from itself" (Klundt 2005): Mit diesen interventionistischen Formen wird – ergänzt durch eingebaute automatische Stabilisatoren – auf zyklische Schwächen im Wirtschaftsverlauf und auf die schöpferische Zerstörungskraft reagiert, die dem dominanten Teilsystem "Wirtschaft" mit seiner latent dysfunktionalen Marktökonomie eigen ist. Neben diesen immanenten "Gleichgewichtsstörungen" durchzieht ein "funktionale(r) Antagonismus von kapitalistischer Wirtschaft auf der einen und demokratischer Politik auf der anderen Seite" gleichsam als Grundkonstante mit gesamtgesellschaftlicher Prägekraft die westlichen Wohlfahrtsgesellschaften, d.h. in die Institutionen und Programme des Wohlfahrtsstaates sind die kontradiktorischen Imperative Akkumulation und Legitimation eingebaut (Borchert/Lessenich 2004:578). In dieser Frontstellung von Imperativen setzten sich als Gegenprinzip zur instrumentellen Kälte des Kapitals stufenweise politisch installierte und wohlfahrtsgesellschaftliche Weiterungen durch (Schimank 2011:11-12). Diese Weiterungen provozieren dann ihrerseits in höher entwickelten Volkswirtschaften Dilemmata oder "trade-offs" und "Trilemmas", die den öffentlichen Diskurs um die Überlebensfähigkeit des Wohlfahrtsstaates durchziehen: "Beschäftigungsschutz und soziale Sicherheit versus wirtschaftliches Wachstum" (efficiency versus equity), oder "Bewahrung des Wohlfahrtsstaates versus Kapitalinvestitionen, wirtschaftliche Leistung und notwendige strukturelle Anpassungen". Das heißt, ein Mehr von dem einen ist in diesen Gegenüberstellungen ohne ein Weniger von dem anderen nicht zu haben oder in der Trilemma-Konstellation moderner Dienstleistungsgesellschaften (Budgetbeschränkung, Beschäftigungswachstum, Einkommensgleichheit) nicht zu realisieren. Aus welchem Blickwinkel ökonomischer Denkschulen derartige Dilemmata (und die entsprechenden Lösungsvorschläge) auch betrachtet werden, gemeinsam ist ihnen allen – so Wilensky – die Überzeugung "that the modern welfare state will overwhelm the capacity to manage a free market economy" (Wilensky 2002:431). Einen möglichen Ausweg aus diesen sozialpolitischen Sackgassen sieht der synergetische Ansatz (Esping-Andersen 1999) in dem Instrument der "sozialen Investition". Damit verbunden ist die Überzeugung, dass die ökonomische Nachhaltigkeit eines Wohlfahrtsstaates von der Zahl und Produktivität künftiger Steuerzahler abhängt. Es ist ein präventiver Ansatz, der dazu beitragen soll, neue soziale Risiken wie Langzeitarbeitslosigkeit oder obsolete Qualifikationen zu eliminieren oder wenigstens zu reduzieren (Hemerijck 2013:222).

Während die zitierten Strukturprobleme und "dialektischen Paradoxien" wegen ihrer potentiell destabilisierenden Wirkung auf die Verknüpfungen im Wohlfahrtsdreieck (Staat, Unternehmen, Familie) für die politischen Akteure in Kasachstan und dem erweiterten GUS-Umfeld von besonderer Relevanz sind, erscheinen im Kontext "gelenkter Demokratien" Gefährdungen durch das Aufkommen von funktionalen Antagonismen nach dem Muster westlicher Wohlfahrtsgesellschaften vorläufig wenig wahrscheinlich, und auch Entscheidungen zu den erwähnten "trade-offs" werden sich dank der anhaltenden Einnahmen aus dem Energie- und Rohstoffsektor auf die lange Bank schieben oder durch "local rules" entschärfen lassen. Destabilisierende Kollisionen resultieren eher aus den unterschiedlichen Interessenlagen und Begehrlichkeiten von Akteursgruppen – den zitierten klientelistischen Fusionen – in Politik und Wirtschaft.

6 Wertvorstellungen und Gestaltungsprinzipien

Schon bei der Lektüre dieser ersten Absätze, bzw. der begleitenden Literatur, sieht sich der Leser mit einer Reihe terminologischer Probleme konfrontiert. Da sind zunächst einmal die Konnotationen, die bei der Nennung des Nomens "Wohlfahrtsstaat" aus den Lebens- und Erfahrungswelten des individuellen Lesers einfließen und wechselnde Bedeutungs- oder Bewertungsschnittmengen mit Parallelbezeichnungen wie "Sozialstaat" oder "Fürsorgestaat" etc. bilden. Der Facettenreichtum nimmt noch zu, stellt man diese Bezeichnungen in einen wechselnden sprachlichen oder politisch-kulturellen Zusammenhang. Wechselt man von "Wohlfahrt" nach "welfare" bleibt noch viel Äquivalenz erhalten, mit dem Wechsel in die russische Sprache ("gosudarstvo vseobščestvennogo blagodenstvija") beginnt bereits die verbale Rekonstruktion von Bedeutungsgehalten mittels mehrerer Adjektive und Substantive, von denen jedes für sich ein eigenes Konnotationsspektrum mit kulturgeschichtlicher Resonanz birgt, von der religiös eingefärbten "gesamtgesellschaftlichen Glückseligkeit" bis hin zur staatlichen Wohlfahrtsgarantie.

Wie breit das Spektrum auch angelegt sein mag, in dem Begriff der "Wohlfahrt" steckt eine Mischung aus allgemein geteilten Wertvorstellungen von sozialer Sicherheit, Gleichheit und Gerechtigkeit. Die Eckpunkte dieser Triade genießen je nach soziokulturellem Kontext eine unterschiedliche Gewichtung und jeder dieser zentralen Begriffe vereinigt auf sich wiederum eine Reihe von Konnotationen und unterschiedlichen normativen Gewichtungen, die im Zusammenhang mit "Gerechtigkeit" besonders augenfällig sind. Besteht noch weitgehend Konsens über Normen der "Grundgerechtigkeit" (Recht auf Leben, Recht auf Grundversorgung), so ist die Forderung der Annäherung unterschiedlicher Wohlstandsniveaus gesellschaftlicher Gruppen, also die Frage nach "sozialer Gerechtigkeit" bereits strittig. Die Debatte wird noch zusätzlich dadurch geschürt, dass es sich ja nicht nur um ein Geben handelt, sondern zwangsläufig auch um ein Nehmen (siehe Steuer- und Abgabendebatte). Der Anwendungsbereich von Normen der Verteilungsgerechtigkeit lässt sich enger und weiter stecken: Geht es um die Verteilung bestimmter Naturgüter oder handelt es sich um die "klassische" Verteilungsgerechtigkeit, gemäß der jeder seinen Tauschpartner fair entschädigen soll, oder um die "moderne" Teilhabegerechtigkeit auch für jene Bürger, die aus nicht selbstverschuldeten Gründen schlechtere (Ausgangs-)Bedingungen haben? Die Diskussion bewegt sich im Spannungsfeld zwischen "Gerechtigkeit" und "legitimen Ungleichheiten". Sind die Gerechtigkeitsnormen einmal begründet, stellt sich die Frage nach den Institutionen mit dem Potential zu deren wirksamen Umsetzung.

Die Konnotations- und möglichen Begründungsfelder weiten sich mit wechselnden Schnittmengen, wenn ein derartig zentraler Begriff wie "Gerechtigkeit" durch die sprachliche Übersetzung wandert, wie beispielsweise in das diskussionsbestimmende angloamerikanische "justice" bzw. "equity", oder in das russische "spravedlivost'" bzw. in das kasachische әділдік (adildik). Deren moralischen und politischen Konnotationen nehmen noch zu, wenn sie mit den Wertvorstellungen von Gleichheit verknüpft werden, wie im Konzept von "Gerechtigkeit als Gleichheit vor dem Gesetz" oder "Gerechtigkeit als demokratische Gleichheit", d.h. mit Forderungen nach Gleichbehandlung bzw. nach Gleichstellung. Die Dimensionen von Gleichheit sind vielfältiger Natur: Einerseits hat sich Gleichbehandlung an relevanten Eigenschaften des Adressaten (Präferenzen und Ressourcen) zu orientieren, andererseits ist bei der Forderung nach Gleichstellung zu klären, in welcher Hinsicht denn (Grundgüter, Chancen, Zugangsmöglichkeiten, weitere Güter) die Menschen im Sinne einer *korrektiven Chancengleichheit* gleichzustellen seien (dazu ausführlicher Hoerster 2013)? Und es steht noch eine weitere Frage im Raum: Wie ist es um die persönliche Verantwortung im Kontext von Gleichheit bestellt (Dworkin)? Ist diese Hürde genommen, stellen sich weitere Hindernisse im gesellschaftlichen Leben quer: Diskriminierungen in Gestalt "gläserner Decken" (glass ceilings), wie ungleiche Karrierechancen. Rosanvallon weist deren Bewältigung dem *Projekt statistischer Chancengleichheit* zu (Rosanvallon 2013:288). Einzelne Kommentatoren positionieren sich völlig konträr zu dieser Thematik, wenn sie die Meinung vertreten, dass sich die Diskussion zur "sozialen Gerechtigkeit" um ein moralisches Problem bewegt, das überhaupt nicht existiert. In dieser Bandbreite wechselnder Bewertungen spiegelt sich auch der Grad des politischen Willens und der "Verantwortung des Staates für die elementare Wohlfahrt der Gesamtbevölkerung wider, – also die Qualität eines Programms der *Wohlfahrtsstaatlichkeit*" (Kaufmann 2003:26). Es bestimmt einerseits die kollektive Praxis von sozialem Frieden und dessen Stabilität, es setzt aber im kollektiven Bewusstsein gleichzeitig in Gestalt von Normen auch die Bewertungsmaßstäbe für das wohlfahrtsstaatlich geförderte Sein. Mit Normen als geforderte oder erwartete Verhaltensweisen sehen sich die Akteure im Wohlfahrtsstaat auf mehreren Ebenen konfrontiert (Leisering u.a. 2002:52):

- Auf der Ebene individueller Einstellungen und Werthaltungen der Bürger,
- in politischen Diskursen und Deutungen,
- in der Sozialgesetzgebung,
- in den sozialpolitischen Institutionen, also in der Sozialverwaltung und der Mikropolitik ausführender und lokaler Träger.

Dem entwickelten Wohlfahrtsstaat liegt als Wesensprinzip das Konzept sozialer Rechte zu Grunde, wie es in Artikel 22 der UN-Menschenrechtscharta zum Ausdruck kommt ("Jeder hat als Mitglied der Gesellschaft das Recht auf soziale Sicherheit ...") und in Artikel 25 detailliert aufgeführt wird:

"1. Jeder hat das Recht auf einen Lebensstandard, der seine und seiner Familie Gesundheit und Wohlfahrt gewährleistet, einschließlich Nahrung, Kleidung, Wohnung, ärztliche Versorgung und notwendige soziale Leistungen, sowie das Recht auf Sicherheit im Falle von Arbeitslosigkeit, Krankheit, Invalidität oder Verwitwung, im Alter sowie bei anderweitigem Verlust seiner Unterhaltsmittel durch unverschuldete Umstände.

2. Mütter und Kinder haben Anspruch auf besondere Fürsorge und Unterstützung. Alle Kinder, eheliche wie außereheliche, genießen den gleichen sozialen Schutz."

Mit technischer Unterstützung der UNDP initiierte die kasachische Regierung im Jahre 2009 – im Vorfeld der Übernahme des OSZE-Vorsitzes – einen eigenen "National Human Rights Action Plan 2009-2012", der nicht nur die sozialen Rechte und die Grundrechte für kasachische Bürger ausdrücklich bestätigte, sondern auch nach Wegen zu ihrer verbesserten Umsetzung suchte. Eine Anerkennung der genannten Rechte in dieser ausdrücklichen Form hat eine entscheidende Konsequenz: Sie "sichert den Zugang aller Bürger zu allen wichtigen Lebenszusammenhängen, unabhängig von ihrer Beteiligung am Arbeitsmarkt" (Leisering/u.a. 2002:53). Dieser bewussten Abkoppelung vom Arbeitsmarkt ("Dekommodifizierung") begegnen neoliberale Positionen mit einer Überbetonung von Leistungsnormen gegen die "Droge" Wohlfahrt, die nur Abhängigkeiten fördere. Der normative Diskurs nimmt noch an Intensität zu, sobald eine intergenerative Perspektive eingeführt, d.h. die Ressourcenallokation und Verteilungsgerechtigkeit zwischen Generationen diskutiert wird. In der Wohlfahrtsökonomie bewegt sich in diesem Zusammenhang die Auseinandersetzung um die Wahl der sogenannten *sozialen Diskontrate*. In dieser drückt sich, vereinfachend gesagt, der Altruismus der heutigen Generation gegenüber der nachkommenden aus (siehe dazu ausführlicher Keuschnigg 2011). Hat sich ein Kollektiv zu dieser Verpflichtung bekannt, stellt sich die Frage nach den entsprechenden Programmen zu deren Einlösung. Die Förderung von Gleichheit zwischen Altersgruppen setzt andere Instrumente voraus (beispielsweise orientiert am Lohnersatzprinzip) als eine kohortenbezogene Generationengerechtigkeit.

In beiden Entwicklungsvarianten, der sozialistischen wie der kapitalistischen fungiert(e) Sozialpolitik als Instrument der Verteilung, der Integration und als "Ordnungsmechanismus", wobei die sozialstaatlichen Sicherungssysteme, die dabei etabliert und instrumentalisiert werden, einer spezifischen Organisations-Logik unterworfen sind, die den Regimetyp im Sinne Esping-Andersens prägt (als "liberalen", "konservativen", oder "sozialdemokratischen Wohlfahrtsregimetyp). Orientiert an einer dieser "Logiken" kreieren bzw. institutionalisieren politische Regimes und Produktionsregimes *ihr* Wohlfahrtsregime, produzieren sie Wohlfahrt in Form von öffentlicher Wohlfahrt und individueller Lebensqualität. In dieser Kombination sind sie Ausdruck grundlegender Wertvorstellungen (s.u.) zum kollektiven Wohl-Befinden und sozialer Integration, bzw. drücken sie mittels Minimumstandards aus, bis zu welchem Grad sie die systematisch ungleiche Verteilung von Risiken und Ressourcen tolerieren und via Sozialpolitik Ungleichheit festschreiben (die oben angesprochenen "legitimen Ungleichheiten"). In der angewandten sozialen Wohlfahrtsfunktion wird dies durch einen spezifischen Parameter zum Ausdruck gebracht: der Ungleichheitsaversion gegenüber der Verteilung von Nutzenpositionen (siehe dazu ausführlicher Keuschnigg 2011)

Unter dem Schlagwort der "sozialen Sicherheit" (social security) haben die entsprechenden Kernprogramme des Wohlfahrtsstaates den Charakter einer sozialen Versicherung gegen die Grundrisiken des modernen Lebens angenommen: Arbeitslosigkeit, Unfälle, Krankheit, Behinderungen, Alter, Einkommensausfälle infolge von Krankheit, Veränderungen in der familiären Zusammensetzung, oder anderen "zufälligen" Schocks (Krieg, Depression, Rezession) (Wilensky 2002:211). Diesen Grundrisiken ist eigen, dass sie weitgehend zufälliger Natur sind und eine gleichmäßige Verteilung aufweisen. So lange sie diese Eigenschaften vorweisen, sind die notwendigen Voraussetzungen für das Versicherungsprinzip gegeben. Somit bildet das Versicherungsparadigma das technische wie philosophische Substrat des Wohlfahrtsstaates und das Teilen von Risiken ist zugleich eine Gerechtigkeitsnorm wie auch ein Solidaritätsverfahren (Rosanvallon 2013:251-253). Dieses Teilen von Risiken lässt sich über eine allgemeine Besteuerung oder eine soziale Pflichtversicherung betreiben. Beide Ansätze schließen "moral hazard" wie "adverse selection" aus. Entsprechend den geschichtlichen Etappen der Verteilungspolitik stehen neben der Sozialversicherung zwei weitere Pfeiler: die Fürsorge (in Gestalt staatlicher Sozialhilfe, kirchlicher Caritas, des islamischen Zakat u.a.m.) und ein budgetäres Versorgungssystem. In ihrer Eigenschaft als Wohlfahrtsstaat bündelten entwickelte Industriestaaten diese Aktionsfelder in sieben bis acht feste Teilprogramme einer Sozialpolitik (vgl. Abb. 2.2), deren Produkte dem Bürger nicht (mehr) als bloße Wohltaten in Aussicht gestellt werden, sondern vermittelt über einen formalen Sektor als Teil "seines" sozialen (An-)Rechts. Dies sind die wesentlichen Elemente einer Wohlfahrtsarchitektur, wie sie sich über Jahrzehnte hin als stilbestimmend für das Gros entwickelter Industriestaaten erwiesen hat. Unter dem Gesichtspunkt von Strategien des sozialen Schutzes (social protection) verfolgt diese Agenda eine kompensierende Strategie im gegebenen Leistungsfall (risk mitigation), trägt zum Statuserhalt betroffener Bürger bei und wirkt gesamtwirtschaftlich als antizyklischer "Stoßdämpfer". Unter der fiskalischen Belastung, mit der dieses Konzept in Rezessions- und Depressionsphasen regelmäßig die Budgets strapaziert, verschärft durch den stetigen Alterungsprozess der Bevölkerung und mit dem Aufkommen nicht mehr nur zufällig verteilter individueller Lagen, wurde diese "alte Politik des Wohlfahrtsstaates" abgelöst durch eine "neue", die auf das Ziel der Kostenbegrenzung hin justiert wurde (Pierson 2001). Um die anhaltende fiskalische Anspannung auf staatlicher wie auf betrieblicher Ebene abzubauen und dabei gleichzeitig die Lösungskompetenz, zum Teil via Markt, auf den Betroffenen zu verlagern (risk reduction), setzen einzelne Staaten verstärkt auf eine präventive Strategie der "produktiven" Funktion von Wohlfahrt, indem sie in den Aufbau von Humankapital (Ernährung, Bildung) investieren (siehe die Stichworte "skill production regimes" und "social investment state") und zur Vermögensbildung animieren, – eine Transformation vom "Welfare State" zum "Enabling State". Gleichzeitig haben sich die Typologie und Dynamiken von Risiken verschoben, die die Sozialpartner zu einer Wiederaufnahme der normativen Debatte (siehe die Diskussion um das europäische Sozialmodell, wobei Abbautheorien versus Umbautheorien stehen) und zu einem Umschreiben sozialer Verträge nötigen.

Jede Auseinandersetzung über die Architektur des Sozialstaats oder zu einzelnen sozialpolitischen Maßnahmen kreist zwangsläufig um die Begriffe "Sicherheit" und "Gerechtigkeit". Je nach Entwicklungsstand einer Volkswirtschaft geht es bei dem Aspekt "Sicherheit" um die Gewährleistung eines bestimmten Wohlstandsniveaus, angefangen beim politisch definierten Existenzminimum bis hin zu Garantien der Einhaltung des "Generationenvertrages". Weitaus strittiger verläuft die Diskussion um den Aspekt der "sozialen Gerechtigkeit", die als übergreifendes Gestaltungsprinzip zwar allgemein beschworen wird, sich bei näherer Betrachtung jedoch als ein Konstrukt verschiedener Teilgerechtigkeiten erweist (Blanke 2000:15), angefangen bei der grundsätzlichen Unterscheidung zwischen *Leistungsgerechtigkeit, Bedarfsgerechtigkeit* und *Chancengerechtigkeit*. Im Wechsel des ökonomischen und gesellschaftlichen Umfeldes entflammt der begleitende Streit um das angemessene "Maß des Sozialen" stets aufs Neue und die "soziale Gerechtigkeit" muss als eine Mixtur von Gerechtigkeitswerten und Grundsätzen stets neu austariert werden. Der entsprechende Katalog setzt bei dem "klassischen" Grundsatz der *Solidarität* ein, stellt in Phasen der Prosperität die *Leistungsgerechtigkeit* in den Vordergrund, innerhalb der Diskussion um Grundsicherungsmodelle dagegen die *Bedarfsgerechtigkeit* (unterstützt durch das Prinzip der *Subsidiarität*), favorisiert unter dem Stichwort der macroeconomic efficiency die *angemessene Teilhabe* an der Entwicklung der gesellschaftlichen Wohlfahrt durch Ausgleich der Startchancen, oder fordert gegen die neoliberale soziale Kälte die Ermöglichung *aktiver Teilhabe* am gesellschaftlichen und politischen Prozess (Beteiligungsgerechtigkeit).

Eine Dauerkonstante stellt im Verlauf der Entwicklung von Kasachstans Wohlfahrtsregime das Politikerbe in Gestalt einer umverteilenden Solidarität und die historische, im kollektiven Gedächtnis verankerte Erfahrung einer breiten Risikovorsorge durch den Staat dar ("past dependency", charakterisiert durch Vollbeschäftigung, Paygo-Systeme, nationalen Gesundheitsdienst, bezahlbare Mieten und begrenzte Unterstützungsprogramme mit Bedürftigkeitsnachweis; siehe Exkurs 3). Selbst ein Großteil der politischen Elite und der Bürokratie mit ihrer administrativen Erfahrung ist im Sinne dieses Erbes sozialisiert. Es übte daher in der Debatte um grundlegende Gestaltungsprinzipien weiterhin Einfluss auf die institutionelle Verfassung wohlfahrtsstaatlichen Handelns aus, trat jedoch im marktwirtschaftlichen Kontext zwangsläufig in einen "Verdrängungswettbewerb" zu den neuen dominierenden Prinzipien wie Wettbewerb und Effizienz ein. Der Um- und Ausbau des sozialen Schutzsystems stand folglich im Prozess der Systemwende unter der Auflage einer Reihe von "sekundären" Konstruktionsprinzipien, die gleichzeitig als Grundlage für dessen Performanzanalyse dienen können (s. Exkurs 4).

Exkurs 4 Konstruktionsprinzipien des neuen Systems des sozialen Schutzes und der Arbeit (SP&L System)

- "*Equity*: A good SP&L system can ensure that fiscal resources are equitably distributed, achieve horizontal equity in the ratio of contributions to benefits across workers of similar levels of income, establish and enforce common rights and obligations, and help improve equality of opportunities.
- *Inclusion*: A good SP&L system identifies coverage gaps, works to ensure the inclusion of the most vulnerable in the SP&L system, and seeks to eliminate overlaps and redundancies.
- *Fiscal sustainability*: A good system will be fiscally sustainable. This in turn requires analysis and acknowledgement of the fiscal costs of subsidies to social insurance and social assistance and the projection of program costs under different demographic scenarios.
- *Incentive compatibility*: A good system should be based on program rules that create incentives for individuals to work, save, and participate in risk-pooling arrangements; incentives for employers to register their workers in the SP&L system and to collect and pay the required contributions; and incentives for SP&L insurers and service providers, to enroll all eligible beneficiaries and provide good quality services efficiently.
- *Results focus*: A good system will have clearly established goals that are linked to well-articulated programs and will use monitoring and evaluation to track progress toward meeting these goals, monitor implementation and fill knowledge gaps on performance. Good monitoring and evaluation serve as a basis for results-based management, inform policymaking, and support accountability.
- *Ability to respond to risks and shocks*: A good system will be able to respond effectively both to help households manage idiosyncratic risks during normal times as well as counter-cyclically to respond appropriately to large covariate shocks."

Quelle: Robalino/Rawlings, Walker 2012:5)

Allerdings, das erste Gestaltungsprinzip, das bei der Transformation Kasachstans und weiterer GUS-Partner in Richtung eines modernen Wohlfahrtstaates zunächst einmal ins Auge fällt, ist der "Notfall"-Charakter der anfänglich getroffenen Maßnahmen. Sie sind hauptsächlich dem "social-policy-deficit" (Orenstein 2008:85) in den Blaupausen von Transformationsstrategen geschuldet, doch auch der dramatisch anschwellenden Zahl potentieller Adressaten wohlfahrtsstaatlichen Handelns, die alle Kapazitäten und Kompensationsmechanismen überforderte. Mit der einsetzenden Trennung von Wirtschaft und Politik wurde die Gesamtbevölkerung mehr oder weniger unfreiwillig in die Rollen von Verlierern oder Gewinnern der Transformation aufgeschlüsselt. Verlierer sind zunächst einmal all jene mit einer geringen "Kapitalausstattung", sei es wirtschaftlicher, sozialer, kultureller oder psychologischer Natur, und dies betraf die Mehrheit der Bevölkerung, deren Vetomacht allerdings potentiell jedes Reformgerüst zum Einsturz hätte bringen können. Dem vormals vielbeschworenen Gestaltungsprinzip "Solidarität" musste in der Phase einer "Schicksalsgemeinschaft" (wieder) Geltung verschafft werden. Wirkungsvolle soziale Sicherungssysteme sind dabei Ausdruck einer institutionalisierten Solidarität zur Erzeugung des Gemeinsamen. Im Dekret Nr. 886 vom 27. Juni 2001 formuliert die Regierung ihr Verständnis von Solidarität entsprechend: "Full solidarity is characterized by absence of link between contributions and benefits; right does not depend on contribution, but is just open at the moment of the occurrence of social risk." Wenn der Einzelne seine Chancen nicht mehr selbst wahrnehmen kann, steht ihm das Recht auf Hilfe aus Solidarität zu. Man bleibt sich allerdings der Tatsache bewusst, dass bei der Bestimmung quantitativer Parameter des sozialen Schutzsystems sowohl das Niveau wirtschaftlicher Entwicklung, die Anreizstruktur des gewählten Wirtschaftssystems wie auch der Grad der Solidarität zwischen den Individuen und der Beteiligungsgrad staatlicher Institutionen eine Rolle spielen. Solidarität gewährt als Sicherungsprinzip jedem Bürger zwar einen gleichen, allerdings in Phasen eines landesweiten Absinkens auf oder gar unter das Armutsniveau auch nur minimalen sozialen Schutz.

Andererseits bedurfte das junge Regime, dessen wachsendes Budgetvolumen auf "Petrobasis" noch nicht abzusehen war, einer Legitimationsbasis, die über die Beschwörung neu gewonnener nationaler Identität hinausging. Es galt ein Minimum an "sozialer Gerechtigkeit" als öffentliches Konsens-Gut zu wahren, d.h. unter allen beteiligten Wohnbürgern den Eindruck zu verankern, individuell an der Mehrung des materiellen, sozialen und kulturellen "Glücks" direkt und nicht nur als statistische Per-capita-Figur beteiligt zu sein. Das Motiv für einen korrigierenden Eingriff ist weniger in den Zweifeln an der Effizienz von Märkten (bzw. an einer effektvollen Ungleichheit) begründet als in der Suche nach einem sozial gerechten bzw. gerecht erscheinenden Ergebnis. Es gilt eine Erosion des sozialen Zusammenhalts und des Vertrauens der Bürger zu vermeiden, d.h. das Funktionieren einer Volkswirtschaft zu gewährleisten und darüber hinaus ein Mehr an "Inklusivität" im Wachstumsprozess (s. Kap. 10.5) zu erzielen. Bei dieser anhaltenden Kontroverse um die Gewichtung von "equity" und "efficiency" spielt ein weiterer Faktor eine entscheidende, gestaltende Rolle, nämlich die jeweils gegebenen politisch-ökonomischen Machtverhältnisse, die im zentralasiatischen Umfeld bei Verteilungsfragen und -Konflikten den Einsatz physischer Gewalt (wie die blutigen Auseinandersetzungen in Janaozen im Dezember 2011 belegen) und selbst die einseitige Korrektur internationaler Verträge (zum Ressourcenabbau) als "Dialogform" nicht ausschließen. Eliten sichern sich die Verfügungsrechte über wirtschaftliche Potentiale, mit der Aussicht auf die ungestörte Generierung von Renteneinkommen. Die Erschließung von Einkommensquellen dieser Art erfolgt hier ökonomisch weniger über Neuerungen als mittels der gegebenen Verfügungsmacht (siehe die Aufteilung des Nationaleinkommens in Lohn- und Kapitaleinkommen).

In dieser Konstellation, musste die Konzeption eines Wohlfahrtsregimes neu ausgerichtet werden, denn das ererbte, universalistisch angelegte Wohlfahrtssystem war nicht in der Lage die neuen, Marktprozessen inhärenten Risiken, wie die zunächst massive Verarmung und Arbeitslosigkeit, zu bewältigen. Diese Neuorientierung betraf nicht nur Fragen der Kapazität (s.o. Neukalibrierung) und der Effizienz wohlfahrtsstaatlichen Handelns, sondern auch dessen moralische Begründung: Sie rückte ab von der klassengebundenen Solidarität, die Loyalität und Disziplin honorierte, und etablierte – zumindest de jure – eine ethische Solidarität unter "Sozialbürgern" mit individuellen Rechtsansprüchen an den Staat. Diese "ethisch fundierte Solidarität kennt keine religiösen, sozialen, topographischen, ethnischen oder kulturellen Grenzen" (Nida-Rümelin 2000:347). Angesichts der ethnischen und religiösen Fragmentierung der kasachischen Gesellschaft liegt eine derart "entgrenzte" Form der Solidarität in einem funktionalen Sinne nahe. Dieser Notwendigkeit schien sich Präsident Nazarbaev bewusst gewesen zu sein, als er unmittelbar nach Erlangung der Unabhängigkeit die Aufgabe formulierte, einen "starken souveränen Staat mit einer sozial orientierten Marktwirtschaft" aufzubauen. Eine explizite Vorgabe für eine rein neoliberale Restrukturierung ist daraus nicht zu entnehmen, eine dementsprechende Formulierung (im Sinne von workfare) hätte wohl anders geklungen. Wieder zu finden ist diese ursprüngliche Haltung auch im Artikel 1 der Verfassung von 1995, in der die Republik Kasachstan "proclaims itself a democratic, secular, legal and social state whose highest values are an individual, his life, rights and freedoms". In dieser Formulierung wurde der Wohlfahrtsstaat mit dem Rechtsstaat verbunden und das leitende Paradigma wechselte von der patriarchalischen Redistribution zum Rechtsanspruch (Wagener 2011:253), indem beispielsweise jedem Bürger das verfassungsmäßig verbriefte Recht auf eine Minimalpension und soziale Sicherheit im Falle von Alter, Krankheit, Invalidität oder Verlust des Ernährers zugesprochen wird (Artikel 28). Faktisch orientieren sich die Zahlungen am offiziell definierten Subsistenzniveau, eine Art soziales Minimum à la Beveridge. Die Verfassung schreibt ihrerseits noch einen Mindestlohn vor, dessen Dynamisierung über der Inflationsrate liegen soll.

Zum sozialpolitischen Credo des sozialistischen Vorgängermodells gehörte die Herstellung von "Gleichheit der Ergebnisse auf der Basis der Verteilung gemäss den Bedürfnissen" (Wagener 2011:252). Unter Marktbedingungen wird diese Perspektive nun verkürzt und als "Chancengleichheit basierend auf gleichem Zutritt zu den Wettbewerbsprozessen" (Wagener ibid.) vor das (möglicherweise als ungerecht empfundene) Ergebnis platziert. Für die Betroffenen tat sich in dieser Konstellation erst einmal eine Kluft sozialer Ungeschütztheit auf. Die neuen Schlagworte "Effizienz" (efficiency) und "Wettbewerb" standen für sie im Widerspruch zu den vertrauten Prinzipien von "Solidarität" und "Gleichheit" (equity).

Die Regierung Kasachstans greift in ihrer aktuellen Agenda über das bloße Konzept einer nachholenden Neo-Modernisierung hinaus, erweitert programmatisch das wohlfahrtsstaatliche Handlungsfeld mit neuen Verknüpfungen: Seit der Annahme des "Concept on the Transition of Kazakhstan to Sustainable Development for 2007-2024" im November 2006 erhob sie das Schlagwort der "nachhaltigen Entwicklung" zum Imperativ politischen Handelns, ausgerichtet auf die Erlangung einer "economic, social, environmental and political balance of the development of the Republic of

Kazakhstan as a base for improvement of quality of life and provision for the competitiveness of the country in the long-term". Kasachstan mag sich mit derartigen Formulierungen dem Vorwurf aussetzen, den Kampf in einer Gewichtsklasse über den gegebenen Möglichkeiten zu suchen, zumal bei dieser ambitionierten Vorgabe das Dilemma der Akteursbildung unterschätzt wird (d.h. die Schaffung von Institutionen durch Akteure, die ein kognitives Vorverständnis des anzustrebenden Ziels als rationale Handlungsorientierung in sich selbst noch zu entwickeln haben). Effizienzkriterien des Marktes sind in der Perspektive der zitierten Formulierung nicht einseitiger Ausdruck eines alles dominierenden Selbstzwecks ökonomischen Handelns, sondern erhalten ein sozial- und wohlfahrtstaatliches Komplement und Korrektiv. Dahinter steht offenbar die Einsicht, dass keine politische Ordnung dauerhaft auf einer Organisation der Wirtschaft beruhen kann, "die nur der Logik wirtschaftlicher Effizienz folgt, den sozialen Konsequenzen von Märkten aber indifferent gegenübersteht" (Beckert 2006:427). In der ausdrücklichen Betonung einer "social balance" hallt nicht nur ein staatssozialistisch "egalitäres" Erbe nach, sondern spiegeln sich auch die Lehren aus den Erfahrungen der Transformationskrise wieder, verknüpft mit einer generationenübergreifenden Perspektive, die auch die "soziokulturellen Dimensionen" von Nachhaltigkeit im Blick hat. Das neue Solidaritätsangebot richtet sich auf die kommende Generation, also auf die Zukunft hin.

7 Sequenzen in der Entwicklung der neuen Wohlfahrtsarchitektur

Der Übergang von der Plan- zur Marktwirtschaft ist von sozio-ökonomischen Veränderungen begleitet, die in ihren positiven wie negativen Folgewirkungen in der Regel bewusst herbeigeführt oder in Kauf genommen worden sind. Andererseits können diese Folgewirkungen aber auch Ausdruck eines nicht-intendierten Wandels in Struktur und Handeln der betroffenen Gesellschaft sein und in dieser Absichtslosigkeit deren gesamtsoziales Interesse zum Vorteil einiger Gruppierungen fördern oder zum Schaden anderer ignorieren. Beabsichtigt oder unbeabsichtigt, als sogenannte stilisierte Fakten ("Stylized facts") der Transformation lassen sie sich allgemein in folgende sozialpolitisch relevante Grunderfahrungen zusammenfassen:

- Die sozialen Kosten der Transformation fallen höher aus als allgemein erwartet (Ellman 2000) und der fiskalische wie administrative Handlungsspielraum des Staates erweist sich schwächer als angemessen, um kompensatorisch wirken zu können.
- Das in Sowjetzeiten entwickelte Netzwerk sozialer Dienstleistungen kollabiert.
- Die Beschäftigungsgarantie fällt und die Arbeitslosigkeit steigt.
- Schattenwirtschaft und informelle Beschäftigungsverhältnisse (ohne soziale Sicherung bzw. als Ersatz für soziale Sicherung) breiten sich aus.
- Die realen Pro-Kopf-Einkommen sinken, bei zum Teil "exzessiver Lohnflexibilität".
- Weitere Indikatoren der menschlichen Entwicklung (human development indicators) folgen dieser Negativtendenz (Bildung; Gesundheit: Tuberkulose, HIV).
- Die Gesellschaft spaltet sich auf in Gewinner und Verlierer der Transformation.
- Die Einkommensungleichheit (personell, regional) nimmt zu; die Armutsquote ("head count index") steigt an und Unterernährung (vor allem bei Kindern) breitet sich aus.

- Die Dynamik des demographischen Übergangs beschleunigt sich und die Abhängigkeitsquoten steigen.
- Trotz hoher sozialer Kosten mit erheblichem kollektiven Protestpotential fällt eine abschließende, länderübergreifende Gemeinsamkeit als überraschende Tatsache ins Auge: "popular upheavals have been conspicuous by their absence" (Ellman 2000:138).

Um Richtung und Dynamik in der transformatorischen Bewegung zu halten, werden erodierende Teile des alten universalistischen Wohlfahrtsmodells (wie das Rentensystem) vor der völligen Auflösung bewahrt und zusätzliche sozialpolitische "Leitplanken" eingezogen, die zunächst helfen sollen, Verteilungskoalitionen als politische Mobilisierungsbasis zu erhalten oder neu zu gestalten. So oder so, gilt es generell den (oktroyierten) Kurs innerhalb der Grenzen sozialer Akzeptanz zu halten, Interessenkollisionen und Risiken zu reduzieren sowie soziale Verwerfungen zu korrigieren. Eine massive soziale Verwerfung stellte allein die Tatsache dar, dass von 1993 bis 1995 innerhalb der Gesamtbevölkerung Kasachstans die Armutsquote von 5 auf 65 Prozent anstieg (zur Quotenermittlung siehe Exkurs 8). Neben "handgesteuerten" Ad-hoc-Aktionen zeichnen sich dabei erste, auf lange Frist angelegte Umrisse eines sozialen Sicherungssystems und damit eines wesentlichen Teils künftiger Wohlfahrtsstaatlichkeit ab. Diese – wenn auch noch schwachen – Konturen entfalten schließlich in ihrer institutionellen Verzweigung eine Dynamik der eigenen Art, als ein Teilsystem, das in konflikthafter Bewegung ein soziales Fortschrittsideal verfolgt und damit der Transition insgesamt eine spezifische Modernisierungsqualität in Gestalt eines Wohlfahrtsregimes mit gefestigten sozialstaatlichen Konturen verleiht. Bei der Ausrichtung und Etablierung eines derartigen Wohlfahrtsregimes, das zunächst die unvermeidlichen Transformationskosten in Ad-hoc-Manier zu reduzieren sucht und das sich in einem wachsenden Grade mit den "gesellschaftlichen Externalitäten kapitalistischen Wirtschaftens" (Schimank) sozialpolitisch auseinanderzusetzen hat, genießen die Machteliten in der aktuellen Phase "ihrer" postsowjetischen Kapitalismusvariante zunächst einmal den Vorteil einer gewissen Gestaltungsautonomie (einschließlich der Ausgrenzung von weiteren potentiellen Akteursgruppen wie politischen Parteien, Gewerkschaften u.a.m. und der Bewahrung eines

Gewaltmonopols, das den Einsatz repressiver Mittel gegenüber "Vetogruppen" erlaubt). In diesem spezifischen Zeitfenster von Möglichkeiten aktiven Gestaltens haben sie Antworten zu finden auf eine Reihe von Strukturproblemen, die sich aus der Neuorientierung des Verhältnisses zwischen den Teilordnungen Staat, Wirtschaft und Gesellschaft in einer neu zu erfahrenden Konkurrenzarena ergeben.

7.1 Der instabile wirtschaftliche Kontext

Kasachstan war die letzte der Sowjet-Republiken, die 1991 ihren Austritt aus dem vormaligen Sojuz erklärte. Für seine Staatlichkeit wählte es das ethnokulturelle Modell, obschon die Mehrheit seiner Bürger nicht der Nominalnation angehörte. Dies provozierte einen Exodus von Gastethnien, dem sich viele, vorwiegend russische Fachkräfte anschlossen. Die anvisierte Umgestaltung der Wirtschaftsordnung in Richtung liberale Marktwirtschaft vollzog sich unter denkbar ungünstigen Rahmenbedingungen. Siedlungs- und Wirtschaftsstrukturen waren nicht auf die Erfordernisse nationalstaatlicher Autonomie zugeschnitten. Eine Vielzahl von Austausch- und Kooperationslinien zwischen den kasachischen Rohstoffproduzenten und den verarbeitenden Betrieben in den vormaligen Republiken wurden vorerst ringsum gekappt, während der Binnenmarkt bei schwacher Infrastruktur noch keine kompensierende Wertschöpfungskette bot (Shevchik Ketenci 2008:135-136). Mit der Unabhängigkeit versiegten auch die Budgettransfers aus Moskau auf Rubelbasis und blieben nach der Einführung einer eigenen Währung völlig aus. Was immer man unter derartigen Bedingungen auch unternommen hätte, die wirtschaftliche Leistung musste zwangsläufig einbrechen: Zwischen 1990 und 1995 fiel das reale BIP um über 50 Prozent. Viele Betriebe stellten ihre Beitragszahlungen in die Sozialfonds ein, blieben ihre steuerlichen Beiträge in das Staatsbudget schuldig. Nach Angaben des Business Environment and Enterprise Performance Survey (BEEPS) erklärten noch im Zeitraum 1999-2000 knapp über 60 Prozent befragter Unternehmensleiter, dass sie offiziellen Stellen gegenüber weniger als zehn Prozent ihres Umsatzes deklarierten. Der Staat geriet bei den Renten- und den sozialen Unterstützungszahlungen in Verzug. Zusammen mit den Lohnrückständen beliefen sich diese ausstehenden Transfers im Jahre 1996 auf annähernd eine Mrd. US$ (= 40 % des BIP). Die Lohnrückstände waren gewissermaßen der "Preis" für die Erhaltung des Beschäftigungsstatus in den Betrieben und des damit verbundenen Anspruchs auf betriebliche Sozialleistungen.

Die Wachstumsrate des BIP hatte sich gerade wieder ins Positive gewendet, als sie 1998 erneut ins Negative kippte, beschleunigt durch extern bedingte Krisenwellen (ostasiatische Krise 1997, Russische Finanzkrise 1998, fallende Güterpreise). Ein wachsender Anteil der Bevölkerung sank weiter unter die Armutsgrenze (vgl. Tab. 7.1) und die Ungleichverteilung der Einkommen begann wieder deutlich zu steigen (wie die Entwicklung des Gini-Koeffizienten belegt, vgl. Kap. 10.2). Mit wachsender Ungleichheit nahmen auch die psychologischen Kosten der Armut zu.

Tab. 7.1 Anteil der Bevölkerung unter der nationalen Armutsgrenze (1988-2003)

Land	1988	1996	1997	1998	1999	2000	2001	2002	2003
Armenien	18,0	54,7		55,0			50,9		
Aserbaid.	33,0	62,0					49,0	46,7	43,0
Kasachstan		34,6	43,0	43,4	34,5	31,8	28,4	24,2	
Kirgistan	37,0		51,0		64,1	52,0	47,6	44,4	50,0
Tadschikist.	59,0				83,0				72,0
Usbekistan						32,0			27,2

Quelle: ESCAP, IMF and World Bank

In der Bibel folgten bekanntlich auf sieben fette Jahre sieben magere Jahre: Für Kasachstan zeichnet sich rückblickend ein Achtjahresrhythmus in umgekehrter Folge ab: Den acht mageren Jahren nach dem Ausscheiden aus dem Sojuz folgten ab 1999 bis 2007 "fette" Jahre mit Wachstumsraten des Bruttoinlandsprodukts von durchschnittlich knapp 10 Prozent, die allerdings 2007 begannen, – angestoßen von der weltweiten Finanzkrise – in einem so nicht vorhergesehenen Ausmaß auf eine schwache Wachstumsdynamik von 3,3 Prozent (2008) abzusinken. Bis dahin standen hinter der zitierten hohen durchschnittlichen Wachstumsrate des Pro-Kopf-BIPs die Impulse aus dem weltweiten Rohstoffboom. In dieser Phase zählte Kasachstan zu jenen Ländern, die den höchsten Anstieg ihrer Terms of Trade (Kasachstan mit jährlich 10,2 %) erfuhren. Begleitend dazu baute sich ein Kreditboom auf (vgl. Abb. 7.1), den steigende Spareinlagen (aus einer dynamischen Lohn- und Gewinnentwicklung) und insbesondere eine expandierende Auslandsverschuldung ermöglicht hatten. Angesichts des raschen Wachstums der Binnenwirtschaft und in einem Umfeld reichlich vorhandener internationaler Liquidität fiel es Kasachstans Banken nicht schwer, sich kostengünstig im Ausland zu refinanzieren. Bergbau- und Geologieunternehmen hatten schon in den 90er Jahren begonnen, Geld bei ihren ausländischen Muttergesellschaften aufzunehmen (Holzhacker 2012a:4).

Kasachstan verfolgte insgesamt ein kreditfinanziertes Wachstumsmodell (leverage-led growth model). Konsum und ausländische Kapitalzuflüsse trieben die Gesamtnachfrage der Wirtschaft (und die Inflation) voran. Die Konsumentenkredite allein beanspruchten ein Drittel des gesamten Kreditportfolios. Sie dienten der Finanzierung von Hypotheken, Automobilen, Handels- und Bauaktivitäten. Zusätzlich nährten sie eine Immobilienblase, an der sich auch die Banken mit spekulativen Investitionen (Investquartiras) beteiligten.

Die Immobilienblase platzte Mitte 2007, die Aktivitäten im Bausektor kamen zum Stillstand und einige der größten Bauunternehmen gingen in Konkurs, mit negativen Folgen für die allgemeine Beschäftigungslage (und für die Bilanzen einzelner Banken). In Astana brachen die Immobilienpreise um 50 Prozent ein, in Almaty um 30 Prozent. Die sektoralen Leistungseinbrüche (insbesondere bei Export, Transport, Bau und Finanzdienstleistungen) in den ersten neun Monaten des Jahres 2009 kehrten die Gesamtdynamik des BIP Kasachstans schließlich ins Negative, mit zwangsläufig wohlfahrtsrelevanten Folgen.

Abb. 7.1 Forderungen und Verbindlichkeiten der Banken gegenüber dem Ausland, Mrd. USD

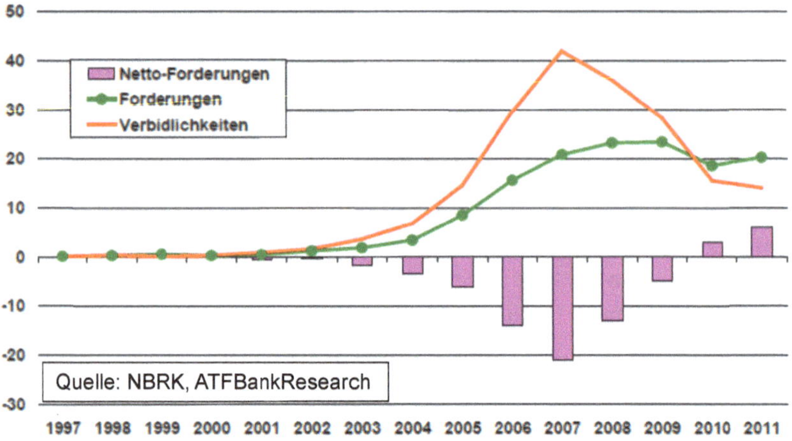

Die globale Finanzkrise breitete sich 2008 in zeitlich versetzten Ansteckungswellen aus. Im März 2008 hatte die erste Welle die Baltischen Staaten, einige Länder Süd-Ost-Europas und Kasachstan erreicht, wobei es in dessen Bankensektor bereits seit 2006 kriselte. Zunächst abgefedert durch den hohen Ölpreis setzte hier die Kapitulation der Märkte erst dann richtig ein, als auch die globalen Güterpreise im Verlauf der sogenannten Großen Rezession (2008-2009) einbrachen. Kasachstan – wie auch Russland und Belarus – hatte einen Doppelschlag hinzunehmen: Einmal seitens der internationalen Finanzmärkte mit hohen Risikoaufschlägen bei Kreditaufnahmen und einer Kappung oder gar Umkehrung der Kapitalströme, zum anderen mit einer rückläufigen Nachfrage nach Kasachstans klassischen Exportgütern (Öl, Mineralien; zu den Auswirkungen der Finanzkrise siehe ausführlicher Ruziev/Majdov 2013).

Exkurs 5 Wirtschaftliche Entwicklung in Schaubildern

Die wirtschaftliche Entwicklung Kasachstans vollzog sich unter dem Einfluss von vier entscheidenden Faktoren: Einer unterdimensionierten Infrastruktur, einer ungleichen sektoralen wie regionalen Entwicklung, einer Orientierung auf Rohstoffe, einer strukturellen Monopolisierung und dem Fehlen marktwirtschaftlichen Wettbewerbs. Der entscheidende "Wettbewerb" (who gets what, when and how) voll-

zieht sich hinter den Kulissen des Marktes zwischen Finanz- und Industriegruppen, die um die wirtschaftlichen und politischen Ressourcen konkurrieren. Durchzogen ist dieses spezifische Entwicklungsmuster von einem anhaltend hohen Leistungsanteil der Schattenwirtschaft (vgl. Exkurs 9). Mit dem Zusammenbruch der kommerziellen Beziehungen innerhalb der Sowjetunion brach das offiziell erfasste BIP Kasachstans bis Mitte der 90er Jahre auf ein Niveau von ca. 60 Prozent gegenüber dem Ausgangsniveau von 1990 ein.
Beflügelt durch erhöhte Produktions- und Exportmengen an Öl und Gas sowie durch einen heimischen Bauboom lag das reale Leistungsniveau 2006 bereits ein Viertel über dem Ausgangsniveau der Transformationsphase.

Abb. 7.2 Entwicklung des BIP (1989 = 100)

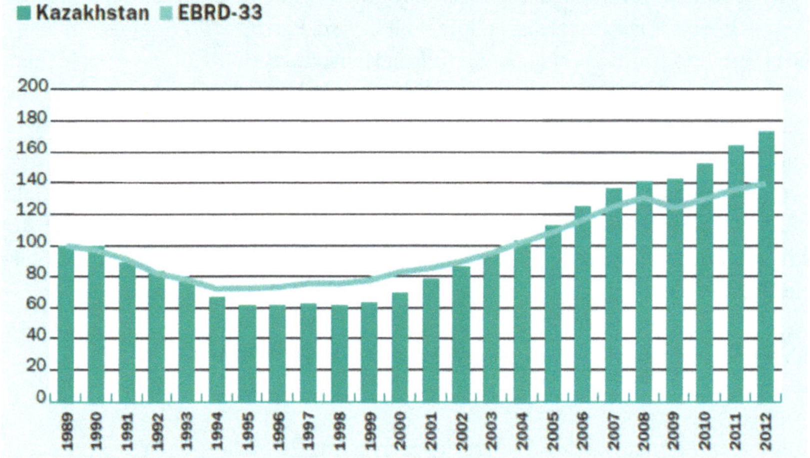

Quelle: EBRD 2012:121

Die 90er Jahre waren ein sehr turbulenter Zeitraum, politisch wie ökonomisch. Die Inflationsrate überstieg die 1000-Prozent-Marke (s. Tab. 7.2), versetzte das Land in den Zustand verteilungspolitischer Anomie und vernichtete die Ersparnisse, die viele Bürger in Sowjetzeiten zur ergänzenden Finanzierung ihres Lebensabends angesammelt hatten. Nach Umformung der alten Gosbankfiliale zur National-Bank als eigenständiger Zentralbank (13.4.1993) und nach der Einführung des Tenge (am 15.11.1993 mit einem Kurs von 1 Tenge = 500 Rubel) erlangte die Regierung die wirtschaftspolitische Kontrolle zurück und die Inflationsrate sank wieder deutlich ab.

Tab. 7.2 Inflationsentwicklung in Kasachstan und Russland

Land	1990	1991	1992	1993	1994	1995	1996	1997
Kasachstan	5,6	91	1515,7	1662,3	1879,9	186,3	39,1	17,4
Russland	5,6	92,7	1353	895,9	302	190,1	47,8	14,7

Quelle: Nationale Statistiken

Zu Beginn des Jahres 1999 begann der Ölpreis – ausgehend von 12 US$ pro Barrel – kräftig zu steigen, um sich bis Ende des Jahres 2003 nahezu zu verdreifachen und bis Ende 2005 zu verfünffachen. Entsprechend positiv entwickelten sich Kasachstans Net Barter Terms of Trade. (siehe nachfolgende Graphik Abb. 7.3). Die günstige Preisentwicklung deckte in Kürze die hohen Transportkosten, die bei der geographischen Lage der kasachischen Förderfelder zwangsläufig anfallen. Dies trieb die Erschließung neuer Öl- und Gasfelder sowie das Fördervolumen voran. Betrug im Jahre 1999 die Tagesförderung an Rohöl 603,6 Tsd. Barrel, so erreichte sie im Jahre 2011 mit 1,64 Mio Barrel einen vorläufigen Höhepunkt. Montan- und Petroleumindustrie trugen 2010 ein Drittel des BIP bei und erzielten gemeinsam 82 Prozent der Exporterlöse (2009). die Staatseinnahmen stützten sich (2010) zu 39 Prozent auf Öl und Gas. Der Prozess der außenwirtschaftlichen Öffnung Kasachstans schreitet sukzessive voran, er sollte "gekrönt" werden durch den ursprünglich für das Jahr 2013 anvisierten Beitritt zur WTO. Parallel dazu erfolgten weitere Schritte der wirtschaftlichen Integration im postsowjetischen Raum (Zollunion 2010 mit Belarus und Russland).

Abb. 7.3 Entwicklung des Net Barter terms of trade Index in ZA

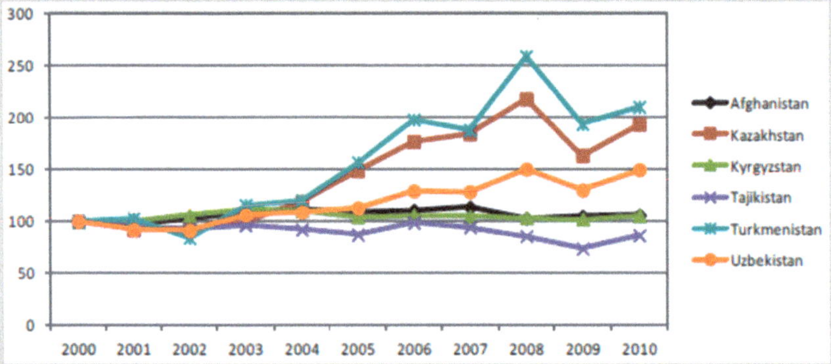

Quelle: World Development Indicators and Mogilevskii 2012:14

Einen ersten Überblick zur strukturellen Transformation der Volkswirtschaft Kasachstans vermittelt die sektorale Zusammensetzung mit den wechselnden Beiträgen wesentlicher Sektoren zum Bruttoinlandsprodukt. Der schwindende Beitrag der beschäftigungsintensiven Landwirtschaft kontrastiert mit dem ursprünglich stark expandierenden Sektor Dienstleistung sowie der Öl- und Montanindustrie.

Tab. 7.3 Sektorale Entwicklung von Kasachstans Wirtschaft (in Beiträgen zum BIP in Prozenten)

	1993	1995	1998	2000	2005	2010
Agriculture	16.3	12.3	8.6	8.1	6.4	4.4
Industry	28.6	23.5	24.4	32.6	29.8	32.8
Construction	8.2	6.5	4.9	5.2	7.8	7.7
Services	40.8	53.3	56.1	47.5	49.8	49.7
Gross value added	93.9	95.6	94.0	93.4	93.8	94.6
Net taxes on products	6.1	4.4	6.0	6.6	6.2	5.4
GDP	100.0	100.0	100.0	100.0	100.0	100.0

Quelle: ASRK

Abb. 7.4 Entwicklung der Produktivität einzelner Wirtschaftsbranchen

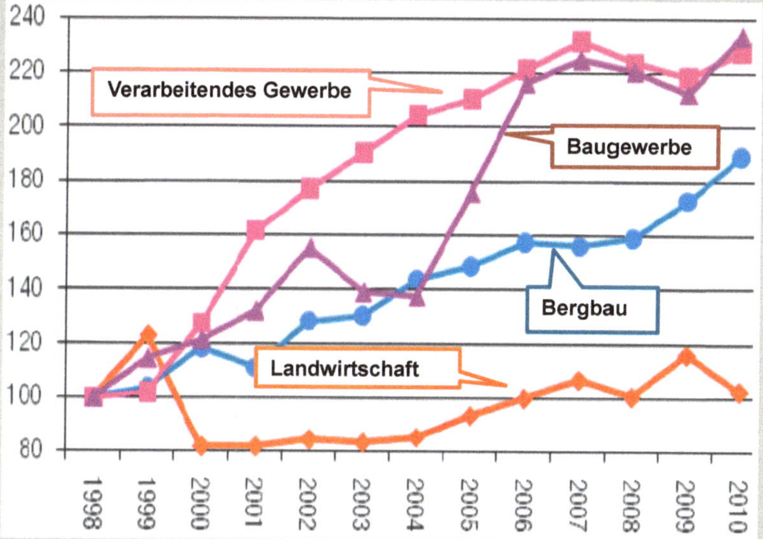

Quelle: ASRK, ATFBank Research

Wie die vorstehende Graphik verdeutlicht, hat die Produktivität einzelner Branchen über die Jahre hin ständig zugenommen. Eine Ausnahme bleibt die Landwirtschaft. Diese allgemeine Verbesserung erfolgte allerdings in einem erheblichen Abstand zu anderen Volkswirtschaften. 2008 betrug die durchschnittliche Arbeitsproduktivität in Kasachstan mit $22475 (in PPP) rund 80 Prozent des Niveaus Russlands ($27830) und erreichte nur ein Fünftel des US-Wertes ($ 99347). Farmarbeiter in entwickelten Ländern produzieren mit Jahreserträgen zwischen $50000 bis $70000 das Vielfache eines kasachischen Landarbeiters ($3000).

Weiterführende Literatur: Pomfret, R. (2006): The Central Asian Economies since Independence. Princeton, N.J.; World Bank Group (2013): Kazakhstan Partnership Program Snapshot, October 2013, Astana.

Das Einflusspotential des Ölsektors illustrieren folgende Zahlen: Er generiert ein Viertel des BIP, 60 Prozent der Gesamtexporte und 40 Prozent der Einnahmen im Staatshaushalt. Der Grund, warum Kasachstan gesamtwirtschaftlich die Banken-Krise 2008-2009 dennoch verhältnismäßig gut bewältigte, ist nach Auffassung von Experten in Kasachstans spezifischer Form seiner Zwei-Sektoren-Wirtschaft (Ressourcen und Nicht-Ressourcen) zu suchen (ein Dualismus neben jenem zwischen formeller und informeller Wirtschaft). Der Ölsektor hing nur zu einem geringeren Teil am Finanzierungstropf inländischer Banken und das überproportional engagierte ausländische Kapital traf im Ressourcensektor (und in weiteren Unternehmensbereichen) keinerlei Anstalten zum Rückzug (Holzhacker 2012:49). Die von der Krise besonders betroffenen Bereiche (Dienstleistungen und Bausektor) repräsentierten jene Klientel, an die der inländische Bankensektor seinerseits zinsgünstiges ausländisches Kapital weitergereicht hatte.

7.2 Sequenzen und Maßnahmen im Reformablauf

Eingebettet in diesen ökonomischen Entwicklungsverlauf ist die funktionale, distributive, normative und institutionelle Rekalibrierung (s.o. Ferrera et al. 2000) der Wohlfahrtsarchitektur Kasachstans und weiterer GUS-Partner zu sehen. Bis der Pushfaktor aus Öl und Gas seine multiplikative Wirkung für das wirtschaftliche Wachstum erneut entfaltete, durchlief das "System" sozialer Sicherheit bzw. das, was von ihm noch funktionsfähig war, nach

Erlangung der Unabhängigkeit Kasachstans mehrere Phasen, deren Zäsuren durch budgetäre Zwangslagen, Transformationssequenzen oder durch konjunkturelle Impulse gesetzt wurden.

Die Auflösung des sowjetischen Erbes

In der anfänglichen Phase der Unordnung (1991-93) sah sich die Regierung außerstande, angesichts begrenzter fiskalischer Eigenmittel und ausbleibender Transfers aus Moskau den ererbten Umfang von "Generationensolidarität" in Gestalt sozialer (Dienst-)Leistungen (insbesondere Bildung und Gesundheit) im gewohnten Umfange aufrecht zu erhalten. Sie ging legislativ in die Offensive und antwortete mit einer Fülle von Gesetzen (viele davon betrafen Leidtragende von Umweltbelastungen) sowie mit der Auflage neuer extrabudgetärer Fonds: Auf den unabhängigen Pensionsfonds und den Beschäftigungsfonds (1991; ein autonomer versicherungsbasierter Staatsfonds, der im Januar 1999 liquidiert wurde) folgte die Einrichtung eines Sozialversicherungsfonds (1992), alimentiert über eine standardisierte Sozialabgabe von 30 Prozent der Lohnsumme, – Forderungen, denen viele Betriebe nicht mehr nachzukommen vermochten. Gleichwohl konnte sich die Regierung zunächst nicht zu drastischen Budgeteinschnitten durchringen. 1992 gewährte der Staat noch über 9,5 Millionen Bürgern soziale Unterstützung. Die jeweiligen Mindestniveaus für Löhne, Renten und soziale Unterstützungszahlungen orientierten sich an dem durchschnittlichen Subsistenzminimum pro Kopf, wie es durch das entsprechende Gesetz vom 17. Juni 1991 zum Mindestkonsumbudget (minimal'nyj potrebitel'skij bjudžet) festgelegt worden war. Noch sorgten die alten Institutionen (Betriebe, Pensionen) für einen begrenzten sozialen Schutz (Beschäftigung, Unterkunft, Einkommen), doch suchten mehr und mehr Werktätige ihr Auskommen in der Schattenwirtschaft. Sie verzichteten auf die Zuteilung einer persönlichen Wohlfahrtsnummer und damit zwangsläufig auf entsprechende soziale Leistungen bescheidenen Umfangs, deren reale Kaufkraft unter dem Eindruck der Inflation (siehe Tab. 7.2) zusehends schwand. Überdies erhielten über 60 Prozent unterstützungsberechtigter armer Haushalte (1996) ohnehin keinerlei Zuwendungen (mehr). Der Arbeitslosenfonds aus Gorbatschows Zeiten (1990; mit Einlagepflichten für jedes Unternehmen) war unmittelbar nach Auflösung der Sowjetunion Bankrott gegangen. Ein neues Beschäftigungsgesetz, das u.a. den Schutz von beschäftigungslosen Bürgern durch lokale staatliche Organe vorsah, wurde erst 1998 angenommen. Die dafür reservierten Mittel wurden allerdings auch für andere Zwecke, wie Renten, Unterkünfte etc. ausgegeben.

Wenn auch die Restrukturierung und Transformierung des wohlfahrtsstaatlichen Erbes aus Sowjetzeiten vorerst nicht zu den Prioritäten der Reformer zählte, so wurde die Transformation in Richtung einer konzeptionellen Neugestaltung des Wohlfahrtsregimes dennoch unumgänglich. Zunächst einmal im Sinne allgemeiner Bescheidung: Sozialprogramme mussten in Verbindung mit einer restriktiven Fiskalpolitik zurückgefahren bzw. gänzlich gestrichen werden. Noch vor der zweiten Transformationsphase – dem ernsthaften Ansatz zur Einführung einer Marktwirtschaft – setzte bereits die zweite sozialpolitische Phase (1993-1996) in Gestalt von Reformen ein. Sie bilden den eigentlichen Auftakt zur gezielten Transformation des Wohlfahrtssystems. Unter der Ägide von IWF und Weltbank (Adascalitei 2012:66-67) verfolgte die Regierung eine restriktive Fiskalpolitik, und beschnitt ab 1994 entsprechend radikal Wohlfahrtsprogramme im großen Umfang. Im Jahre 1993 war Kasachstan außerdem Mitglied der Internationalen Arbeitsorganisation (ILO) geworden und dies schlug sich 1996 in der Ratifizierung zweier Konventionen nieder (No. 87 On Freedom of Association and Protection of the Right to Organize; No. 111 Discrimination Convention). Ein neues Arbeitsgesetz (Law on Labor) trat erst auf Initiative der parlamentarischen Gewerkschaftsfraktion *Enbek* zum 1. Januar 2000 in Kraft. Die neue Fassung ersetzte den alten Arbeitskodex aus dem Jahre 1972. Sie regelt in zwölf Kapiteln und 108 Artikeln Arbeitsbeziehungen, Kollektiv-Verträge, das Streikrecht, Entlohnung, Entlassung, Arbeitsstunden u.a.m. Die Föderation der Gewerkschaften der Republik Kasachstan (FPRK) drängte in jahrelangen Kampagnen auf eine Revision dieses Kodex (er wurde schließlich zur Jahresmitte 2007 durch eine erheblich überarbeitete Version abgelöst). Genau ein Jahr zuvor war bereits ein Beschäftigungsgesetz (Law on Employment) in Kraft getreten, das den Bereich der öffentlichen Beschäftigung und den sozialen Schutz für Arbeitslose abdeckt.

Mittlerweile war der HDI-Index auf seinem Tiefpunkt angekommen (1995 = 0,702 gegenüber 1991 = 0,743; siehe dazu ausführlicher Kap. 10.1). Schließlich musste auch noch der Pensionsfonds der Kasachischen Republik (1993 eingerichtet) aus dem Staatsbudget nachfinanziert werden, da sich die regionalen Oblastverwaltungen bei der Erhebung und im Umgang mit den entsprechenden Versicherungsbeiträgen als inkompetent erwiesen hatten. Diese Inkompetenz ist jedoch im engen Zusammenhang mit jenen Problemen zu sehen, die dem traditionellen Alterssicherungssystem als PAYGO-System (= pay as you go) inhärent waren: 1. Die Struktur der Rentenbezüge war nach altem Sowjetstil durch ein frühes Rentenalter und viele spezielle Privilegien (nach dem Versorgungsprinzip) gekennzeichnet; 2. Die Lohnabrechnungen waren mit einer hohen Sozialabgabe in Höhe von 25.5 Prozent des Lohnes belastet und dies 3. vor dem Hintergrund einer schwindenden Basis für die Beitragserhebungen angesichts massiver betrieblicher Umsatzeinbußen. Zu Beginn des Jahres 1996 lag der Pensionsfonds bei seinen Leistungen mit 26 Mrd. Tenge (= $ 398 Millionen) im Rückstand, der sich bis Mitte des Jahres auf 32 Mrd. Tenge (= $ 474 Millionen) weitete (= 2,5 Prozent des BIP). Mit diesen Leistungsrückständen baute sich auch ein erhebliches Potential an sozialer Unruhe auf (Andrews 2001:7). Aus Protest gegen die Lohn- und Rentenrückstände bei steigenden Lebensmittelpreisen kam es in urbanen Regionen zu Demonstrationen und Hungerstreiks. Der Pensionsfonds wurde als "Gosudarstvennyj Nakopitel'nyj Pensionnyj Fond" (Staatlicher Rentensparfonds) vorerst in das Staatsbudget integriert (1997) und mit einer staatlichen Leistungsgarantie versehen (defined-benefit plans). Die nationale Steuerbehörde hatte (vorläufig) für die ordnungsgemäße Erhebung der Rentenbeiträge zu sorgen. Nach Einführung des reformierten Rentensystems (s. in Kap. 7.2 den Abschnitt "Das Kernstück") übernahm schließlich die Nationalbank von Kasachstan als Treuhänderbank den staatlich geführten Rentenfonds.

Exkurs 6 Grundschema eines PAYGO-Systems (defined-benefit system)

In einem Rentensystem auf PAYGO-Basis finanziert in jeder Periode die junge Generation in Form von Beitragszahlungen die Pensionen der alten Generation (mitunter ergänzt durch Transfers aus dem Staatshaushalt). Es findet ein systematischer intergenerativer Transfer statt. Ausgaben (pay) und Einnahmen (go) sollen stets ausgeglichen sein, d.h. es wird grundsätzlich kein Kapitalvermögen gebildet und es fallen auch keine Zinszahlungen an. In einem einfachen Generationenmodell zahlt eine Generation, während sie jung ist, in unserem Länderbeispiel 1000 Tenge und erhält in der Altersphase wiederum diese 1000 Tenge. Faktisch alimentiert eine jüngere Generation die ältere, wie das nachfolgende Schema verdeutlicht. Generation A ist alt in der Periode 1 und erhält entsprechend 1000 Tenge. Diese Summe wird von der Generation B, der jungen in der Periode 1, aufgebracht. In der Periode 2 ist die Generation B alt und wird entsprechend von der jüngeren Generation C alimentiert usw.

	Generation			
Periode	A	B	C	D
1	+1000	-1000		
2		+1000	-1000	
3			+1000	-1000
				+1000

Quelle: Orszag (1999):9

Werden die Rentenbezüge völlig über einen Steuersatz auf die Bruttolohnsumme finanziert, ergibt sich daraus die folgende grundlegende PAYGO-Gleichung:

(1) $\alpha wB = \beta wR$ wobei: B = Zahl der Beitragszahler
R = Zahl der Rentner
w = Durchschnittslohn
α = durchschnittlicher Rentenbeitragssatz
β = durchschnittliche Lohnersatzquote: das Verhältnis von Durchschnittsrenten zum Durchschnittslohn.

(2) $\alpha = \beta(R/B)$ Der zum Ausgleich führende Beitragssatz ist demnach gleich der durchschnittlichen Lohnersatzquote multipliziert mit der Abhängigkeitsquote (system dependency ratio), d.h. der zahlenmäßigen Relation zwischen Rentnern und Beitragszahlern.

Im Falle von Budgettransfers wird die Beitragssatzgleichung erweitert:

(3) $\alpha = \beta(R/B)(1 - \tau)$

wobei τ dem Verhältnis zwischen Budgettransfers zu den Rentenzahlungen entspricht. Geht ein Überschuss aus dem Rentenfonds an das Budget, so ist $\tau < 0$.

Um eine Verbindung zum Alterungsprozess der Bevölkerung herzustellen, wird die Abhängigkeitsquote umformuliert:

(4) $R/B = \gamma\,(R^*/B^*)$

wobei die demographische Abhängigkeitsquote (R^*/B^*) definiert ist als das Verhältnis zwischen der Anzahl von Personen

60+ J. (R*) und jener zwischen 15 und 59 Jahren (B*); γ entspricht dann der Deckungsquote des Rentensystems (γ = R/B:R*/B*). In diese Quote fließen verschiedene Faktoren ein (Beschäftigungsrate, Renteneintrittsalter etc.).

Beispiel für Abhängigkeitsquoten 1995:

Land	R/B	R*/B*	γ = R/B : R*/B*
Kasachstan	54	22	2,4
Russland	55	36	1,5
Kirgisische Rep.	40	20	2,1
Usbekistan	30	16	1,9
Große Industrieländer	31	30	1,0

Substituiert man R/B in (3) durch R/B aus (4), so ergibt sich:

(5) $\alpha = \beta\gamma\,(1 - \tau)\,(R^*/B^*)$

Nimmt man R*/B* als gegeben an, so bestehen die politisch gestaltbaren Parameter im Beitragssatz α, der Lohnersatzquote β, dem Anteil an Budgettransfers τ, der Bestimmung des Renteneintrittsalters mit Einfluss auf γ. Zusätzlich wirken sich demographische Trends auf die Finanzierbarkeit eines PAYGO-Systems aus. Bei zunehmender Alterung der Bevölkerung müssen die genannten Parameter geändert und ein niederes γ erreicht werden, um das System im Gleichgewicht zu halten. In einem etablierten wohlfahrtsstaatlichen Sicherungssystem erklärt sich die Dynamik der Rentenausgaben nicht nur durch die demographische Entwicklung. Es wirken sich noch weitere Faktoren aus, wie der Strukturwandel der Wirtschaft und konjunkturelle Einbrüche. Die mit diesem System einhergehende Grundproblematik betrifft dessen Effizienz (Arbeitsmarktverwerfungen, schmale Aktienmärkte), Gerechtigkeit (intra- und intergenerationelle Ungerechtigkeit) und Risiken (langfristige Finanzierbarkeit).

Hinweis: Die Zusammenstellung dieses Exkurses erfolgte in Anlehnung an Castello Branco (1998).

Neue Gesetze zur sozialen Sicherheit wurden formuliert; sie betrafen Fragen der Beschäftigung und des Arbeitsentgelts, soziale Garantien für Bürger und den sozialen Schutz besonders gefährdeter Bevölkerungsgruppen (vgl. Exkurs 7), die für einen kurzen Zeitraum zwischen nicht-monetären Dienstleistungen oder monetären Kompensationen (in einem sehr bescheidenen Umfang) wählen konnten. Ab 1. Januar 1998 wurden kommunale Dienste (Transport, Elektrizität, Telefon u.a.m.) kostenpflichtig, geradezu ein "Tabubruch" für vormalige Sowjetbürger. Über Jahre hin war das

System sozialer Unterstützung – nicht zuletzt auch auf Drängen der Weltbank – in einer Weise restrukturiert worden, dass es sich mehr und mehr auf arme Haushalte beschränkte. Diese Fokussierung war dringend geboten, wenn man bedenkt, dass 1996 lediglich sechs Prozent der Ausgaben für allgemeine "soziale Unterstützung" an das ärmste Quintil der Haushalte gingen (Fox 2003:13-14).

Exkurs 7 Programme zum sozialen Schutz in Kasachstan 1997

Type of benefit	Source	Base
Means-tested child allowance	Local budget	For families with incomes < 2 base enumerate: 1,25 x calculation base* for each child < 3 years 1.30 x calculation base for each child between 3-18 years
Means-tested housing allowance	Local budget	Formula based on gap between actual expenditure on utilities and maintenance and 30 percent of household income for maximal floor space
Labor pension	Pension Fund	Formula based on past earnings and work experience with adjustments for other activities. Minimum pension is floor, maximum pension is ceiling. In April 1996, minimum - 142 tenge (3,8 x base enumerate), maximum - 3950 tenge, average = 2321 tenge.
Unemployment benefit	Employment Fund	Formula based on past earnings and duration of unemployment. 3 x calculation base is floor. Average benefit in 1996 was 1736 tenge.
Sick pay	Social Insurance F.	Formula based on past earnings and work experience. Replacement rate is 100 percent for service of 8 years or more. Average annual usage in 1995 was 6.5 days. Planned usage in 1996 was 3.25 days.
Maternity	Social Insurance F.	Full wage continuation for a maximum of 126 days (140 for complicated or multiple births)

*) Notes: Calculation base 1996: Q1= 320T; Q4= 460T. 1997: Q1=550T;Q4=620T. 1998: Q1= 630T; Q4= 660T.

Quelle: World Bank 1998:67

Im Verlauf dieser zweiten Phase gab die Regierung auch innerhalb von zwei Jahren (1995-97) die bislang noch existierende kostenlose Gesundheitsfürsorge auf und betrieb deren Anpassung an die neuen Realitäten einer Marktwirtschaft (Maltseva 2012:192). Die Ausdünnung des sozialen Netzes wirkte sich – wie beabsichtigt – fiskalisch entlastend aus: Gemessen am BIP fielen die entsprechenden Ausgabenanteile von 11.2 Prozent (1992) auf 6,6 Prozent (1996).

Das Kernstück: Die Reform des Rentensystems

In der dritten kurzen Phase bis hin zur Finanzkrise (1997-99) verschaffte ein markanter Wachstumsschub der Regierung zusätzlichen sozialpolitischen Gestaltungsspielraum, der sich in der Ankündigung (1997) einer umfassenden Entwicklungsstrategie niederschlug, festgehalten in einem Dokument mit dem Titel: "Kazakhstan-2030: Prosperity, Security and Ever Growing Welfare for all the Kazakhstanis". Darin sind sieben Prioritätenbereiche definiert, u.a. "Gesundheit, Bildung und Wohlfahrt für die Bürger Kasachstans". Im Sinne dieser Prioritätenbereiche wurde eine Anzahl neuer Programme initiiert, darunter ein Programm zur Armutsreduzierung 2000-2005, Programme zur Gesundheit und Bildung (2005-2010), und eine entscheidende Reform zum Rentensystem (Abstimmung im Parlament "On Pension Provision in the Republic of Kazakhstan", Juni 1997). Eine Arbeitsgruppe zur Rentenreform unter Leitung von G. Marchenko (derzeit Chef der Zentralbank Kasachstans) war im November 1996 etabliert worden, die sich an dem von der Weltbank empfohlenen Modell orientierte, das auf drei unterschiedlich kombinierbaren Pfeilern beruht (World Bank 1994; Appel/Orenstein 2013:128-134):

1. Eine obligatorische, staatlich geführte und steuerlich finanzierte erste Säule für die Umverteilung von Renten entsprechend der Lebensarbeitszeit;
2. Eine obligatorische, privat geführte und auf Fonds basierende zweite Säule für die Akkumulierung einzahlbarer Sparbeträge (sie belasten den Versicherten mit 10 Prozent des Lohn-Einkommens);
3. Eine freiwillige dritte Säule für jene Bürger, die mehr Schutz im hohen Alter wünschen. Schon Absatz 2 des Verfassungsartikel 28 sieht vor:

> "Voluntary social insurance, creation of additional forms of social security, and charity shall be encouraged."

Angesichts schwacher Vetogruppen – der entscheidende Vetoträger ist der Präsident selbst – leitete die Regierung Kasachstans nach einer sehr kurzen Debattierphase einen Paradigmenwechsel ein, verbunden mit Konzessionen an die Beschäftigten der "Macht"-Ministerien (Militär, Inneres, Sicherheit): Neben das hergebrachte, teure Umlageverfahren (PAYGO) mit all seinen distributiven Verpflichtungen gegenüber Pensionären wurde ab Jahresbeginn 1998 mit Unterstützung eines internationalen Berater- und Finanzbeistands (ein Weltbankkredit in Höhe von $300 Mio. für die Implementation, Unterstützung von USAID für die technische Umsetzung) ein fondsbasiertes – am Beispiel Chiles orientiertes – System gestellt, das neben veränderten Parametern (Indexierungen, Renteneintrittsalter) die Altersvorsorge mit verstärkter Kapitalakkumulation seitens der individuellen (Pflicht-)Einleger verbindet (für das parallele PAYGO-System ist konsequenterweise eine Auslaufphase bis 2040 vorgesehen). Es soll unter Berücksichtigung der kommenden Belastungen infolge des demographischen Alterungsprozesses den Anforderungen der (finanziellen) Nachhaltigkeit genügen und in den Augen der kommenden Generation an Glaubwürdigkeit gewinnen, indem es zuverlässig seine Hauptfunktion erfüllt, nämlich eine angemessene Einkommenssicherheit für die Älteren, die Invaliden und die Hinterbliebenen zu gewährleisten. Zusätzlich verknüpfte man damit die Erwartung einer stimulierenden Wirkung auf die Entwicklung des heimischen, organisierten Kapitalmarkts (Markt für langfristige Kredite und Beteiligungskapital). Diese neue zweite Säule existiert in Gestalt von zwei Teilträgern. Den ersten dieser Art bilden offene Pensionsfonds (Accumulating Pension Fund = APF), zurzeit (2012/2013) elf an der Zahl, in die jeder Beschäftigte (selbständig Beschäftigte eingeschlossen) je nach eigener Wahl investieren muss und zwischen denen er (bis zu zweimal im Jahr) wechseln kann. Den zweiten Typus stellen sogenannte korporative Pensionsfonds, die nur Angestellten von Unternehmen vorbehalten sind. Jeder Beschäftigte verfügt im Reformmodell über ein individuelles Konto, in das er/sie und/oder der Arbeitgeber periodische Beitragszahlungen leisten. Die Höhe dieser Zahlungen beläuft sich in dem verbliebenen PAYGO-System (mit dem Staatlichen Rentensparfonds als Träger) auf eine 15-prozentige Lohnsteuer (zu Lasten des Arbeitgebers), bei dem fondsbasierten Modell auf 10 Prozent des Lohnes (zu Lasten des Beschäftigten). Die eingesammelten Beiträge durften zunächst von den Fonds selbst nicht weiter an Kapitalmärkten im In- oder Ausland angelegt werden; sie hatten und haben aber darauf zu achten, dass zumindest der Realwert der Beiträge erhalten bleibt. In der Praxis fällt die Aufgabe des Operierens auf Kapitalmärkten eigens installierten Unternehmen für das Management von Pensionsvermögen (Pension Asset Management Companies = PAMC; mit einem Eigenkapital von mindestens 80 Millionen Tenge) zu. Diesen ist es gestattet, jeweils mehr als nur einen Fonds zu betreuen. Jedem Fonds ist seinerseits jeweils eine Treuhänderbank zugeordnet, die dessen Vermögen verwahrt. Sollte eine Vermögensverwaltung die Erhaltung des Realwerts von Einlagen aufgrund von Managementfehlern oder aus anderen Gründen nicht schaffen, so hat sie gegenüber dem individuellen Rentenbezieher für einen Ausgleich zu sorgen. Als dritte Säule im neuen Rentensystem, die allerdings noch auf schwachen Beinen steht, wurde zusätzlich die Möglichkeit freiwilliger Beitragszahlungen (seitens der Beschäftigten wie der Arbeitgeber) auf persönliche Pensionskonten eröffnet (2003). Mit den Säulen zwei und drei hielt das *Leistungsfähigkeitsprinzip* (ability to pay principle) Einzug in das Sozialversicherungssystem. Im Jahre 2001 zog die Regierung im Dekret Nr. 886 folgende selbstkritische Zwischenbilanz:

> "In the situation of transformation at the first stage the state was obliged to resolve the current issues of social protection taking into account inflation, budget deficit, decline of production, growth of informal sector of economy. As a result reforms in the social sphere were fragmentary and reactive to the current problems with exception of introduction of a funded pension scheme and replacement of benefits in kind by cash payments."

Tab. 7.4 Übersicht zum Rentensystem Kasachstans vor und nach der Reform

Kriterien	Vor der Reform bis Ende 1997 PAYGO-System Träger: Staatl. Rentenspar-fonds (Auslaufphase bis 2040)	Nach der Reform ab 1998 Fondsbasiertes System Träger: Private Akkumulati-onsfonds
Regimetyp	kollektivistisch	Korporatistisch + individualistisch
Beiträge	25,5 % des Brutto-Lohns als aggregierte Sozialabgabe, ab 1998 reduziert auf 21 %.	10 % des Brutto-Lohns als Pflichtbeitrag in einen Renten-Fonds (der Wahl)
Beitragszahler	Betrieb	Beschäftigter
Renteneintritt	55 J. für Frauen, 60 J. für Männer	58 J. für Frauen (geplant: 63), 63 J. f. Männer
Rentenformel	NDC (= Notional Defined Contribution)-Schema: 60 % des höchsten Lohns, 1% Zuschlag für jedes Jahr über 25Jahre Beschäftigung hinaus (Männer) bzw. über 20 J. für Frauen; Sonderform: Vorzugsrenten, Ehrenpensionen; Arbeit in Risikozonen	In der Übergangsphase gilt zum Teil die alte Formel, ergänzt durch Rentenzahlungen aus einem der neuen Fonds (bei einer Mindestbeitragszeit von 10 Jahren)
Indexierung	Ad-hoc-Indexierung	Preis-Indexierung der Mindestrente 2x jährlich
Mindestrente	ca. 70% des Subsistenzminim.	19066 Tenge (1.1.2013)
Durchschnittsr.	s. Lohnersatzquote	32928 Tenge (1.1.2013)
Grundrente	(Gosudarstvennaja basovaja pensionnaja vyplata)	9330 Tenge (2013)
Existenzminimum für Rentner	-	16094 Tenge (2012), davon 9656 für Lebensmittel
Alters-Rentner Grundrentenbezieher	2,8 Millionen -	1,676 Millionen (2012) 1,706 Millionen (2012/13)
Beitragszahler	5 Millionen	8,5 Millionen

Lohnersatzquote	36 % des Durchschnittslohnes	20% (2007); 30% (2011)
Effektive Abhängigkeits-Quote	0,41 Rentenbezieher auf einen formal Beschäftigten (1992)	0,2 Rentenbezieher auf einen Beitragszahler
Renten/BIP	ca. 4,5% des BIP	

Nach Vollendung dieses großen Programmschritts im Jahre 2000 nahm man die Einrichtung verschiedener neuer Institutionen bzw. die Verteilung neuer Verantwortlichkeiten in Angriff. Aufsicht und Regulierung der neuen Pensionsfonds übernahm das "Komitee für die Regulierung der Aktivität von Akkumulations-Pensionsfonds", das seinerseits dem Ministerium für Arbeit und sozialen Schutz untersteht. Für das Management des Fondsvermögens selbst waren ursprünglich sieben neue Unternehmen verantwortlich, die ihrerseits der Aufsicht durch die Nationale Kommission für Wertpapiere (National Securities Commission) unterliegen. Diese Kommission wacht über die Einhaltung der Investitionsvorgaben. Den Vorgaben entsprechend sollte der staatlich geführte Fonds ursprünglich nicht weniger als 50 Prozent des Fondsvermögens in (inländischen) Staatsanleihen anlegen und bis zu 40 Prozent auf einem Depositenkonto staatlicher Banken halten; der Rest (bis zu 10 Prozent) sollte bei internationalen Finanzagenturen (Weltbank, Asian Development Bank) geführt werden. Den privaten Fonds stand in Ergänzung dazu noch eine weitere Option offen: nämlich bis zu 30 Prozent ihres Fondsvermögens in Unternehmensaktien (der Kategorie "A" und an Kasachstans Börse gelistet) zu investieren. Eine neue Regelung eröffnete im Juli 2004 Anlageoptionen auf dem internationalen Parkett, im Januar 2005 folgte die Aufforderung in heimische Infrastrukturprojekte zu investieren. Von den zitierten Investitionsauflagen erwartete die Regierung belebende Impulse auf den Finanzmärkten; der lokale Kapitalmarkt hatte bis dahin mit der rasanten Entwicklung des Bankensektors nicht Schritt halten können. Gleichzeitig wurde das Staatsbudget infolge der Ausgliederung extrabudgetärer Fonds – wie den sozialen Versicherungsfonds – von der Belastung durch Pensionszahlungen (weitgehend) befreit. Ausgenommen von dieser Regelung bleibt die in die Diskussion gebrachte Basisrente ("demogrant"), in deren Genuss jeder

Bürger nach Erreichen der Altersgrenze kommen soll. Da ihre Höhe ca. 50 Prozent der Lebenshaltungskosten entsprechen soll, kann sie lediglich als ein Sockelbetrag dienen. Sie stellt insofern ein flexibleres fiskalpolitisches Instrument dar, als die Bezüge nicht auf erworbenen Rechten basieren und in ihren Parametern "adaptiv" gestaltbar sind. Sollte die fondsbasierte zweite Säule versagen, böte dieser Rententyp (der dann an die Stelle des ausgelaufenen PAYGO-Systems gerückt ist) eine Rückfallposition. Verantwortlich für die Auszahlungen von Renten und weiteren Pensionsansprüchen ist das *Staatliche Zentrum für Rentenzahlungen* (SPPC = State Pension Payment Center), das auch die Datenbasis für die Rentenkonten führt und die individuellen Sozialidentifikationscodes vergibt. Insgesamt stellt die Rekalibrierung des Rentensystems in seinem Umfang wie im Zeitablauf ein sehr ambitioniertes Unterfangen mit hohen logistischen Anforderungen (millionenfache Ausgabe von Identifizierungscodes, Computerisierung alter Sozialversicherungsdaten) dar, das nach dem Urteil der Asian Development Bank (ADB) in seinem gesetzlichen, regulatorischen und institutionellen Rahmen wirksam operiert und auf das Verständnis des breiten Publikums trifft (ADB 2009).

Abb. 7.5 Übersicht zum Rentensystem (als Parallelsystem)

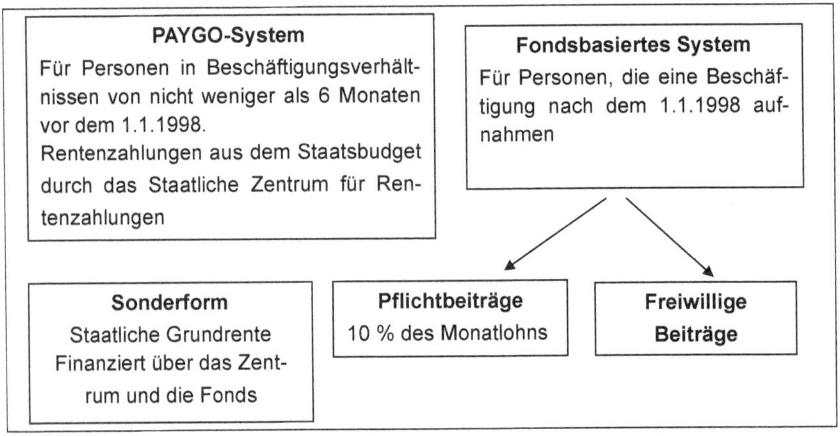

Nachjustierungen und Revisionen

Das neue Beschäftigungsgesetz von 1998 und ein nachfolgendes Regierungsdekret vom Januar 1999 führten zur Auflösung des bisherigen

Staatsfonds zur Unterstützung von Beschäftigung (1991 eingeführt) sowie zur Liquidierung der öffentlichen Beschäftigungszentren. Die Finanzierung arbeitsmarktpolitischer Maßnahmen sollte von diesem Zeitpunkt an aus dem Staatsbudget erfolgen. Kurz danach verteilte ein weiteres Beschäftigungsgesetz (2001) die Finanzierungslasten für Maßnahmen aktiver Arbeitsmarktpolitik (Retraining, öffentliche Arbeiten) auf mehrere Schultern. Neben dem zentralen Budget sollten die lokalen Budgets der regionalen Verwaltungen (akimat) einen Teil der Lasten übernehmen, ebenso sollten aber auch Arbeitgeber und andere Quellen aus dem privaten Sektor ihren Beitrag leisten. Faktisch hatten in den Folgejahren die regionalen Verwaltungseinheiten fast gänzlich (nämlich zu 99 Prozent) den entsprechenden Kostenaufwand zu bestreiten (Lubyova 2009:20). Im Zuge dieser Dezentralisierungsmaßnahmen waren auch die bislang gewährten Unterstützungsleistungen bei Arbeitslosigkeit eingestellt und teilweise durch das neu eingeführte System der gezielten sozialen Unterstützung (targeted social assistance; s.u.) ersetzt worden. Damit ließ sich der potentielle Empfängerkreis noch enger begrenzen.

Ab April 1999 wurden auf der Wohlfahrtsebene die noch in materieller Form gewährten Zuwendungen durch monetäre Kompensationen ersetzt. Dies erlaubte eine bessere Budgetkontrolle und eine – wenigstens der Intention nach – treffsichere Unterstützung eines verkleinerten Kreises von Empfangsberechtigten. Viele dieser Programmpunkte stehen in einem engen Zusammenhang mit der sogenannten "Millenium Declaration" der Vereinten Nationen, die Kasachstan Ende des Jahres 2000 ebenfalls unterzeichnet hatte. Diese Deklaration enthält acht Zielvorgaben (in den Bereichen Armutsreduktion, Bildung, Gesundheit, Gleichstellung der Frauen, Umwelt), deren Einlösung bis zum Stichjahr 2015 vorgesehen ist (UN 2010). Unterstützt wurde diese ehrgeizige Zielsetzung durch das Gesetz "Zur gezielten staatlichen sozialen Unterstützung" (Targeted Social Assistance = TSA; gosudarstvennaja adresnaja social'naja pomošč), das mit Wirkung vom 1. Januar 2002 insbesondere der Armutsbekämpfung dienen und ausschließlich auf der Ebene lokaler Verwaltungen umgesetzt werden soll. Es liegt in Kasachstan an den lokalen Behörden entsprechend der nationalen statistischen Praxis die Größe des Haushalts (der Familie) und die Zahl der Haushaltsmitglieder festzustellen. Unterstützungsberechtigt sind bei einem entsprechenden Nachweis Familien mit einem durchschnittlichen Pro-Kopf-Einkommen unterhalb der (absoluten) Armutsgrenze (definiert als 40 Prozent des Subsistenzminimums; siehe Exkurs 7). Der Antragsprozess selbst startet mit einer entsprechenden Eingabe seitens der betroffenen Haushalte an den Akim des Auls bzw. Dorfes oder eine autorisierte Behörde des Oblast. Dem Antragsteller sollte innerhalb von 10 Tagen der schriftliche Bescheid der Behörde vorliegen. Im Falle einer Ablehnung besteht ein Appellationsrecht.

Die Regierung beschloss alle sozialen Unterstützungsprogramme in drei Kategorien zusammenzufassen (World Bank 2004:30-31):

- Staatliche Sozialbeihilfen, darunter Beihilfen im Falle von Arbeitsunfähigkeit, Zahlungen an berechtigte Familienangehörige eines verstorbenen Haupternährers, Altersbeihilfen (u.a. zur Anhebung von Altersbezügen auf das monatliche Mindestrentenniveau);
- Staatliche (direkt aus dem Budget finanzierte) Sonderleistungen; anstelle von Zahlungen und Abschlägen für Unterkunft, Heizung, Telefon, öffentlicher Transport, Arzneien u.a.m.; Nutznießer dieser Sonderleistungen sind kinderreiche Familien, Kriegsveteranen, Ordensträger, Familien von im Dienst verstorbenen Militärs, Invaliden, behinderte Kinder unter 16 Jahren, Einsatzkräfte der Tschernobylliquidation;
- Gezielte Soziale Unterstützung (Targeted social assistance = TSA program); mit diesem Programmteil versuchte die Regierung – ausgehend von einer neuen Messmethode des Subsistenzminimums (1999) – das Armutsproblem effizienter, d.h. gezielter durch die Bestimmung des jeweils angemessenen Umfanges an Unterstützung anzugehen; verantwortlich für die Umsetzung ist die Oblastleitung (Akimat), denen dafür lokale Budgeteinnahmen und – sofern die eigenen Finanzressourcen nicht ausreichen – Transfers aus dem zentralen Budget zur Verfügung stehen. Ab Januar 2002 sah diese Leistungsform Geldleistungen für Individuen und Familien mit monatlichen Einkommen unterhalb der (jeweils lokal definierten) Armutsgrenze vor (vgl. Exkurs 8). Der potentielle Empfängerkreis schließt auch Ausländer, Flüchtlinge und Staatenlose mit Aufenthaltserlaubnis und ständigem Wohnsitz in Kasachstan ein.

Lehnt ein Empfänger dreimal ein Beschäftigungsangebot ab, so zählt er nicht mehr zu den Bezugsberechtigten innerhalb eines Haushalts.

Exkurs 8 Armutsgrenzen und Subsistenzniveau

Als arm gilt ein Individuum, dessen Ausgaben (oder Einkommen) unter eine (absolute bzw. relative) Armutsgrenze fallen. Aus der Perspektive der *Neuen Erwartungstheorie* bedeutet Armut, "unterhalb des eigenen Referenzpunktes zu leben. Es gibt Güter, die die Armen benötigen und sich nicht leisten können, sodass sie immer 'in der Verlustzone' sind. Kleine Geldbeträge, die sie erhalten, werden daher als ein verminderter Verlust, nicht als Gewinn wahrgenommen" (Kahneman 2011:367). In dem materiellen Mangelzustand absoluter Armut lässt sich die physische Reproduktion einer Person nicht mehr auf Dauer sichern (Armut als Unterernährung). Die absolute Armutsgrenze geht von einem Minimumstandard an physischer und sozialer Wohlfahrt aus, die relative konzentriert sich auf die Ungleichheit innerhalb eines Landes und fixiert ein soziokulturelles Minimum, ähnlich der umfassenderen Definition durch die Europäische Kommission (1994). Danach ist Armut gegeben, wenn Menschen nur über so geringe materielle, kulturelle und soziale Mittel verfügen, dass sie von der Lebensweise ausgeschlossen sind, die in einer Gesellschaft als unterste Grenze des Akzeptablen annehmbar ist. Nach beiden Sichtweisen – der absoluten wie der relativen – gilt es Grenzen festzulegen und die daran orientierte ökonomische wie soziale Lage in relative, absolute und zentristische Maße zu überführen, um schließlich Armutsprofile zu erstellen. Die Anwendung absoluter Konzepte wird für die Armutsmessung in Entwicklungsländern (und bei internationalen Vergleichen) als angemessener erachtet, während die relative Armutsmessung für entwickelte Länder geeigneter erscheint. Ökonomen operationalisieren Wohlstand alternativ durch Einkommen, Verbrauchausgaben und Vermögen. Um Armut quantitativ zu erfassen, wird in einem ersten Schritt ein Wohlfahrtsindikator wie das Einkommen und/oder der Konsum pro Kopf bzw. Haushalt festgelegt (Einkommen = Konsum + Veränderung des Nettovermögens) und es werden dazu relevante Informationen direkt von Haushalten über Surveys gewonnen. So gelten nach internationalem Verständnis dann solche Haushalte als arm, deren Konsumausgaben pro Kopf unter dem Wert des minimalen Warenkorbs (minimum consumer basket = cost of basic needs) liegen. Dieser Wert entspricht der *Armutslinie* (poverty line, porog bednosti = Armutsschwelle). In die Kategorie "sehr arm" fallen Haushalte, deren Konsumausgaben noch unter dem Wert des minimalen Lebensmittelkorbes (minimum food basket) als Teil des umfassenderen Warenkorbes liegen. In den Worten des Statistikers: "Eine Person i = 1, 2,..., gilt danach als arm, wenn ihr Einkommen y_i ein bestimmtes Einkommen y = z, die Armutslinie (poverty line) oder Armutsgrenze (z) nicht überschreitet, so dass $y_i \leq z$ ist" (v.d. Lippe 2010:3). Die

Armutslinie wird hier insofern von der *Armutsgrenze* (poverty boundary) unterschieden, als letztere nicht mit einem, sondern mit mehreren Merkmalen beschrieben wird (um die Armen von den Nichtarmen zu trennen). Ist die *Armutslinie* – wie beispielsweise die $1,25-pro-Tag-Linie der Weltbank – einmal festgelegt, so lassen sich daraus weitere Maßzahlen entwickeln, die die Häufigkeit, die Tiefe und die Strenge von Armut erfassen

Der Bevölkerungsanteil unter der Armutslinie ergibt als sehr einfaches Maß der Betroffenheit von Armut die sogenannte "*head count ratio*" (in der EU auch als *Armutsgefährdungsquote* bezeichnet; diese sagt jedoch nichts darüber aus, wie weit unterhalb der Armutslinie sich die betroffenen Personen befinden). In der Europäischen Union wird eine Person typischerweise als (relativ) arm definiert, deren Pro-Kopf-Einkommen unter die 60-Prozent-Grenze des Medianeinkommens fällt (also $z = 0{,}6\tilde{y}$). Derartige einkommensbasierte Armutsmaße sind sensitiv gegenüber demographischen Entwicklungen (dem Nenner des Armutsquotienten). Erweiterte Ansätze schließen den täglichen Kalorienkonsum pro Person (und weitere Grundbedürfnisse) in die "Grenzziehung" ein und berücksichtigen zusätzlich das Preisniveau wie auch die demographischen Merkmale eines Haushalts (s.u. die Ausführungen zum *Äquivalenzeinkommen*, Exkurs 20). Kasachstan orientiert sich beim Einsatz sozialer Unterstützung an dem erweiterten Ansatz, unter Festsetzung von Minimumstandards (ein entsprechendes Gesetz zum "Subsistenzminimum" war am 16.11.1999 angenommen worden). So entspricht der monatliche Betrag für die gezielte soziale Unterstützung (targeted social assistance = TSA) der Differenz aus dem (Pro-Kopf-)Haushaltseinkommen und der (absoluten) Armutsgrenze und wird nach folgender Formel ermittelt:

(Armutsgrenze – Pro-Kopf-Einkommen im jeweiligen Haushalt) x Zahl der Bezugsberechtigten = Bezug an TSA für einen Haushalt pro Monat.

Die entscheidenden Indikatoren für Armut sind das Mindestsubsistenzniveau und die Armutsgrenze (ausgedrückt in Geldeinheiten). Die *Armutslinie* als "porog bednosti" in der russischen Terminologie entspricht dem Subsistenzniveau (prožitočnyj minimum), während die *absolute Armutsgrenze* als "čerta bednosti" (Linie der Armut; die Terminologie ist hier gegenläufig zu den englischen Begriffen) wiederum offiziell durch das Niveau von 40 Prozent des Subsistenzniveaus definiert ist, d.h. die absolute Armutsgrenze ist legislativ festgelegt. Fällt das aggregierte Haushalts- bzw. Familieneinkommen, dividiert durch die Zahl der Haushaltsmitglieder, unter die (absolute) Armutsgrenze, so ist die Unterstützungsberechtigung durch staatliche Stellen und deren Finanzierung aus lokalen Budgets gegeben (sofern die Adressaten reguläre Wohnbürger sind und Kinder haben). Das *Subsistenzminimum* ist wiederum definiert durch den Wert des Mindestwarenkorbs eines Verbrauchers, zusammengesetzt aus einem Korb für Nahrungsmittel und einem für sogenannte Non-Food-Produkte und Dienstleistungen (cost-of-basic needs approach). Der Inhalt des Nahrungsmittelkorbes sollte entsprechend der WHO-Norm einer täglichen Pro-Kopf-Aufnahme (recommended daily allowance = RDA) von durchschnittlich 2172 kcals entsprechen (seit 1997 vom Amt für Statistik Kasachstans je nach sozio-demographischen Gruppen festgelegt). Gemäß einer Regierungsentscheidung vom 8.4.2000 wurden die wertmäßigen Anteile der beiden Teilkörbe mit jeweils 70 Prozent (für Nahrungsmittel) und 30 Prozent angesetzt (ab 2006 lag die Relation bei 60:40).

Abb. 7.6 Verhältnis sozialer Indikatoren zum offiziellen Subsistenzminimum

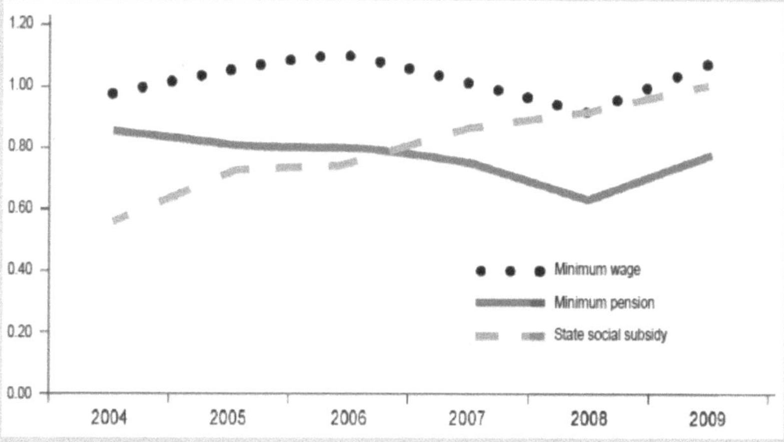

Quelle: ILO 2012:40

Wenn auch die Zusammensetzung des Warenkorbs über das Jahr hin stabil bleibt, so variieren dennoch die Güterpreise zwischen den einzelnen Verwaltungsregionen und ergeben regional unterschiedliche Werte für das Subsistenzminimum. Dieses Subsistenzminimum dient in Kasachstan (und international) nicht nur der Festlegung der (damit identischen) Armutsgrenze (als Armutsschwelle) und als Basis für die Armutsstatistik, sondern auch als Referenz für die Festlegung weiterer sozialer Indikatoren wie dem Mindestlohn, der Mindestrente und anderen sozialen Leistungen (vgl. Abb. 7.6). Legislativ ist die (absolute) Armutsgrenze variabel und vergleichsweise tiefer gezogen: sie liegt (aktuell) bei 40 Prozent des Subsistenzniveaus. 2006 wurde der Warenkorb revidiert, d.h. der Nahrungsmittelkorb wurde um 23 Produkte von 20 auf 43 erweitert (mit saisonalen Anpassungen) und die durchschnittliche Mindestkalorienzahl leicht erhöht (2175 kcal). Für 2012 ergab sich daraus im nationalen Durchschnitt ein Mindestsubsistenzniveau im Wert von 16815 Tenge, wovon 10089 Tenge auf den Nahrungsmittelkorb (= 60 Prozent) entfielen. Die Hauptempfängergruppe stellen Jugendliche und Kinder unter 18 Jahren. Im Oktober 2012 schlug das Arbeitsministerium eine erneute Revision der Berechnungsgrundlagen für die Ermittlung des Subsistenzniveaus vor, um dem gestiegenen Non-Food-Anteil in der Ausgabenstruktur der Haushalte besser gerecht zu werden.

Tab. 7.5 Kalorienaufnahme (kcal) und Subsistenzminimum (in Tenge) nach sozio-demographischen Gruppen (Juli 2011)

Adressaten-gruppen	Kalorien-aufnahme	Subsistenz-minimum	davon	
			Nahrung	Non-Food
Kinder unter 13 J.	1521	13100	7860	5240
Teenager 14–17 J.				
Jungen	2755	20950	12570	8380
Mädchen	2110	16051	9631	6420
Personen über 18 J.				
Männer < 62	2646	19840	11904	7936
Frauen < 57	2100	15752	9451	6301
Rentner	2052	15550	9330	6220

Quelle: Agenstvo RK po statistike nach ILO 2012:18

Abb. 7.7 Anteil der Bevölkerung mit einem Einkommen unter dem Subsistenzminimum

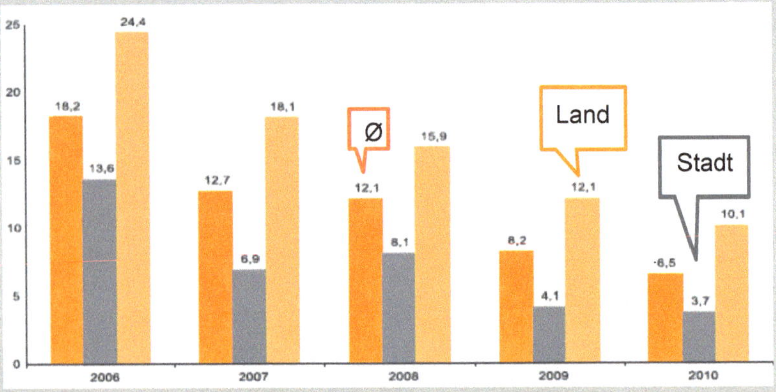

Quelle: Ėkonomika i Statistika Nr. 4, 2011: 23

Dem Einsatz einer gezielten sozialen Unterstützung (TSA) liegt die Ermittlung der relativen Einkommenslücke zu Grunde, d.h. des relativen Abstands des mittleren Einkommens der Armen (= x_I) zur Armutsgrenze (= z). Die Abstände zur Armutsgrenze werden aufsummiert zur *aggregierten Armutslücke*. Darin drückt sich das

Armutsdefizit der gesamten Bevölkerung aus und gleichzeitig die Mindestkosten, die anfallen würden, um die Gruppe der Betroffenen wenigstens an die Armutslinie heranzuführen. In einem Folgeschritt gelangt man mittels der Division der aggregierten Armutslücke durch die Anzahl der Armen zur *durchschnittlichen Armutslücke aller Armen*. Dividiert man statt durch die Zahl der Armen durch die der gesamten Bevölkerung, so führt dies zur *mittleren anteiligen Armutslücke in der gesamten Bevölkerung*. Diese über die Gesamtheit aller Gesellschaftsmitglieder ermittelte *income gap ratio* bringt die Intensität von Armut zum Ausdruck (poverty depth index). Innerhalb der Gruppe von "Armen" selbst sind die ohnehin bescheidenen Lebensstandards ihrerseits nochmals unterschiedlich. Diese Art von Ungleichheit wird durch den "*poverty severity index*" erfasst, der sich rechnerisch durch die Quadrierung des "*poverty gap index*" ermitteln lässt. In dieser Fassung erhalten die Ärmsten unter den Armen ein stärkeres Gewicht.

Tab. 7.6 Beispiel für die Berechnung der Armutsintensität (poverty depth index bei einer Armutslinie (z) von 1500 Tenge)

	Ausgaben einzelner Individuen				Armutsintensität
	(1)	(2)	(3)	(4)	
Ausgaben (x_i)	9000	10500	16000	32000	
Armutslücke($z-x_i$)	6000	4500	0	0	
$1/n\sum z-x_i/z$	0,4	0,3	0	0	**0,175** (=0,7/4)

Eine alternative Möglichkeit zur oben geschilderten Festlegung einer absoluten oder relativen Armutslinie bzw. -grenze bietet die Befragung von Personen zur *subjektiven Armutslinie*. Sie beruht auf Antworten zur "minimum income question" (MIQ). Damit wären zunächst einmal all jene als arm zu definieren, deren aktuelles Einkommen unter dem in der Antwort gegebenen Betrag liegt. Weitere Ansätze zur subjektiven Armutsmessung bieten die "income evaluation question" (IEQ oder Leiden poverty line) bzw. die "economic ladder question".

Abb. 7.8 Entwicklung der Tiefe und Strenge der Armut (in %)

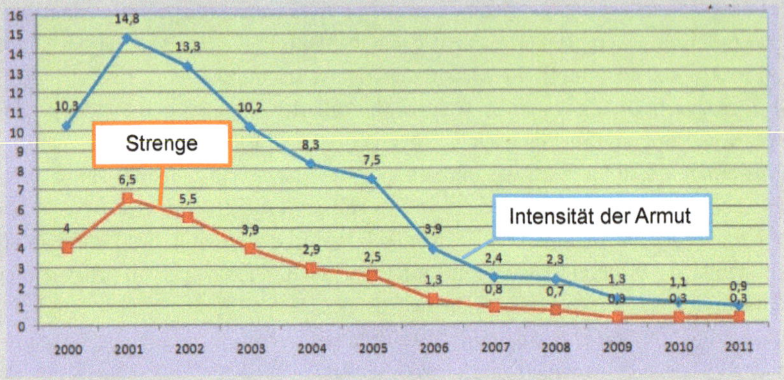

Quelle: ASRK

Weiterführende Literatur: World Bank 2005; Haughton/Khandker 2009; ILO 2012; Von der Lippe 2010.

Das Jahr der "Millenium Declaration" (2000) war auch das Gründungsjahr für den *Nationalen Fonds der Republik* (s. Exkurs 16), der zum Ausgleich exogen bedingter Preisbewegungen auf den Öl-, Gas- und Metallmärkten und zur Akkumulierung finanzieller Ressourcen für kommende Generationen dienen soll. Er ist also mit einer doppelten Funktion ausgestattet: Einerseits als Stabilisierungsfonds, d.h. der Gewährleistung stabiler Transfers in das Budget der Republik, andererseits als Sparfonds zur Einkommenssicherung der Bevölkerung (Luecke 2011:47). Als entscheidende Ressource dient die direkte Besteuerung von Unternehmen des Ölsektors (allein zwischen 2000 und 2007 hatte sich die Ölproduktion verdoppelt!). Die Aufsicht über diesen Fonds liegt bei der Zentralbank, die dessen Vermögen bisher hauptsächlich in Geldmarktinstrumenten anlegte. De facto kontrolliert der Präsident den Fonds. Aus ihm flossen wesentliche Mittel in die Restrukturierung des von der Finanzkrise gebeutelten Bankensektors.

Die vierte Phase ab 2003 war schließlich durch die umfassende Revision des Pensionssystems gekennzeichnet, wobei die Weltbank wieder eine entscheidende Rolle bei dessen Konzipierung spielte: Sie favorisierte das Dreisäulenmodell. Kasachstan bleibt aber aufgefordert, die ILO-Konvention Nr. 102 ("Social Security (Minimum Standards) Convention") zu ratifizieren, um die Pensionszahlungen zu erhöhen und das eigene Gesetz über die Sicherung von Pensionen nachzubessern. Eine weitere Maßnahme bestand in der Annahme eines Gesetztes "Zur staatlichen sozialen Pflichtversicherung"; es sieht eine zusätzliche, staatlich gewährleistete Unterstützung für Hinterbliebene und Invaliden vor und ergänzt die entsprechenden staatlichen Grundleistungen, wie sie durch das Gesetz "Zu den staatlichen Sozialbezügen" geregelt werden. Für beschäftigte Frauen wird ab 2008 eine Pflichtversicherung aus den sozialen Zuwendungen im Falle von Schwangerschaft, Geburt und Mutterschaft an den Pensionsfonds transferiert. Die vorläufig letzte Initiative wurde mit einer umfassenden Agenda im Bereich der sozialen Sicherung durch den "National Human Rights Action Plan of the Republic of Kazakhstan 2009-2012" angestoßen. Zeitgleich war die Sozialabgabe auf Lohneinkommen mit der Fixierung auf 11 Prozent vereinheitlicht worden. Als Sammelstelle dient der Staatliche Sozialversicherungsfonds (2005 etabliert).

Der Eintritt in die vierte Phase war auch von einem internationalen Bekenntnis zu sozialen Verpflichtungen begleitet: Kasachstan unterzeichnete im November 2003 den "International Covenant on Economic, Social and Cultural Rights" (ratifiziert im Dezember 2005), dessen Artikel 9 besagt: "The States Parties to the present Covenant recognize the right of everyone to social security, including social insurance". Daneben werden noch weitere Bereiche des sozialen Schutzes betont, wie "die ständige Verbesserung von Lebensbedingungen" (Artikel 11), das Recht sich gewerkschaftlich zu organisieren, das Recht auf höchstmögliche Standards geistiger und körperlicher Gesundheit, das Recht auf Bildung, u.a.m.

In Verfolgung der langfristigen Priorität "Health, education and well-being of kazakhstani citizens" aus dem Prioritätenkatalog der "Kazakhstan-2030" Strategie (von 1997) expandierten ab 2003 mit der Reformierung weiterer sozialpolitisch relevanter Bereiche auch schlagartig deren budgetären Ausgabenanteile (s. Kap. 8). Davon profitierte unter anderem der Gesundheitssektor, dem ein eigenes Nationales Programm für die Gesundheitsreform und -Entwicklung für den Zeitraum 2005 bis 2010 gewidmet war. Die einschlägigen Indikatoren zeigten bislang nur eine schleppende Wende in Richtung verbesserter Lebensstandards an. Das Milleniumsziel einer reduzierten Kinder- und Müttersterblichkeit stellt(e) weiterhin eine anhaltende

Herausforderung dar, zusätzlich belastet durch neue Gefährdungsbereiche (HIV, TB). Eine Reihe weiterer Maßnahmen zielten vor allem auf die Unterstützung von Personenkreisen, die erhöhten Armuts- und Marginalisierungsrisiken ausgesetzt sind: Großfamilien, alleinerziehende Mütter, im informellen Sektor beschäftigte Frauen, Kinder, Behinderte, Arbeitslose. Allein eine knappe halbe Million von Personen mit Behinderungen sah sich bei der Suche nach angemessener Beschäftigung mit logistischen, physischen und weiteren Barrieren konfrontiert. Ein Rehabilitationsprogramm für Personen mit Behinderungen – 2006 eingeführt – sollte hier gezielt Abhilfe schaffen. Ein Jahr darauf folgte das Regierungsprogramm "Children of Kazakhstan", das – angeregt von einem entsprechenden globalen Aktionsplan der ILO – unter anderem auf die Beseitigung der schwersten Formen von Kinderarbeit (vor allem auf den Tabakfeldern) orientiert ist und Alternativen zur Kinderarbeit vorsieht (einen komprimierten Überblick zu der Vielzahl von Aktionen und Adressaten innerhalb der zitierten Wohlfahrtspriorität bietet die "UNDAF Results Matrix" in UNDAF 2009:26-31). Im Jahre 2003 hatte Kasachstan seinen ersten Bericht an das "UN-Committee on the Rights of the Child" gesendet, 2006 richtete es ein eigenes "Childs Rights Protection Committee" unter der Aufsicht des Ministeriums für Bildung und Wissenschaft ein. Es empfahl in einer ersten Stellungnahme 2007 vor allem die Lage benachteiligter Kinder zu verbessern und dafür mehr Mittel aus dem Budget zur Verfügung zu stellen. Mit dieser Empfehlung folgte es den Vorgaben eines internationalen Forums zum Thema "Increasing Social Orientation of Budgets and Efficiency of Public Expenditures in the Best Interests of Children and Families in Kazakhstan" (2007), die generell für eine Verlagerung der Prioritäten zu Gunsten von Frauen und Kindern plädierten.

Obschon Kasachstan sich seitens der Regierung nicht festgelegt hat, die Empfehlungen aus den OECD-Leitsätzen für multinationale Unternehmen (2011 revidiert) umzusetzen, ermuntert die Regierung ausländische Unternehmen auf kasachischem Boden den darin festgelegten Verhaltensnormen im Sinne einer Corporate Social Responsibility (CSR) zu folgen. Im Rat für ausländische Investoren hatte man 2006 die hohen Erwartungen deutlich gemacht, die die Regierung in die soziale Verantwortung von Unternehmen setzt: "It is necessary to introduce principles of corporate social responsibility ... it is necessary that Kazakhstan businesses take part in resolving most acute problems of society". Bislang verstanden die kasachischen Unternehmen darunter eher einen Akt philanthropischer Natur. Der Präsident insistierte auf dem ersten CSR-Forum: "...we need to elaborate on the common rules of the CSR and increase social responsibility of business in solving national issues, considering the best international practices in the field" (White Paper 2012:2). Ein entsprechender Wettbewerb wurde 2008 initiiert und seither vergibt der Präsident alljährlich eine eigens dafür geschaffene Auszeichnung, den sogenannten Gold Paryz Award, mit großer Medienbegleitung an ein ausländisches Unternehmen (so beispielsweise 2010 an die Karachaganak Petroleum Operating B.V. in der Kategorie "Bestes Sozialprojekt"). In einem erheblichen zeitlichen Abstand zum ursprünglichen ILO-Beitritt ratifizierte Kasachstan im Dezember 2011 weitere 19 ILO-Konventionen, darunter zur Kinderarbeit (138, 182), Zwangsarbeit, gleiche Bezahlung, Sicherheit und Gesundheit im Bauwesen, Kollektivverträge, Diskriminierung u.a. Die Ratifizierung der Konvention 156 zur Gleichbehandlung von männlichen und weiblichen Beschäftigten ist nach Aussage des Arbeitsministeriums in Vorbereitung (2005 hatte Kasachstan bereits eine eigene "Strategy of the Gender Equality in the Republic of Kazakhstan for 2006-2016 years" angenommen). Das entsprechende Milleniumsziel 4 ("to eliminate gender disparity in primary and secondary education") galt zu diesem Zeitpunkt bereits als vollkommen eingelöst (die größte Lücke besteht nach wie vor im Bereich "politics", s. Hausmann/Tyson, Zahidi 2012:220).

Nach der Präsidentenwahl 2012 folgte eine weitere Anhebung der Rentenbezüge um ca. 9 Prozent, – ein Danaergeschenk im Urteil vieler Betroffener, da ab Januar 2013 die Preise für Güter der öffentlichen Versorgung schubweise deutlich erhöht wurden. So stiegen landesweit die Preise für kommunale Dienste um acht Prozent, die Preise für Energie zogen um mehr als 10 Prozent an und die Heizkosten erhöhten sich regional um 25 bis 48 Prozent (Atyrau-Region), begründet mit dem überfälligen Ausbau der Infrastruktur. Die Preisfront bewegte sich hauptsächlich in jenen Bereichen, die von staatlich kontrollierten Monopolen beherrscht sind.

Einen neuen Ansatzpunkt grundsätzlicher Art stellte Anfang Februar 2013 der stellvertretende Ministerpräsident Erbol Orynbaev vor. Ausgehend von der Feststellung, dass über 4 Mio. kasachische Bürger, darunter 1,8 Mio. Rentner, soziale Unterstützung seitens des Staates erhalten und das Budget entsprechend mit KZT 1,36 Billionen (=3,4 Prozent des BIP) belastet ist, will er eine Wende in der Wohlfahrtsmentalität der Bevölkerung herbeiführen. Orientiert am angelsächsischen Modell sollten das Wirtschafts- und das Arbeitsministerium noch vor Sommeranfang dem Parlament ein Konzept vorlegen, das Anreize im Sinne eines "pro-active life approach" setzt und die Schaffung von Arbeitsplätzen, die Umqualifizierung von Arbeitskräften und die Arbeitssuche unterstützt.

Zieht man rückblickend eine kurze Bilanz, so zielten die sozialpolitischen Rekalibrierungs-Maßnahmen der kasachischen Regierung hauptsächlich auf folgende Punkte:

- Eine strukturelle und technologische Modernisierung des Rentensystems mit zwei tragenden Säulen (die dritte wird abgetragen bzw. trägt sich selbst ab);
- Gezielte Reduzierung der Armut entsprechend dem Milleniumsziel;
- Demographische Stabilisierung und Re-Kasachisierung der Gesellschaft;
- Umgestaltung der Wohlfahrtsmentalität;
- Ausbau eines dynamischen Schutzkonzepts mit Komponenten der Nachhaltigkeit.

8 Auslöser und Determinanten der Entwicklung

Um die aktuellen und potentiellen Handlungsfelder sowie die Konturen des institutionellen Rahmens einer sozialpolitischen Agenda zu identifizieren, gilt es zunächst einen Blick auf die treibenden Kräfte im Sinne von Auslösern zu werfen, die hinter einem Wohlfahrtsstaat und dessen Ausgabenmuster stehen, d.h. auf die allgemeine wirtschaftliche, politische, soziale und demographische Entwicklung (bzw. Krisen) und die evidenten Strukturprobleme des betreffenden Landes.

In der einschlägigen Literatur sind diese "treibenden" Kräfte gewöhnlich aufgeschlüsselt in: 1. Einkommensdynamik und wirtschaftliche Entwicklung, 2. Demographische Merkmale und Alterung der Bevölkerung; 3. Aufkommen und Festigung von Demokratie, politischen Institutionen, politischen Parteien sowie das Politikerbe; 4. Globalisierung und Handelsoffenheit, (De-)Industrialisierung und Urbanisierung. Im Falle von sich entwickelnden Volkswirtschaften der unteren und mittleren Einkommenskategorie wäre hier als fünfte Kraft auch noch die beratende und finanzielle Einflussnahme durch transnationale Akteure (wie die Weltbank) anzuführen (global governance). Zu diesem grundlegenden Einfluss Muster für wohlfahrtsstaatliches Handeln kommen im gegebenen Beobachtungsfall noch die Ablösung prägender Grunderfahrungen – wie die kollektive Versorgung mit öffentlichen Gütern – durch die spezifischen Folgen einer abrupten Transformation von Lebens- und Arbeitswelten, mit ihren zwangsläufigen Veränderungen von Arbeitsstrukturen und Beschäftigungsverhältnissen, Haushaltsgrößen und familiären Strukturen, sowie der Erfahrung einer Individualisierung von Verantwortlichkeiten und der Monetisierung von wirtschaftlichen wie sozialen Beziehungen (Cerami 2008:1091). Faktoren der hier aufgezählten Art generieren und formen die "Nachfrage" nach Wohlfahrt.

Tab. 8.1 Innere und äußere Anstöße sowie Reaktionsprozesse mit Wirkungen auf das Wohlfahrtsregime Kasachstans

Quelle	Druck/Anstoß	Konsequenzen
1) Erbe	Nomenklatura Monokulturen Schwacher Dienstleistungssektor Kurze Wertschöpfungsketten Infrastrukturelle Lücken Hohe Frauenerwerbsquote Natürliche Ressourcen	Ungleiche Vermögens- und Einkommensverteilung; Differenzen im regionalen Entwicklungsniveau; Regionale Deindustrialisierung (One-Company-Towns); Verluste an qualifizierten Jobs; "Ressource-curse"
2) Transformation	Transformationskrise	Arbeitslosigkeit, Inflation Armut, wachsende Ungleichheit; Fallende Realeinkommen; Schattenwirtschaft; Budgetschwächen
	Privatisierung Liberalisierung Stabilisierung	Spreizung der Lohnskala Reform der Renten- und Sozialversicherung; Neuordnung des Arbeitsmarktes; Monetisierung, Kürzung der Sozialausgaben.
3) Postindustrialisierung	Alterungsprozesse Transformation der Haushalte Niedrige Arbeitsproduktivität Ökologische Belastungen	Steigende Renten- und Gesundheitsausgaben Individualisierung der Verantwortlichkeit Höhere Armutsquoten auf dem Land
4) Domestic Governance	Re-Ethnisierung	Abstrom an qualifiziertem Personal (Gesundheitswesen, Bildung)
5) Globalisierung	Kapitalmobilität Internationalisierte Finanzmärkte	Reduzierte Autonomie staatlicher Prozesspolitik
6) Global Governance	Vorgaben durch IWF, Weltbank, ADB, UNESCO	Milleniumsziele als Vorgabe

Die wohlfahrtspolitische Antwort kann dann in ihrer Schutz- und Gestaltungsaufgabe bestehende Strukturen (Verteilungsmuster, Effizienzniveau) tendenziell festschreiben und/oder auf diese als Korrektiv einwirken, wie beispielsweise die Entwicklung des Einkommensniveaus und der Einkommensverteilung verdeutlicht (s.u.). Die Distribution von Wohlfahrtspositionen betrifft zunächst einmal deren Verteilung zwischen Gruppen innerhalb einer Generation, es gilt aber auch jene zwischen gegenwärtigen und zukünftigen Generationen zu berücksichtigen (intergenerative Einkommensverteilung). Damit kommt der Faktor Demographie ins Spiel. Es besteht ein Wirkungszusammenhang zwischen Demographie und Einkommensungleichheit (und umgekehrt), wobei zwischen direkten und indirekten Demographieeffekten zu unterscheiden ist (Faik 2011).

8.1 Einkommensentwicklung

Die wirtschaftlichen Kapazitäten und Leistungen eines Landes üben einen entscheidenden Einfluss auf die Sozialpolitik eines Landes aus, und dies in mehrfacher Hinsicht. Zum einen bestimmen sie Quantität und Qualität des eingesetzten Humankapitals und generieren unter Einsatz dieses Kapitals gesamtgesellschaftliches Einkommen, das in Form aggregierter (Binnen-)Nachfrage wirksam wird, andererseits beeinflussen sie entscheidend die fiskalische Kapazität eines Staates und damit den Finanzierungsrahmen für dessen sozialpolitisches Engagement. Dieses Engagement lässt wiederum im Sinne des "Wagnerschen Gesetzes" die Staatsquote "bei fortschreitenden Kulturvölkern" expandieren (vgl. Kap. 9). Andererseits schlägt es sich bei zunehmendem Qualifikationsniveau auf der Angebotsseite in steigender Produktivität nieder, und leistet über den rein ökonomischen Aspekt hinaus einen Nettobeitrag zu Werten wie Würde, Gleichheit und Sicherheit. Wie Haggard und Kaufman in ihren Untersuchungen zeigen, sind die eingeschlagenen Entwicklungsstrategien von Regierungen und die daraus resultierenden Produktionsstrategien von Unternehmen (andere Autoren sehen in Verbindung mit "den politischen Widersprüchen des Kapitalismus" einen umgekehrten Zusammenhang) komplementär zu bestimmten Sozialpolitiken und der institutionellen Ausformung von Arbeitsmärkten. Die Nachhaltigkeit des einmal gewählten Entwicklungsmodells prägt auch den

Verlauf sozialpolitischen Handelns (Haggard/Kaufman 2008). Beispielhaft steht dafür die Implosion des Staatssozialismus mit der Aufkündigung seiner importsubstituierenden Entwicklungsstrategie und seiner überdimensionierten Staatsbetriebe, von deren Wertschöpfung das soziale Wohl und Wehe ganzer Großkommunen abhängig war.

Trotz unterschiedlicher Ausgangspunkte bei der strukturellen Zusammensetzung staatssozialistischer Volkswirtschaften, ihrem jeweiligen Index der menschlichen Entwicklung (HDI) und der gewählten Transformationsstrategie weist das Lager der betroffenen Länder – insbesondere im GUS-Bereich – Gemeinsamkeiten bei den Initial-Kosten des Transformationsprozesses auf: Fallende Produktion, steigende Arbeitslosigkeit, fallende Löhne, steigende Armut und Ungleichheit. Der kollektive Einbruch lässt sich anhand graphischer Verläufe BIP-relevanter Indizes eindrucksvoll verdeutlichen (s. Abb. 8.1), auch wenn das BIP für sich zunächst einen eindimensionalen (und daher anfechtbaren) Maßstab der Wohlfahrtsbetrachtung darstellt. Doch kann es trotz seiner Unzulänglichkeiten (s.u.) mit seiner wechselnden Entwicklungsdynamik als indirekter Bezugspunkt für wohlfahrtsrelevante Aspekte (Einkommen, Beschäftigung, u.a.m.) dienen. In Kasachstan fiel allein der industrielle Output in den Jahren 1992 und 1993 jeweils um 13 Prozent, 1994 um weitere knappe 30 Prozent, der Negativtrend hielt weiter an und so war 1995 schließlich ein Niveau von weniger als 50% des Ausgangsjahres 1990 erreicht. Die Nettokapitalinvestitionen brachen in diesem Zeitraum noch dramatischer ein. Erst das Jahr 1996 brachte beim Bruttoinlandsprodukt eine leichte Wende in Richtung positiver Wachstumszahlen (+ 0,5 Prozent). Hinter diesen Einbrüchen steht ein Angebotsschock, ausgelöst durch eine Wechselwirkung aus Preisliberalisierungen, obsoleten Industriestrukturen und ebenso obsoleten Handelsmustern (Popov 2005).

Abb. 8.1 Kasachstan: Produktionsindizes (1990 = 100)

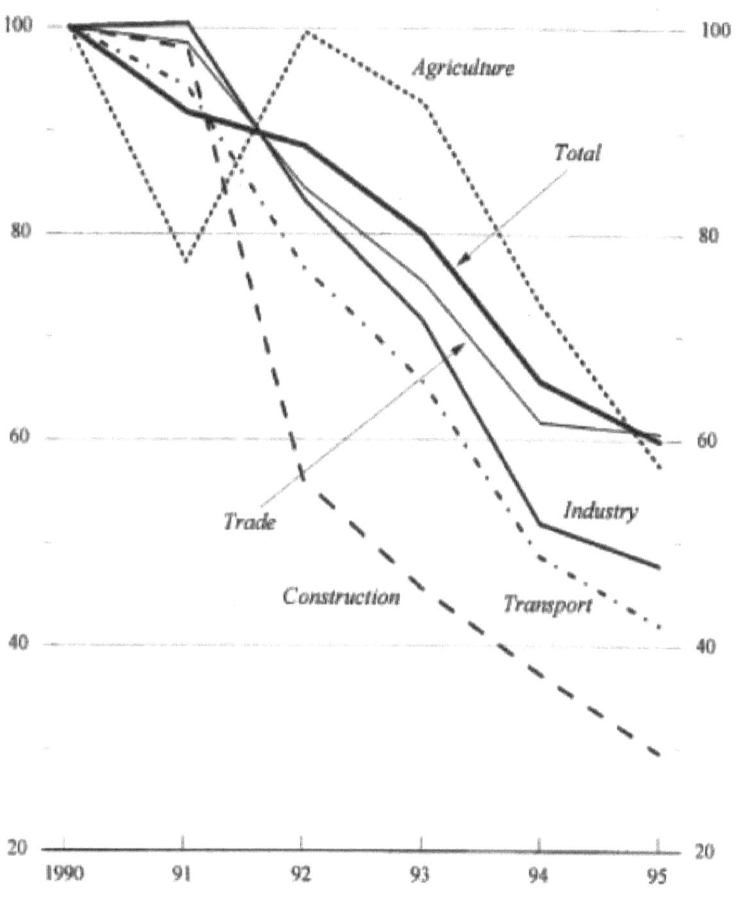

Quelle: IMF, WP/98/45

Beim Übergang vom Plan zum Markt, d.h. der Ablösung lenkender Bürokratie durch Wettbewerb, waren die neu zu etablierenden Koordinationsmechanismen zwischen Staat und Markt noch nicht in der Lage ihre volle Wirkung zu entfalten. Auch wenn, oder gerade weil sich die Entwicklung des BIP in den Folgejahren deutlich ins Positive kehrte, ist eine kritische Einschätzung quantitativer Aspekte der BIP- und Einkommensentwicklung wegen ihrer Relevanz für einzelne Wohlfahrtsaspekte angebracht.

So ist die Aussagekraft bestimmter Indizes hinsichtlich der Entwicklung des Lebensstandards einer Nation nicht nur wegen der bekannten Erfassungs- und Aggregationsprobleme einer intensiver werdenden Kritik ausgesetzt (siehe Stiglitz, 2006), sondern auch wegen ihrer Blindheit gegenüber weiteren wohlfahrtsrelevanten Aspekten, besonders solchen, die sich nicht in monetären Einheiten ausdrücken lassen. Gewöhnlich wird das Einkommen einer Nation standardgemäß auf einer jährlichen Basis in BIP pro Kopf ausgedrückt und zum Zwecke einer besseren Vergleichbarkeit den relativen Lebenskosten eines jeden Landes angepasst (GDP per capita at purchasing power parity, den sogenannten Kaufkraftparitäten). Im Falle Kasachstans betrug dessen Wert im Jahre 1990 beispielsweise 4701 (PPP; current international $), der bis 1995 auf einen Tiefpunkt von 3370 abfiel (vgl. Tab. 8.2). Danach zogen die Werte im allgemeinen Wachstumsprozess, kurz beeinträchtigt durch die Finanzkrise von 1998, wieder an; d.h. die Staatsbürger machten nach einer harten Entbehrungsphase die Erfahrung realer Einkommensgewinne bei anhaltender Steigerungstendenz. Im zentralasiatischen Vergleich sind sie mit $12100 (2012) die eindeutigen Gewinner. Zu berücksichtigen bleibt allerdings, dass sich in Folge der höchst unterschiedlichen Wirtschaftsbedingungen innerhalb Kasachstans hinter diesem relativ hohen Durchschnittseinkommen eine breite Spanne unterschiedlicher regionaler Einkommen verbirgt. So bewegen sich die landwirtschaftlich geprägten Regionen Zhambyl und Süd-Kasachstan mit einem jährlichen Durchschnittseinkommen von $3100 pro Kopf (2010) auf dem Niveau des benachbarten Usbekistan ($ 3050), während sich die Städte Astana und Almaty mit der Slowakei ($ 23149) messen lassen können oder – wie die Region Atyrau – auf dem Durchschnittsniveau der EU liegen.

Tab. 8.2 Entwicklung des BIP pro Kopf (in PPP) in Zentralasien

.	1990	1992	1994	1995	1996	1998	2000	2011
Kas.	4701	4266	3492	**3370**	3452	3513	4565	11568
Kirg.	2010	1651	1180	**1144**	1217	1349	1546	2121
Tadsch.	1909	1275	862	793	665	666	795	2052
Usb.	-	-	**1250**	1258	1272	1336	1502	2903

Quelle: World Bank, WDI 2003; Daten für das Jahr 2011 in constant 2005 international $

Konzentriert man sich bei der Beobachtung der allgemeinen Einkommensentwicklung im Falle Kasachstans auf die funktionelle Einkommensverteilung, also die Aufspaltung des innerhalb eines Wirtschaftsjahrs insgesamt erwirtschafteten Einkommens (das Volkseinkommen) auf die beteiligten Produktionsfaktoren, – d.h. in Lohneinkommen einerseits und Kapital- und Geschäftseinkommen andererseits –, so fällt der im internationalen Vergleich niedrige Anteil der Lohneinkommen am BIP auf. Er hat sich nach langjähriger Verlusttendenz in den Jahren 2009 bis 2011 im Bereich von 34 Prozent eingependelt (vgl. Abb. 8.2). Unter der Bezeichnung *Lohnquote* wird der Anteil der Lohneinkommen am Volkseinkommen häufig als Maß für die Einkommensverteilung verwendet und ist damit Gegenstand verteilungspolitischer Diskussionen. Absolut betrug im Jahr 2010 das Einkommen des Faktors Arbeit (Compensation of employees) 7492515,4 Mio. Tenge bei einem BIP (zu Marktpreisen) in Höhe von 21815517,0 Mio Tenge (Smailov 2012:9). Damit lag der Anteil von Lohneinkommen unter dem Vergleichsniveau Chinas (= 41 Prozent) wie auch Russlands (= 50 Prozent) und letztlich weit unter dem Niveau westlicher Wirtschaftsstaaten (mit einem Anteil von deutlich über 50 Prozent; BRD 2011 = 66,9 Prozent). Rechnerisch wirkt sich im Falle Kasachstans das geringe Gewicht der Lohneinkommen innerhalb des Wertschöpfungsanteils der überpräsenten Montanindustrie aus, es lässt statistisch den Durchschnittsanteil des Faktors Arbeit an der gesamtwirtschaftlichen Leistung fallen (noch deutlicher wirkt sich dieser Effekt in Aserbaidschan aus). Faktisch zeichnet sich in dieser spezifischen Konstellation auch die Entwicklung der Einkommensverteilung zwischen sozialen Klassen ab.

Abb. 8.2 Funktionelle Eink.-Verteilung in GUS-Ländern 1990-2010

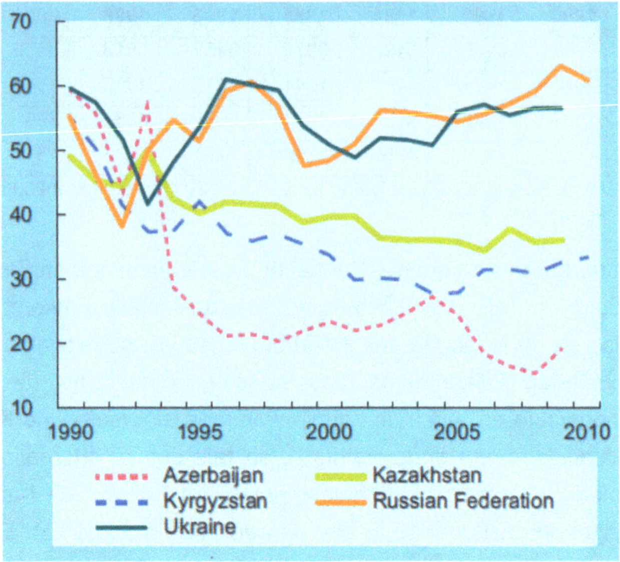

Quelle: UNCTAD 2012: 53

Der Löwenanteil aus dem Volkseinkommen Kasachstans entfällt auf Unternehmens- und Vermögenseinkommen (Zinsen, Gewinn, Mieten und Pachten). Es scheint also noch genügend (Beteiligungs-)Spielraum zu Gunsten der Bezieher von Lohneinkommen zu geben, der über die bloße (Grenz-)Produktivitätsanpassung der Löhne hinausgeht, doch ist auf Grund der Machtverhältnisse am Güter- und Faktormarkt mit einer spürbaren Änderung dieser Einkommensrelation auf mittlere Sicht nicht zu rechnen (lediglich die Finanzkrise brachte kurzfristig einen relativen Anstieg der Lohnquote, bedingt durch die Verluste bei den Kapitaleinkommen). So verteilen sich die eindrucksvollen Nettoerlöse aus Produktion und Export des kasachischen Öl- und Gassektors auf folgende Nutznießer (Toews 2012):

- Ausländische Investoren (ADI-Erträge mit rückläufiger Tendenz),
- Zentrale Regierung (u.a. Aufbau des Nationalen Fonds) und
- Oblastverwaltungen (Budgetverbesserungen durch Renten);
- Lokale Unternehmen über vor- und nachgelagerte Faktorleistungen;

- und schließlich die im Öl- und Gassektor Beschäftigten, die allerdings größere "Tropfen" aus diesem *trickle down* erwarten.

Positiv im Sinne des Verteilungsarguments bleibt zu vermerken, dass sich über den Zeitraum von 2006 bis 2011 die Durchschnittslöhne in realen Größen mit 37 Prozent etwas dynamischer entwickelten als das reale BIP mit 35 Prozent. Im gleichen Zeitraum verdoppelte sich das Haushaltseinkommen pro Kopf von USD 152 auf USD 308. Ein Beschäftigungsbereich konnte allerdings aufgrund seiner anhaltenden Produktivitätsschwächen mit dieser Dynamik nicht mithalten: der Agrarsektor (vgl. Tab. 8.4). Hier reichen die erzielten Löhne kaum an die Hälfte des landesweiten Durchschnittslohns heran. Im Agrarsektor ist auch die Gruppe der sogenannten "selbständig beschäftigten Bevölkerung" (samostojatel'no zanjatoe naselenie) überrepräsentiert. Gesamtgesellschaftlich stellt sie mit einem Anteil von 30 Prozent unter allen Beschäftigten die zweitstärkste Beschäftigungskategorie (2010). Sie nahm über die Jahre hin zahlenmäßig noch zu, fiel jedoch gegenüber der allgemeinen Lohnentwicklung zurück: Nach den Untersuchungsergebnissen von RAKURS (einem Institut für Wirtschaftsforschung in Almaty) weitete sich der Abstand von 37 Prozent (2005) auf 56 Prozent (2010) (Kindop 2012:1). Bei der Interpretation der Lohn- und Einkommensentwicklungen bleibt ferner zu berücksichtigen, dass die Kategorie der "selbständig Beschäftigten" polare Komponenten einschließt. Sie enthält einerseits Selbständige und unbezahlte Mitwirkende in Familienunternehmen (wie landwirtschaftliche Kleinbetriebe), andererseits aber auch individuelle Unternehmer als Arbeitgeber und Mitglieder von Produktionskooperativen, deren Einkommen in den oberen Dezilbereichen liegen. Besonders diskriminierend wirkt hier die Stadt-Land-Komponente.

Tab. 8.3 Vergleich der monatlichen Durchschnittseinkommen zwischen abhängig und selbständig Beschäftigten

	2005	2006	2007	2008	2009	2010
Durchschnittslohn nach BIP, in KZT	45033	56333	74289	84282	91710	115424
Abzüglich der Sozialversicherung	37047	47796	62143	71908	78407	100182
Durchschnittslohn in Unternehmen	33182	39650	50918	58601	64315	73224
Einkommen aus Selbst. Tätigkeit	24236	23761	3088	33938	35107	46942

Quelle: ARKS, RAKURS

Tab. 8.4 Geldeinkommen nach Dezilgruppen (Pro Kopf, Jahr 2010)

	Insgesamt		Städte		Ländliche Gebiete	
	1. Dezil	10. Dezil	1.Dezil	10. Dezil	1. Dezil	10. Dezil
In KZT	132476	598981	171430	689527	117902	417429
In USD	899	4065	1163	4680	800	2833

Quelle: ASRK, ATFBankResearch

Ein weiterer Aspekt, der im Falle Kasachstans entscheidende Auswirkungen auf die Höhe des Pro-Kopfeinkommens der heimischen Bevölkerung hat, ist die Differenz zwischen dem Bruttoinlandsprodukt (hergestellt in den Grenzen Kasachstans, ausländische Beteiligung eingeschlossen) und dem Bruttonationalprodukt bzw. dem Bruttonationaleinkommen (hergestellt bzw. erzielt ausschließlich von Bürgern Kasachstans im Inland oder Ausland und damit entscheidend für die Entwicklung des verfügbaren Einkommens kasachischer Bürger). Die quantitative Eingrenzung ließe sich fortsetzen, indem auch noch die Abschreibungen auf die Kapitalgüter des Landes berücksichtigt, d.h. diese vom BNP abgezogen werden. Erst danach wird mit der daraus resultierenden Größe Nettonationalprodukt (NNP) bzw. Nettonationaleinkommen operiert. Der schwache Punkt bei dieser begründeten Eingrenzung liegt in den Unzulänglichkeiten statistischer Erfassung von Abschreibungen. Die Weltbank schlägt daher für ressourcenreiche Volkswirtschaften mit hohen Anteilen ausländischer Direktinvestitionen vor, bei der Erfassung der wirtschaftlichen Leistung das BIP durch ein "angepasstes Netto-National-Einkommen" (aNNE; adjusted net national income = aNNI) zu ersetzen, das nicht nur die Wertminderung von

Anlagevermögen infolge von Verschleiß und wirtschaftlichem Veralten berücksichtigt, sondern auch den Abbau/Verbrauch an natürlichen Ressourcen (Hamilton/Ley 2010).

Tab. 8.5 Entwicklung von Einkommensgrößen

Land	BIP $ Mrd 2010	BNE $ Mrd 2010	Anpassungen in % des BNE		Ange-passtes NNE $ Mrd 2010	Wachstumsraten (%) 2000-2010		
			Verbrauch Kapital-güter	Abbau Natur-Resourc.		BIP	BNE	Angep. NNE
Kas.	149,1	131,9	13,3	23,4	83,4	8,3	9,3	9,2
Usb.	39,0	39,0	9,2	19,2	27,9	7,1	5,0	-8,7
Rus.	1479,4	1431,1	12,4	14,3	1049,8	5,4	5,6	8,4

Quelle: World Development Indicators 2012

In der Regel sind die oben erwähnten Begriffe aus der volkswirtschaftlichen Gesamtrechnung – das Bruttoinlandsprodukt (BIP) und das Bruttonationalprodukt (BNP; dem vormaligen Sozialprodukt) – ihren jeweiligen Wertgrößen nach nicht identisch. Die Differenz ergibt sich aus der Bilanz der Erwerbs- und Vermögenseinkommen, den sogenannten Primäreinkommen (d.h. der im Inland erstellten Bruttoproduktion Kasachstans werden Erträge aus kasachischen Kapitalanlagen im Ausland und dort erzielte Erwerbseinkommen hinzugefügt und die aus Kasachstan an Ausländer abfließende Kapitalerträge und Erwerbseinkommen abgezogen; siehe die Differenz zwischen dem Wert des BIP und des BNE in der nachstehenden Tabelle 8.5). In der nachfolgenden Übersicht werden entsprechend für den Zeitraum 2000-2008 die Zahlungsströme aus a) Kompensationen für den Faktor Arbeit, und b) für den Faktor Kapital (in Form von Erträgen aus Auslandsinvestitionen) gegenüber gestellt und die Nettofaktorzahlungen für einzelne Jahre festgehalten. Die zu beobachtende Dynamik stand angesichts der Preisentwicklung auf den Energiemärkten zwar zu erwarten, fällt aber in ihrer relativen wie absoluten Größenordnung überraschend hoch aus: So betrug der Nettofaktortransfer bei einer zunehmend sich öffnenden Schere seit dem Jahre 2004 schließlich im Jahre 2008 knapp $19 Mrd. bzw. einem Anteil am BIP in Höhe von 14,3% (vgl. Tab. 8.6). Im Folgejahr wurde mit Zahlungsverpflichtungen gegenüber dem Ausland in Höhe von $

24 Mrd. gerechnet. Dieser BNP/BIP-Quotient als Ausdruck des Einkommensabflusses gemessen am Bruttoinlandsprodukt (Ratio of Income Outflow) wird ständig kleiner und macht die wachsende Lücke zwischen den beiden Produkt- bzw. Einkommensgrößen deutlich. Entsprechend positiv entwickelte sich demnach die Renditerate (rate of return) ausländischer Direktinvestitionen in Kasachstan (2008 = 32,6%). Mit ähnlichen Größenordnungen operieren nur noch Länder wie Angola und Aserbaidschan. Diese hohen Nettotransfers sind andererseits typisch für rohstoffreiche Länder, die ihre Lagerstätten mit Hilfe ausländischer Direktinvestitionen für den Weltmarkt erschließen. Es konnte also nicht überraschen, dass die kasachische Regierung unter Verweis auf das 2007 verbesserte Gesetz zu den natürlichen Ressourcen dazu überging, Verträge mit ausländischen Partnern zu revidieren oder zu annullieren, wenn diese "der ökonomischen Sicherheit Kasachstans schaden". Es werden dabei auch ökologische Begründungen ins Feld geführt, die in ihrer Funktionalisierung an die Nationalisierung von Ressourcen in Russland erinnern.

Umgekehrt resultieren die von Kasachstans Bürgern oder Institutionen erzielten Faktoreinkommen größtenteils aus den im Ausland angelegten öffentlichen Ersparnissen, darunter Reserven der Zentralbank und des Nationalen Fonds der Republik Kasachstan, sowie aus Zinszahlungen von Ausländern an private Gläubiger in Kasachstan.

Tab. 8.6 Bruttoinlandsprodukt und Bruttonationalprodukt Kasachstans, 2000-2008 (in Mio USD)

	2000	2002	2004	2006	2008
BIP	18292	24636	43150	81004	132248
Nettoerwerbseink.	**-43.56**	**-74.79**	**-409.83**	**-948.39**	**-1452.75**
+empfangen	3.6	3.88	3.88	10.59	5.42
-bezahlt	-47.16	-78.67	-413.71	-958.98	-1457.46
Nettovermögenseink.	**-1210.5**	**-1052.6**	**-2453.3**	**-8543.1**	**-17488**
+empfangen	135.04	229.9	418.66	1419.95	3541.48
-bezahlt	-1345.5	-1282.5	-2871.9	-9963.0	-21029.8
Nettofaktorzahlungen	-1254.1	-1127.4	-2863.1	-9491.4	-18940.4
BNP	17038	23509	40287	71512	113307
BNP/BIP-Koeffizient	**0.93**	**0.95**	**0.93**	**0.88**	**0.86**

Quelle: Nationalbank Kasachstans, RAKURS Schätzungen

Seine geographische Lage macht Kasachstan in Verbindung mit seiner wirtschaftlichen Entwicklung attraktiv für ausländische Investoren wie auch für ausländische Arbeitskräfte, insbesondere aus dem zentralasiatischen Umfeld. In der Folge wuchs der Umfang der an ausländische Arbeitnehmer bezahlten Nettoerwerbseinkommen schneller als die Summe der auf kasachischer Seite empfangenen (vgl. Tab. 8.6). Die hier wiedergegebenen Erwerbseinkommen orientieren sich in ihrer Erfassung an den methodischen Empfehlungen des Internationalen Währungsfonds und beschränken sich auf die Komponente "Compensation of employees", definiert als "income of border, seasonal, and other short-term workers who are employed in an economy where they are not resident and of residents employed by nonresident entities" (IMF 2011:272). Die Überweisungen von Arbeitsmigranten in Richtung ihrer Herkunftsländer erreichten 2010 eine Größenordnung von $3,021 Mrd. Davon Floss der größte Anteil in die unmittelbaren Nachbarländer Usbekistan und Kirgistan; d.h., Kasachstan trägt mit seinem Import an Arbeitskräften zur Kompensation des Politikversagens in diesen Nachbarländern bei, indem es deren verfügbares Einkommen erhöht. Diese Überweisungen tragen wesentlich zur Reduzierung von Armut bei und erweisen sich im Vergleich zu internationalen Unterstützungszahlungen langfristig als stabiler. Sie können in den Empfängerländern zur Finanzierung wirtschaftlichen Wachstums beitragen und ein Empfängerland mit stabilen Zuströmen größeren Umfangs (> 10% des BIP) kann sich eine höhere Schuldenlast leisten. Den abfließenden Milliardenbeträgen stand eine weitaus bescheidenere Summe an empfangenen Erwerbseinkommen aus dem Ausland in Höhe von $291 Mio. gegenüber.

Tab. 8.7 Überweisungsströme aus Kasachstan (2007 bzw. 2010)

Migrations- und Übertragungsströme	
Geschätzter Umfang offiziell erfasster und inoffizieller Arbeitskräfte aus Usbekistan in Kasachstan (2010)	300000+
Geschätzter Umfang offiziell erfasster und inoffizieller Arbeitskräfte aus Kirgistan (2010)	120000+
Durchschnittlicher Betrag von jährlichen Übertragungen durch Usbeken in Kasachstan (USD, 2007)	1522
Durchschnittlicher Betrag von jährlichen Übertragungen durch Kirgisen in Kasachstan (USD, 2007)	1331
Durchschnittliches Monatseinkommen von Migranten (in USD; ohne Steuern; 2007) Männer Frauen Kasachische Bürger mit legalem Status	400,7 428,4 279,4 611,1
Gesamtübertragungen aus Kasachstan in USD Mrd.	3,021 (2010)

Quelle: Todoroki/Celik/Kholmatov 2011:3; Makhmutova 2010

Angesichts formeller wie informeller Überweisungskanäle (z.B. in Gestalt der am häufigsten geübten Praxis, nämlich Summen in bar über die Grenze zu transportieren) und keineswegs eindeutiger Melde- und Erfassungskriterien dürfte der Umfang der Überweisungen deutlich höher ausfallen. Dazu kommt noch der Transfer in Form von Gütern. Das Ausmaß dieser informellen Transfers wird zusätzlich durch die Tatsache beträchtlicher schattenwirtschaftlicher Aktivitäten genährt, und dieser informelle Geschäftsbereich bevorzugt informelle Finanztransaktionen (Todoroki/Celik, Kholmatov 2011:X).

Exkurs 9 Rücküberweisungen/Übertragungen/Remissen

Wenn Migranten und "Beschäftigte ohne ständigen Wohnsitz" (nonresident workers) aus dem jeweiligen Gastland Teile ihres laufenden Einkommens in Form von Bargeld oder Gütern zum Unterhalt ihrer Familien oder an andere Adressaten nach Hause schicken, so werden diese Heimatüberweisungen als laufende private Übertragungen unter der Teilbilanz "laufende Übertragungen" (Bilanz der unentgeltlichen Leistungen) innerhalb der Leistungsbilanz eines Landes erfasst. Bei dieser statistischen Erfassung wird mitunter noch zwischen zwei Personengruppen differenziert, orientiert an der Aufenthaltsdauer (unter oder über ein Jahr). Daneben besteht noch eine Subkategorie "Kapitaltransfers" für den Transfer von (meist bescheidenem) Nettovermögen der Migranten.

Abb. 8.3 Anteil der Überweisungen am BIP der Empfängerländer (in %; 2011)

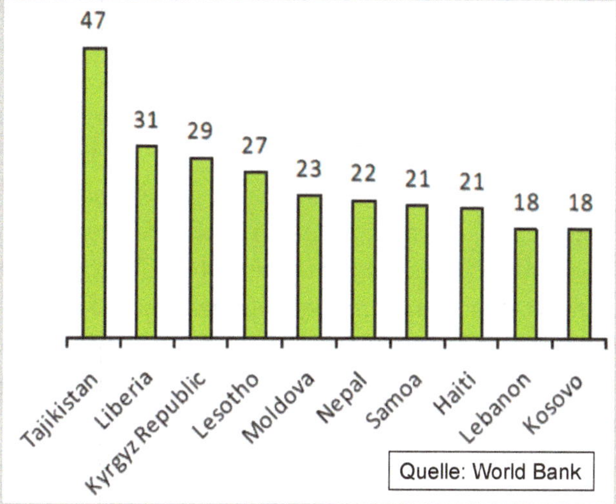

Der wertmäßige Umfang all dieser Übertragungen ist nur schwer abzuschätzen, da viele Transfers über inoffizielle Kanäle abgewickelt werden. Der offizielle Strom wird in der Leistungsbilanz, die wiederum Teil der Zahlungsbilanz eines Landes ist, ausgewiesen. Nach Angaben der Weltbank umfasste deren Gesamtwert 2012 weltweit offiziell erfasste $401 Mrd., der tatsächliche Betrag dürfte noch höher liegen und somit die Jahresleistung ganzer Volkswirtschaften, wie beispielsweise Österreichs oder Argentiniens übersteigen. Gemessen am Bruttoinlandsprodukt eines (Empfänger-)Landes stellen diese Übertragungen einen erheblichen Beitrag zu dessen verfügbaren Einkommen dar.

Die offizielle Statistik kann durchaus steigende Einkommenswerte ausweisen, während die sozialen Indikatoren keinerlei Verbesserung anzeigen oder die Bürger als Individuen möglicherweise sogar ärmer geworden sind. Die Gründe dafür können unterschiedlicher Natur sein. So hat beispielsweise die Regierung nationales Vermögen an Ausländer verkauft, sich im Ausland verschuldet oder die Unternehmen haben knappe natürliche Ressourcen aufgebraucht. Andererseits bleibt gerade im Falle von Transformationsökonomien zu berücksichtigen, dass Angaben in der häufig ausgewiesenen (Pro-Kopf-)Form wegen des beträchtlichen informellen Sektors die tatsächliche Lage unterschätzen, von Verteilungsaspekten ganz abgesehen. Diese "unbeobachtete Ökonomie" lässt Schätzungen zum Produktivitätswachstum auf der Basis offizieller Messungen und damit auch zur Wohlfahrtsentwicklung im Allgemeinen fragwürdig erscheinen, und zwar wegen ihrer Tendenz zur Unterschätzung des gesamtwirtschaftlichen Ergebnisses.

Verlässt man den offiziellen Beobachtungsstandpunkt der Einkommensentwicklung, geraten Wertschöpfungen der kasachischen Volkswirtschaft ins Blickfeld, die vorher im "Schatten" lagen, d.h. der offiziellen Erfassung des BIP entgangen sind, und in Umkehrung zur eben festgestellten Reduzierung wesentlich zur Stabilisierung der allgemeinen Einkommenslage ihrer Bevölkerung beitragen. Die informelle Wirtschaft dient so als Puffer gegen Ineffizienzen und institutionelle Schwächen des formalen Sektors. Allerdings zu einem Preis: Unter informellen Bedingungen Beschäftigte genießen nur geringen oder keinerlei sozialen Schutz und müssen mit geringeren Löhnen vorlieb nehmen, die ihnen kaum Spielraum für Beitragszahlungen in Sozialversicherungskassen lassen. Nach Angaben der Weltbank (World Development Indicators 2011) verzichteten 65 Prozent der Belegschaften Kasachstans auf entsprechende Leistungen an die Rentenkassen (diese Angaben stehen im Konflikt mit den offiziellen Angaben zur Zahl der Beitragszahler). Zunehmende Aktivitäten in der Schattenwirtschaft (bzw. der Parallelwirtschaft, Untergrundproduktion, der informellen Wirtschaft), die in der Regel eine legale, marktbasierte Produktion umfasst (s. Exkurs 10) erklären zum Teil, warum sich expansiv angelegte Wirtschaftspolitiken so wenig in einer deutlichen Steigerung der aggregierten Nachfrage niederschlagen. Die Belebung diffundiert – an den Messpunkten der Volkswirtschaftlichen Gesamtrechnung vorbei – in die Parallelwirtschaft und macht sich indirekt durch den höheren Bedarf an Bargeld, Energie und anderen Nebenfolgen bemerkbar. Folgt man den Angaben der offiziellen Statistik, so gingen die relativen Schattenanteile am volkswirtschaftlichen Gesamtergebnis (BIP) über die Jahre des massiven Aufschwungs zurück und bewegten sich gegen Ende des Wachstumszyklus auf einem Niveau von 20 Prozent. Zu einem völlig abweichenden Ergebnis kommen dagegen die Berechnungen des Zentrums zur Untersuchung von Finanzvergehen. Danach lagen die Anteile bereits bei Beginn der Wachstumsphase im Verlauf des ersten Jahrzehnts auf einem Niveau von 30 Prozent (vgl. Tab. 8.8) und erreichten phasenweise ein Niveau von über 50 Prozent (Methoden und Kriterien ihrer Erfassung werden allerdings nicht näher erläutert). Die Untersuchungen von Schneider, Buehn und Montenegro (für den Zeitraum 1999-2007) bestätigen, davon unabhängig, dieses vergleichsweise hohe Niveau, wobei sie für Kasachstan einem jährlichen Durchschnittswert von 41,7 Prozent ermitteln und damit das Land auf Position 94 unter 151 untersuchten Ländern platzieren (die Kirgisische Republik weist einen ähnlich umfangreichen Schattenbereich aus, doch Aserbaidschan stellt selbst diese mit 58 Prozent noch in den "Schatten"; Schneider/Buehn/Montenegro 2010:27; die entsprechenden Angaben des IWF liegen unterhalb dieses Niveaus, vgl. Abb. 8.4). In einem Interview mit der Zeitschrift "Vremja" (11.4.2013) bestätigt der kasachische Politologe Satpaev den hohen Leistungsanteil der Schattenwirtschaft und verweist auf deren potentiell destabilisierende Funktion als Hort informeller Machtzentren, potentiell verbunden mit den Begleiterscheinungen einer "adverse incorporation" via hierarchischer und klientelistischer Abhängigkeiten (Gough/Wood 2004). Dies würde bedeuten, dass seit der Etablierung einer interministeriellen Arbeitsgruppe zur Ausarbeitung von Empfehlungen für die Einschränkung schattenwirtschaftlicher Aktivitäten (Februar 2004), nur marginale Erfolge in dieser Richtung erzielt wurden. Die Regierung hat sich hier den Weg zum Erfolg durch anhaltende institutionelle Schwächen selbst verbaut (siehe den entsprechenden Indikator Kasachstans für *government effectiveness* im Projekt "Worldwide Governance Indicators" der Weltbank, wonach sich Kasachstans zwar stetig verbesserte, aber bisher nicht über eine Position im internationalen Mittelfeld hinauskam).

Exkurs 10 Schattenwirtschaft

In ihrem Handbuch "Measuring the Non-Observed Economy" (2002) betont die OECD die marktbasierte legale Produktion von Waren und Dienstleistungen und schlägt folgende Definition der Untergrund-Produktion vor:

"Sie besteht aus Aktivitäten, die produktiv im ökonomischen Sinne und völlig legal sind (vorausgesetzt sie erfüllen gewisse Standards und Regulierungen), die aber vorsätzlich vor den öffentlichen Autoritäten aus folgenden Gründen verborgen werden:

a) um die Zahlung von Einkommen, Mehrwertsteuern oder anderen Steuern zu vermeiden;

b) um die Zahlung von Sozialversicherungsbeiträgen zu vermeiden;

c) um die Einhaltung bestimmter gesetzlicher Standards wie Mindestlohn, Höchststundenzahl, Sicherheits- oder Gesundheitsstandards etc. zu vermeiden;

d) um die Einhaltung bestimmter administrativer Prozeduren, wie das Ausfüllen statistischer Fragebogen oder andere Verwaltungsformalitäten zu vermeiden."

Diese Definition bezieht Untergrundaktivitäten krimineller Natur ausdrücklich nicht in die Berechnung schattenwirtschaftlicher Aktivitäten ein. Addiert man die Folgen der aufgezählten Vermeidungsakte in Einheiten der inländischen Wertschöpfung, dann liegt der Anteil der Schattenwirtschaft Kasachstans bei einem Drittel seines Bruttoinlandsprodukts, eine typische Größenordnung für Länder des Mittleren Ostens und des sich entwickelnden Asiens (nach IMF-Angaben liegt dort der Anteil bei 25 bis 35 Prozent). Sie ist Teil einer Sonderform der "dual-track growth strategy", die in dieser Form zwar politisch nicht in Gang gesetzt wurde, gleichwohl aber hingenommen und gepflegt wird.

Abb. 8.4 Kasachstans Schattenwirtschaft im internationalen Vergleich (2008)

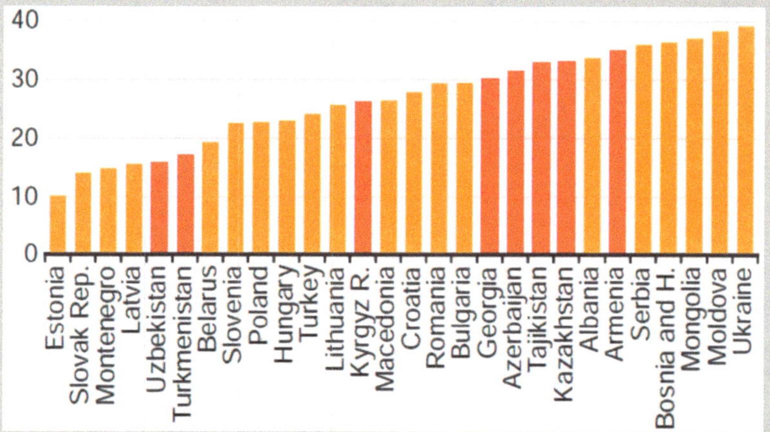

Quelle: IMF

Erfahrungsgemäß steht der Umfang der Parallelwirtschaft in einem engen Zusammenhang mit Korruption, wobei nach Untersuchungen des IMF eine geringe Zunahme an Korruption zu einer deutlichen Zunahme schattenwirtschaftlicher Aktivitäten führt (Singh/Jain-Chandra, Mohommad 2012:45). Schattenwirtschaft und Korruption verhalten sich zueinander komplementär. Eine umfängliche Schattenwirtschaft macht offizielle Statistiken lückenhaft und unzuverlässig, so dass diese nur eingeschränkt ihre Rolle als Grundlage für (informierte) politische Entscheidungen erfüllen können. Die betroffene Volkswirtschaft verharrt insgesamt in einem "schlechten Gleichgewicht" (bad equilibrium), charakterisiert durch ein Konglomerat aus hohen Belastungen von Unternehmen durch Steuern/Sozialabgaben und beliebig gestaltbare Regelwerke, schwacher Jurisprudenz, allgegenwärtiger Bestechung und intensiven Aktivitäten in der informellen Wirtschaft.

Abb. 8.5 Beitrag der Ursachenkomponenten zur informellen Wirtschaft im Vergleich (Armenien, Aserbaidschan, Georgien, Kasachstan)

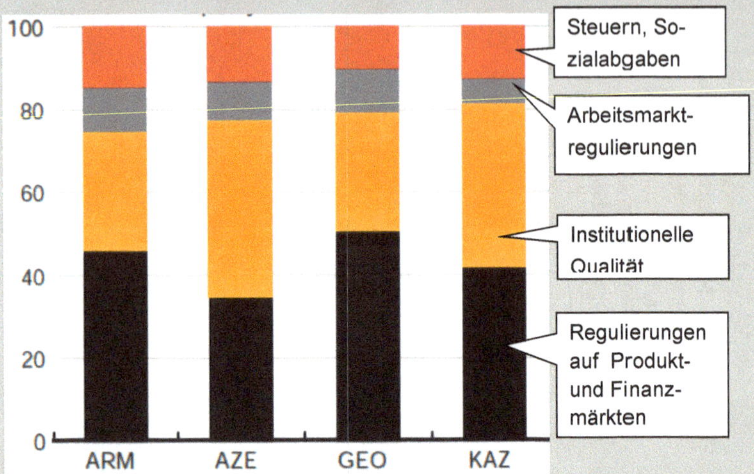

Quelle: IMF

Der Umfang der informellen Wirtschaft hängt – wie eingangs des Exkurses erwähnt – von einer Reihe von Faktoren ab. Die einschlägige Literatur hebt dabei hauptsächlich folgende Ursachen hervor:

a) Die Belastungen durch Steuern und Sozialabgaben, b) die Intensität der Arbeitsmarktregulierungen, c) Defizite an institutioneller Qualität (sie fallen bei Kasachstan besonders ins Gewicht; s. vorstehende Abbildung 8.5), d) die Regulierungslast auf Produkt- und Finanzmärkten (Firmengründungen, Baugenehmigungen, Kreditbeschränkungen u.a.m.). Gerade der beschränkte Zugang zu Kreditmärkten und die damit einhergehende Investitionsschwäche halten schattenwirtschaftliche Operationen auf einem anhaltend niedrigen Produktivitätsniveau. Ergänzend zu dem aufgeführten Ursachenbündel ist noch auf Impulse zu verweisen, die vom Wertewandel der Bürger ihren Ausgang nehmen. Es liegt in der Natur der Sache, dass sich schattenwirtschaftliche Aktivitäten und deren Ergebnisse nicht direkt erfassen lassen. Dies geschieht indirekt über monetäre Indikatoren, Indikatoren des Arbeitsmarktes, Indikatoren zur "government effectiveness" u.a.m.

Weiterführende Literatur: Schneider, F./A. Buehn (2007): Shadow Economies and Corruption All over the World: Revised Estimates for 120 Countries. In: Economics: The Open-Access, Open-Assessment E-Journal, Vol. 1, 2007-9 (Version 2); Laumulin, M. (2013).

Die Schattenwirtschaft hat offensichtlich ihre kompensierende Rolle aus den 1980er Jahren der Sowjetunion "herüber gerettet" (Rumer 1989: 144-159). Doch schon damals beruhigte der Ökonom W.W. Leontjew, dass es keinen Grund gäbe, die Schattenwirtschaft zu fürchten, sie sei ohnehin über kurz oder lang gezwungen ihr Kapital in der offenen Wirtschaft zu investieren. In Kasachstan scheint dieser Prozess jedoch eine neue Qualität angenommen zu haben. Es wird zur verbreiteten Norm, seine eigenen Probleme im Dialog mit staatlichen Behörden und anderen Institutionen "schattenwirtschaftlich" zu regeln. Die Schattenwirtschaft ersetzt nach Auffassung von S. Sysdykov, dem Leiter des zitierten Zentrums, vermehrt die sozial anerkannten Wege des Aufstiegs, wie Bildung, berufliche Leistung etc., sie wird selbst zu einem sozialen Lift. Wer seine Ambitionen finanziell untermauern kann, fährt nach oben. Dies bedeutet, die Gipfel der ohnehin asymmetrischen Einkommensverteilung und der weitgehend symmetrischen Fähigkeitsverteilung driften auseinander. Es stellt sich – wie in anderen entwickelten Volkswirtschaften zu beobachten – ein "sticky top" ein. Den Nachkommen dieser Gruppierung fällt es leichter, der "sozialen Schwerkraft" trotz mangelhafter Fähigkeiten zu entgehen, da ihnen Zugänge zu höherer Bildung und zum Arbeitsmarkt über "Befähigungsnachweise" anderer Art offen gehalten werden. Der Soziologe Charles Tilly bezeichnete diesen Prozess als "opportunity hoarding". Ein Prozess, der mit Kosten verbunden ist: Einerseits in Gestalt von Verlusten an Talent und Humankapital, da die relative Mobilität eingeschränkt wird, andererseits an fiskalischen Einnahmeverlusten, da die "shortcuts" nach oben wiederum zum Teil aus schattenwirtschaftlichen Erträgen gedeckt werden müssen und somit zur Ausweitung und Stabilisierung der Schattenwirtschaft beitragen. In diesem Sinne erklärt sich ihre zunächst überraschend hohe Verbreitungsdynamik in einer wirtschaftlichen Expansionsphase. Aus der ursprünglichen Funktion eines Korrektivs der vormaligen "Defizitwirtschaft" entwickelte sich die Schattenwirtschaft hin zu einem funktionalen Aktionsfeld der Kommunikation und des Tausches im Alltag ("it has acquired a system-forming nature", Laumulin 2013:163), mit entscheidenden Auswirkungen auf die Verteilungsmuster von Einkommen und Vermögen. Sie bietet einen besonders gedeihlichen Boden für informelle Netzwerke, in denen wirtschaftliche und politische Eliten mit- und gegeneinander agieren.

Der Kampf gegen die Korruption ist somit auch ein Kampf von Regierungsstellen mit sich selbst.

Tab. 8.8 Anteile der Schattenwirtschaft Kasachstans am BIP (in %)

	1998	1999	2000	2001	2002	2003	2004	2005	2006	2007	2008
Öff. Ang.	30	27	25	24	23	22	21	20	20	20	20
Ang. [1]	16	30	32	32	36	43	52	46	45	47	50
Ang. [2]	-	43,8	43,2	42,5	42,0	41,1	40,6	39,8	38,9	38,7	-

1) Angaben nach Berechnungen des Zentrums zur Untersuchung von Finanzverstößen
2) Angaben nach der Studie von Schneider/Buehn, Montenegro 2010

8.2 Demographischer Wandel

Während der kurzen Phase ihrer politischen Transformation und einer vergleichsweise längeren der ökonomischen, befanden sich viele GUS-Länder gleichzeitig in unterschiedlichen Stadien eines mehr oder weniger ausgeprägten "demographischen Übergangs" (demographic transition), der zeitversetzt immer noch anhält. Dieser Prozess ist nicht die Folge der vorgenannten ökonomischen und politischen Transformationen, als vielmehr eine weltweit zu beobachtende, demographische Entwicklungsphase, die kennzeichnend ist für den Übergang von einer vorwiegend agrarisch geprägten Gesellschaft mit hohen Fertilitäts- und Mortalitätsraten zu einer Industriegesellschaft mit steigender Lebenserwartung und fallenden Geburtenraten. Als zeitlich begrenzter Begleiteffekt expandiert der Anteil der Bevölkerung im arbeitsfähigen Alter (vgl. Tab. 8.9) in Relation zur übrigen (abhängigen) Bevölkerung, die Abhängigkeitsquote fällt (demographische Abhängigkeitsquote: Zahl der Menschen im Pensionsalter (65+) in Relation zur Zahl der Menschen im Erwerbsalter (15-64); die sogenannte "support ratio" drückt im Angelsächsischen das umgekehrte Verhältnis aus: Zahl der 20-64-Jährigen relativ zur 65plus-Gruppe) und die betroffene Volkswirtschaft kommt (bei konstanter oder steigender Arbeitsproduktivität) durch das erweiterte Faktor- und Wachstumspotential in den Genuss einer sogenannten (ersten) demographischen Dividende. Der Umfang dieser Dividende hängt wiederum von der Altersstruktur der Arbeitseinkommen und des Konsums ab. Allerdings nährt diese stärkere Kohorte die nachfolgende der 60+ Bevölkerung und was einstmals wirtschaftliches Wachstum in aggregierter und Pro-Kopf-Form förderte, erweist sich in der Folgephase als bremsendes Element: Es verändern sich zwangsläufig wieder die Abhängigkeitsquoten mit belastenden Konsequenzen für die öffentlichen Transfersysteme.

In einzelnen GUS-Ländern machen sich erste Anzeichen des sogenannten "zweiten demographischen Übergangs" bemerkbar (wie vermehrte Scheidungen, Eheschließungen in einer späteren Lebensphase, Anstieg des mittleren Alters von Frauen bei Geburt ihres ersten Kindes, Kinderlosigkeit, life-cycle desynchronization). Die Normalfamilie büßt in Kasachstan allerdings insofern an Exklusivität ein, als offene oder verdeckte Formen der Polygamie in einem Ausmaß praktiziert werden, dass bereits mehrfach eine entsprechende Verfassungsänderung erwogen wurde, um den Status der jüngeren Frau ("tokal") zu legalisieren. Von einer Entinstitutionalisierung der klassischen Ehe kann bisher jedoch nicht die Rede sein.

Tab. 8.9 Entwicklung prozentualer Anteile der potentiell aktiven Bevölkerung (15-59 Jahre), 1950-2050

Land	1950	1975	2000	2025	2050
Kasachstan	55,4	56,8	61,8	62,6	56,8
Kirgistan	58,6	51,7	57,1	63,1	57,7
Tadschikistan	58,7	47,9	53,8	64,1	59
Turkmenistan	57,6	49,8	55,9	64,9	60
Usbekistan	59,2	48,9	56,7	63,9	57,8
Aserbaidschan	56,5	52,1	60,5	64,2	52,8

Quelle: Haghshenas/Mehryar 2008:12

Kasachstan weist darüber hinaus eine besonders ausgeprägte "ethnodemographische Transformation" auf, eine "Nebenfolge" des Souveränitätsgewinns der Titularnation und der ökonomischen Transformation, insbesondere aus der Phase der Transformationskrise. Diese Übergangsprozesse hinterlassen im Sockel der Bevölkerungspyramide deutliche Einkerbungen, abzulesen an den schwächer besetzten Alterskohorten. Als zwangsläufige Begleiterscheinung stellen sich deutliche Verschiebungen bei den sogenannten Abhängigkeitsquoten (s.u.) ein und es drängen sich Fragen auf zu den Lebenschancen der Folgegeneration, zur künftigen Entwicklung des Arbeitskräftepotentials und den daraus resultierenden

Wachstumsperspektiven, den fiskalischen Konsequenzen aus erhöhten Renten- und Gesundheitsausgaben und den damit schwindenden Möglichkeiten aktiver Armutsbekämpfung. Einzelne zentralasiatische Länder entziehen sich (vorläufig noch) weitgehend diesem allgemeinen Trend, konterkarieren ihn geradezu, wie beispielsweise der Verlauf des Medianalters von Tadschikistans Bevölkerung demonstriert (vgl. Abb. 8.7 im Exkurs 11). Nach dieser Projektion wird sie im Zeitraum zwischen 2000 und 2025 um 40 Prozent wachsen. Was die Türkei und Usbekistan in dieser Zeitspanne zusammen an Millionen zusätzlicher Bürgern gewinnen (geschätzte 31 Mio), geht Nachbarländern wie Russland, der Ukraine und Rumänien in der Summe verloren (Chawla et al. 2007:XXI). Kasachstans Bevölkerungsentwicklung bewegt sich zwischen diesen Gegensätzen, beeinflusst von der Sonderbewegung massiver Abwanderungen (s.u.). Mit diesem Emigrationsfluss verstärkte sich auch noch die Fortsetzung von Disparitäten zwischen zwei Siedlungsbereichen innerhalb Kasachstans: dem russischen Nord-Osten mit seinem europäischen Sozial- und Familienmodell und dem kasachischen, muslimisch geprägten Süd-Westen, dessen demographischen Bewegungen jenen seiner zentralasiatischen Nachbarn ähneln. Kasachstan bildet in dieser Konstellation eine "demographische Brücke" (Seys 2009) zwischen Russland und den zentralasiatischen Nationalitäten.

Exkurs 11 Demographische Projektionen

Der begrenzten Auswahl der hier vorgestellten Bevölkerungsprojektionen liegt die Datensammlung der "Population Division of the United Nations Department of Economic and Social Affairs" in der jüngsten Ausgabe (World Population Prospects, the 2012 Revision) zugrunde. Derartige Bevölkerungsvorausberechnungen vermitteln einen Ausblick auf die zu erwartenden Veränderungen der Einwohnerzahl und des Altersaufbaus der Bevölkerung. Diese Ausblicke sind insofern wirtschafts- und sozialpolitisch relevant, als sich die Volkswirtschaft einer Nation unter dem Einfluss der Altersstruktur ihrer Gesellschaft entwickelt. Das wirtschaftliche Verhalten der Individuen verändert sich im Verlauf ihres Lebenszyklus (s. Exkurs 1) auf systematische Weise (vom Bildungserwerb über die Teilnahme am Arbeitsmarkt, Konsum- und Sparverhalten bis hin zum Rentenbezug).Stark besetzte Alterskohorten beschränken individuelle Mobilitäts- und Teilhabechancen.

Die Vorausberechnungen operieren mit bestimmten Annahmen zur Entwicklung von natürlichen und räumlichen Komponenten. Diese Komponentenmethode geht zunächst von einer gegebenen Bevölkerungsstruktur aus, gegliedert nach Alter und Geschlecht. Aus der Alterspyramide (vgl. Abb. 8.6) wird die zahlenmäßige Besetzung der einzelnen Altersjahrgänge (= Kohorten) deutlich. Diese Kohorten werden nun – entsprechend den deterministischen Annahmen zu den in der demographischen Grundgleichung aufgeführten Komponenten (Fruchtbarkeit, Sterblichkeit, Migration) – für jedes Folgejahr bis zum Prognosehorizont fortgeschrieben. Derartige Projektionen sind somit bedingte Aussagen über die Zukunft und daher mit Fehlermargen gegenüber ihrem tatsächlichen Entwicklungsgang behaftet.

Tab. 8.10 Prinzip der Bevölkerungsprognose am Beispiel Kasachstans

Bestandsgröße 2010	Bevölkerung	16 026 000
Stromgrößen im Zeitraum 2010-2015	plus Geburten minus Sterbefälle	1 699 000 789 000
	plus Einwanderung minus Auswanderung = Nettowanderung	- 50 000
Bestandsgröße 2015	Bevölkerung	16 886 000
Jährliche Veränderungsrate i	Bevölkerung	1,0 %
Verdoppelungszeitraum (in J.)	Bevölkerung	67

Zusammenstellung nach Daten der UN 2011:554

Aufgrund der inhärenten Unsicherheit werden Aussagen über kommende Entwicklungen häufig in einer Szenariotechnik getroffen, d.h. unter Verwendung variierender Komponentenwerte, wie beispielsweise der Annahme von unterschiedlichen

Fruchtbarkeitsniveaus. Als notorisch schwierig gelten Projektionen unter Einschluss von Migrationsbewegungen, die im Falle Kasachstans im ersten Transformationsjahrzehnt besonders deutlich zu Buche schlugen. Die nachfolgenden Abbildungen zeigen – ausgehend von der Grundstruktur der Bevölkerung Kasachstans – die Entwicklung des Medianalters (zu dem 50% der Personen jünger und 50% älter sind) im internationalen Vergleich sowie die Entwicklung einzelner Altersgruppen (0-14, 15 – 64, 65+).

Abb. 8.6 Alterspyramide Kasachstans (1.1.2012)

Frauen **Männer**

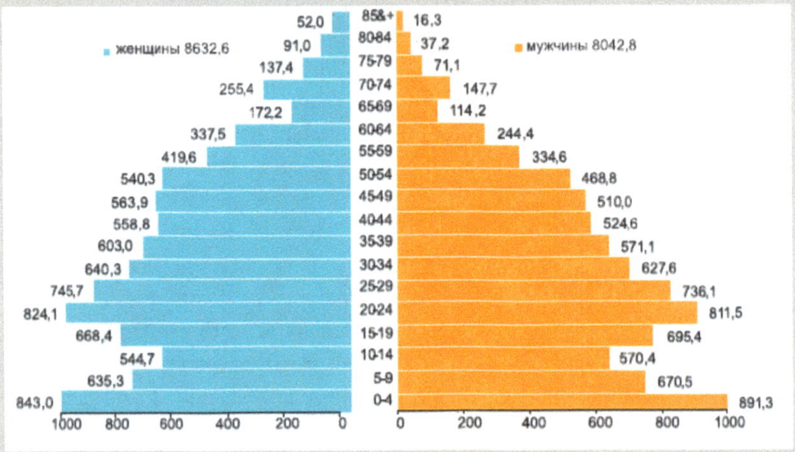

Quelle: Ženščiny i Mužčiny Kazachstana 2012:9

Abb. 8.7 Projektion des Medianalters Kasachstans im Ländervergleich

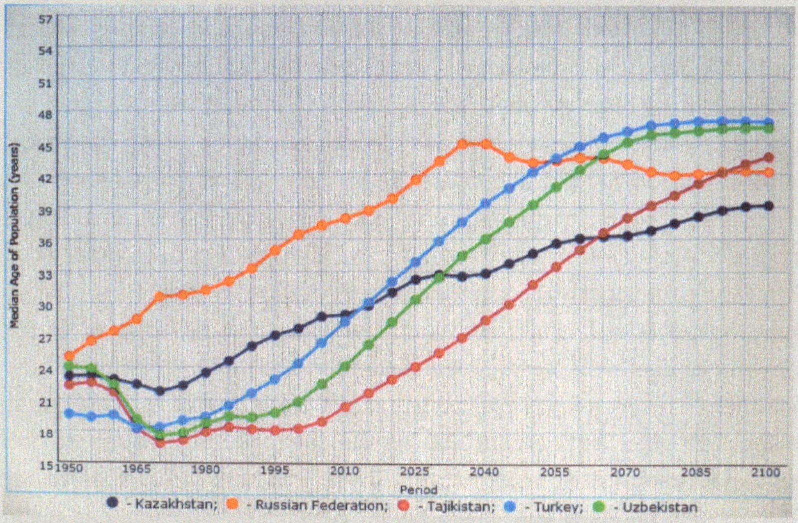

Quelle: United Nations

Abb. 8.8 Entwicklung einzelner Altersgruppen in Kasachstan (in Mio)

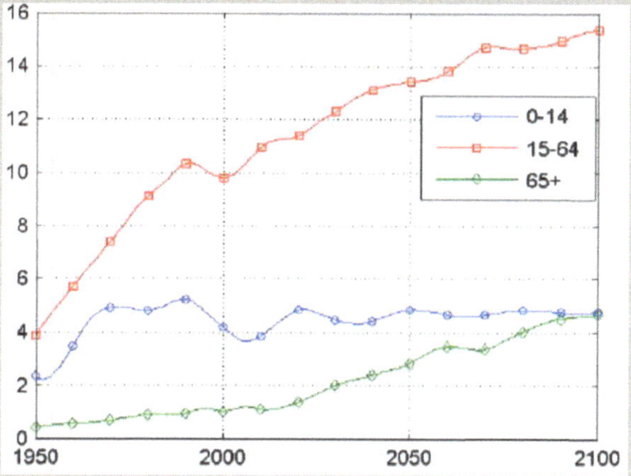

Quelle: UN (2011): World Population Prospects. The 2010 Revision. N.Y.
Weiterführende Literatur: Gans 2011; UN (2013): World Population Prospects. The 2012 Revision. Highlights and Advance Tables. N.Y.

Grundzüge der natürlichen Bevölkerungsbewegung

Im ersten Transformationsjahrzehnt beherrschten und formten Migrationsflüsse das demographische Erscheinungsbild Kasachstans, doch mit steigendem Wohlfahrtsniveau werden diese in ihrer strukturierenden und quantifizierenden Wirkung von den Grundkomponenten der natürlichen Bevölkerungsbewegung überlagert. Es kommt (wieder) das Muster des "demographischen Übergangs" zum Vorschein, – ein Muster, das die Demographen als typisch für die langfristige Entwicklung demographischer Prozesse (zunächst in westlichen Industrieländern) identifiziert haben. Ausgangspunkt sind die langfristigen Verläufe länderspezifischer Geburten- und Sterberaten; diese geben wiederum Auskunft über den demographischen "Status" einer Gesellschaft, indem sie in mehrere Transformationsphasen unterteilt werden. Die entsprechenden Einteilungen reichen von einer ersten "prätransformativen Phase" mit hoher Fruchtbarkeit und Sterblichkeit, begleitet von einem hohen Bevölkerungsumsatz und niedrigem bis negativen Bevölkerungswachstum, bis hin zu einer "posttransformativen Phase" als dem Endstadium des demographischen Übergangs, das sich durch stabil niedrige Geburten- und Sterberaten bei geringem bis negativem Bevölkerungswachstum und einem steigenden Anteil älterer Menschen auszeichnet (Gans 2011: 61-62).

Dazwischen lassen sich weitere Übergangsstadien ausmachen, sozusagen der Kern der Transformation (früh-, mittel-, spättransformative Phase), wobei die Sterberate zunächst früher und schneller fällt, als die Geburtenrate, um noch vor dieser auf ein konstant niedriges Niveau einzuschwenken. Aus dem spezifischen Verlauf der zwei Kurven resultiert in der langen Sicht eine zunächst steigende, dann wiederum fallende natürliche Wachstumsrate der Bevölkerung (vgl. Abb. 8.9). Wie die graphische Darstellung zu Kasachstan verdeutlicht, verlässt das Land bei Einsetzen der Transformationsphase sein vorläufig gewonnenes demographisches Gleichgewicht und reagiert mit stark fallenden Geburten- und leicht ansteigenden Sterberaten (vgl. Abb. 8.10).

Neben den zitierten "rohen" Raten sind für das Verständnis demographischer Entwicklungen (als Indikatoren für potentielle sozialpolitische Interventionsfelder), insbesondere bei räumlichen und zeitlichen Vergleichen, die zusammengefasste Geburtenziffer oder die *Totale Fruchtbarkeitsrate (TFR = total fertility rate)* heranzuziehen. Diese letztgenannte Rate bezieht sich auf die durchschnittliche Anzahl von Kindern, die von der Gruppe von Frauen im gebärfähigen Alter geboren werden. Bei einer TFR von etwa 2,1 Geburten je Frau bleibt der Bevölkerungsstand stabil. Zusammen mit der Altersstruktur bestimmt somit die TFR die rohe Geburtenrate, d.h. eine niedrige Fruchtbarkeitsrate in Kombination mit stark besetzten Kohorten jüngerer Frauen ergibt die gleiche Geburtenrate wie eine hohe Fruchtbarkeitsrate bei schwächer besetzten Kohorten von Frauen im reproduktiven Alter.

Abb. 8.9 Schema des demographischen Übergangs

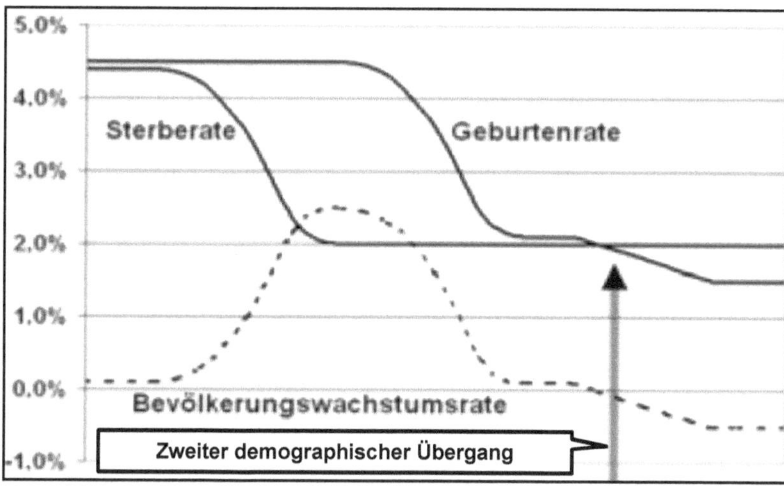

Quelle: Loewe 2007:1

Abb. 8.10 Natürliche Bevölkerungsbewegung Kasachstans

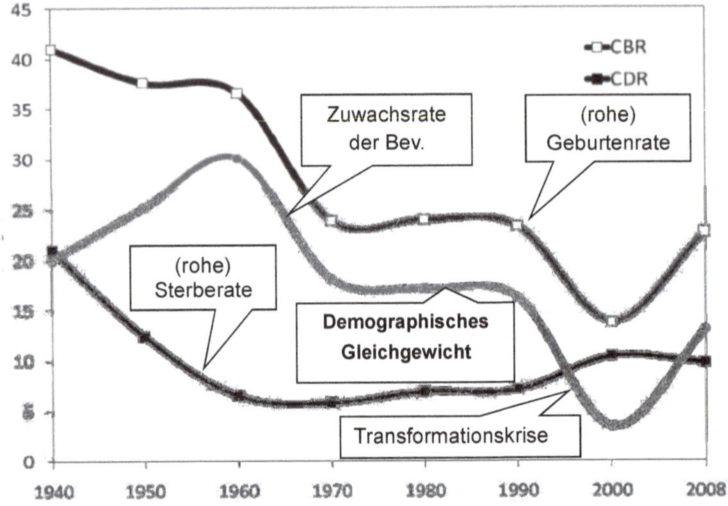

Quelle: Tolesh 2012:8

Abb. 8.11 Natürliche Bevölkerungsbewegung in der Transformationsphase

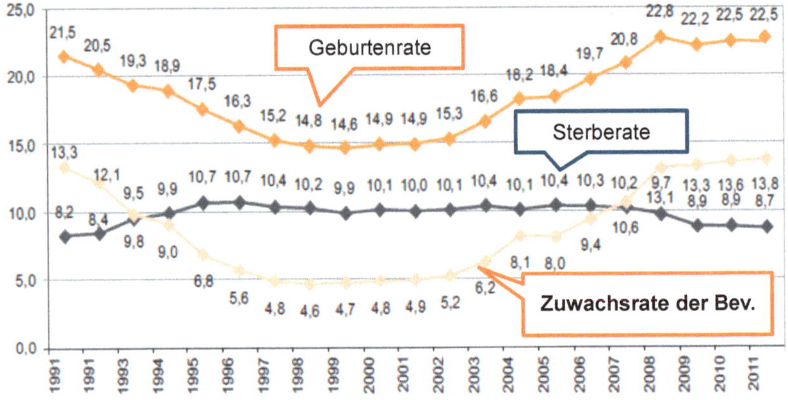

Quelle: Musabek, Sagynbaeva 2012: 16. *Erläuterung:* Die (rohe) Geburtenrate oder -ziffer bezieht die Zahl der Lebendgeborenen in einem Kalenderjahr auf 1000 Einwohner zur Jahresmitte bzw. des mittleren Bevölkerungsstandes. Die gleiche Formel gilt für die (rohe) Sterberate.

Seit Einleitung der Transformation lassen sich zwei Phasen unterscheiden: Zunächst ein Abfallen der TFR von 2,67 (1991) auf einen Wert von 1,79

(1999) – bei gleichzeitiger Zunahme außerehelicher Geburten (von 18,3% auf den Höchstwert von 26,8% in den Jahren 1996 und 1997), gefolgt von einem Wiederanstieg der TFR im Jahre 2007 auf 2,47 (dem Niveau der Bundesrepublik Deutschland Mitte der 60er Jahre), allerdings bei unterschiedlichen regionalen Ausprägungen. Diese Reproduktionsrate, die über dem zur Stabilisierung der Bevölkerungszahl notwendigen Niveau liegt, ist aktuell zwei Faktoren geschuldet. Zunächst einmal der erhöhten TFR bei einer dichter besetzten Alterskohorte von Frauen im Alter von 20 bis 34 Jahren (mit einer rückläufigen Tendenz, da die in den 90er Jahren geborenen Frauengruppen schwächer ausfallen). Zum anderen spielt die ethnische Komponente eine (über-)kompensierende Rolle: Etwas über 67 Prozent der Bevölkerung Kasachstans besteht aus Nationalitäten mit (traditionell) hohen Geburtenraten (Usbeken, Uiguren, Kasachen).

Tab. 8.11 Bevölkerung Kasachstans nach ethnischer Zusammensetzung (in %) und natürlichem Wachstum ethnischer Gruppen (in ‰)

Nationalität	Bevölkerungsanteil (%)		Natürliches Wachstum (‰)	
	1999	2009	2000	2010
Kasachen	53,5	63,1	11,67	19,96
Usbeken	2,5	2,9	17,73	26,66
Uiguren	1,4	1,4	12,17	19,14
Tartaren	1,7	1,3	-5,49	-0,06
Russen	29,9	23,7	-6,08	-1,88
Ukrainer	3,6	2,1	-13,04	-15,58
Deutsche	2,4	1,1	3,07	11,82
Andere	5,0	4,5	2,48	12,60

Quelle: ASRK, AFTBankResearch

Die ökonomisch unsicheren Zeiten (bis kurz vor Ende der 90er Jahre) schlugen sich besonders deutlich im Heiratsverhalten nieder: Die rohe Heiratsziffer fiel von 10,1 pro Tausend Einwohner (1991) auf 5,8 (1999), mit extremen Einbrüchen von 50 Prozent in West-Kasachstan und Zhambyl, – Regionen, in denen die kasachische Bevölkerung dominiert. Allgemein herrscht jedoch in überwiegend kasachisch geprägten Regionen eine generell höhere Heiratsziffer bei einer durchschnittlich jüngeren Altersstruktur vor (Becker/Seitenova 2005:6-7). Es waren nicht nur die unsicheren Verdienstaussichten, die Paare (vorläufig) von einer festen Bindung abhielten, sondern auch der (traditionell hohe) finanzielle Aufwand für die Heiratszeremonie selbst. Mit den verbesserten Wirtschaftsdaten stiegen nach 1999 auch wieder die Heiratsziffern, zusammen mit dem Durchschnittsalter der erstmals heiratenden Frauen: Lag es 1994 bis 1996 bei 21 Jahren und darunter, so bewegte es sich 2009 bei 24,2 Jahren (mit weiterhin leicht ansteigender Tendenz). Der positive Heiratseffekt schlägt sich wiederum in einer höheren Fruchtbarkeitsrate nieder und reduziert langfristig die Zahl der von einem höheren Armutsrisiko betroffenen (Single-)Frauen.

Die rohe Sterbeziffer, also die Zahl der Sterbefälle in einem bestimmten Kalenderjahr, bezogen auf 1000 Einwohner der Bevölkerung zur Jahresmitte bzw. des mittleren Bevölkerungsstandes, hängt ebenfalls von zwei Faktoren ab: der Lebenserwartung und der Altersstruktur. Die Lebenserwartung drückt die durchschnittliche Zahl von Jahren aus, die ein Kind von Geburt an erwarten kann zu leben. Dieser Durchschnitt ist stark von der Mortalität in den fünf ersten Lebensjahren beeinflusst. Eine jüngere Bevölkerung mit einer hohen Lebenserwartung ergibt folglich eine niedrige Sterbeziffer. Mit Blick auf diese zwei Faktoren lassen sich in Kasachstan seit Einleitung der Transformation ebenfalls zwei Phasen unterscheiden. Bis 1996 fällt die Lebenserwartung der Männer um vier Jahre auf durchschnittlich 58 Jahre, – ein Niveau, das für die UdSSR um 1950 galt. Die Frauen büßten drei Jahre an Lebenserwartung ein, verblieben aber im Gesamtniveau immer noch etwa 12 Jahre über dem Lebenshorizont der Männer. Nach 1997 begann sich das Gesamtbild wieder leicht aufzuhellen. Die Frauen waren 2007 erneut auf das Niveau von 1991 zurückgekehrt (= 72 Jahre), die Männer stagnierten zu diesem Zeitpunkt allerdings immer noch bei 60 Jahren. Die Kurve der durchschnittlichen Lebenserwartung fiel im Falle Kasachstans selbst gegenüber den Vergleichsverläufen auf GUS-Ebene besonders deutlich ab und weist eine nur sehr zögerlich ansteigende Erholungstendenz auf.

In den zwischenzeitlich überaus deutlichen Verlusten an Lebensjahren spiegeln sich weitere "Kosten" wie die sanitäre Krise infolge der Leistungseinbrüche des Gesundheitssystems. So hatte das Land zahlreiche Mediziner und Gesundheitspersonal durch Emigration verloren (Russen, Deutsche und Juden waren in diesen Berufen überrepräsentiert) und das

Verteilernetz an medizinischen Materialien war mit dem Zerfall der UdSSR ebenfalls in Auflösung begriffen. Die Negativbilanz wurde zusätzlich belastet durch steigende Kindersterblichkeit, steigende Suizidraten (hier fallen die international hohen Werte bei Männern in den Altersgruppen 19-24 und 25-34 Jahre auf) und steigende Scheidungsziffern u.a.m., begleitet von fallenden Fertilitätsraten (s.o.). Hinter diesem Trend standen ein stetig sinkender Lebensstandard und fallende Familieneinkommen. Nach dem Krisenjahr 1998 bahnte sich eine Wende an: Getragen von einer Energieexportwelle (Pomfret 2011:7) sind seither Beschäftigung und Real-Einkommen deutlich gestiegen, die Armutsquote entsprechend gesunken (siehe Kap. 10.3). Die positive Wende im demographischen Szenario erweitert im Tandem mit der wirtschaftlichen Erholung zusätzlich die Finanzierungbasis für die sozialen Akkumulationsfonds. Dennoch hallt das (negative) demographische Echo (das demographische Gedächtnis) auf der politischen Ebene nach. In seiner Jahresadresse an die Nation ("New Kazakhstan in the New World", Juni 2008) forderte der Präsident daher ein spezifisches Maßnahmepaket, um eine Wende in der demographischen Entwicklung einzuleiten, die im Grunde bereits vollzogen war. Allein mit ihren Heirats- und Fertilitätsziffern hat sie sich wieder deutlich von Entwicklungsmustern abgesetzt, wie sie im Baltikum oder weiten Teilen der Russischen Föderation vorherrschen.

Migrationsbewegungen

Demographisch geprägt wurde Kasachstan im ersten Transformationsjahrzehnt weniger durch die natürliche Bevölkerungsbewegung (Geburten – Sterbefälle; s.o.) als vielmehr durch Migrationsbewegungen mit einem Negativsaldo von außerordentlicher Größe. Die Gesamtbevölkerung fiel bis zum Jahresbeginn von 2001 auf ihren tiefsten Punkt seit Eintritt in die Unabhängigkeit: Die Statistik weist für diesen Zeitpunkt nur noch 14,851 Mio Einwohner aus. In den ersten zehn Jahren seiner Existenz als souveräner Staat hatte das Land per Saldo mehr als 1,5 Mio Bürger verloren, wobei das natürliche Bevölkerungswachstum in dieser Zeitspanne stets positiv geblieben war (vgl. Abb. 8.12). Der absolute, ausschließlich durch Emigrationsströme bedingte Verlust beläuft sich auf 3,2 Mio; dies entsprach 20 Prozent der Gesamtbevölkerung, wobei sich das Gros dieses demographischen Aderlasses mit 3 Mio. auf das erste Jahrzehnt konzentrierte.

Abb. 8.12 Natürliche Bevölkerungsbewegung und Migrationssaldo in Kasachstan

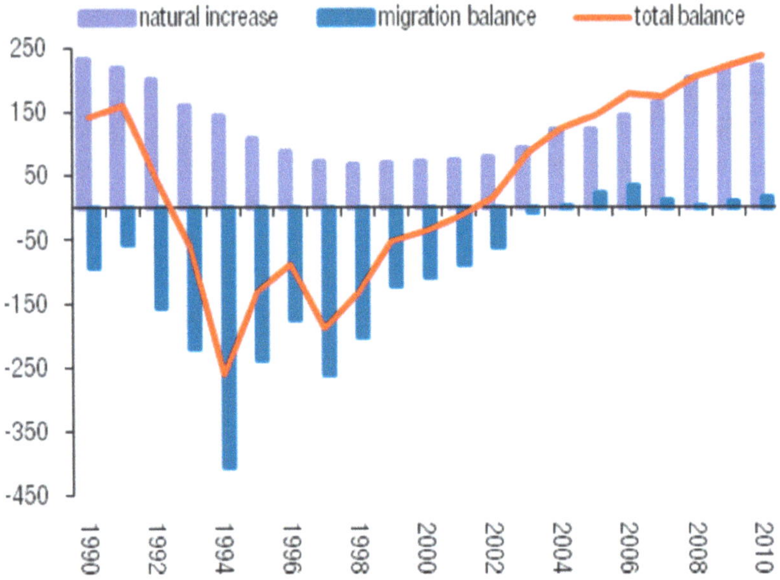

Quelle: ASRK, ATF Bank Research

Es waren vor allem slawische Kasachstani, die – obschon teilweise in Kasachstan selbst geboren – dem Land den Rücken kehrten und zurück nach Russland, Belarus oder der Ukraine strebten. Deutsche und in einem geringeren quantitativen Maße auch Juden, Polen, Griechen, Tataren u.a.m. schlossen sich diesem Strom in Richtung ihrer vormaligen Heimatländer an. Die Gruppen deutscher "Aussiedler" rekrutierten sich hauptsächlich aus den Regionen von Akmola und Karaganda. Unter den insgesamt 130 ethnischen Gruppierungen Kasachstans sind jedoch auch einige, die keinerlei Neigung zeigen zu emigrieren, obwohl auch sie unter Stalins Zwangsherrschaft in die zentralasiatischen Steppengebiete deportiert worden waren, wie beispielsweise die Gruppe der Koreaner. Entgegen dem allgemeinen Trend legten einzelne Ethnien in dem Zensuszeitraum 1989-

99 quantitativ deutlich zu; dies gilt vor allem für die Minderheit der Usbeken, aber auch für Uiguren, Dunganen und Kurden. Sie ziehen das ökonomisch attraktivere wie ethnisch tolerantere kasachische Umfeld ihren historischen Siedlungsgebieten vor.

Dem Exodus an Fremdethnien stand und steht eine ethnisch basierte Immigrationspolitik gegenüber, die einerseits die demographischen Verluste (teil-)kompensieren soll, andererseits aber auch als Korrektiv historischen Unrechts dienen und die nationale Identität stärken soll. Es handelt sich dabei um die gezielte Repatriierung ethnischer Kasachen, von denen geschätzte 5 Mio. in über 40 Ländern leben (UNDP 2006:8), darunter ca. 1,5 Mio. in Usbekistan, etwa gleich viele in China und ungefähr eine Million in Russland. Von diesen Rückkehrern, den sogenannten "Oralmany" (oralmandar) aus Russland, China, der Mongolei, Afghanistan, Indien, dem Iran und anderen zentralasiatischen Republiken wurden im Verlauf von knapp 20 Jahren annähernd 300000 Familien – ab 1.1.2009 unterstützt durch das sogenannte Nurly Kosh Programm (Blessed Migration Programm) – wieder angesiedelt. Sie konzentrieren sich auf die Regionen Süd-Kasachstan, Mangistau und Almaty. Viele hatten in der Diaspora ihr Kasachentum (Kazakhshylykh) in Sprache, Religion und Alltagssitten stärker bewahrt als die in der Heimat verbliebenen, so dass sich mit der Repatriierung neben dem Gewinn an demographischem Gewicht offiziell auch die Erwartung einer Schärfung des nationalen Identitätsprofils, einer Re-Ethnisierung, verband. Ursprünglich war ihnen durch ein eigenes Einwanderungsgesetz vom Juni 1992 und über bilaterale Arbeitsvertragssysteme mit einigen ihrer aktuellen Heimatländer die Rückkehr in ihr "historisches Heimatland" erleichtert worden. In Erwartung eines großen Zuflusses sah das Gesetz spezielle Einwanderungsquoten für Familien vor. Für das Jahr 1993 wurde deren Zahl auf der Basis dieses Quotensystems durch präsidialen Erlass auf 10000 (oder annähernd 40000 Personen) festgesetzt, doch unter dem Eindruck der Transformationsrezession in den Folgejahren wieder abgesenkt (in der zweiten Hälfte der 90er Jahre bis auf 500 Familien). Mit der Verbesserung der wirtschaftlichen Lage Kasachstans hob man die Quote, also die Zahl jener Familien, die mit einer finanziellen und materiellen Hilfe seitens des Staates rechnen konnten, erneut sukzessive an (auf 20000 Familien im Jahr 2011). Tatsächlich ging jedoch ab der Jahrtausendwende der Umfang der Zuwanderung weit über das Quotenlimit hinaus (UNDP 2006:10). Zur Unterstützung der Integration von Rückkehrern im Quotenrahmen ist entsprechend dem Migrationsgesetz aus dem Jahre 1997 in den Staatshaushalt eine eigene Position eingestellt, die vor allem der Bereitstellung von Wohnraum dient. Die Umsetzung des Programms ist jedoch nicht frei von Problemen. Spannungen und Konflikte mit Ortsansässigen, ähnlich jenen aus dem "Lastenausgleichsverfahren" und der Integration von Flüchtlingen im Nachkriegsdeutschland, blieben dabei nicht aus (siehe dazu ausführlicher Anderson/Hancilova 2009). Das neue Migrationsgesetz vom 22. Juli 2011 ("O migracii naselenija") unterscheidet weiterhin ausdrücklich zwischen zwei Kategorien von Oralmany: Quotenrückkehrern und solchen außerhalb der Quote (Artikel 17). Nach Artikel 20 sollen in die Quotenregelung vorzugsweise jene ethnische Kasachen einbezogen werden, die folgende Kennzeichen in der nachstehenden Prioritätenreihung aufweisen: Fachkräfte mit entsprechender Ausbildung, Qualifikation und Erfahrung, kinderreiche Familien, volljährige Jugendliche mit Aussichten auf ein Hochschulstudium, Ankömmlinge aus Ländern mit instabilen politischen und sozioökonomischen Verhältnissen. Im Alltagsleben haben viele Rückkehrer aufgrund ihrer niedrigen bis mittleren Qualifikation Schwierigkeiten beim Zugang zum formellen Arbeitsmarkt. Zusätzlich wirkt sich auch die mangelhafte Beherrschung des Russischen – die lingua franca in den urbanen Zentren – hinderlich auf eine erfolgreiche gesellschaftliche Integration aus (Alff 2011).

Die demographische Lücke und qualifikationsbedingte Defizite in Kasachstans Arbeitskräftepotential spiegeln sich andererseits in dem Zufluss an Arbeitsmigranten, meist aus den angrenzenden Nachbarrepubliken. Desillusioniert über die Perspektiven auf den heimischen Arbeitsmärkten in Kirgisien, Tadschikistan oder Usbekistan und angezogen von dem vergleichsweise höheren Lohnniveau Kasachstans, reisen sie zu Hunderttausenden, vor allem aus Usbekistan, nach Kasachstan in ein kulturell vertrautes Umfeld ein und füllen dort die Vakanzen in minderbezahlten und minderqualifizierten Beschäftigungsbereichen (Landwirtschaft, Bausektor, Hauswirtschaft, Kleinunternehmen in der Schattenwirtschaft). Mangels verlässlicher Daten siedelte die IOM (= International Organization of Migration) ihre Zahl im Jahre 2010 zwischen 500000 und einer Million an. Als Gegenleistung flossen 2011 knapp $3,5 Mrd. an Rücküberweisungen (bei steigender Tendenz im Folgejahr) in die Herkunftsländer. Für Einreisende aus GUS-Ländern (bis zu drei Monaten zu Besuchszwecken) ist zunächst kein Visum erforderlich, wer als Arbeitssuchender einreist, muss sich beim Grenzübertritt als Arbeitsmigrant registrieren lassen (2009 waren 31886 Dokumente für die Arbeitserlaubnis ausgestellt worden; Bürger aus Russland und Belarus sind seit dem 1.1.2012 von der Registrierungspflicht bei der Migrationspolizei ausgenommen). Mit dieser Option beginnt die Grauzone zwischen einer "legalen" oder "illegalen" Existenz auf dem Arbeitsmarkt, verbunden mit dem inhärenten Potential an Missbrauch und Korruption (siehe dazu ausführlicher Anderson, Hancilova 2009). In Grenznähe zu Usbekistan erfolgt die Einreise tagesweise, für das Gros der Migranten beträgt die Aufenthaltsdauer zwei bis acht Monate, wobei die jahreszeitlichen Schwerpunkte je nach Wirtschaftssektor wechseln (z.B. zur Baumwollernte im Herbst). Angesichts einer starken Präsenz von zentralasiatischen Minderheiten innerhalb der eigenen Grenzen zeigt sich die Regierung nicht abgeneigt, Migranten auch die volle Staatsbürgerschaft zu verleihen. Insgesamt wirkt diese relativ offene Migrationspolitik stabilisierend in zwei Richtungen: Einerseits ist sie wachstumsfördernd mit Blick auf die eigene Volkswirtschaft und entlastet die Bürger von den sogenannten 3-D-Jobs (**d**irty, **d**angerous, **d**egrading), andererseits trägt sie zum (temporären) Abbau von Arbeitslosigkeit und sozialen Spannungen in Kirgistan und Usbekistan bei und wirkt überdies der Anfälligkeit für politische und religiöse Radikalisierung entgegen. Angesichts derartig positiver Effekte zeigt die Kasachische Regierung wenig Neigung, den steten Migrationsfluss in den informellen Arbeitsmarkt hinein faktisch zu drosseln oder gar gänzlich zu unterbinden. Anlässlich der Übernahme des OSCE-Vorsitzes 2010 war Kasachstan gedrängt worden, die internationale Konvention zum Schutze von Arbeitsmigranten zu unterzeichnen (International Convention of the Protection oft the Rights of All Migrant Workers and Members of their Families, entsprechend der UN-Resolution vom 18.12.1990). In der Listung der Unterzeichnerstaaten vom Februar 2013 (siehe United Nations Treaty Collection) fehlt Kasachstan bis heute. Allerdings behandelt das erwähnte neue Migrationsgesetz von 2011 in Abschnitt 6 explizit die Gruppe der Arbeitsmigranten, deren Aufnahmebedingungen, Rechte und Pflichten.

Zwar unter dem gleichen Etikett der "Arbeitsmigration", doch in einem völlig anderen Kontext stellt sich die Präsenz von Chinesen (und von Bürgern der Türkei) dar. Im Jahre 2010 repräsentierten sie unter den 29178 ausländischen Arbeitskräften 23,6 Prozent (türkischer Anteil = 18,4 Prozent; Sadovskaya 2012:6) Die Anwesenheit chinesischer "Gastarbejtery" muss im Zusammenhang mit der Expansion milliardenschwerer Investitionen Chinas im gesamten zentralasiatischen Raum und insbesondere in Kasachstan gesehen werden, eng gekoppelt an die Entwicklungsperspektiven im grenznahen Raum von Xinjiang. Es geht aus der Sicht Chinas nicht nur um die Erschließung von Ressourcen für den eigenen, immensen Energiebedarf, sondern auch darum, das Potential Kasachstans als Transitkorridor, Agrarproduzent und als Operationsgebiet für Chinas Geschäfts-, Banken- und Kommunikationssektor zu nutzen. Bedenkt man die Zügigkeit, mit der Projekte und deren Finanzierung vorangetrieben werden, scheint ein entscheidender Aspekt auch darin zu bestehen, die Pipelines und Weichen im wortwörtlichen Sinne möglichst frühzeitig in Richtung China's zu stellen, bevor die Putin'sche Idee einer Eurasischen Union greift. Der mit diesen Projektionen einhergehende grenzüberschreitende Migrationsstrom lässt sich zurückverfolgen bis in die späten 80er Jahre, als der grenznahe Kofferhandel aus China (shuttle trade) von Sibirien (čelnoki) bis nach Zentralasien (folk-trade) einsetzte. Der unmittelbare grenznahe Handel spielt sich dabei (zum Teil visa- und zollfrei) in einem Radius von 30 km ab, konzentriert sich auf Agrargüter, Textilien wie Haushaltswaren (aus China) und trägt mit seinen Beschäftigungseffekten erheblich zur Wohlfahrt in der Region bei, wie das Beispiel des Korgas-Basar auf kasachischer Seite zeigt (Kaminski/Mitra 2010:19).

Diese Form des Austausches hat sich unter überproportionaler Beteiligung von Frauen bis in die Gegenwart fortgesetzt, nur die "Tragekoffer" scheinen zahlreicher und größer geworden zu sein, wie die unterschiedlichen Zahlenangaben (der beiden Statistikämter; siehe dazu UN Comtrade) zum gemeinsamen Handelsumsatz vermuten lassen: Während die Angaben über den Warenfluss von Kasachstan in Richtung China für das Jahr 2011 um knapp eine Milliarde US-Dollar differieren (Export Kasachstan

16291,5 Mio. versus 15394,7 Mio. Import China), tut sich bei den Angaben zum umgekehrten Warenfluss eine erhebliche Lücke auf (Export China 9566,53 Mio. versus 5021,1 Mio. Import Kasachstan). Diese Differenz von über vier Mrd. US-Dollar lässt sich zum Teil auf unterschiedliche Erfassungsmodalitäten bei der Grenzabfertigung oder durch inländische Behörden zurückführen (Chudinovskikh 2012:18), zum Teil auf Irregularitäten anderer Art wie die großzügige Interpretation ihrer Vorschriften seitens kasachischer Zollbeamter. Die unterschiedliche steuerliche Behandlung des Güterstroms fördert zusätzliche Diskrepanzen in den Angaben: Exporte aus China sind steuerlich begünstigt, Importe auf kasachischer Seite dagegen belastet. So sind beiderseits unterschiedliche Anreize gesetzt, das tatsächliche Austauschvolumen zu betonen oder zu untertreiben. Begleitet wird diese Handelsexpansion von einem wachsenden Netz chinesisch-kasachischer Joint Ventures, die sich über die Exploration von Bodenschätzen und den extraktiven Sektor hinaus weniger auf die Produktion von Waren als auf deren Handel konzentrieren. Sie beschäftigen neben einer Mindestquote heimischer Kasachstani vorwiegend chinesische Landsleute. Das ökonomische Engagement Chinas wächst allerdings schneller als das Potential angemessener Qualifikationen auf dem Arbeitsmarkt Kasachstans. Allein für die Inbetriebnahme dreier Joint Ventures in der Öl- und Gasindustrie im Zeitraum 2013-14 werden 6200 Fachkräfte aus China benötigt. Ein weiteres Hindernis stellt die zeit- und kostenintensive Beschaffung der notwendigen Visa und Arbeitspapiere dar. Aus chinesischer Sicht sollte hier ein entsprechendes Regierungsabkommen über temporäre Beschäftigungsverhältnisse Abhilfe schaffen. Wie das Kasachische Ministerium für Industrie und Neue Technologien einräumte, überschreiten die anwesenden ausländischen Arbeitskräfte die vormals gesetzten Quoten (diese lag 2011 bei 0,85% und wurde für 2012 auf 1% des aktiven Arbeitskräftepotentials angehoben).

In dieser Gemengelage zeitlich begrenzter Migrationsströme aus China lassen sich drei wesentliche Typen unterscheiden: 1. Die Migration von Kleinhändlern (shuttle trade); 2. die legale wie illegale Beschäftigungsmigration, und 3. die Migration aus unternehmerischen oder geschäftlichen Gründen. In diesen Typus zeitlich begrenzter Aufenthalte wäre noch die Gruppe von 1500 Studierenden aus China (2010) einzubeziehen. In naher

Zukunft dürfte die Beschäftigungsmigration noch einen zusätzlichen Impuls erhalten, wenn es China gelingt, die geplante Kooperation in der Landwirtschaft und im agrarindustriellen Sektor voll in Gang zu setzen. Angesichts der hohen Beschäftigungsintensität auf dem Lande (26 Prozent der Gesamtbeschäftigten erwirtschaften dort 5 Prozent des BIP) stieß dieses Projekt in der kasachischen Öffentlichkeit bisher auf massive Vorbehalte.

Exkurs 12 Die Präsenz Chinas in Kasachstan

Nach über drei Dekaden marktwirtschaftlich orientierter Reformen positionierte sich China unter den führenden Wirtschaftsnationen der Welt. Es entwickelte sich dabei zum zweitgrößten Ölkonsumenten, dessen Bedarf an Rohöl nach Projektionen der Internationalen Energieagentur in den kommenden Jahren zu 65 Prozent über Importe gedeckt werden muß. Im Juni 2003 unterzeichneten Chinas damaliger Vorsitzender der Kommunistischen Partei Hu Jintao und Kasachstans Präsident Nazarbaev ein Abkommen über das Kooperationsprogramm zwischen beiden Ländern (2003-2008), dessen Augenmerk vor allem auf dem Öl- und Gassektor liegt. Kurz danach nahm ein eigenes Kooperationskomitee seine Arbeit auf. Zwei Jahre später beschlossen beide Länder, eine umfassendere strategische Partnerschaft in Angriff zu nehmen. Das Adjektiv "strategisch" im offiziellen Dokument ist hier nicht bloßer diplomatischer Etikette geschuldet, sondern dem besonderen Status, den China der Republik Kasachstan im zentralasiatischen Umfeld beimisst. Und es handelte zügig. 2005 erwarb China Petrokazakhstan, das größte unabhängige Ölunternehmen der vormaligen Sowjetunion, für $4,18 Mrd. 2006 gründete die China Development Bank zusammen mit dem kasachischen Karzyna Fund einen gemeinsamen Fonds zur Finanzierung von Infrastrukturprojekten, ausgestattet mit $ 5 Mrd. Im Dezember 2006 unterzeichnete Chinas Guangdong Nuclear Power Group Holdings (CGNPC) ein strategisches Kooperationsabkommen mit Kazatomprom. Es eröffnete die Beteiligung an Kasachstans Urangewinnung. China National Petrochemical Corporation (CNPCP) und KazMunaigas (KMG) errichteten gemeinsam bis 2009 Chinas Hauptversorgungsstrang auf kasachischem Territorium, die Pipeline von der Hafenstadt Atyrau nach Alashankou im Nordwesten der Xinjiang-Region. 2010 wurden die Gaslieferungen über die transnationale Turkmenistan-Usbekistan-Kasachstan-China-Pipeline aufgenommen. China und Kasachstan verständigten sich ferner darauf, gemeinsam einen Komplex für die Produktion von Paraxylene zu errichten. Bis Mitte 2011 hatte sich China zum fünftgrößten ausländischen Investor auf kasachischem Territorium entwickelt (unter Ausschluss von Steueroasen wie Virgin Islands); bei steigender Tendenz. Das technische und finanzielle Engagement reicht über den Energie- und Montansektor hinaus. Es konzentriert sich daneben auf den Ausbau des Straßen- und Schienennetzes. Mit dem Beitritt Astana's zur WTO wird chinesischen Unternehmen ein erweiterter Zugang zum kasachischen Operationsfeld ermöglicht.

Weiterführende Literatur: Peyrouse (2008); Laruelle/Peyrouse (2012).

Binnenmigration und Urbanisierung

In ethnologischen Studien steht die Bezeichnung "Kasache" rückblickend synonym für einen nomadischen Lebensstil und für die hartnäckige Weigerung, sich in festen Siedlungen einer staatlichen Autorität zu unterwerfen. Kasachen waren so gesehen die geborenen Migranten, bis schließlich die Sowjets mit ihrer Nationalitätenpolitik und den Kollektivierungsmaßnahmen in den frühen 30er Jahren die "Wanderlust" der kasachischen Horden unterbanden, während der Führungsphase Stalins deportierte Fremdethnien unter sie mischten und Jahrzehnte später Kasachstan im Neulandprogramm (celina) selbst zur Migrationsfront slawischer Ethnien erklärten. Zwischen 1954 und 1962 strömten annähernd 1,7 Mio. Neubürger aus den europäischen Teilen der UdSSR ins Land (vorwiegend in die nördlichen und östlichen Regionen), so dass die Titularnation auf den Status einer Minorität absank (sie stellte 1959 nur noch 30 Prozent der Bevölkerung; Tolesh 2012). Mit dieser Welle wurden aber nicht nur die Neulanderschließung vorangetrieben, sondern auch das Industrialisierungsprogramm mit seinen Großbaustellen und den begleitenden Agglomerationsprozessen (zur Schilderung dieser Prozesse aus sowjetischer Sicht siehe Kazachskaja SSSR 1957: 33-152). Infolge dieser forcierten und regional konzentrierten Entwicklungsimpulse setzte nicht nur eine Verschiebung der Land-Stadtrelationen ein (vgl. Abb. 8.13), es erwuchsen daraus auch regionale Disparitäten mit den westlichen Regionen als den vorläufigen Verlierern. Im ethnisch-sozialen Erscheinungsbild zeichnete sich neben dem Grundstrom einer stetigen Slawisierung ein Novum ab: Unter den Kasachen entwickelte sich eine bis dahin unbekannte Industriearbeiterklasse (siehe dazu ausführlicher Aženov 1973).

Abb. 8.13 Urbanisierung und Bevölkerungsentwicklung Kasachstans

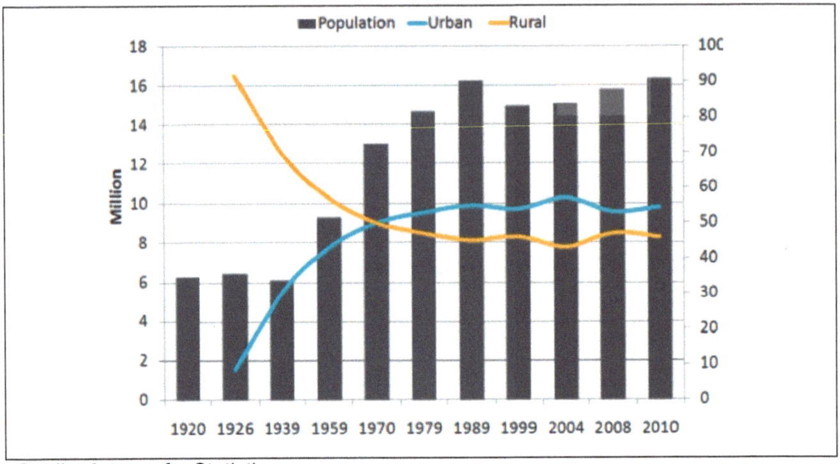

Quelle: Agency for Statistics

Abb. 8.14 Oblastbevölkerung nach Stadt- und Landanteilen

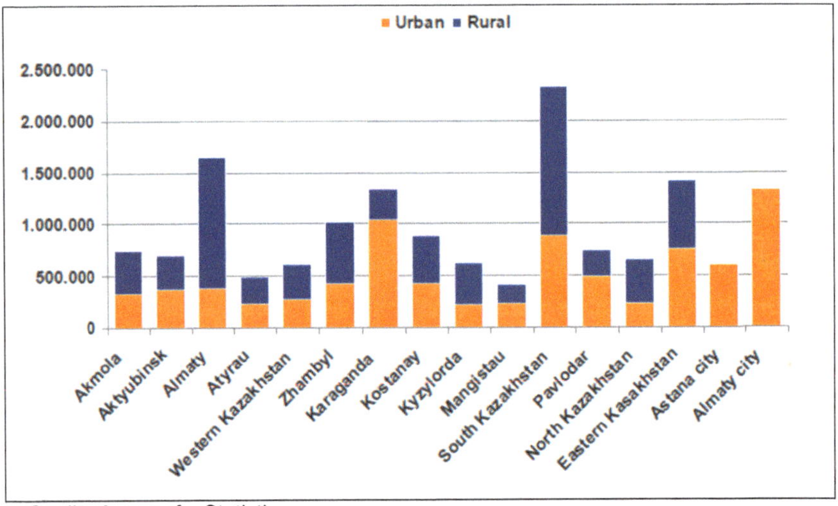

Quelle: Agency for Statistics

Im Bemühen um wirtschaftliche Autarkie und in Erwartung hoher Skalenerträge entstand nach den Blaupausen zentraler Planer die sowjetische Variante der One-Company-Town, d.h. mit einem dominanten Arbeitgeber in der Siedlung, der auch die Wohlfahrt jener Bürger mitbestimmt, die nicht direkt bei ihm beschäftigt sind. Ein typisches Resultat dafür sind in Kasachstan Standorte wie Balkhash mit seiner Kupferproduktion, Karatau mit der Phosphatgewinnung oder Arkalyk mit seinen Bauxitlagern.

Eine weitere Besonderheit dieser Industrialisierungswelle bestand in einer Standortwahl von (Rohstoff-)Unternehmen, die sich in der verkehrstechnischen Anbindung – vorwiegend in Richtung Russische Föderation – an der Arbeitsteilung zwischen den sowjetischen Wirtschaftsregionen orientierte und weniger an dem Aufbau einer binnenkasachischen Verarbeitungs- und Absatzkette (Shevchik Ketenci 2008:206; s.a. Pavlenko 1980). Das Erbe von Dutzenden dieser Städte besteht in Externalitäten ökonomischer, ökologischer und sozialer Natur, die weit bis in die Transformationsphase hinein nachwirken. Auf der Liste der "Single-Industry-Towns" befinden sich gegenwärtig (Mitte 2012) 27 Siedlungen mit einer Gesamteinwohnerschaft von über 1,5 Mio. Personen. Dies entspricht 16,8 Prozent der gesamten städtischen Bevölkerung, aufgeteilt in relativ kleine urbane Einheiten mit bis zu 50 Tsd. Einwohnern. Die geographische Weite Kasachstans bringt es mit sich, dass sie voneinander weitgehend isoliert sind. Allein die durchschnittliche Entfernung zwischen den Regionen – von Verwaltungszentrum zu Verwaltungszentrum – beträgt ca. 1.500 km (Aldashev/Dietz 2012:9). Wie die Untersuchungen von Aldashev und Dietz bestätigen, sind es gerade diese Distanzen (und ein schwach entwickelter Immobilienmarkt), die sich wenig förderlich auf Binnenwanderung und Arbeitsmobilität auswirken. Es muss also erst ein ausreichendes Einkommen gesichert sein, um sich auf die Suche nach besseren Einkommensmöglichkeiten begeben zu können, unterstützt durch erhebliche Investitionen in die öffentliche Infrastruktur. Erst danach wird sich eine spürbare Konvergenz bei den regionalen Einkommensdifferenzen einstellen. Der Intensität nach bewegt sich die Binnenmigration allgemein unter dem US-amerikanischen oder europäischen Niveau. Es kam jedoch eine erneute Dynamik in die Binnenwanderung, als die Hauptstadtfunktion nach Astana verlegt (1997), Almaty zum Finanz- und Hochschulzentrum ausgebaut und die "Öl- und Gasfront" eröffnet wurde, alles in allem begleitet von einem immensen Bauboom. Allein in der Dekade 1999-2009 bewegten sich nach Angaben der Statistikagentur insgesamt 2.381.233 Personen zwischen den Regionen (Agency for Statistics 2011:39). Die Magneten blieben Astana und Almaty (vgl. Abb. 8.15).

Es ist jedoch weniger der Umfang als die demographisch-soziale Struktur und die territoriale Verteilung innerhalb dieses Wanderungsprozesses, die strukturierende Folgen für die Herkunfts- wie die Zielregion zeitigen. Es verschieben sich nicht nur die Bevölkerungsanteile zwischen Stadt und Land, sondern auch die Geschlechter- und Altersrelationen. Da sich vor allem die jüngere Generation auf die Suche nach besseren Qualifikations-, Einkommens- und Lebensbedingungen begibt (und diese mehrheitlich auch findet; siehe Dietz 2011), verändern sich regional die Geburtenraten und die demographische Dynamik insgesamt. Um diese Prozesse politisch im Griff zu halten, wurde am 16.1.2013 ein neues Ministerium für Regionale Entwicklung gegründet.

Abb. 8.15 Anteil der Personen, die seit Geburt am aktuellen Wohnort siedeln bzw. danach an diesen Wohnort wechselten

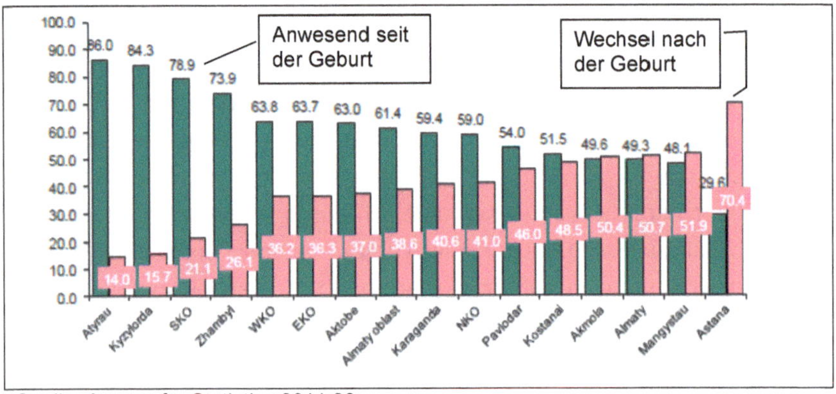

Quelle: Agency for Statistics 2011:39

Die typischen unabhängigen Variablen, die herangezogen werden, um den Umfang der Migration von Ort A nach Ort B zu erklären, beziehen sich auf den Lohn oder das Einkommensniveau, das Ausmaß der Arbeitslosigkeit, den Grad der Urbanisierung in der Ab- und Zuwanderungsregion, deren Entfernung voneinander, d.h. die Migrationskosten werden dem möglichen Mehrertrag gegenübergestellt, – überwiegend Erklärungsansätze aus der neoklassischen Ökonomie, die auch hier schon zur Sprache gekommen sind. Es fehlte bisher der Hinweis auf den Ansatz der "new economics of migration", nach dem Migrationsentscheidungen mehr Sache der Familie oder des Haushalts und weniger des Individuums sind. Der Haushalt diversifiziert seine Ressourcenallokation, meist in Gestalt physischer Arbeit, um das zu erwartende Einkommen kollektiv zu maximieren und die Risiken für die familiale Wohlfahrt besser zu kontrollieren. Für diesen Ansatz sprechen im zentralasiatischen Umfeld die Rolle der Familie als wirtschaftende Einheit selbst und der Umfang der Remisen (siehe Exkurs 9).

Abb. 8.16 Bevölkerungswachstum in den Regionen (Oblast), 2001-2011 (in Tausend)

12 Westka-sachst.	7 Aktobe	8 Kosta-nai	9 Nordka-sachstan	10 Akmola	Astana	11 Pawlo-dar	2 Ost-Kas.
-2	+ 99	-114	-126	-87	+375	-46	-121
-0,4%	14,6%	-11,4%	-17,6%	-10,6	116,2%	-5,8%	-7,9%

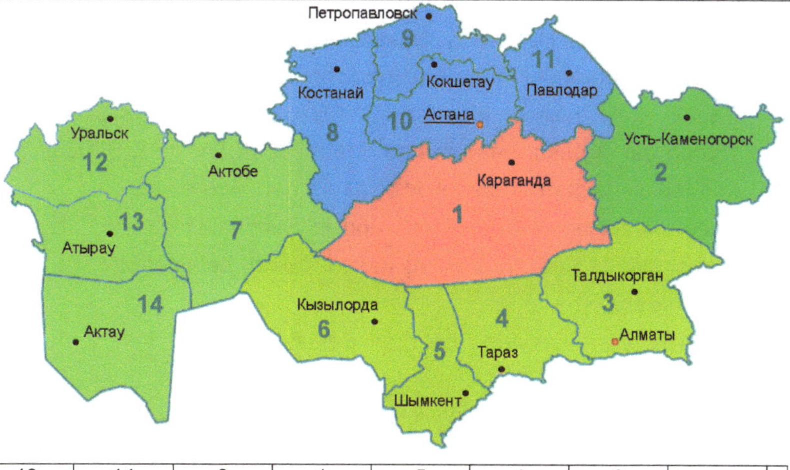

13 Atyrau	14 Mangyst au	6 Kysyl-orda	1 Kara-ganda	5 Süd-Kas.	4 Sham-byl	3 Gebiet Almaty	Almaty	
89	206	99	- 47	569	61	311	279	
20,1%	64,8%	16,5%	-3,3%	28,5%	6,2%	19,9%	24,5%	

Quelle: ASRK, ATFBank Research

Ergänzt wird dieser aus dem Kollektiv kommende Impuls durch Freundschafts- und Verwandtschafts-Beziehungen zu Residenten am potentiellen Zielort als ein möglicher Pullfaktor, der offenbar unter usbekischen Arbeitsmigranten beim Wechsel auf kasachische Baumwollfelder oder Baustellen eine größere Rolle spielt. Mehr und mehr gewinnt aber ein besonderer Pushfaktor im zentralasiatischen Raum an Gewicht: Die chronische Degradierung der Umwelt sowie Technik- und Naturkatastrophen. Wenn die Anpassungsstrategien (bis hin zur Akzeptanz erhöhter Sterberaten) erschöpft sind und auf Dauer kein ökologisches Gleichgewicht wieder herzustellen ist, folgt der unfreiwillige Entschluss zur (Binnen-)Migration oder Flucht. Und das Potential an derartigen Ungleichgewichten in Kasachstan ist nicht gering:

- Über 60 Prozent des Territoriums unterliegen der Gefahr fortschreitender Wüstenbildung; die potentiellen Nährflächen für Sand- und Staubstürme wachsen und damit das Risiko einer intensivierten Bodendegradierung;
- es herrscht ein Defizit an Wasserreserven und eine zunehmende Wasserverknappung in grenzüberschreitenden Gewässern; in der Region stellt Wasser für einzelne Staaten eine strategische Ressource dar (Konkurrenz um das "blaue Gold")(Wegerich 2003); andererseits steigt der Spiegel des Kaspischen Meeres an;
- weite Areale am Aral, Balkash und in Semipalatinsk sind als Versuchsgelände und Produktionsstätten toxisch belastet bzw. radioaktiv verstrahlt;
- in besiedelten Gebieten nehmen Belastungen von Luft, Erde und Wasser zu.

In seinem demographischen Entwicklungsgang zeichnet sich Kasachstan seit Eintritt in die Unabhängigkeit und in den politischen wie ökonomischen Transformationsprozess neben vereinzelten Ansätzen des zweiten demographischen Übergangs durch folgende Eigenheiten aus:

- Demographisch prägend ist zunächst der Populationsverlust infolge des Emigrationsstroms, insbesondere während der 90er Jahre.
- Nach Abklingen der Transformationskrise belebt sich der Zustrom an legalen und illegalen Arbeitsmigranten.

- Der Ausbau der Öl-, Gas- und Montanwirtschaft provoziert eine massive Binnenwanderung, zusätzlich beflügelt durch die Verlagerung der Hauptstadt aus dem südöstlichen Randgebiet in Richtung Nordwesten;
- Nach Verwerfungen im Verlauf der ersten Transformationsjahre erfolgt der Wiedereintritt in das Muster des (ersten) demographischen Übergangs.
- Zwischen den russisch-orthodox geprägten Regionen (Norden, Osten) und den muslimisch-turkestanischen (Süden, Westen) tut sich eine wachsende Diskrepanz in den demographischen Dynamiken auf.
- Ausbau der ethnischen Dominanz der Titularnation, durch Repatriierung der kasachischen Diaspora.
- Grundkomponenten des demographischen Wandels, wie sie viele Gesellschaften innerhalb und außerhalb des Transformationslagers auszeichnen, nämlich "weniger, grauer, vereinzelter, bunter" (Gans 2011:89) sind auf Kasachstan nicht pauschal zu übertragen. Die Zahl seiner Bürger steigt weiter an, allerdings wurde das Alterungskriterium der UN (7% älter als 65 Jahre) im Zensusjahr 2009 mit 7,1 knapp überschritten, ethnische "Buntheit" ist Teil der historischen Erfahrung und bei der Heterogenisierung von Familien- und Beziehungsformen fällt weniger eine zunehmende Vereinzelung als ein "Rückfall" in islamische Haushaltstypen auf. Kasachstan teilt vorläufig nicht das Risiko zahlreicher anderer Transformationsländer "that (they) may grow old before they grow rich" (Nickel/Almenberg 2006:7).

8.3 Political Agencies

Mit der Abkehr vom alten und der schrittweisen Hinwendung zu einem neuen Modell drängt sich die Suche nach Erklärungen für die Architektur und Statik dieses Modells auf, das auf älteren institutionellen Fundamenten ruht. Das Erklärungsmuster ergibt innerhalb des oben vorgestellten Referenzrahmens ein gemischtes Bild an Reaktions- und Gestaltungsweisen: Da steht bewusste Pfadabkehr (path-departure) hin zu einem marktkonformen Wohlfahrtsstaat neben der institutionellen Kontinuität aus staatssozialistischen Zeiten (path-dependency), vorprogrammiert durch die paternalistische Erwartungshaltung der sozialpolitischen Klientel. Davon unabhängig führt jeder dieser eingeschlagenen Pfade in die Auseinandersetzung mit sozialen Belastungen, die sich in Form eines strukturellen Erbes aus der Vergangenheit, wie beispielsweise die One-Company-Towns, als ein sozialpolitisches Handlungsfeld aufdrängen. Eine Agenda eigener Art mit langfristigen Lösungskapazitäten erfordern wiederum die aus der absichtsvollen Veränderung resultierenden sozialen Verwerfungen der Transformationskrise, wie Arbeitslosigkeit, Armut und Ungleichheit, die tiefer reichten und länger vorhielten als ursprünglich antizipiert. Entscheidend für den Umgang mit einzelnen Ausprägungen sozialer Verwerfungen und Spannungsfelder bleiben die Gestaltungshoheit und der Gestaltungswille der politischen Eliten sowie deren Auswahl an Fach-Expertise (wie beispielsweise den ehemaligen britischen Regierungschef Tony Blair). Vorweg aber haben sie im eigenen Interesse eine entscheidende "Rekalibrierung" bewerkstelligt, nämlich die ihrer Macht, indem sie ihr vormaliges politisches Kapital (zusätzlich) in ökonomisches Kapital verwandelten und nun über eine doppelte Verankerung ihrer strukturellen Macht verfügen. Ihre Position gleicht jener der traditionellen politischen Elite aus Zeiten vor der russischen Landnahme. Die Angehörigen dieses Erbadels – mit der Bezeichnung "weißer Knochen" – führten ihren Stammbaum und ihre Erb-Rechte (ulus) auf Chingis Khan und dessen Nachkommen zurück. Sie setzten sich bewusst von den übrigen Verwandtschaftsgruppen innerhalb der Horden – dem "schwarzen Knochen" – ab (siehe dazu Exkurs 14). Selbst die zaristische Verwaltung nahm bei der Vergabe von Land Rücksicht auf die Ansprüche des "weißen Knochen" (Martin 2002). Heute funktionieren die Eliten innerhalb des Rahmenwerks einer rigiden Hierarchie "where concepts of professionalism are often disregarded in favor of concepts of personal loyalty and blood ties" (Satpaev 2007:289). Nach M. Satpaev agieren sie in einem Modell regionaler Parität, d.h. in den staatlichen Strukturen finden sich Vertreter aller Clans (vgl. Exkurs 14) und aller Regionen des Landes. Ihr internes Verhältnis ist nicht frei von Interessenkonflikten. Insbesondere der dem Präsidenten nahestehende Kreis kämpft um drei Ressourcen: Einfluss auf den Präsidenten, Zugang zur Verteilung von Ressourcen (finanzielle, administrative, informationelle) und – auf die nähere Zukunft gerichtet – eine mögliche Teilnahme am Prozess der Machtnachfolge (Satpajew/Umbetalijewa 2011:4). Auseinandersetzungen dieser Art reichten bereits bis in den engeren Familienkreis des Präsidenten selbst hinein (siehe die Affäre um dessen vormaligen Schwiegersohn, Rakhat Aliev, der sich – wie weitere Oligarchen – vorsorglich der Strafverfolgung durch Flucht entzog). Orientiert an den wesentlichen Macht- und Vermögensgrundlagen lassen sich drei Elitegruppen unterscheiden: Die Energie-Elite, die politische Elite und die Finanz- und Geschäftselite (Fjaestad/Øverland 2012:5). "Silowiki" (Vertreter der Armee und Geheimdienste) nach Putinschem Muster spielen keine entscheidende Rolle, da sie unter strikter Kontrolle des Präsidenten selbst stehen. Eine weitere Bruchlinie zeichnet sich ab zwischen den politischen Interessen regionaler Eliten an der Peripherie und jenen der hauptstädtischen Eliten. Entscheidend für die Verteilung von Macht und Vermögen bleiben jedoch die rivalisierenden Gruppen in der Finanz- und Industriewelt (finansovopromyšlennye gruppy; Junisbai 2010). Neben diesem Konflikt zwischen Elitefraktionen ist das politische System Kasachstans von extensiven Patron-Klientel-Netzwerken und unverhülltem Personalismus geprägt (Isaacs 2011: 13-14). Das Rückgrat des gegenwärtigen Regimes bilden die erwähnten Geschäftsgruppierungen, darunter die "Eurasia Group" (Eurasian Natural Resources Corporation = ENRC;), der Kupfergigant Kazakhyms und der Vermögensfonds Samruk-Kazyna.

Mit dem Begriff des Wohlfahrtsstaates verbindet sich in der Regel die Vorstellung einer Verteilung von Einkommen und Gütern von oben nach unten. In einem von Eliten gekaperten Staat, speziell in der "dual-track-economy" Kasachstans, teilt sich die Bewegungsrichtung von Wohlfahrtsströmen schon im Vorfeld sozialpolitisch motivierter Verteilungs- und Unterstützungsmuster (siehe Anteile der Faktoreinkommen am gesamten Nationaleinkommen). Eine Variante dieser Art von Selbstbedienungswohlfahrt besteht in der Aneignung von Ressourcen durch lokale Eliten ("elite capture of resources"). Deren Wohlstand ist weniger vom materiellen Wohlergehen konsumierender Massen als von diesem Ressourcenzugang abhängig. Infolge fehlenden marktwirtschaftlichen Wettbewerbes und der strukturellen Monopolisierung vollzog sich in einer Reihe von Wirtschaftszweigen eine immense Konzentration von Eigentum und Vermögen in

Händen einiger Vertreter der Elite (fünf ihrer Vertreter finden sich 2013 auf Forbes Liste der Milliardäre, darunter der Schwiegersohn des Präsidenten, Timur Kulibaev. An der Vermögensspitze vereinigen 50 Personen geschätzte $24 Mrd. auf sich. Dagegen verfügt der Durchschnittsbürger nach einer Studie von Allianz Global über ein geschätztes persönliches Vermögen in Höhe von 539 Euro). Nicht zuletzt waren und sind an diesem Verteilungsergebnis auch ausländische Großinvestoren beteiligt, die sich mit Milliardensummen in Kasachstans Rohstoff- und Bankensektor einkaufen. So trat beispielsweise 2012 Bulat Utemuratov seinen Anteil an der ATF-Bank für eine Milliarde Dollar an die italienische Unikredit ab.

Verteilungsergebnisse dieser Art resultieren vorwiegend aus den Eigenheiten eines hybriden politischen Regimes, in dem politische Entscheidungen die Prärogative einer Elite sind, die ihrerseits in wesentlichen Teilen aus einem spezifischen sowjetischen Modernisierungsbeitrag zur sozialen Schichtung hervorging: der Nomenklatura (der oben genannte B. Utemuratov startete seine Karriere in der ausgehenden Sowjetphase als stellvertretender Direktor eines Supermarkts in Atyrau). Daneben spielen mögliche Interessen- und Gestaltungsträger demokratischer Provenienz (Parteien, soziale Bewegungen, Gewerkschaften) nur eine randständige Rolle (u.a. als Beitrag zur isomorphen Gestaltung demokratischer Institutionen). Diese Art von Regime stellt im Falle Kasachstans (und in weiteren GUS-Ländern) ein Syndrom von "dominant-power politics" dar, und zwar dahingehend, dass eine Gruppe – "sei es eine Bewegung, eine Partei, eine ausgedehnte Familie oder ein einzelner Führer – das System auf solche Weise dominieren, dass in der vorhersehbaren Zukunft nur wenig Aussicht auf einen Machtwechsel besteht." (Carothers 2002:11-12). Es sind zwar die grundlegenden institutionellen Formen einer Demokratie vorhanden (der erwähnte Isomorphismus), wie beispielsweise ein Zweikammersystem (Parlament, Senat) und zwölf aktive politische Parteien (von denen neun den Präsidenten unterstützen), sie spielen jedoch keine ernsthafte Rolle als demokratisch legitimierte Interessenvertreter mit politischer Gestaltungsmacht. Das heißt: "Es gibt Parteien, aber kein Parteiensystem. Es gibt ein Parlament, aber keine eigenständige Legislative. Es gibt Gerichte, aber keinen Rechtsstaat. Zwar existieren NGOs, aber keine Zivilgesellschaft" (Satpajew/Umbetalijewa 2011:3). Entscheidend – auch im wirtschaftspolitischen Raum – bleibt die dominante Rolle informeller Machtgruppen – teils in Gestalt eines schützenden "Daches" (kryša) – und es bleibt die Aussicht auf wenig Änderung. Im Falle Kasachstans sind derartige Aussichten besonders eingeschränkt, da sich Präsident Nazarbaev als "Führer der Nation", ausgestattet mit permanenter Immunität vor Nachstellungen durch das Parlament, das Recht einräumen ließ, sich so oft zur Wiederwahl als Präsident zu stellen, wie es ihm beliebt. Mit diesem sakrosankten Status fällt er in jene Kategorie von Staatsführern, die Mancur Olson mit der Bezeichnung "stationary bandits" belegt. Aufgrund der zeitlichen Perspektive hat dieser Typus den Anreiz, das wirtschaftliche Wachstum zu steigern, da sich damit auch die dem Staate zufallenden Ressourcen, d.h. die seiner Verfügungsgewalt zufallenden Ressourcen, maximieren lassen (Olson 1993). Die entscheidende Weichenstellung war bereits im August 1995 erfolgt, als per Referendum eine neue Verfassung angenommen wurde, auf deren Grundlage sich der Wandel der Regierung von einer parlamentarischen Demokratie in eine Präsidialrepublik vollzog und Nazarbayev seine patrimoniale Agenda als "Požiznennyj Elbasy" (Führer der Nation auf Lebenszeit) zu verfolgen begann (zu dieser Agenda siehe Fayzullina 2013).

Aus dieser verfassungsrechtlichen Konstruktion heraus, bietet sich das Amt des Präsidenten als systematischer Bezugspunkt der Konstruktion und Aufrechterhaltung gesellschaftlicher Solidarität und Stabilität an. Wer in Amt und Person mit permanenter medialer Unterstützung derartige (Sekundär-)Tugenden und Werte repräsentiert und für eine spürbare Einkommensdynamik steht, sieht sich gegen oppositionelle Machtansprüche gut gerüstet und wird durch hohe Vertrauenswerte in der Bevölkerung gestützt. Im Falle des kasachischen Präsidenten lagen dessen Werte im Schnitt (2010) nicht nur deutlich über jenen seiner demokratisch legitimierten Kollegen im Westen, sondern er überragte dabei auch noch deutlich andere landesinterne Institutionen (s. Abb. 8.17).

Abb. 8.17 Vertrauen in den Präsidenten und weitere Institutionen (in % der Respondenten, die ihr Vertrauen äußerten; 2006, 2010)

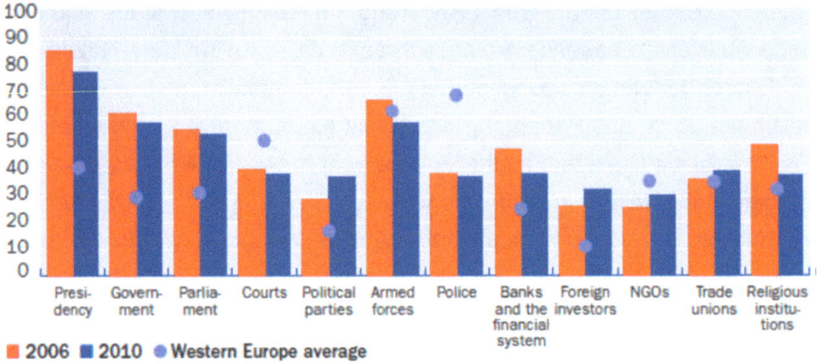

Quelle: EBRD 2011:81

Die geschilderte Konstellation steht in einem gewissen Widerspruch zu der Erfahrung, dass zunehmende (wahrgenommene) Korruption und abnehmendes Vertrauen gewöhnlich Hand in Hand gehen (EBRD 2011:44). Doch scheint sich dieser Vertrauensmalus in der kasachischen Gesellschaft auf spezifische Institutionen zu konzentrieren, wie das Justizwesen, die Polizei oder Gewerkschaften, – Institutionen also, mit denen sich der Bürger in seiner täglichen Lebenspraxis konfrontiert sieht. Das höchste Maß an Nicht-Vertrauen begegnet ausländischen Investoren und NGOs.

In der autokratischen Praxis bestimmt eine klientelistische Symbiose aus politischen und wirtschaftlichen Eliten die Mechanismen der Koordination und der Verteilung von Ressourcen bzw. von Profitzonen (Cerami/Stubbs 2011:8). Ihre Strategie einer klientelorientierten Wohlfahrt zielt nicht auf eine massetaugliche Konsensförderung über "checks and balances", sondern besteht aus einer Kombination von "cheques and capture of resources", durchwirkt von dem begleitenden "pathologischen Grundzug" ihrer Elite (P. Załęski), – einer allgegenwärtigen Korruption (siehe Transparency International Corruption Perceptions Index). Dieser im internationalen Vergleich immer wieder erstaunliche Umfang an Korruption und deren soziale Tiefenwirkung (vgl. Exkurs 13), ist wohl in der zu Transformationsbeginn noch recht schwachen institutionellen Einbettung von Märkten und den anfänglich schwachen Governancestrukturen zu suchen, die nicht für eine konsequente ordnungspolitische Zügelung der Marktakteure ausreichten. Andererseits muß daran erinnert werden, dass der Austausch von Geschenken in vorindustriellen Gemeinschaften häufig ein verpflichtender, symbolisch-kommunikativer Akt war und weniger die Gratifikation für die Erfüllung partikularer Interessen des Schenkenden. Diese Konstellation bot die Voraussetzung für das Ingangsetzen des sogenannten "ehernen Gesetzes der Oligarchie": Politische Machtpositionen werden zur Akkumulation von Vermögen benutzt, das dann wiederum eingesetzt wird, um den Machtverlust abzuwehren. Hinzu kommt, dass der Reichtum an kapitalintensiven exportfähigen Rohstoffen gleichsam als "Brandbeschleuniger" wirkt und darüber verfügt Kasachstan in einem beträchtlichen Umfang. Mit der Verfügungsgewalt über Abbau- und Bohrlizenzen sind Renteneinkommen zu "verdienen", die wiederum Entscheidungsträger in einer Regierung mit konzentrierter bürokratischer Macht oder Vertreter von regierungsnahen Organisationen anfällig für Korruption machen (Leite/Weidmann 1999). Wo derart personalistische Beziehungen dominieren, ist dies auch ein Hinweis für die schwache Präsenz der Kategorie "Vertrauen" im öffentlichen Raum. Marktteilnehmer können unter derartigen Umständen nicht immer erwarten, dass Verträge auf faire Weise erfüllt werden. Statt bei Transaktionen seine kostensenkende Wirkung zu entfalten und zur "Verdichtung" sozialer Beziehungen beizutragen, verflüchtigt sich Vertrauen gerade wegen des mangelnden Nachweises objektiver Handlungsfähigkeit öffentlicher Institutionen. Das Ausmaß, in dem Marktteilnehmer im wechselseitigen Vertrauen kooperieren, hat weniger eine unabhängige Ursache, sondern erwächst aus gefestigten Institutionen. Bei einem lückenhaften Festigkeitsgrad sind den Bürgern die Möglichkeiten zur Kontrolle von Politikern entzogen; denn zum ureigenen Wesen von Institutionen gehört zu "definieren, wer wem wie, verpflichtet ist" (Banerjee/Duflo 2012:314). Zwar mag Korruption für eine gesteigerte individuelle Nutzenorientierung stehen, doch mindert sie als kostenintensive, parallel geführte Form der Koordination von "Tauschwünschen" Effizienzen und führt zu ökonomischen wie politischen Optimierungsstrategien eigener Art. Sie wirkt wie eine Steuer ("bribe tax") auf Investitionen, reduziert deren Umfang und somit das gesamtwirtschaftliche Wachstum. Das infizierte Land schwenkt letztlich in seiner Gesamtheit auf einen suboptimalen Entwicklungspfad ein, wenn auch zeitweilig auf einem hohen Wachstumsniveau.

Exkurs 13 Korruption

Zu Sowjetzeiten als eine notwendige soziale "Technik" innerhalb eines unzulänglichen Verteilungssystems erachtet, die zumindest dazu beitrug, die Inkonsistenzen zwischen Input- und Outputplänen zu glätten (Patrick Meney's "Kleptocratie"), brach sich diese "Übung" in der Transformationsphase erneut Bahn: Korruption als "Mißbrauch anvertrauter Autorität zum privaten Vorteil" (Seldadyo/de Haan 2006:1). Ein alltägliches Beispiel aus Sowjetzeiten: "In Soviet society, where a shortage of all consumer goods was a perennial problem, ordinary sales men and women had the freedom to choose their customers. They could deny a good piece of veal to one buyer and could sell it, for additional money, to another. Ordinary sales people had a monopoly on goods in shortage, and could extract additional revenues, which people would have to pay in order to be allowed to purchase the goods" (Shlapentokh 2013:148). Im sozio-politischen Kontext wird Korruption befördert durch diskretionäre Macht, ökonomische Renten und ein schwaches Rechtssystem. Hohe Exportanteile von Rohstoffen mit dem Potential von Renteneinkommen erhöhen die Korruptionsanfälligkeit. Restriktionen im Bereich Außenwirtschaft wirken sich ebenso stimulierend aus. In der Regel bereiten makroökonomische Instabilitäten einen guten Nährboden für korruptes Handeln. Generell steht das Ausmaß der Korruption eher im Zusammenhang mit dem Entwicklungsniveau eines Landes im Allgemeinen als mit seinem spezifisch kommunistischem Erbe im Besonderen. So kommt D. Treisman auf Grund seiner empirischen Untersuchung zu dem Schluss:

> "Thus, almost all the difference in average corruption levels between post-communist and non-communist countries can be attributed to the lower economic development and undemocratic history of the former. Both of these factors are certainly related to their communist past, but there is nothing distinctively communist or postcommunist in their high corruption rates" (Treisman 2003:204).

Als ein Symptom fundamentaler institutioneller Schwäche kann dieser Akt vielerlei Formen annehmen. Die geläufigste Form ist Bestechung. Diese "Schwäche" umfasst aber auch Erpressung, Betrug, Diebstahl, Patronage und Nepotismus. "In Kazakhstan, as well as in other Central Asian and Transcaucasian republics, nepotism and recruitment on a related principle has always thrived", so die ernüchternde Feststellung des kasachischen Oppositionspolitikers Muratbek Ketebayev, und er geht noch weiter:

> "We calmly watch as those in power, including the elbasy himself, rob the state and the nation, because they are poised to do so at every opportunity. We quietly watch as bribes are offered and taken, because we ourselves are willing to give and take.

Here, we are only outraged when they take too much for their rank and they do not fulfill their promise" (Ketebayev 2012).

Das Phänomen ist hauptsächlich im öffentlichen Sektor verbreitet (administrative corruption), es findet sich aber auch im privaten (Unternehmens-)Sektor in Gestalt von Insider trading, "information brokerage", u.a.m. sowie in Übergangsbereichen zwischen "Business" und Politik als "public procurement corruption" (in Form von Kick-backs zur Sicherung von öffentlichen Aufträgen) und als "state capture" durch Unternehmen (captor firms), letztere definiert als "efforts of firms to influence the contents of legislation, rules, laws, decrees or regulation (i.e. the basic rules of the game) through unofficial payments by private actors to public officials" (Hellman/Jones, Kaufmann 2000:4). Die einschlägigen Akte reichen vom Stimmenkauf im Parlament über die Einflussnahme auf die Justiz bis hin zum manipulativen Umgang mit Ressourcen der Zentralbank oder anvertrauten Kundengeldern. Im landesinternen Machtpoker wird "der Kampf gegen die Korruption" zur politischen Waffe, die weniger der Tilgung korruptiven Handelns gilt, als einer Neustrukturierung der "bribe tax" und des potentiellen Empfängerkreises.

Die Weltbank, die bereits vor der Jahrtausendwende den Kampf gegen die Korruption zu einer ihrer Prioritäten erklärt hat, verortete Kasachstan auf der Grundlage von Survey-Daten in einer zweidimensionalen Punktematrix zunächst im Mittelfeld der Länder aus dem vormaligen sowjetischen Einflussbereich (vgl. Abb. 8.18). Wie der aktuelle Corruption Perceptions Index von Transparency International deutlich macht, erweist sich kein Land als frei von Korruption (wobei zusätzlich eine Diskrepanz zwischen der Wahrnehmung von Korruption und der persönlichen Erfahrung besteht). Auf einer Skala von 0 (highly corrupt) bis 100 (very clean) hält Kasachstan im Index 2012 den Platz 133 mit einer Punktzahl 28 (2010 hatte Kasachstan die Position 105). Es zählt damit zu jenen zwei Drittel von 176 bewerteten Ländern unter dem Niveau von 50, dessen politische Kultur nach Auffassung von Transparency International dringend eines Mehr an öffentlicher Transparenz und Rechenschaftspflicht bedarf. Die OECD bezeichnet in ihrem Kasachstan-Monitoring die Zahl der juristisch verfolgten Korruptionsvorwürfe (2008-2010) gegenüber Parlamentariern, Politikern im Amt, Richtern und Staatsanwälten als "quite insignificant" (OECD 2011:50).

Abb. 8.18 Korruptionsindex (state capture, administrative corruption)

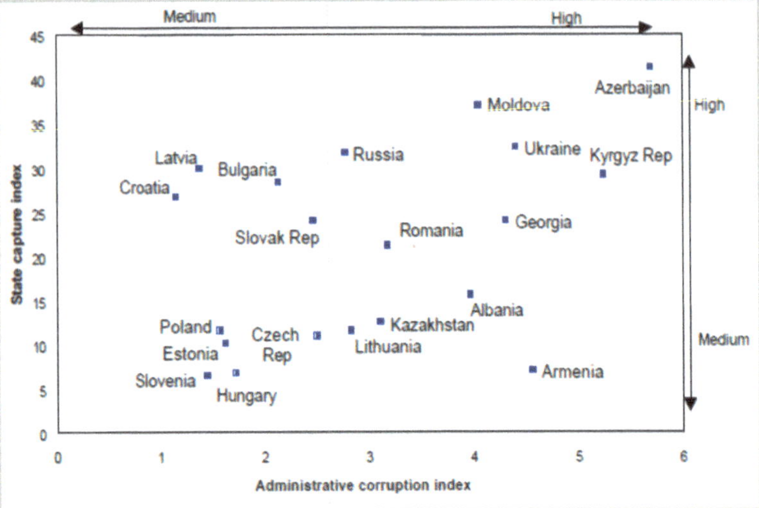

Quelle: World Bank

Auch auf internationaler Ebene gehen Institutionen wie das britische "Serious Fraud Office" (SFO) Korruptionsvorwürfen nach, die eine an der Londoner Börse (FTSE 100) notierte Tochtergesellschaft der Eurasian Natural Resources Corporation (mit Verbindungen zum Präsidenten) betreffen (der Rückzug vom London Stock Exchange erfolgte am 22.11.2013). In der Forschung besteht Konsens darüber, dass Demokratie (Rechenschaftspflicht und Wahlen) zur Reduzierung des Ausmaßes an Korruption beiträgt (in die gleiche Richtung wirkt eine besser qualifizierte und höher bezahlte Bürokratie im Sinne des Weber'schen Idealtyps). Angesichts der Klassifizierung Kasachstans als "Consolidated Authoritarian Regime" (durch Freedom House 2012) wird hier auf mittlere Sicht keine spürbare Verbesserung zu erwarten sein.

Zwischen Armut und administrativer Korruption besteht eine enge kausale Verknüpfung. Empirische Untersuchungen belegen den negativen Einfluß von Korruption auf das wirtschaftliche Wachstum, dem entscheidenden Ansatzpunkt zur Behebung von Armut. Sie wirkt sich jedoch auch unmittelbar auf die Lebensbedingungen von armen Haushalten aus, indem sie die zu deren Unterstützung vorgesehenen sozialen Leistungen beschränkt, unterbindet oder zweckentfremdet einsetzt. Hart betroffen von Bestechungsforderungen sind häufig auch Kleinunternehmer. Ihre relative Belastung durch diese Form einer (nach Unternehmensgröße regressiv gestalteten) Steuer liegt gemessen am Jahresumsatz weit über jener von Großunternehmen. Ungleichheiten in der Einkommensverteilung verschärften sich im Umfeld hoher Korruption besonders deutlich. Letztlich hat auch der Staat das Nachsehen, wenn bestechliche Steuerinspektoren und Zollbeamte für einen Transfer potentieller Steuereinnahmen in die eigenen Taschen und in die von legalen wie illegalen Unternehmen sorgen. Für fiskalische Ausfälle sorgt zusätzlich die Schattenwirtschaft. Engpässe im Budget beschränken letztlich wieder das staatliche Angebot an sozialen Dienstleistungen.

Weiterführende Literatur: P. Meney (1985): La kleptocratie. Le système D en URSS. Librairie Générale Francaise; Leite/Weidmann 1999 ; EBRD 2011 ; Cockcroft 2012.

Mit einem bürokratisch bewehrten Gestaltungsmonopol versehen, modelliert das politische Regime in seinem Selbstverständnis (als Bewahrer nationaler Symbole und Werte) und einer entsprechenden paternalistischen Anmaßung die Wohlfahrt, ausgehend von deren legitimatorischen wie kompensatorischen Funktion bis hin zu deren strukturierenden Wirkung. Was die Etablierung wohlfahrtsstaatlicher Züge mit legitimatorischer Wirkung und deren Rolle als Legitimationsverstärker für Elitenherrschaft anbelangt, so mag diese auf eine paternalistische Mentalität zurückzuführen sein, die Herrschende wie Beherrschte in einem beidseitigen Bedürfnis nach Ordnung (E. Shils) aneinander bindet. Diese Bindewirkung (mit charismatischen Qualitäten) wird zusätzlich über die Mobilisierung und Gewährung öffentlicher Güter (wie Bildung) verstärkt und kontrolliert. Die kompensatorische Funktion manifestiert sich in benevolenten Akten zur Glättung wirtschaftlicher Härten, präsentiert als "giving without taking". Doch ist damit aus Elitensicht weder eine dauerhafte Loyalität von "unten" noch das eigene permanente Verweilen auf den neuen "lichten Höhen" einer kapitalistischen Wirtschaft zu sichern. Es gilt in umfassender Weise antizipatorisch zu handeln und aus ökonomischer Sicht eine Geschäftsgrundlage (social contract) zu entwickeln, die gesellschaftliche Sozialintegration im Rahmen einer Staatenbildung bzw. einer Nation, politische Massenloyalität gegenüber einem politischen Regime in statu nascendi und ökonomische Entwicklungs- bzw. Wachstumsimpulse dauerhaft fördert. Die begleitenden (und erwarteten) Effizienzgewinne dienen sowohl als Renditebasis für die Elite selbst wie auch als wohlfahrtsstaatliche Alimentierungsbasis. Wohlfahrt wird somit über den bloßen sozialen Schutz und erweiterte Umverteilungsziele hinaus zum Bestandteil eines wohlkalkulierten Stabilisierungs-, Entwicklungs- und Machtkonzepts, das Effizienz und Wohlstand steigert, Loyalität fördert und die Kosten der Repression senkt.

Exkurs 14 Clans in Kasachstan

Zu Zeiten des kasachischen Khanats gliederte sich dessen Gesellschaft in zwei soziale Gruppen: Angehörige des *ak-suyek* (weißer Knochen) und Mitglieder des *kara-suyek* (schwarzer Knochen). Sie unterschieden sich weniger in wirtschaftlicher als in politisch-rechtlicher Hinsicht. Der Stand des "weißen Knochens" betrachtete sich als genealogisch überlegen und zur Herrschaft berufen. Ihm gehörten ethnische Gruppen wie die *Tope* (von Chingis Khan abstammend) und die *Tozha* (Abkömmlinge von Heiligen) an. Die weitere Aufteilung in Clans und Stämme pflegten ausschließlich die Angehörigen des "schwarzen Knochen". Die Solidarität der Clan-Mitglieder beschützte die persönlichen und Besitz-Rechte eines freien Nomaden. Diese Formen des Tribalismus (ulusizm oder kumovstvo) und sozialer Differenzierung haben sich bewahrt, trotz sowjetischer Versuche, sie aus dem öffentlichen Bewusstsein zu tilgen. Letztlich bediente sich das sowjetische Verwaltungssystem selbst der patrimonialen Strukturen in der Kaderpolitik. Heute herrscht in Kommentaren und Analysen die Neigung vor, Clanbindungen als strukturierenden Faktor bei der aktuellen Elitenformation und der Konfiguration von Machtverhältnissen zu überschätzen. Allgemein versteht man in Zentralasien unter Clans den Zusammenschluss von Abstammungsgemeinschaften in Solidargruppen. Mehrere Clans schlossen sich auf einer ersten Verbundebene jeweils zu Stammesgruppen zusammen, die sich schließlich in der kasachischen Steppe als tribale Konföderation zu einer der drei Horden (= militärische Gruppierung) zusammenfanden, im Kasachischen als Zhüz (= hundert) bezeichnet. Sie sind historisch jeweils an bestimmte Territorien gebunden, auf die sie sich von Ost nach West in folgender Reihung verteil(t)en:

- Ältere Horde (Uly Zhüz), auf einem Areal, das den heutigen Oblasts von Karaganda (OsT), Pavlodar und Ost-Kasachstan entspricht;
- Mittlere Horde (Orta Zhüz), zu verorten im Bereich der Oblasts von Akmola, Karaganda (West), Kostanay und Nord-Kasachstan: und schließlich die
- Jüngere Horde (Kishi Zhüz), die den Oblasts von Aktobe, Atyrau und West-Kasachstan zuzuordnen ist.

Aus der Namensgebung geht bereits hervor, dass diesem Muster das Prinzip genealogischer Seniorität zugrunde liegt. Zwischen 1820 und 1850 unterlagen die Horden der russischen Übermacht und ihr Territorium nördlich des 45. Breitengrades wurde in das Russische Reich inkorporiert. Im aktuellen Kontext lassen sich Clans definieren als "organisations which are informal networks of particularistic ties which can be based on actual or fictive kinship bonds" (Isaacs 2013:1060). *Weiterführende Literatur:* Masanov, N.E. (1995): Kočevaja civilizacija kazachov. Moskva, Almaty. Ministerstvo obrazovanija Respubliki Kazachstan (1998): Kazachi, tom III, Genealogija. Almaty. Collins, K. (2006). Załęski, P. (2006)

8.4 Globalisierung

Als Phänomen ist Globalisierung nicht neu, doch dessen Ausmaß und einige seiner Folgewirkungen sind es, wie auch die Tatsache, dass es Teil der Rezeptur internationaler Wohlfahrt geworden ist (s. Washington Consensus). Doch es treten auch neue Gefährdungen für Personen, Gesellschaften und Ökosysteme in einem erweiterten Länderumfeld auf, bedingt durch die Externalisierung von Risiken über nationale Grenzen hinweg (U. Beck). Besonders intensive Debatten gelten dabei dem Verhältnis von Gewinnern und Verlierern, der Vertiefung des Grabens zwischen Arm und Reich, innerhalb von Ländern und zwischen diesen. Ökonomen neigen dabei zu einer überwiegend positiven Bewertung: Globalisierung als Positiv-Summenspiel. Wenigstens eine Tatsache – von Globalisierung als ökonomischer Realität – scheint festzustehen: Mit der beschleunigten Internationalisierung können und wollen sich Wohlfahrtsstaaten nicht länger als geschlossenes System behaupten und nationale bzw. regionale Sozialpolitiken sehen sich zu Reaktionen auf Parameter genötigt, die von anderen Ländern bzw. Volkswirtschaften bestimmt sind (Hemerijck 2013:52), bzw. sie übernehmen ihrerseits eine gestaltende Rolle, die andere Staaten entsprechenden Anpassungszwängen unterwirft.

Seit Beginn ihrer ökonomischen Transformation sind die zentralasiatischen Länder in den Prozess der Globalisierung involviert, vorausgesetzt sie hatten ihre Außenhandelsmonopole beseitigt, Zollreformen durchgeführt, die Praxis multipler Wechselkurse aufgegeben, den Bankensektor stabilisiert, die freie Umtauschbarkeit ihrer Währung ermöglicht und damit auch den Zu- und Abfluss internationalen Kapitals. "Globalisierung" ist als Begriff überstrapaziert und als Konzept umstritten (von den Ansätzen des "hyperglobalism" und der "complex globalisation" bis hin zu den "new institutionalists"). Umstritten sind ebenso die daraus resultierenden Folgen für den Nationalstaat bzw. die Nationalökonomie im Allgemeinen und für den

Wohlfahrtsstaat im Besonderen (efficiency versus compensation hypothesis; siehe dazu ausführlicher Meinhard/Potrafke 2011):

- Die Effizienzthese besagt, dass unter dem Einfluss der Globalisierung der Umfang des Staatssektors reduziert und die Kapazitäten des Staates zur Finanzierung des Wohlfahrtsstaates eingeschränkt werden (global tax race to the bottom).
- Die Kompensationsthese geht von dem gegenteiligen Effekt aus: Der Wohlfahrtsstaat expandiere, da die Globalisierung eine höhere Nachfrage nach sozialer Sicherung induziere (increase in external risk).
- Nach empirischer Überprüfung dieser Hypothesen sind einige Sozialforscher überzeugt, dass sich beide Effekte wechselseitig neutralisieren oder der Anteil von Sozialausgaben im Budget in keinem Bezug zur Globalisierung stehe (Leibrecht/Klien, Onaran 2010). Andere wiederum kommen zu dem Schluss, dass interne ökonomische und demographische Variablen wie Arbeitslosigkeit und Abhängigkeitsquoten stärkeren Einfluss auf das öffentliche Ausgabeverhalten haben.

Ebenso vielfältig sind die zur Messung von Globalisierung entwickelten Indizes, die verstärkt einen multidimensionalen Ansatz pflegen, indem sie ökonomische, sozio-kulturelle und ökologische Dimensionen miteinander verbinden, um der Komplexität weltweiter Dynamiken gerecht zu werden (Martens/Raza 2009). Als Gemeinsamkeit bleibt ein intuitives, vorwiegend ökonomisch orientiertes Verständnis von Globalisierung als freie Bewegung von Waren, Dienstleistungen, Finanzkapital und Personen über Grenzen (der regionalen Integration) hinweg. Begleitet werden diese Transaktionen von Informationen und Fertigkeiten, Medien technologischer Innovation. Die Ressourcenallokation wird durch offenere Finanz- und Kapitalmärkte beschleunigt. Es geht jedoch nicht nur allein um die Intensivierung dieser Art von Interaktionen, sondern ebenso entscheidend um deren Folgen: "The establishment of trans-national structures and the global integration of cultural, economic, ecological, political, technological and social processes on global, supra-national, national, regional and local levels" (Martens/Raza 2009:3). Der Prozess nährt die ihn fördernden Voraussetzungen.

Tab. 8.12 GUS-Länder im Maastrichter Globalisierungsindex (MGI)

Land	Rang	MGI 2008	Standard-Abweichung	Veränderung (2008/2000)	Rang-wechsel
Ukraine	34	35,6	13,0	7,0	-2
Russ. Föd.	36	33,1	14,6	6,6	0
Kasachstan	60	28,3	10,4	5,8	-3
Kirgistan	78	24,1	11,2	3,0	-10
Turkmenistan	105	17,6	13,2	-3,6	-39

Quelle: Martens/Raza 2009:13

Um Einfluss und Konsequenzen der Globalisierung für jede Form von Wohlfahrtsstaatlichkeit besser bewerten zu können, gilt es zunächst einmal den Grad zu erfassen, zu dem ein Land wie Kasachstan in den Globalisierungsprozess eingebunden ist (es ist für zentralasiatische Länder der dritte nach dem globalen Handel entlang der Seidenstraße und der Globalisierungserfahrung innerhalb der SU; zu dem ersten Globalisierungsprozess siehe ausführlicher Elisseeff 1998). Erfasst wird dieser Grad mittels Globalisierungsindizes (s. Dreher et al. 2008), zu deren zentralem Bestandteil (in der Variante des Maastricht Globalisation Index) die ökonomische Domäne (neben weiteren Kategorien wie die politische, soziokulturelle, technologische und ökologische Domäne) zählt. Diese ökonomische Domäne setzt sich ihrerseits aus den Teilkomponenten "Handelsintensität", "Ausländische Direktinvestitionen" und "private Kapitalflüsse" zusammen (der KOF Globalisierungsindex und der New Globalisation Index gehen in der Domäne "Wirtschaft" noch differenzierter vor). Jede Variable ist in einen Index mit einer Skalierung von eins bis hundert transformiert, d.h. höhere Werte entsprechen einem Mehr an Globalisierung, so dass am Ende der Zusammenfassung aller (gewichteten) Domänen eine Gesamtpunktzahl vorliegt, die den Rangplatz eines Landes bestimmt (so belegte Belgien 2009 mit 92,76 Punkten den Rang 1 unter 117 bewerteten Ländern, während deren Durchschnittswert bei 61,67 lag).

Exkurs 15 Teilkomponenten der Außenwirtschaft Kasachstans

Auch wenn P. Krugman die *Wettbewerbsfähigkeit* als eine "gefährliche Obsession" bezeichnet und der politischen Führung Kasachstans vorgehalten wird, ein "Rank-Seeking" (nicht nur in diesem Bereich) zu betreiben, so bietet das Maß internationaler Wettbewerbsfähigkeit bzw. der entsprechende Index doch einen entscheidenden Maßstab für Investitionsentscheidungen von Unternehmern und Managern. Nach dem Wettbewerbsranking des Institute for Management Development (IMD) in Lausanne lag Kasachstan 2013 auf Position 34 zwischen Polen und der Tschechischen Republik, vor Russland und den EU-Mitgliedsländern aus dem Mittelmeerraum. Nach dem Indexwert von 2009 ist es um ca.15 Prozentpunkte weniger international wettbewerbsfähig als Belgien, das seinerseits 24 Prozentpunkte hinter den USA (= 100 Prozent) liegt (vgl. Tab. 8.12). Auch der "Global Competitiveness Report 2012-2013" (dort werden 110 Wirtschaftsindikatoren zu einem Gesamtindex zusammengefasst) bescheinigt Kasachstan eine erhebliche Verbesserung seiner Positionierung (um 21 Plätze an die 51. Stelle!). Danach ist also Kasachstan nicht mehr weit von seinem erklärten Ziel entfernt, zu den Top 50 der weltweit wettbewerbsfähigsten Volkswirtschaften zu gehören.

Handelsintensität (bzw. Außenhandelsquote) ist die Summe von Exporten und Importen an Waren und Dienstleistungen als prozentualer Anteil am BIP des Landes.

Tab. 8.13 Jüngste Entwicklung der Handelsintensität Kasachstans

	2010	2011	2012
BIP in US$ Mrd.	147,9	183,02	196,4
Einfuhr in US$ Mrd.	24,0	38,0	44,5
Ausfuhr in US$ Mrd.	57,2	88,1	92,3
Außenhandelsquote	54,9	68,9	69,7

Quelle: ASRK

Ausländische (Brutto-)Direktinvestitionen (ADI) entsprechen der Summe der absoluten Werte an Zu- und Abflüssen von ADIs, wie sie in der Zahlungsbilanz eines Landes erfasst sind (equity capital, Reinvestitionen von Gewinnen, anderes lang- und kurzfristiges Kapital). Nicht nur unter den GUS-Staaten zieht Kasachstan als "Energieriese an der Seidenstraße" nach dem Hauptmagneten Russland die meisten ausländischen Direktinvestitionen an (vgl. UNCTADSTAT), es ist auch im weltweiten Vergleich eines der großen Empfängerländer. Der Zufluss (inward flows) beträgt seit 2007 jährlich zwischen 10 bis 12 Mrd. USD, mit einem Rekordhoch von über 14 Mrd. USD im Jahre 2012. Damit liegt Kasachstan bei allen Kennziffern wie ADI zu BIP (7,3%), ADI pro Kopf (2010:667 USD) und Anteil an den weltweiten ADI (1 %) unter den Top 10 der Welt.

Private (Brutto-)Kapitalflüsse (Foreign Portfolio Equity Investments = FPI) spielen neben den ausländischen Direktinvestitionen die zweitwichtigste Rolle bei Kapitalflüssen in Transformationsregionen. Sie umfassen die Summe aller Zu- und Abflüsse direkter, Portfolio- und anderer Investitionen in absoluten Werten, festgehalten in der Zahlungsbilanz (ohne Veränderungen der Vermögensbestände und Verbindlichkeiten monetärer Autoritäten und der Regierung). Die Hauptformen von

Portfolio-Investitionen sind internationale Anleihen und Beteiligungsportfolios an regionalen Börsen.

In der Diskussion über den Zusammenhang zwischen dem Wohlfahrtsstaat, dem Volumen seines Sozialbudgets und dem Offenheitsgrad seiner Volkswirtschaft im Fortschreiten auf dem Globalisierungspfad werden höchst widersprüchliche Argumente vorgebracht. Offenere Volkswirtschaften sind danach

- Risiken ausgesetzt und die Regierung genötigt, diese Risiken durch ein verstärktes wohlfahrtsstaatliches Engagement zu konterkarieren; oder sie
- Unterliegen einer stärkeren industriellen Konzentration (in großen Unternehmen), die die Verhandlungsmacht der Beschäftigten und ihrer kollektiven Vertretung steigern und so zu einer Expansion des Wohlfahrtsstaates führen;
- Ein ähnlicher expansiver Effekt tritt ein durch die Nachfrage nach neuen Qualifikationen und veränderter Ausbildung, verbunden mit einer erhöhten Beschäftigungsmobilität;
- Umgekehrt veranlasst die Androhung von Kapitalentzug durch die Geschäftslobby eine Regierung zu einer Reduzierung sozialer Auflagen und Ausgaben und/oder die Regierung geht noch einen Schritt weiter und dereguliert den Arbeitsmarkt.
- Schließlich verfügen offene(re) Volkswirtschaften über demographische Entwicklungsmerkmale (Alterungsprozesse, Abhängigkeitsquoten), die mit einer Expansion des Wohlfahrtstaates verbunden sind.

Mit Blick auf die Europäische Union brachte André Sapir die Vor- und Nachteile der Globalisierung auf folgende Formel: Entweder es gelingt die nationalen Arbeitsmärkte und Sozialpolitiken zu reformieren – vor allem das kontinentale und das mediterrane Modell –, dann erwachsen Vorteile (Opportunitäten) aus dem Globalisierungsprozess, oder es mehren sich die Belastungen (Opportunitätskosten) im Falle der Verweigerung ernsthafter Reformschritte auf beiden genannten Feldern.

Um den Einfluss von Globalisierung auf den Sozialstaat oder allgemeiner den Zusammenhang von Globalisierung und Staatsausgaben zu ergründen, empfiehlt sich der Rückgriff auf den "KOF Globalisierungsindex" der

Konjunkturforschungsstelle der ETH Zürich (KOF). Dieser Index umfasst 24 Variablen und bildet die politische, kulturelle und ökonomische Dimension der Globalisierung ab. Er ist insbesondere hilfreich bei der Auseinandersetzung mit der These, dass Globalisierung die Handlungsspielräume von Nationalstaaten einschränke (Ebenthal 2007:6) und den Freiraum oder gar den politischen Willen begrenze, sozial kompensierend zu wirken. Das besondere Interesse der Globalisierungskritiker gilt den Auswirkungen der Globalisierung auf die Arbeitsmarktinstitutionen (Potrafke 2013) und auf die Entwicklung von Armut und Ungleichheit (Harrison 2006), wobei die orthodoxe Sichtweise von einer unmittelbaren Wirkungskette zwischen Globalisierung, Wachstum und Armutsreduktion ausgeht, während andere diese Wachstumswirkungen in Abhängigkeit von der ursprünglichen Einkommensverteilung und der durch das Wachstum ausgelösten Veränderung dieser Verteilung sehen.

Zum ersten Schwerpunkt wird häufig die Befürchtung geäußert, dass die Globalisierung speziell die Arbeitsbedingungen geringqualifizierter Arbeitnehmer verschlechtere und Arbeitsplätze im Niedriglohnbereich vernichte. Sie sorge für eine Verschärfung des Dialogs, und zwar sowohl zwischen den Sozialpartnern wie zwischen nationalen Regierungen. Zum zweiten Punkt verläuft die Diskussion im Schema von Einerseits-Andererseits-Statements. So gibt es einerseits überzeugende Hinweise darauf, dass Exportwachstum und einströmende ausländische Direktinvestitionen zur Reduzierung von Armut beitragen (können), andrerseits treffen Währungskrisen (und andere "swings in world markets") die Armen eines Landes besonders hart. Verkürzt lautet das Urteil: Globalisierung senkt Armut in einigen (Entwicklungs-)Ländern, während sie diese in anderen Ländern gleichzeitig erhöht. In der zeitlichen Perspektive und spiegelbildlich zum J-Kurven-Effekt (d.h. die Werte der Handelsbilanz verschlechtern sich zunächst, um anschließend wieder in den positiven Bereich zu klettern) verschärft der Eintritt eines Landes in den Globalisierungsprozess infolge der Übergangskosten kurzfristig das Ausmaß von Armut, langfristig bewirkt es jedoch deren Reduzierung. Wenn die Passage durch diesen umgekehrten J-Kurven-Effekt bewältigt ist, halten Bergh und Nilsson ein Wachstum ohne Reduktion von absoluter Armut auf lange Sicht für höchst unwahrscheinlich (Bergh/Nilsson 2011). Eine Teil-Erklärung für positive Globalisierungseffekte ist in den Produktivitätsgewinnen innerhalb des Agrar- und informellen Sektors zu suchen: Je größer diese Sektoren sind – und sie haben in Kasachstan ein erhebliches Ausmaß –, umso deutlicher wirkt sich die Globalisierung auf die Reduzierung von Armut aus. So oder so gesehen, Kasachstan steht per Saldo auf der Gewinnerseite (siehe auch die frühzeitige Einlösung von Milleniumszielen), d.h. in der gesamtgesellschaftlichen Perspektive. Ein differenzierter Blick nach Innen – unter Aufgliederung der sektoralen Wachstumsbeiträge innerhalb der einzelnen Regionen und zwischen diesen – offenbart ein sehr asymmetrisches Leistungsbild und zeigt, dass die geschilderten Prozesse regional durchaus konträr zueinander verlaufen, mit dem Ergebnis, dass bei der Hälfte von 16 Regionen das allgemeine Output-Wachstum und das Einkommenswachstum von armen Haushalten jeweils unterschiedliche Vorzeichen aufweisen. Hinter nationalen Trends verbergen sich demnach signifikante regionale Unterschiede (Verme 2007). R. Rodrik fasst das Ergebnis seiner Analysen bezeichnenderweise unter dem Titel eines "globalization paradox" (2011) zusammen. Andere Autoren kommentieren in der Tradition einer kritischen Entwicklungstheorie die sozialen Auswirkungen der Globalisierung unter dem Blickwinkel einer neuen Weltordnung (Deacon u.a. unter der expliziten Bezeichnung "global social policy studies"; siehe dazu ausführlicher Deacon/Stubbs 2013) und kommen zu dem Schluß einer Globalisierung *von* Armut und Umweltzerstörung (M. Chossudovsky).

Globale Strukturen und Akteure wirken transformativ, gestalten die Entwicklung von Sozialpolitiken (konzentriert auf Umverteilung, Regulierung und der Förderung globaler sozialer Rechte) innerhalb einzelner Länder und beeinflussen Arbeitsmärkte auf vielfältige Weise: Dies betrifft auf recht direkte Weise Beschäftigung und Löhne, wie auch die Institutionen des Arbeitsmarktes (Potrafke 2013). Unterwarf schon die marktwirtschaftliche Neuorientierung den Arbeitsmarkt Kasachstans Anpassungszwängen mit hohen sozialen Kosten und Verwerfungen (siehe dazu Abschnitt 9.2), so sorgte die wachsende Einbindung in den Globalisierungsprozess für eine zusätzliche interne Differenzierungsdynamik. Dieser Impuls ging weniger vom globalen Investitionstypus einer komplementären Spezialisierung (Verlagerung der Produktionsstandorte arbeitsintensiver Branchen in weniger entwickelte Volkswirtschaften) und der Suche nach Lohnkostenminimierung aus, sondern von marktsuchenden Investitionen, vor allem im Rohstoffsektor mit der Neigung zur Enklavenbildung in der Gastökonomie. Dem Globalisierungsindex (MGI) nach erweist sich Kasachstan im zentralasiatischen Umfeld international am stärksten exponiert, gleichzeitig weist sein Arbeitsmarkt zunächst einmal unabhängig davon einige Besonderheiten auf (Dualismus in der Formalisierung, Qualifikationsdefizite, regionale und sektorale Differenzen in der Arbeitsproduktivität; vgl. Kap. 9.2). Die Arbeitsmarktsituation einer Volkswirtschaft lässt sich mit Hilfe der Indikatoren des Fraser Instituts erfassen (vgl. Gwartney et al. 2013), dessen Gesamtindex (Arbeitsmarktregulierungen bzw. "ökonomische Freiheit") sich aus sechs Subindikatoren (Mindestlohngesetzgebung, Regulierung bei Einstellung und Entlassung, Tarifverhandlungen, Arbeitszeitregelungen, Abfindungsregelungen und Wehrdienst) zusammensetzt (mit Werten zwischen 0 = Minimum an ökonomischer Freiheit bzw. Maximum an Regulierung und 10 = Maximum an ökonomischer Freiheit). Gemittelt über die Jahre 2006 bis 2010 resultiert daraus für Kasachstan ein Wert von 7,05 – ähnlich der Situation von Belgien oder Malta-, doch deutlich über dem Niveau Deutschlands oder Frankreichs (5,66). Andererseits weisen die letztgenannten Länder als "global players" höhere Werte bei dem KOF-Index für Globalisierung aus (vgl. Tab. 8.14).

Nach der ersten Durchsicht einer (verlängerten) Liste von Ländern verstärkt sich der Eindruck (gestützt durch eine leicht positive Korrelation), als stünde ein hoher Grad der Deregulierung auf nationalen Arbeitsmärkten tatsächlich mit einem hohen Grad an Globalisierung im Zusammenhang. Potrafke wendet dagegen ein, dass das Verlaufsmuster auch umgekehrt wirke und eine Regierung bewusst deregulieren könne (Endogenität der Globalisierungsvariable), gerade um ausländische Investoren ins Land zu locken. Weitaus entscheidender seien für die Bestimmung der Arbeitsmarktsituation historische und nationale Gegebenheiten, darunter vor allem die Herkunft des Rechtssystems eines Landes (Potrafke 2013a:35). Vieles spricht im Falle Kasachstans für das Endogenitätsargument.

Tab. 8.14 Arbeitsmarktregulierungsindex, KOF-Index und Wettbewerbsindex im internationalen Vergleich

Land	Arbeitsmarkt-Deregulierung 2006-2010	KOF-Index für Globalisierung 1970-2009	Wettbewerbs-Index 2009 Wert/Position
Aserbaidschan	6,64	35,81	-
Belgien	7,02	84,54	75,965 / 22
Deutschland	4,48	68,97	83,508 / 13
Kasachstan	7,05	46,46	61,047 / 36
Kirgisistan	6,35	47,14	-
Russland	6,07	57,93	52,770 / 49
Vereinigte Staaten	9,15	69,67	100 / 1
Durchschnittswert	6,47 (2010)	61,67 (2009)	-

Quelle: Die Daten wurden der umfassenderen Zusammenstellung von Potrafke 2013:34 entnommen, die Werte des Wettbewerbsindex stammen aus IMD World Competitiveness Yearbook 2009.

9 Der Wohlfahrtsmix

Dieser Begriff steht für die Vielfalt in der Mischung von "Wohlfahrtsprodukten" und ihrer "Produzenten", einer Pluralität wohlfahrtserzeugender Instanzen und deren Zusammenwirken (s. Kap. 2). Mit Bezug auf den Länderfall Kasachstan soll nun dessen Wohlfahrtsmix beschrieben und typisiert werden, indem die "Zugpferde" und Träger der erwähnten Triade in ihrem Leistungspotential vorgestellt werden, ergänzt um weitere Instanzen. Der Wohlfahrtsmix präsentiert sich so zunächst einmal als die Summe wohlfahrtsrelevanter Leistungen dieser Institutionen, deren Relationen kein Null-Summen-Spiel darstellen:

- Staat: Er ist zunächst einmal der eigentliche Gestalter des Wohlfahrtsmixes und der Garant von sozialen Rechten. Das sozialpolitische Engagement des kasachischen Staates – "the amount of resources committed by the government in the areas of pensions, benefits (social support) and health" (OECD 2012) bzw. die Bereitstellung des Gutes "soziale Gerechtigkeit" – spielt sich zwischen zwei gegenläufigen Bewegungen ab. Während sich die marktwirtschaftliche Transformation weiterhin positiv entwickelt (siehe Kasachstans Positionierungen im Global Competitiveness Index), verwandelt ein zusehends autoritär agierendes System die politisch-demokratische Transformation zu einer Inszenierung mit demokratischen Versatzstücken, in der die *Sozialpartnerschaft* zum randständigen Dialog gerät. Eine gegenläufige Bewegung anderer Art lässt sich bei den sozial orientierten Budgets ablesen: Sie steigen im Aufwind der Wachstumsraten des BIP nach absoluten Größenordnungen an, fallen aber in relativen Größen zum BIP trotz zeitweiliger Budgetüberschüsse zurück. Hohe, beschäftigungsfördernde Wachstumsraten des BNP wirken teilweise als Substitut für sozialpolitische Korrekturen in Richtung kapazitätsfördernder sozialer Investitionen. Jeder Versuch der Maximierung einer sozialen Wohlfahrtsfunktion und einer entsprechenden Optimierung der Governance-Strukturen steht im Konflikt zwischen Effizienz und Verteilungsgerechtigkeit. Politische Akteure sehen sich vor die Frage gestellt: Sollen mehr soziale öffentliche

Dienstleistungen zur Erhöhung von Wohlfahrt bereitgestellt werden oder mehr produktive öffentliche Dienstleistungen zur Erhöhung von Wirtschaftswachstum (trade-off between growth and welfare maximization). Lösungsansätze zeigen sich im Konzept des Steuer- und Transfermechanismus. Selbst innerhalb ihres Konzepts der kontrollierten Liberalisierung bleibt Kasachstans Regierenden die Suche nach einer Lösung dieses Konflikts nicht erspart.

- Markt bzw. Unternehmen: Für viele Bereiche der sozialen Sicherung sind Lösungen durch den Markt und von privater Hand möglich, allerdings zu einem (Markt-)Preis. Im Zentrum seiner wohlfahrtsorientierten Leistung steht dabei die Ausweitung der Lohnarbeit, d.h. eine Beschäftigung mit Sozialversicherungsabgaben und schriftlichen Arbeitsverträgen. In Verbindung mit einem expandierenden Privatsektor gehört dies zum Grundmuster eines als gelungen zu bewertenden Transformationsverlaufs. Die Besonderheiten der Beschäftigungsformen Kasachstans bestehen neben gestiegenen Beschäftigungsanteilen des Privatsektors in einer hohen Frauenerwerbsquote, einem auffallend hohen Anteil der Kategorie "self-employed" und einer verbreiteten "informellen Beschäftigung", letztere allerdings ohne angemessenem sozialen Schutz. Der Einfluss der Gewerkschaften als Tarifpartner und Mitgestalter sozialer Budgets ist begrenzt. Gesellschaftliches Engagement in Gestalt einer "Corporate Social Responsibility" (CSR) ist unter kasachischen Unternehmen noch ein weitgehend unbekanntes Phänomen. Die Rolle des Marktes, d.h. das Engagement von privaten Anbietern im sozialen Sektor, beginnt zu wachsen. Beispielhaft dafür steht der Bereich Bildung mit der Einrichtung privater Universitäten oder die Rolle von Finanzdienstleistern in den Bereichen sozialer Sicherung wie Kranken-, Pflege- und Rentenversicherung. Die Performanz von Finanzmärkten (Geld-, Kredit-, Vermögens- und Devisenmärkte) beeinflusst die Ertragslage von Pensionskassen und damit die Einkommenslage einer kommenden Rentnergeneration. Für ein ressourcenreiches Land, wie Kasachstan, ist dabei auch noch typisch, dass sein Finanzsystem den

"Launen" internationaler Kapitalströme mit positiven wie negativen Folgen ausgesetzt ist.

- Familie, Haushalt, Nachbarschaften: Unabhängig von der jeweils gegebenen Wirtschafts- und Sozialordnung verleiht die Familie ihren Mitgliedern aus moralischer Verpflichtung und exklusiver Zugehörigkeit einen gewissen Grad an physischer, wirtschaftlicher und psychologischer Sicherheit. Ersparnisse, empfangene Überweisungen und staatliche Transfers dienen als finanzieller Puffer. In ostasiatischen Regionen funktionieren Haushalte und Familien als wichtige Entscheidungsträger im Umgang mit wohlfahrtsrelevanten Ressourcen. Andererseits ist die Familie infolge von verändertem Reproduktionsverhalten, weiblicher Arbeitskraftbeteiligung, gestiegenen Scheidungsraten und zunehmender Lebenserwartungen sukzessiven Veränderungen unterworfen.
- Gemeinschaft und Zivilgesellschaft: Nach allgemeinem Verständnis legt eine Zivilgesellschaft dort mit Hand an, wo staatliche Institutionen ihren Aufgaben nicht oder nur unzureichend nachkommen. Diese freien Assoziationen von Bürgern agieren sachzielorientiert und nicht gewinnorientiert. In einer Präsidialrepublik sind für eine Zivilgesellschaft als politische Kategorie die Handlungsgrenzen eng gesteckt. Gleichwohl sind in Kasachstan nach offiziellen Angaben über 18000 NGOs aktiv, finanziert aus internationalen, nationalen und lokalen Budgets. Mit ihren Programmen, darunter vielen sozialpolitisch orientierten, erreichen sie geschätzte 5 Millionen Bürger. Der muslimische Rat Kasachstans eröffnete davon unabhängig 2011 einen sogenannten "Zakat Fund" für die Finanzierung von Wohlfahrtsaufgaben.
- Internationale Wohlfahrt: Eine vorherrschende internationale Haushaltsstrategie zur sozialen Sicherung besteht in der Arbeitsmigration und den Überweisungen von im Ausland erworbenen Einkommen. Für einige Nachbarstaaten Kasachstans, die Russische Föderation eingeschlossen, stellt dies ein entscheidendes Element ihres Wohlfahrtsregimes dar.

9.1 Staat und Sozialausgaben

Entgegen der neoliberalen Grundströmung im ersten Transformationsjahrzehnt betonte die Weltbank 1997 in ihrem "World Development Report" die Rolle des Staates in einer sich wandelnden Welt: "An effective state is vital for the provision of the goods and services – and the rules and institutions – that allow markets to flourish and people to lead healthier, happier lives". Der Staat muss über ausreichend Kapazität verfügen, um der im Zitat angesprochenen ordnungs- und sozialpolitischen Rolle gerecht zu werden. Diese Rolle ist mit Ausgaben verbunden, deren Deckung wiederum ein flächendeckendes System effektiver Steuererhebung voraussetzt. Wie das Beispiel Russlands unter Jelzin zeigte, ist diese "Selbstverständlichkeit" gerade in Transformationsphasen nicht gegeben, zumal verbunden mit neuen Prozeduren bei der Erstellung des Staatsbudgets in einem unvollkommenen marktwirtschaftlichen Umfeld, und gleichzeitig den Gefahren bürokratischer Rentenabschöpfung ausgesetzt. Der Frage des "gerechten" Steuersatzes stand andererseits die Frage einer "gerechten" Verteilung bei den Ausgaben des Staates gegenüber.

Soziale Ausgaben werden als "öffentliche" (public expenditure) klassifiziert, wenn die entsprechenden Finanzierungsströme durch die Regierung kontrolliert werden. In die entsprechende Kategorie "Sozialausgaben" wiederum fallen in den OECD-Ländern Maßnahmen, die bei Notsituationen wie (zu) niedrigem Einkommen, Alter, Arbeitslosigkeit oder Invalidität zur Anwendung kommen und korrigierend eingreifen. Der Anwendungsbereich erstreckt sich nach der Struktur der "SOCX database" über neun Politik- und Programmfelder: Alter, Hinterbliebene, Invalidität, Gesundheit, Familie, aktive Arbeitsmarktprogramme, Arbeitslosigkeit, Wohnen und andere Bereiche der Sozialpolitik (wie beispielsweise die Unterstützung von Flüchtlingen). An dieser Ausgabengliederung orientiert sich auch die statistische Aufschlüsselung staatlicher Sozialausgaben, ohne die dabei anfallenden administrativen Kosten einzubeziehen. Ergänzend dazu werden zusammenfassende Bewertungen nach vier "breiten" Ausgabenfeldern der öffentlichen Hand vorgenommen:

- Altersbezogene Zahlungen (age-related cash, enthält Alters- und Hinterbliebenenrenten)

- Monetäre Leistungen für Personen im arbeitsfähigen Alter (working-age cash, enthält Unterstützungszahlungen im Falle von Invalidität, Arbeitslosigkeit, Familien- und Sozialhilfe),
- Gesundheit und
- andere soziale Dienstleistungen.

Weitaus stärker auf die Armutsbekämpfung hin orientiert, differenziert die Asian Development Bank, zu deren Klientel auch Kasachstan zählt, das soziale Schutzprogramm im Unterschied zum Ansatz der OECD in "labour market policies and programs, social insurance, social assistance, micro/area-based schemes and child protection" (ADB 2008:7). Dementsprechend ist auch die statistische Erfassung sozialpolitischer Maßnahmen organisiert und geht in dieser Form als eine von vier Komponenten in die Berechnung des auf Initiative der ADB entwickelten Social Protection Index (SPI) ein (siehe Kap. 11).

Häufig werden die Anteile der öffentlichen (Brutto-)Sozialausgaben am Bruttoinlandsprodukt einzelner Länder herangezogen, um als Hauptindikator für das jeweilige wohlfahrtspolitische Engagement eines Landes zu dienen. Der entsprechende von der ADB benutzte "Social Protection Expenditure Indicator (SPEXP)" enthält im Zähler allerding sowohl staatliche Ausgaben wie auch die des privaten Sektors und nichtstaatlicher Organisationen. Im OECD-Vergleich erweisen sich diese spezifischen Ausgabenanteile (öffentliche plus private) als relativ stabil, wobei Länder des "skandinavischen Regimes" mit Anteilen von knapp über oder unter 30 Prozent permanent die Spitzenpositionen halten (2005-2007). Die Vyšegrad-Länder liegen dagegen um 10 Prozentpunkte niedriger. Im Durchschnitt bewegten sich die OECD-Länder von einem BIP-Anteil, der etwa 17 Prozent in den 1980er Jahren entsprach, auf ein Niveau von knapp 20 Prozent im Jahre 2007 (vgl. Abb. 9.1). Unter dem Eindruck der weltweiten Finanzkrise setzte ein erneuter Ausgabenschub ein (2010 = 22,2 Prozent). Japan liegt als Primus unter den asiatischen Ländern nach dem ADB-Ansatz bei einem Ausgabenanteil von 16 Prozent, während sich der Gesamtdurchschnitt aller asiatischen Länder auf einem Niveau von 4,8 Prozent bewegt.

Abb. 9.1 Öffentliche Sozialausgaben in % des BIP, 1980-2010 (mit Schätzungen für 2011 und 2012)

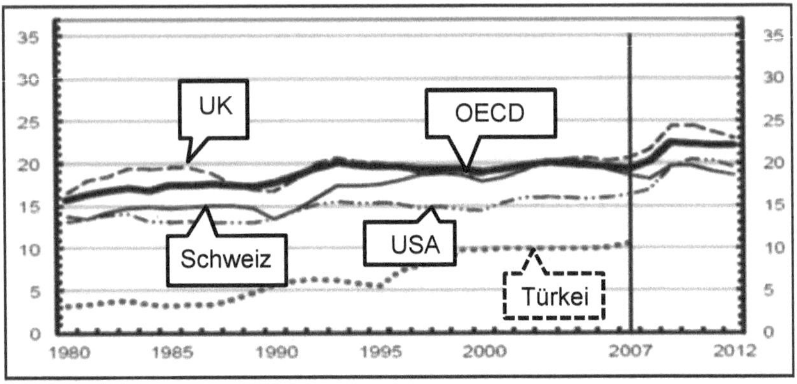

Quelle: Adema/Fron/Ladaique 2011:11

Werden allgemeine Wohlfahrtsanstrengungen in BIP-Anteilen gemessen und international verglichen, so können einige Besonderheiten den Gesamteindruck verzerren (entsprechend den variierenden Antworten auf die Frage: "What is social and what is not?"; siehe dazu Adema/Ladaique 2009: 9-15). Es sind dies einerseits mögliche Auswirkungen des Steuersystems, andererseits das Ausmaß privater mandatorischer Finanzierungsanteile. Neben der allgemein hohen steuerlichen Belastung belegen einzelne Länder (wie in Skandinavien) selbst Sozialtransfers mit Steuern. Kasachstan hat dies in seiner Steuergesetzgebung (Stand 2013) ausgeschlossen.

Andere Länder weisen ihrerseits zwar eine niedrigere Wohlfahrtsquote in BIP-Anteilen aus, gewähren dafür aber wohlfahrtsrelevante Vergünstigungen in Form von Steuerreduktionen, Zinsnachlässen auf Hypotheken oder subventionierten Gütern. Beim Operieren mit relativen Ausgabenanteilen wären noch weitere Aspekte zu berücksichtigen, wie etwa die Schwankungen im wirtschaftlichen Leistungsniveau oder der Bevölkerungsentwicklung u.a.m. (Hemerijck 2013:228-230). Mitunter differieren auch die Berichtszeiträume (Kalenderjahr, Finanzjahr) der zum Vergleich anstehenden Länder.

Will man Kasachstan entsprechend der Ausgabenkategorie (Social Security Expenditure, hier allerdings ohne Ausgaben für "Gesundheit") international einordnen, so vermitteln die Angaben der Asiatischen Entwicklungsbank eine erste Orientierung. Diese gewichtet bei ihrer Ländergruppenanalyse den relativen Aufwand für diese Position (gemessen am BIP) mit der jeweiligen Landesbevölkerung und kommt dabei für Westeuropa auf eine Durchschnittsbelastung von 18 Prozent, für Zentral- und Osteuropa auf 14,1 Prozent und für die GUS-Länder auf 9,9 Prozent (nahe dem US-amerikanischen Wert von 9,0 Prozent) (ADB 2010:440). In dem OECD-Bericht von 2011 (Society at a Glance: Asia/Pacific 2011), der sich auf ADB-Daten stützt, liegt Kasachstan gleichauf mit China bei einem Wert von 4,6 Prozent, also knapp unter dem asiatischen Durchschnitt. Im Transformationsatlas der Bertelsmann-Stiftung erreicht Kasachstan in der Kategorie "Welfare" (auf einer Skala von 1-10) eine Indexzahl von 6, gleichauf mit der Ukraine und Russland, doch deutlich vor den Nachbarn Kirgistan (5,0), Usbekistan (4,5), Turkmenistan (4,0) oder Tadschikistan (3,5). Gegenüber 2006 konnte sich Kasachstan um einen ganzen Indexpunkt verbessern, was keinem der übrigen zitierten Nachbarn gelungen (BTI 2006, 2008) war. Im "Social Protection Index" (SPI) der ADB (s.u.), der u.a. die Inklusivität von Maßnahmen zum sozialen Schutz einschließt, schneidet Kasachstan weniger günstig ab und muss in dieser Form des Rankings seinen Nachbarn Kirgistan und Usbekistan den Vortritt lassen (Baulch 2008 :87).

Wohlfahrtsstaatliches Engagement bringt immer fiskalische Implikationen mit sich und dieses Engagement wird besonders "teuer", wenn sozialpolitische Entscheidungen in Phasen verstärkter fiskalischer Defizite gefällt werden müssen, wie in der zweiten Hälfte der 90er Jahre im Falle Kasachstans, als der Ausgabenteil des Staatsbudgets die Einnahmen überflügelte und die Gesamtverschuldung anstieg. Das Staatsbudget umfasst die Budgets der zentralen Regierung und regionaler Verwaltungseinheiten sowie die Budgets für die Sozialversicherung (ohne Privatfonds).

Abb. 9.2 BIP pro Kopf und BIP-Anteil der Sozialausgaben (ohne Gesundheit)

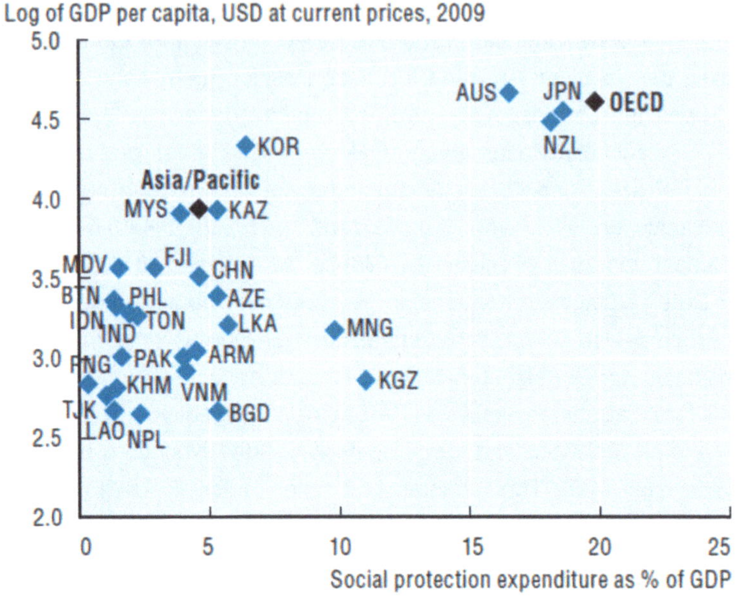

Quelle; OECD 2012:71

Fiskalpolitische Entscheidungen und Regeln, also die Gestaltung und Erhebung von direkten/indirekten Steuern einerseits und die öffentlichen Ausgaben andererseits, verfolgen eine stabilisierende Funktion zur Dämpfung zyklischer Ausschläge im Konjunkturverlauf, um deflatorische wie inflatorische Tendenzen zu vermeiden und die Arbeitslosigkeit auf ein "natürliches" Niveau zu beschränken. Budgetüberschüsse werden zur Tilgung öffentlicher Schulden verwendet oder investiert. Einzelne Staaten, darunter auch Kasachstan, unterhalten zusätzlich eigene sogenannte *Sovereign Wealth Funds,* die ausländische Vermögenstitel erwerben. Die dafür notwendigen Mittel resultieren aus Budgetüberschüssen oder stammen aus dem Transfer von Devisenreserven der Zentralbank an diese Fonds. Das bekannteste europäische Beispiel hierfür ist der *Government Pension Fund* Norwegens. Kasachstan führte seinen Staatsfonds, den "National Oil Fund" (NFRK), im August des Jahres 2000 ein (siehe Exkurs 16). Er soll in seiner (Teil-)Funktion als Spar- und Generationenfonds aktuelle Einkommen aus den Ressourcen des Landes für die kommende Bürgergeneration reservieren. Dies ist einer der Gründe, warum mit Einführung des Fonds der private Anteil des Konsums am BIP stetig gefallen ist. So reduzierte sich der Anteil des Gesamtkonsums (staatlicher plus privater) von 74 Prozent im Jahre 2000 auf unter 60 Prozent (bis 2010; vgl. Abb. 9.3). Diese Entwicklung beinhaltete keinen Konsumverzicht in absoluten Größen, da ein starkes Pro-Kopf-Wachstum des BIP die Haushaltseinkommen deutlich anhob und die Kreditexpansion die Nachfrage zusätzlich förderte (zumindest bis zum Eintritt der Finanzkrise).

Abb. 9.3 Entwicklung der Nachfragekomponenten (in Prozenten des BIP)

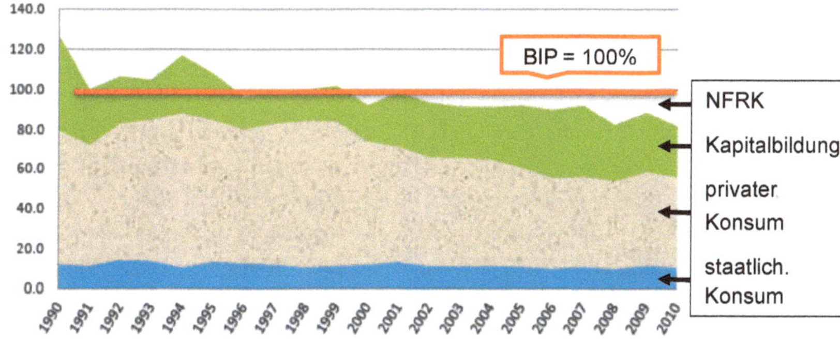

Quelle: Islamic Development Bank 2011:9

Exkurs 16 Staatsfonds – Begriffsbestimmung und Abgrenzung

"Staatsfonds (Sovereign Wealth Funds – SWFs) – oder staatlich kontrollierte Fondsgesellschaften – sind Finanzvehikel im Besitz eines Staates, die öffentliche Mittel halten, managen oder verwalten und diese in verschiedene Wertpapierklassen investieren. Das Fondsvermögen stammt hauptsächlich aus überschüssiger Liquidität im öffentlichen Sektor – d.h. Haushaltsüberschüssen oder Zentralbankreserven. Staatsfonds lassen sich nach ihrer Zielsetzung in zwei Kategorien einteilen:
So genannte Stabilisierungsfonds verfolgen das Ziel, Schwankungen in der Fiskalpolitik eines Landes durch Abkopplung von kurzfristigen Haushalts- oder Reservenentwicklungen auszugleichen, die z.B. durch Preisänderungen an den Öl- und Rohstoffmärkten, verursacht werden.
Spar- oder Generationsfonds schaffen eine Vermögensgrundlage für künftige Generationen. Sie tragen mit den ihnen zugeteilten Mitteln Sorge für eine gerechte Ver-

teilung der Einkünfte eines Landes aus seinen natürlichen Ressourcen auf die jetzige und auf künftige Generationen."
(Quelle: Deutsche Bank Research (18.12.2007): Staatsfonds – Staatliche Auslandsinvestitionen im Aufwind.)
Kasachstan unterhält zwei Fonds dieser Art mit jeweils unterschiedlichen makroökonomischen Zielen. Der "Nationale Fonds für die Zukunft Kasachstans" (National Fund for the Future of Kazakhstan; auch kurz bezeichnet als National Fund oder National Oil Fund) ist ein Stabilisierungs- und Sparfonds. Seine Portfolios sind entsprechend gegliedert. Er wurde im August des Jahres 2000 auf Dekret des Präsidenten hin gegründet. Der Fonds selbst hat keinerlei Status als Rechtsperson, sondern ist als ein Fonds im Regierungsbesitz bei der Zentralbank angesiedelt. Sein Vermögen beträgt aktuell US$ 61,8 Mrd., das hauptsächlich aus verschiedenen Steuern, Investitionserträgen und Einnahmen aus der Ölproduktion gespeist wird. Der Anwendungsbereich des Fonds ist auf drei Kategorien begrenzt: Transfers in das Staatsbudget (im Rahmen des "New Concept" auf jährlich ca. US$ 8 Mrd. begrenzt), sogenannte "gezielte Transfers" (targeted transfers), wie die zeitlich begrenzten Maßnahmen als Antwort auf die Finanzkrise (beinhaltete direkte Transfers an *Samruk Kazyna*, s.u.) sowie Ausgaben für das Management und externe Audits. Der wesentliche Zweck dieses Fonds ist es, laufendes Einkommen für künftige Generationen zu sparen, störende Effekte aus Ressourcenpreisschocks und einer potentiellen "holländischen Krankheit" (dutch disease) abzufedern und einen steten Finanzierungsfluss für den Regierungsbedarf zu ermöglichen.

Abb. 9.4 Entwicklung des Nationalen Fonds und der internationalen Reserven (brutto = GIR) bei der Kasachischen Nationalbank

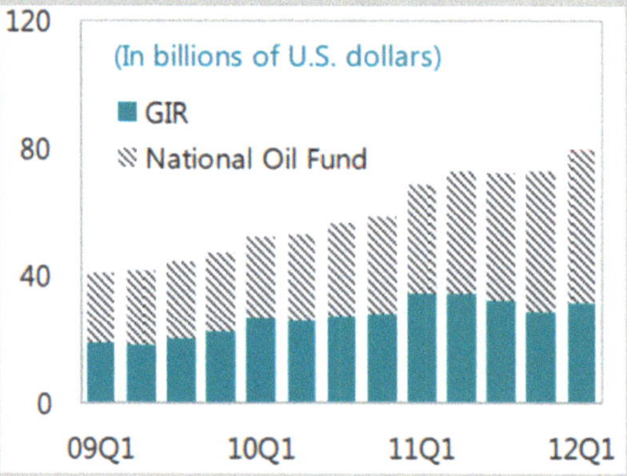

Quelle: IMF

Der zweite Fonds, Samruk-Kazyna, wurde 2008 als Aktiengesellschaft gegründet, hervorgegangen aus dem Zusammenschluss des "Sustainable Development Fund" ("Kazyna") und der Kazakhstan Holding for Management of State Assets ("Samruk"). Einziger Anteilseigner ist die Kasachische Regierung. Allgemeiner Zweck des Fonds ist es, die Wettbewerbsfähigkeit der Gesamtwirtschaft zu steigern und der Regierung dabei maximale Unterstützung zu gewähren. Samryk-Kazyna besteht aus über 500 Unternehmen, die in den Schlüsselbereichen der Volkswirtschaft aktiv sind. Der Fonds fungiert als Holdinggesellschaft gegenüber seinen Tochterunternehmen sowie als strategischer Kapitalgeber, um die Diversifikation der Volkswirtschaft Kasachstans voranzutreiben, die Effizienz einzelner Unternehmen zu steigern und in Krisen stabilisierend einzugreifen. Zum Jahresbeginn 2013 umfasste das gesamte Investitionsprogramm 157 Anlageprojekte im Wert von $101 Mrd. Aktueller Investitionsschwerpunkt ist die Transportinfrastruktur (2013). Das Gesamtvermögen dieses Fonds zu taxieren ist schwieriger und Schätzungen bewegen sich in einem Werteumfang, der zwischen 50 bis 80 Prozent des BIP liegt. Die Operationen des Fonds waren (und sind) wiederholt Gegenstand öffentlicher Debatten.

Weiterführende Literatur: Kemme, D. (2012) Sovereign Wealth Fund Issues and the National Fund(s) of Kazakhstan. William Davidson Institute Working Paper Number 1036, August 2012. University of Memphis. Online: http://ssrn.com/abstract=2188391

Eine stabile Sozialpolitik mit expansiver Perspektive, die einen konsequenten Übergang von der informellen Protektion zur formellen verfolgt, setzt eine fiskalische Nachhaltigkeit voraus, die nur über ein koordiniertes Handeln auf verschiedenen Ebenen zu erreichen ist, u.a. durch die Reformierung des Systems zur Mobilisierung heimischer Ressourcen (Steuern, Zölle, Öl- und Gasrenten), einer Prioritätensetzung in einem relativ breit gefächerten Ausgabenteil (innere und äußere Sicherheit, Sozialpolitik, Bildung, Gesundheit etc.) und einem Mitteltransfer an "Wohlfahrtsproduzenten" mit ausreichender Kapazität und Kompetenz. Eine gute Ausgangsbasis liefert dabei die allgemeine Beschäftigungsdynamik, die einerseits die Zahl der Beitrags- und Steuerpflichtigen mehrt, andererseits über eine sinkende Arbeitslosenquote die Sozialbudgets entlastet. Unter dem Eindruck der internen Bankenkrise und der internationalen Finanzkrise scheint die Skepsis gegenüber den binnenwirtschaftlichen Folgen ungezügelter (Finanz-)Märkte noch gewachsen zu sein, wenn der Präsident – nicht allein aus autokratischen Motiven heraus – im März 2009 betonte, die Wirtschaft sollte "handgesteuert" sein (Babak 2009:79), um insgesamt stabilere Wachstumsergebnisse zu erzielen.

Exkurs 17 Direkte und indirekte Effekte staatlicher Wirtschaftspolitik

Ökonomen unterscheiden drei wesentliche Funktionen staatlicher Wirtschaftspolitik bzw. staatlicher Budgetpolitik:

a) die *Allokation* von Ressourcen; d.h. öffentliche Interventionen mit Wirkung auf die Quantität und Qualität von Produktionsfaktoren (Kapital, Arbeit, Land, Technologie) und deren sektorale wie regionale Verteilung;

b) die makroökonomische *Stabilisierung* (definiert als Vollbeschäftigung zusammen mit Preisstabilität);

c) *Umverteilung* von Einkommen zwischen Wirtschaftssubjekten und Regionen; dabei geht es um die Korrektur der primären Einkommensverteilung, unterstützt durch die Schlüsselinstrumente "soziale Transfers" und "progressive Steuerpolitiken".

Tab. 9.1 Funktionen und Maßnahmen staatlicher Wirtschaftspolitik

Funktionen / Maßnahmen	Allokation	Stabilisierung	Umverteilung
Senkung der Einkommenssteuer	+ Anstieg des Arbeitsangebots	+ Anstieg der Güternachfrage	– Anstieg von Ungleichheiten
Erhöhung der Staatsausgaben	+/- abhängig von der Art der Ausgaben und der Möglichkeit eines Crowding out	+ positive Wirkung entsprechend der Hypothese (Keynes)	+/- abhängig von der Art der Ausgaben
Erhöhung von sozialen Transfers	– Risiko einer Inaktivitätsfalle	+ Anstieg der Güternachfrage	+ Reduzierung von Ungleichheiten

Anmerkung: Die Ausgangslage ist charakterisiert durch eine (Keynes'sche) Arbeitslosigkeit

Quelle: Bénassy-Quéré 2010:57

Zu den Grundfiguren ökonomischer Analyse zählen sogenannte trade-offs. Eine der bekanntesten Diskussionen dreht sich um den Arbeitslosigkeits-Inflations-Trade-off und die damit verbundene wirtschaftspolitische Frage: Lässt sich die Quote der Arbeitslosigkeit reduzieren, ohne einen Inflationsprozess in Gang zu setzen? Bei rein wohlfahrtspolitisch orientierten Maßnahmen drängen sich ähnliche Trade-off-Überlegungen auf: Je mehr an Einkommen umverteilt wird, desto größer sind die Effektivitätsverluste, weil Steuern und Transfers das Angebot an Produktionsfaktoren (Arbeit, Kapital) reduzieren, d.h. es können sich unerwünschte Effekte in der Ressourcenallokation einstellen. So hat zwar die Erhöhung sozialer Transfers eine positive Umverteilungswirkung, doch ist sie begleitet von der Frage nach unerwünschten Folgen, z.B. in Gestalt einer Inaktivitätsfalle; d.h. das Angebot an Arbeit (seitens der Haushalte) bleibt aus, da der Einkommensgewinn durch Arbeitsaufnahme im Vergleich zur Höhe empfangener Transfers nicht attraktiv erscheint. Entscheidungsalternativen dieser Art führen zu Verwerfungen auf dem Arbeitsmarkt und bei der Einkommensgestaltung. In der Summe baut sich eine derartige Perspektive zum "big trade-off" zwischen Gleichheit (equality) und Effizienz (efficiency) auf (Okun) und damit zur (umstrittenen) wirtschaftspolitischen Entscheidungsalternative zwischen "mehr Wachstum und weniger Sozialausgaben" *oder* "mehr Sozialstaat und weniger Wachstum". Arbeitsmarktregulierungen und progressive Besteuerung dämpfen im zweiten Fall jegliche Wachstumsdynamik. Dieses Dilemma wandelt sich in der "sozialen Dienstleistungsökonomie" entwickelter Wohlfahrtsstaaten zu einem "Trilemma". Dahinter steht der vergebliche Versuch der Wirtschaftspolitik, drei Ziele gleichzeitig zu realisieren: Budgetdisziplin, Beschäftigungswachstum und Einkommensgleichheit. Mit der möglichen Annäherung an zwei dieser Ziele scheitert die Einlösung des Dritten (Iversen/Wren). Diesen Ansätzen hält Esping-Andersen die synergetischen Effekte investiven wohlfahrtsstaatlichen Handelns entgegen. Mit dem verbesserten Zugang einkommensschwacher Bevölkerungskreise zu Bildung und Gesundheitsversorgung stellen sich Effizienzgewinne durch eine verbesserte Arbeitsproduktivität ein. Auch Hemerijck kommt zu dem Schluss, dass die positiven Effekte eines "social investment" auf Produktivität, Partizipation und Umverteilung einen Ausweg aus dem "service sector trilemma" bieten (Hemerijck 2013: 262-269).

In diesem Zusammenhang gab der Staatschef auch die neuen Parameter für die Sozialpolitik vor: Mittels Verdoppelung des Bruttoinlandprodukts die Sozialausgaben des Staates zu verdoppeln und damit schließlich auch den Lebensstandard. Die Wohlfahrt wächst und parallel dazu der Wohlfahrtsstaat, indem der Anteil der Sozialausgaben proportional mitzieht. Diese Lösungsformel quantitativer Art klingt in ihrer Einfachheit überzeugend und erinnert an eine vereinfachte Kopie von Erhards "Wohlfahrt für alle"-Konzept. Auf Dauer umgesetzt, hätte ein derartiger Ansatz fiskalische Nachhaltigkeit zur Folge und würde – andere schuldengenerierende Ausgabenpositionen ausgeschlossen – auf lange Sicht mit einem guten internationalen Kreditrating belohnt. Wie das Beispiel der Rentenformel allerdings bereits zeigte (vgl. Exkurs 6), muss auf veränderte Rahmenbedingungen (z.B. demographischer Art) mit veränderten Parametern, darunter fiskalisch relevanten, reagiert werden.

Während der ersten Restrukturierungsphase (bis 1998/99) konzentrierte sich in Kasachstan das Gros staatlicher Ausgaben auf den sozialen Sektor (er vereinnahmte etwa die Hälfte des Staatsbudgets (um danach gegenüber anderen Ausgabenanteilen abzufallen; vgl. Abb. 9.5) und drei Viertel der Oblast-Budgets), wobei innerhalb dieses Sektors "Gesundheit" und "Bildung" anfänglich eine höhere Priorität genossen als die Kategorie "soziale Sicherheit und Wohlfahrt" (einschließlich Renten, Arbeitslosenunterstützung, Sozialhilfe).

Abb. 9.5 Veränderung der Ausgabenstruktur im Staatsbudget (= 100%; ohne die Ausgaben für Zinszahlungen)

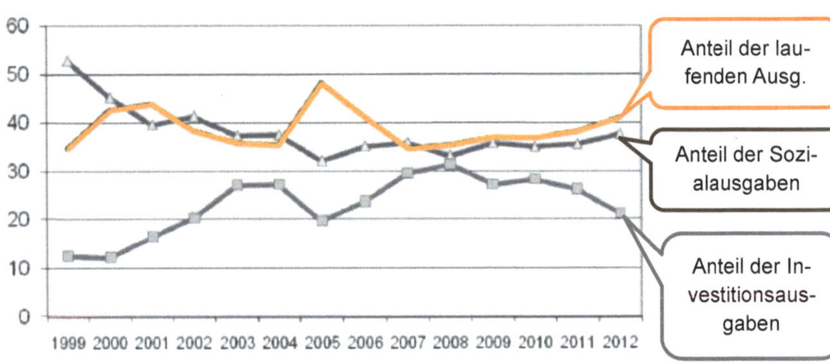

Quelle: Ėkonomika i statistika 4, 2012:58

Innerhalb des Rahmens eines ohnehin schrumpfenden Anteils öffentlicher Ausgaben am Bruttoinlandsprodukt (1991 = 38 Prozent und im Folgejahrzehnt = 22-26 Prozent) waren zunächst die relativen Ausgabenanteile für Soziale Dienste, Bildung und Gesundheit ihrerseits stark rückläufig. In Teilbereichen wie der Bildung verfestigte sich diese Tendenz noch über die Folgejahre hin, mit negativen Folgen für den Aufbau von Humankapital.

Lediglich bei den sozialen Diensten vollzog sich nach 1995 ein deutlicher Schwenk in Richtung erhöhter Ausgaben, um seinerseits mit der wirtschaftlichen Erholung nach 1999 wieder abzufallen. Von der Einschränkung sozialer Dienste waren insbesondere Frauen direkt oder indirekt betroffen. Die fiskalische Schwäche selbst deutet ihrerseits auf zunehmende schattenwirtschaftliche Aktivitäten (konzentriert auf Landwirtschaft und Handel) hin, die andererseits Beschäftigungsausfälle im formellen Sektor kompensierten (Schätzungen verorteten bis zu 30 Prozent der werktätigen Bevölkerung im schattenwirtschaftlichen Bereich (UNDP 2001:7)).

Auffallend ist, dass auch in den ersten Jahren nach 1998 die Ausgabenposition "soziale Sicherheit und Wohlfahrt" in ihrer Anteilsentwicklung innerhalb des Sozialbudgets stärker variierte als die anderen beiden Positionen (Bildung und Gesundheit), 2003 aber mit einer massiven Kompensation "belohnt" wird: So springt ihr Sozialbudget-Anteil von 24,45 (2002) auf 48,16 Prozent. Diese anteilige Entwicklung trägt wesentlich zur Einkommensstabilisierung von Familien bei. Die Ausgabenquote des Staates selbst, in die ja das Sozialbudget eingebettet ist, beträgt im Beobachtungszeitraum durchschnittlich 23 Prozent und liegt damit über dem OECD-Durchschnittsniveau von knapp 20% (für die Jahre vor 2007). Wechselt man den Referenzrahmen, nämlich hin zur Bewertung der einzelnen Ausgabepositionen zum sozialen Schutz nach ADB-Kriterien (ebenfalls in Anteilen am BIP), so relativiert sich allerdings der Eindruck eines besonderen sozialpolitischen Engagements; hier muss sich Kasachstan gegenüber Kirgisien und Usbekistan (relativ) geschlagen geben. Selbst beim BIP-Anteil für Gesundheit (2007= 2,3 Prozent) und Bildung (= 3,6 Prozent) zeigen sich selbst die ärmeren zentralasiatischen Nachbarn (mit Ausnahme Tadschikistans) im Rahmen ihrer bescheideneren Ausgabenspielräume weitaus engagierter. Zusätzlich variiert das Ausgabenmuster für soziale Schutzmaßnahmen zwischen den einzelnen Ländern erheblich (vgl. Tab. 9.2), gleichwohl dominiert bei allen – mit Ausnahme Tadschikistans – die Kategorie der Sozialversicherungsprogramme.

Tab. 9.2 Staatsausgaben zum sozialen Schutz (2008 in BIP-Anteilen)

Land	Soziale Versicherung	Soziale Unterstützung	Arbeits-markt	Mikro-Finanzierung	Kinder-schutz
Usbekistan	7,9	0,5	0,0	0,2	2,4
Kirgisien	5,3	2,9	0,1	2,4	0,3
Kasachstan	3,4	0,7	0,1	0,2	0,2
Tadschikistan	0,3	0,4	0,1	0,1	0,1

Quelle: ADB 2008

Tab. 9.3 Prozent-Anteile einzelner Kategorien innerhalb des Sozialbudgets

Land	Soziale Versicherung	Soziale Unterstützung	Arbeits-markt	Mikro-Finanzierung	Kinder-schutz
Usbekistan	71,5	4,3	0,2	2,1	22,0
Kirgisien	48,0	26,0	1,0	22,0	3,0
Kasachstan	73,2	15,6	3,0	3,8	4,6
Tadschikist.	29,0	37,0	6,0	14,0	14,0
Zentr.- Asien	58	24	2	6	9
Ostasien	64	13	6	13	4

Quelle: ADB 2008:131-132

Wie stark nun die Position "Sozialer Schutz und Wohlfahrt" gegenüber dem BIP ins Gewicht fällt, lässt sich anhand der statistischen Vergleichsdaten der EBRD nicht ermitteln. Nach UNDP-Angaben lag er im Jahre 2004 bei 4,9 Prozent und dieses Anteilsgewicht ist nach einer zunächst rückläufigen Tendenz im Jahre 2010 wieder übertroffen worden (vgl. Abb. 9.6). Dieses Anteilsniveau der Kategorie "Social Protection and Welfare" wird auch in der ADB-Version für 2008 bestätigt: Es weist einen Anteil von 4,6 Prozent aus (zur Erinnerung: die ADB gewichtet zusätzlich nach Bevölkerungsanteilen).

Abb. 9.6 Dynamik der Budgetausgaben für soziale Zwecke

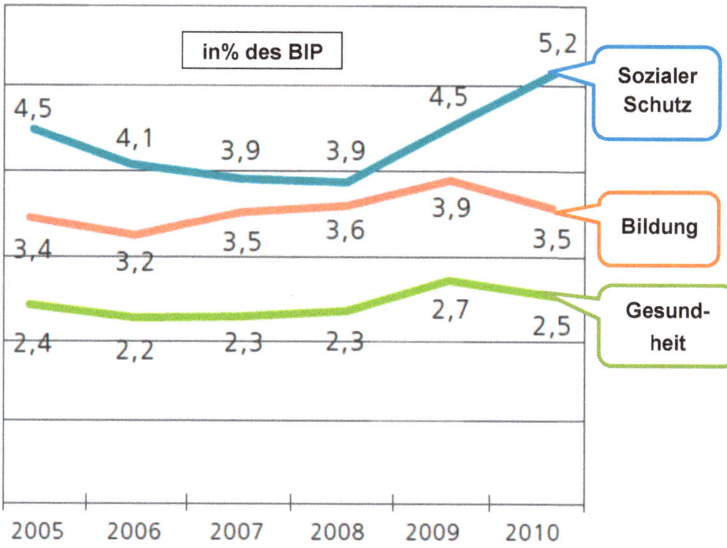

Quelle: ASRK; nach Roelen/Gassmann 2012:44

Die Adressaten der Sozialpolitik kamen generell in den Genuss einer Grundwelle steigender Staatseinnahmen: Zwischen 1998 und 2003 hatten sich die Staatseinnahmen nominell verdoppelt (wenn auch nicht real) und damit expandierte das Sozialbudget in absoluten Größen ebenfalls. Dieser positive Trend hielt auch über den längeren Beobachtungszeitraum zwischen 2000 und 2007 in realen Größen an: Die gesamten Staatsausgaben nahmen inflationsbereinigt um mehr als das Dreifache zu, wobei das Sozialbudget nicht nur einfach mitzog, sondern als treibender Faktor hinter dieser Expansion stand (Esanov 2008:8). Gemessen am BIP, bewegten sich die Staatsausgaben in den letzten Jahren (ab 2010) auf einem Niveau von ca. 22 Prozent.

Es besteht weitgehend Übereinkommen darüber, dass öffentliche Ausgaben langfristiges Wirtschaftswachstum stützen (können), die Ungleichheit von Einkommen mindern und die Armut reduzieren. Mit dem wachsenden Umfang an staatlichen Ausgaben steigt aber auch das Risiko von Verzerrungen des Marktes selbst oder dessen Ergebnisse. Es ist auch nicht automatisch ein Mehr an Effizienz bei staatlichen Dienstleistungen gewährleistet. So fehlt Aussagen, wie den oben getroffenen, häufig der qualitative Bezug in Form einer kritischen Reflektion einzelner Aspekte des Lebensstandards, wie individuelle oder regionale Einkommensdisparitäten, oder der Zusammensetzung des Bruttoinlandsprodukts selbst, mit seinen Risiken für die Entwicklung des künftigen Lebensstandards. Castles eröffnet daher seine kritische Einschätzung staatlicher Ausgaben zum sozialen Schutz mit dem Vorbehalt, "that, in measuring what welfare states do, aggregate expenditure is not enough (...), because not all spending counts the same" (Castles 2008:46). Selbst hinter identischen SPI-Werten verbergen sich höchst unterschiedliche Muster sozialer Schutzvorsorge. Ein weiterer Aspekt gerät dabei vom Ansatz her zwangsläufig aus dem Blick kritischer Würdigung. Es ist dies der "komplementäre" Beitrag in Gestalt der Familie, von Freundeskreisen oder anderen Netzwerken (s.u.).

9.2 Der Markt und seine sozialpolitische Rolle

Im Zusammenhang mit dem Stabilisierungsziel wird von Politikern wie Ökonomen in der Regel die "Preisstabilität" als ein eigenständiges, leicht zu identifizierendes Ziel (interner Stabilität) herausgestellt, ergänzt durch ein Kriterium externer Stabilität, in Gestalt der Wechselkursstabilität. Andere stellen Ausprägungen der "realen Makroökonomie" in das Zentrum der Stabilitäts-Debatte: die Erweiterung und Auslastung von Produktionskapazitäten, d.h. von Arbeit und Kapital. Deren Einsatz unterhalb der Kapazitätsgrenze hat nicht nur eine Verschwendung von Ressourcen zur Folge, sondern zeitigt weitere negative Folgeerscheinungen. So konfrontiert Arbeitslosigkeit die Betroffenen wie die Gesellschaft mit Ungleichheit, Unsicherheit und Armut. Niedrige Löhne als typische Begleiterscheinung halten erfahrungsgemäß das Investitionsniveau niedrig und das Budgetdefizit hoch, was wiederum die Dynamik langfristigen Wachstums und künftiger Einkommensentwicklung einschränkt. Es gilt aber auch Marktunvollkommenheiten auf anderem Felde zu beheben, nämlich im Bereich der Finanzmarktintermediation. Dabei geht es auf der Makroebene nicht nur um eine allgemeine Intensivierung der Marktkapitalisierung zur Finanzierung von Großprojekten und staatlichen Budgets, sondern auf der Mikroebene auch um den Abbau der Kreditrationierung für Wirtschaftssubjekte, die angesichts übermäßig belastender Konditionen bisher den Kontakt mit dem formellen Bankensektor scheuten.

Arbeitsmarkt und Beschäftigung

Die Beschäftigung dient als die wohl wichtigste Orientierungsmarke, um die Tragfähigkeit eines Wohlfahrtsstaates zu abzuschätzen; denn die Interaktionen zwischen wirtschaftlicher Leistung und Wohlfahrtsstaat laufen weitgehend über den Arbeitsmarkt. Steigende Wachstumsraten der Inlandproduktion sind in der Regel mit einem erhöhten Einsatz von Arbeitskräften und steigenden Reallöhnen verknüpft, wobei die Beschäftigungsintensität des jeweiligen Wachstumsprozesses (also dessen Beschäftigungselastizität) zwischen den einzelnen Volkswirtschaften wie auch zwischen den Regionen innerhalb einer Volkswirtschaft variieren kann. Je nach industrieller Struktur zeigen sich unterschiedliche Auswirkungen auf den (lokalen) Arbeitsmärkten und in der Entwicklung der Armutsdynamik.

Die verbesserte Einkommensentwicklung erweitert auch die fiskalischen Spielräume für ein intensiviertes sozialpolitisches Engagement, das sich über erweiterte Zugänge zu Bildung, Ausbildung und Gesundheit und über deren anhaltende qualitative Verbesserungen in steigender Faktorproduktivität und sozialer Inklusion niederschlägt; d.h. es werden für Beschäftigungslose und mittellose Bürger die Voraussetzungen geschaffen, die notwendigen Fähigkeiten zur Integration in den Wachstumsprozess zu entwickeln und sich den Verlagerungen der Beschäftigungsstruktur in Sektoren mit höherer Produktivität anzupassen. Wenn dieser Prozess zusätzlich mit einer Verbesserung der Einkommensverteilung, d.h. einer Minderung der Ungleichheit, verbunden ist, fällt die armutsreduzierende Wirkung von Wachstum noch spürbarer aus.

Abb. 9.7 Verbindung von Wachstum, Beschäftigung und Armutsreduktion

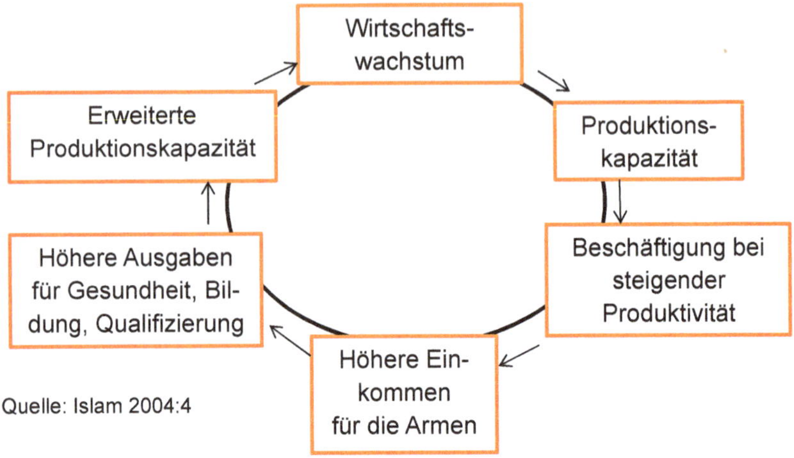

Quelle: Islam 2004:4

Die unmittelbaren Ausgangserfahrungen bei Eintritt in die Transformationsphase waren jedoch zunächst einmal gegenteiliger Natur. Alle Transformationsstaaten – und Kasachstan bildet hier keine Ausnahme – teilen rückblickend die Erfahrung massiver negativer Veränderungen in den Beschäftigungsmustern und -beziehungen. So ist

1. auf der Makroebene während der Transformationskrise ein massiver Rückgang bei den Beschäftigten im Industrie- und im Agrar-Sektor zeitversetzt zu den Output-Einbrüchen zu beobachten (vgl. Abb. 9.8), der nur partiell durch neue Beschäftigungsfelder im Dienstleistungsbereich kompensiert wird.
2. Infolge der Privatisierung vormals staatlichen Eigentums nehmen die (Selbst-)Beschäftigungsverhältnisse im privaten Sektor zu.
3. Privatisierung und sektorale Verschiebungen reichen nicht aus, um die aus "obsoleten" Beschäftigungsbereichen Entlassenen oder Neubewerber aufzunehmen, die Arbeitslosenquote steigt zunächst an.
4. Es tut sich eine erhebliche Diskrepanz auf zwischen den Zahlen der offiziell erfassten Arbeitslosen (insbesondere mit Arbeitslosenunterstützung) und den aus Haushaltsbefragungen ermittelten Daten zum Umfang der Arbeitslosigkeit (in Kasachstan liegen die Survey-Daten höher, in Polen ist das Verhältnis umgekehrt).

5. Viele Bürger treten die "Flucht" in eine prekäre "Selbstständigkeit" und/oder in die Schattenwirtschaft an; duale Arbeitsmärkte mit einem erheblichen Anteil informeller (nicht versicherbarer) Arbeit entstehen.
6. Die Folgen des massiven Beschäftigungseinbruchs haben vor allem Frauen zu tragen. Sie sehen sich genötigt, in irreguläre, unqualifizierte Beschäftigungsformen oder in die unbezahlte Hausarbeit zu wechseln.
7. Eine neue Mittelklasse – als entscheidendes Zurechnungskriterium dient das Einkommen – mit modernen Berufsprofilen beginnt sich auszuformen, die Intelligenzija alten Schlages verliert an Prestige und ist im Rückzug begriffen (Daly 2008).
8. Dafür profiliert sich eine Manager- und Politikerelite, die zum Teil bruchlos den Übergang aus der alten Nomenklatura – dem sowjetischen Modernisierungsbeitrag – in die Führungswelt einer Konkurrenzwirtschaft mit staatsinterventionistischen Freiräumen bewältigt hat.

Die gesellschaftlich traumatisierenden Auswüchse der ersten Transformationsphase (bis zum Einsetzen weltweit steigender Rohstoffpreise) trafen auch Kasachstan: Arbeitslosigkeit und damit verbunden ein rapid ansteigendes Armuts- und Gesundheitsrisiko (Verme 1998). Mit der rückläufigen Nachfrage nach Arbeit fielen – forciert durch die massive Inflation – die Reallöhne (zwischen 1991 und 1997 um über 60 Prozent) und die Arbeitslosenquote stieg an (1994 = 7,5 Prozent; 1996 = 13 Prozent) (vgl. Entwicklung der Beschäftigung in Abb. 9.8.). In dieser Phase erreichte auch die Emigration ihren höchsten Jahresstand (1994 = 406,7 Tsd.), eine weitere Welle der Ab- oder Umkehr vormaliger Landesbürger folgte 1997. Das Aufgabenbündel für die Politik lautete unmissverständlich: Beschäftigungs- und Einkommenssteigerung sowie Armutsreduktion. Primär galt es, sich aus dieser paralysierenden Unterbeschäftigung heraus- und auf einen hohen Beschäftigungsstand hinzuarbeiten.

Abb. 9.8 **Entwicklung der Beschäftigung (in Mio) und des BIPreal (1989 = 100%) in Kasachstan**

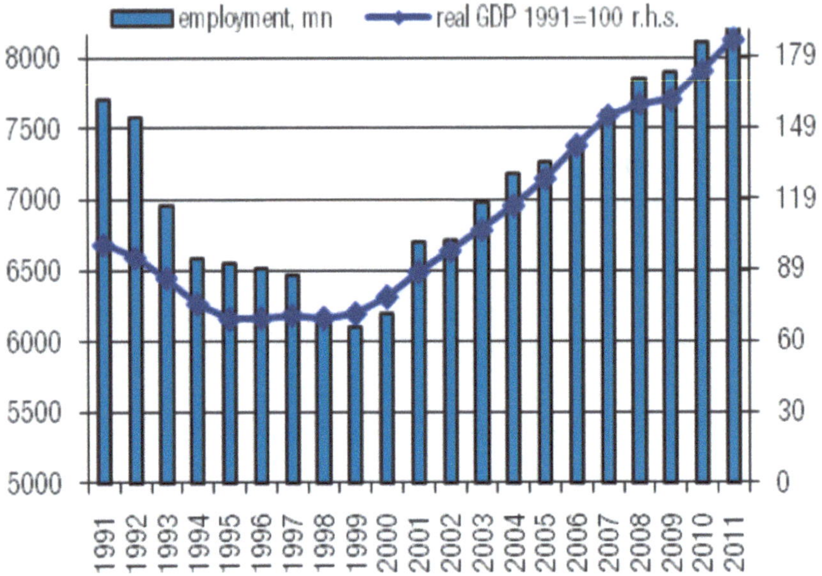

Quelle: ASRK

Drei Problembereiche drängten auf eine Lösung: 1. Die Überführung von Jugendlichen aus der Bildungs- in die Arbeitswelt; 2. Arbeitsfähige Personen aus ihrer aktuellen Lage von Arbeitslosigkeit, Untätigkeit oder Minderqualifizierung zu lösen und in produktive Beschäftigungsverhältnisse zu vermitteln; bzw. 3. aus Aktivitäten mit niedriger Produktivität in solche mit höherer zu überführen. Auf Dauer präsent blieb bis heute eine vierte Aufgabe: Die Auflösung oder zumindest die Reduzierung der Dualität des Arbeitsmarktes (formell, informell). Mit dieser (Re-)Formalisierung verbunden ist in der Regel auch eine Reallokation von Beschäftigten aus dem Agrarsektor bzw. aus dem Status des "Selbstbeschäftigten" und eine Steigerung der Arbeitsproduktivität. Doch das einstmals so erprobte Hauptinstrument zur Gewährleistung sozialen Schutzes – die Beschäftigungsgarantie mit zentraler Festsetzung egalitärer Löhne bei sanften Budgetzwängen – stand dem Staat nicht mehr zur Verfügung und infolge der fiskalischen Schwäche boten sich bei ineffektiver Governance bzw. institutioneller "Leere" kaum Spielräume für kompensatorische Aktionen, z.B. in Form aktiver Arbeitsmarktprogramme (Training, Lohnsubvention, Ausweitung öffentlicher Auftragsarbeiten, Unterstützung für Kleinunternehmen).

Bei einer allgemeinen Schwäche auf der Nachfrageseite des Marktes eröffneten sich auch für Aktivierungspolitiken in Form von Anreizen und Sanktionen wenig erfolgversprechende Perspektiven, um die Beschäftigungsquote deutlich zu erhöhen. Soll eine Beschleunigung bei der Entstehung neuer Arbeitsplätze eintreten, muss eine umfassende Strategie aus ökonomischen wie sozialen Elementen zum Einsatz kommen. Die Weltbank hat unter dem Akronym MILES eine Systematik für eine ambitionierte Beschäftigungspolitik vorgestellt, welche jene fünf Hauptfaktoren und Politikprioritäten zusammenfasst, ohne die ein anhaltend hoher Beschäftigungsstand und die Annäherung an ein Arbeitsmarktgleichgewicht nicht zu bewerkstelligen sind.

Tab. 9.4 Miles Job-Systematik

Faktoren	Politikfelder
Makroökonomische Bedingungen	Wachstumsbedingungen Makroökonomische Stabilität
Investitionsklima	Regulierungsumfeld Regierungstransparenz Steuern Finanzierung Infrastruktur Rechtliches Umfeld
Arbeitsmarktpolitiken und Institutionen	Arbeitsmarktregulierung Lohnsetzung Nicht-Lohnkosten
Bildung und Qualifikationen	Grundbildung Höhere Bildung Ausbildung und lebenslanges Lernen
Sozialer Schutz	Versicherungen Programme zur sozialen Sicherung

Quelle: Kuddo 2009:7

Die vorstehende Systematik beinhaltet eine Mischung aus makro- wie mikroökonomisch ausgerichteten Strategien, mit der Intention, das Angebot und die Nachfrage nach Arbeitskräften qualitativ und quantitativ so zu beeinflussen, dass die verschiedenen Formen von Arbeitslosigkeit (konjunkturell, strukturell, säkular) auf ein Mindestmaß reduziert werden, die Formalisierung vorangetrieben und die Arbeitsproduktivität erhöht wird. Gleichwohl bleibt jede Beschäftigung mit Risiken verbunden, denen mit dem letzten Punkt der Agenda begegnet wird. Wie der wirtschaftliche Leistungs- und Beschäftigungsverlauf in der obenstehenden Kreislauf-Graphik (Abb. 9.7) bereits deutlich macht, nimmt die Gesamtbeschäftigung mit Einsetzen der Wachstumsphase nach 1999 wieder an Dynamik zu. Zwischen 2001 und 2008 stieg die Beschäftigung der Männer um 16 Prozent, bei den Frauen fiel die Zunahme mit 18 Prozent noch stärker aus. Selbst für das kritische Wirtschaftsjahr 2008 offeriert die offizielle Statistik Kasachstans eine Überraschung: Über diese kurze Krisenphase hin ist die Zahl der Beschäftigten ständig weiter gestiegen (vgl. Abb. 9.8) und die Arbeitslosenquote im Gegenzug gefallen. Diese stand Ende des Jahres 2010 bei 5,6 Prozent; Sektoren wie Bau, Handel und Transport hatten sich wieder erholt. Zurückzuführen ist diese Entwicklung nicht nur auf den konjunkturellen Erholungsverlauf, sondern auch auf zusätzliche Unterstützungsmaßnahmen wie die zahlreichen Memoranda, die zwischen regionalen Regierungsinstitutionen und lokalen Unternehmen zur Erhaltung von Arbeitsplätzen abgeschlossen worden waren (bis Mitte 2009 sollen über 5000 Betriebe entsprechende Memoranda unterzeichnet haben; es liegen keine Belege für staatliche Kompensationsleistungen im Sinne einer "corporate welfare" vor). Weitere finanzielle Unterstützung leistete die Asian Development Bank bei der Umsetzung des "Programms zur Schaffung von Arbeitsplätzen", parallel dazu ist die Weltbank mit weiteren internationalen Partnern (EBRD, EU, GIZ) in beschäftigungsrelevanten Projekten engagiert ("Improving Competitiveness and Fostering Job Creation").

Abb. 9.9 Wachstum von Output und Beschäftigung, 2008-2011

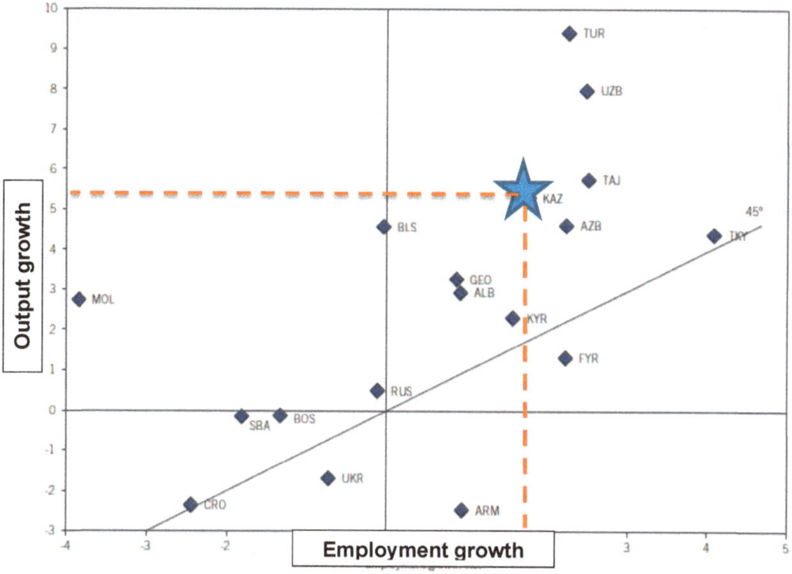

Quelle: ILO Trends Econometric Model, March 2012; IMF World Economic Outlook database

Das Beschäftigungswachstum war von einer zunehmenden "Formalisierung" des Arbeitsmarktes begleitet; d.h. der Überführung informeller Beschäftigung in eine formelle. Der informelle Wirtschaftssektor ist jener Teil einer Gesamtökonomie (Transaktionen krimineller Natur ausgeschlossen), der sich Steuerzahlungen entzieht, keiner Aufsicht seitens der Regierung unterworfen ist und dessen Leistungen in der Regel auch nicht in das offiziell erfasste Bruttonationalprodukt eingehen. Der betroffene Personenkreis "informell Beschäftigter" – d.h. für sie werden keine Sozialversicherungsbeiträge abgeführt, es liegt kein Arbeitsvertrag vor, das Unternehmen ist nicht registriert – repräsentiert ein Drittel der Gesamtbeschäftigten (2009). Jüngste Untersuchungen in West-Kasachstan und in der Kysil-Orda Region belegten, dass zwei Drittel der dortigen TSA-Empfänger über keinen rechtsgültigen, d.h. unterschriebenen, Arbeitsvertrag verfügten

Tab. 9.5 Informelle Beschäftigung in Kasachstan, 2009 (in Prozentanteilen)

<table>
<tr><td colspan="4">Informelle Beschäftigung (= 33,2% der Gesamtbeschäftigung), davon</td></tr>
<tr><td colspan="3">Nicht-agrarische Beschäftigung (38%)</td><td rowspan="3">Agrarische Beschäftigung (62%)</td></tr>
<tr><td colspan="2">Lohnarbeiter (53%)</td><td rowspan="2">Selbstbeschäftigte (47%)</td></tr>
<tr><td>Formelle U. (60%)</td><td>Informelle U. (40%)</td></tr>
<tr><td>Informelle außerhalb des inf. Sektors</td><td colspan="3">Informeller Sektor</td></tr>
</table>

Quelle: Rutkowski 2011:5

Für das Bestreben einer Formalisierung bzw. der Förderung dieses Prozesses gibt es drei gute Gründe (Rutkowski 2011:2):

- In informellen Beschäftigungsverhältnissen genießen die dort Engagierten keine ausreichende soziale Sicherheit;
- Die in informellen Bereichen vorherrschenden Aktivitäten zeichnen sich durch eine vergleichsweise niedrigere Produktivität aus und verzögern dadurch Modernisierungsprozesse;
- Informalität bedeutet weniger Budgeteinnahmen und damit weniger Spielraum für den Ausbau sozialer Wohlfahrt.

Im Falle Kasachstans konzentrieren sich informelle Beschäftigungsverhältnisse vorwiegend auf die Landwirtschaft. Obschon immer noch bedeutend, fällt der Anteil im nicht-agrarischen Sektor entsprechend geringer aus. Über die Hälfte der informell aktiven Personen sind Lohnempfänger in formellen wie informellen (d.h. nicht-registrierten) Unternehmen. Andererseits sind "Selbst-Beschäftigte" nicht automatisch auch "informell Beschäftigte", gleichwohl decken sich bei vielen diese Kategorien (vgl. Tab. 9.5). Nach der aktuellen Lage kann ein Drittel aller Beschäftigten Kasachstans nicht auf eine Leistung aus einer Sozialversicherung zählen, da sie keinerlei Beiträge leisten (Rutkowski 2011:19). Sie können bestenfalls mit der jedem Bürger zustehenden Sozialpension rechnen, die sich gegenwärtig auf einem Niveau von 50 Prozent des Subsistenzminimums bewegt. Das heißt, auf die Betroffenen wartet Altersarmut.

Neben der anhaltenden Suche nach Lösungen zur Reduzierung informeller Beschäftigungsverhältnisse (z.B. durch Reduzierung der Kosten für Unternehmensgründungen und Schließen der Qualifizierungslücke sowie weiteren Maßnahmen einer aktiv gestaltenden Arbeitsmarktpolitik), verlagern sich die Handlungsschwerpunkte der Regierung verstärkt in Richtung von Programmen zur individuellen Aktivierung und zur Förderung von Arbeitsmarktübergängen. Der entsprechende Lösungsansatz wird dabei von zwei Seiten gesucht: Einerseits über Programme zur Stimulierung der Arbeitsnachfrage seitens der Unternehmen, andererseits durch Programme zur Unterstützung bei der Anstellungssuche und einer verbesserten Beschäftigungsfähigkeit. Die nachfrageorientierte Variante zielt auf Maßnahmen wie öffentliche Beschäftigungsprogramme, Lohnzuschüsse, Unternehmensförderungsprogramme, insbesondere für kleine und mittlere Unternehmen, u.a.m. Die angebotsorientierte Variante bietet Unterstützung bei der Jobsuche, Ausbildung, Zertifizierung der Qualifikation und soziale Dienste zur Mobilitätsförderung (z.B. Kinderbetreuung) an. In der Regel werden dabei Anreize mit Sanktionen kombiniert. Diese Verlagerung des Ansatzes in Richtung einer Beschleunigung von Anpassungsprozessen setzt angemessene Kapazitäten bei Institutionen des Arbeitsmarktes voraus. Diese sind im Falle Kasachstans nicht besonders gefordert, da sich nur ein geringer Teil der Arbeitslosen (2009 = 15 Prozent) bei Einrichtungen des öffentlichen Beschäftigungsdienstes registrieren lässt (Kuddo 2012:24). Entsprechend gering fallen im internationalen Vergleich die Ausgabenanteile für Arbeitsmarktprogramme aus: Gemessen am BIP liegen sie unter 0,2 Prozent jährlich (EU 27 = 2,18 Prozent).

Der Kapitalmarkt

Der Einstieg in ein fondsbasiertes Kapitaldeckungssystem wird oft damit begründet, dass dieses im Gegensatz zum PAYGO-System eine engere Verbindung zwischen den Beiträgen und den Rentenleistungen herstelle und somit negative Arbeits- und Ersparnisanreize des Arbeitsmarktes beseitige. Im Übrigen erweise es sich als robuster gegenüber demographischen Verschiebungen, vor allem gegenüber den Belastungen, die aus dem Alterungsprozess der Gesamtbevölkerung resultieren: Humankapital, das in Folge dieses Prozesses abnimmt, wird durch Realkapital ersetzt (Nickel/Almenberg 2006:17), die öffentlichen Ausgaben werden entlastet. Sein besonderer Vorteil liege letztlich darin, dass es zur Förderung des Sparens privater Haushalte beitrage und die Kapitalakkumulation mittels spezieller Intermediäre – die sogenannten Non-bank financial institutions (NBFI) – unterstütze (die Gesamtersparnis wird allerdings auf diesem Wege nicht steigen, denn der Staat spart jetzt infolge der Aufgabe des eigenen Rentenfonds weniger). Privates Management der Fonds bewirke eine effiziente(re) Allokation von Ressourcen, steigere die Rendite von Investitionen und trage letztlich zur Entwicklung von Finanzmärkten bei, insbesondere werde die Nachfrage nach festverzinslichen Wertpapieren (fixed income securities) steigen. Die Früchte ernte der Versicherte in Form potentiell höherer Erträge. Allerdings hängen diese Früchte etwas höher; denn das Risikoprofil wechselt mit dem neuen Spar- und Investitionsmodell und demzufolge müssten zusätzlich präventiv wirkende Finanzmarktregulierungen eingeführt werden, die die Marktteilnehmer vor exzessiven Marktrisiken schützen. Als ein Programm mit festgelegten Beiträgen (defined contribution scheme) überträgt es nämlich die Risiken auf den Versicherten, wobei dieser nicht mit einem vorausdefinierten Ertragsniveau (defined benefit) in der Zukunft rechnen könne. Es läge dann an den Fondsmanagern, die notwendige Balance zwischen höheren Risiken und höheren Erträgen zu finden, in der Regel durch Diversifizierung ihres Portfolios, wenn möglich auch über die Grenzen des nationalen Kapitalmarktes hinaus. Diese Art von Bewirtschaftung von Rentenvermögen hat zur Folge, dass der Barwert von Rentenzahlungen je nach dem laufenden Nettovermögenswert des zugrunde liegenden Anlagevermögens schwankt. In der Praxis stellt sich daher die Frage: Liegen die Zinserträge der Fonds über den Lohnzuwächsen? Erreicht das fondsbasierte System letztlich eine höhere Lohnersatzquote (replacement rate) als das PAYGO-System? Die jeweilige Antwort hängt u.a. vom Entwicklungsstand nationaler Kapitalmärkte ab.

Alle Transformationsländer starteten ursprünglich aus der Position ex trem "flacher" Finanzmärkte, insbesondere den Kredit- und Aktienmärkten. Gerade der letztgenannte Zweig war (und ist) in Kasachstan zunächst nur schwach entwickelt, abzulesen an der geringen Größe des Aktienmarktes gemessen an der Marktkapitalisierung der Börse zum Bruttoinlandsprodukt, d.h. der Summe des aktuellen Börsenwerts aller börsennotierten Firmen in Relation zum BIP (s. Abb. 9.10; zum unfairen Vergleich: die Marktkapitalisierung des US-Technologiekonzerns Apple betrug 2012 mit knapp $600 Milliarden das Dreifache des Bruttoinlandsprodukts Kasachstans). Im Urteil eines erfahrenen kasachischen Investors ist die aktuelle Lage durch ein Dilemma geprägt: "In Kazakhstan, the stock market is arguably the most unattractive segment of the financial market for businesses in terms of capital raising; but at the same time it is the most popular for investments among private investors" (Seisebayev 2012:22). Das Engagement beider ist jedoch entscheidend; denn Aktienmärkte spielen eine entscheidende Rolle bei der (längerfristigen) Allokation von Ressourcen in Investitionsprojekte mit den höchsten Erträgen. Von dieser Wachstumsstimulation würden über ihre Beteiligungen schließlich auch die Pensionsfonds profitieren. Regulierungen schlossen aber bisher größere Umschichtungen zugunsten von Unternehmensaktien aus (das Limit für 2012: 20 Prozent Portfolioanteil für inländische und 15 Prozent für ausländische Unternehmen).

Abb. 9.10 Entwicklung der Marktkapitalisierung Kasachstans (in % des BIP)

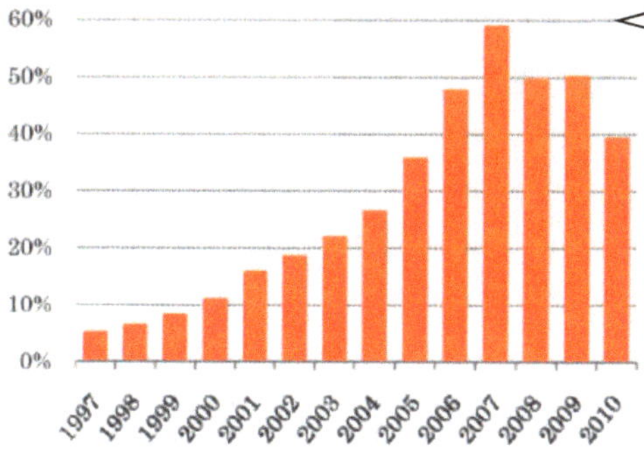

Langfristiger Mittelwert der Aktienmarktkapitalisierung in den USA. 2012 lag diese bei ca. 100 % des BIP.

Internationaler Vergleich (2010):
- Ukraine 28,6 %
- Schweiz 234,7 %
- GB 138,3 %
- Japan 74,6 %
- Deutschland 43,2 %

Quelle: The World Bank

Abb. 9.11 Ertragsverlauf von Staatsanleihen

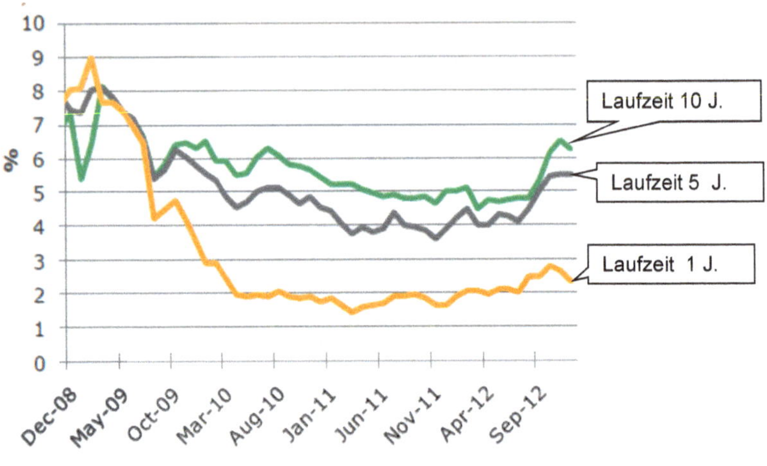

Quelle: Halyk Finance estimates

Wie von den Regulatoren vorgesehen, dominierten bisher im Portfolio der Pensionsfonds Staatsanleihen (Ende 2011 bis Mitte 2012 = 50 Prozent), deren Ertragslage bis zum aktuellen Zeitpunkt (2012/2013) kaum die in sie gesetzten Erwartungen erfüllen konnte. Daran war und ist das Finanzministerium nicht ganz unschuldig, da es bei der Begebung von Staatsanleihen (fixed coupon bonds) mit einem sehr niedrigen Verzinsungssatz operierte. Die Fonds fühlten sich bei den inflationsindexierten Auflagen besser bedient. Was das Engagement in ausländischen Vermögenstiteln betrifft, so halten sich die Fonds unter dem Eindruck von möglichen Wechselkursrisiken zurück: Jeder in Tenge denominierte Ertrag würde bei einer Aufwertung über eine längere Laufzeit geschmälert werden. Die Pensionsfonds operieren unter einem gemeinsamen staatlichen Aufsichtsorgan (CRAAPF = Committee for the Regulation of Activity of Accumulation Pension Funds) und standen seit Oktober 2009 unter der Auflage, mindestens 30 Prozent ihres Portfolios in Form von Staatsanleihen zu halten (2012 bestanden ca. 40 Prozent des Portfolios aus Staatsanleihen). Der von ihnen erwartete Beitrag zum wirtschaftlichen Wachstum setzt allerdings einen stabilen und leistungsstarken Kapitalmarkt voraus, der neben seiner Absorptionsfähigkeit auch noch die ausreichende Kompetenz im Umgang mit Risiken zu erwerben hatte. Und dies unter erschwerten Bedingungen, denn gleichzeitig erfolgte mit der Liberalisierung des Kapitalmarkts auch dessen Öffnung nach außen (capital account liberalization), was wiederum eine besondere Pflege des internen Zinssatzes durch die heimische Zentralbank und den professionellen Umgang mit Wechselkursrisiken erfordert.

Die Vorteile einer Kapitalmarktliberalisierung liegen darin, dass sie hilft, die Lücke zwischen (heimischer) Ersparnis und Investitionen zu schließen, Portfolios zu diversifizieren, strukturelle Reformen mittels ausländischer Direktinvestitionen zu fördern u.a.m. Dieser Schritt in Richtung Öffnung hat jedoch auch weniger wünschenswerte Nebeneffekte zur Folge: Die inhärente und empirisch belegte Gefahr besteht darin, dass diese Form der Öffnung Instabilitäten erhöht (siehe dazu ausführlicher Stiglitz/Ocampo u.a. 2006:167ff), insbesondere in Ländern, die (noch) nicht über die Kapazitäten verfügen, mit Kapital(zu)flüssen produktiv umzugehen. Eine rasche Kreditexpansion und risikoreichere Leihpraktiken sind die Folge. Und auch die weiteren Folgen sind bekannt, belegt durch zahlreiche aktuelle Lehrbeispiele für das Versagen von Kapitalmärkten in Gestalt von Preis- und Mengenexternalitäten. Im ersten Externalitätenfall können Abwertungen des Wechselkurses und Erhöhung der Zinssätze Unternehmen zur Aufgabe zwingen und Arbeitsplätze zerstören, im zweiten Fall können sich inländische Banken infolge des Abfließens von Kapital gezwungen sehen, Kredite zu rationieren, bzw. die ausländischen Kreditoren kappen angesichts schwindender Devisenreserven des Kundenlandes dessen Kreditlinien. In der Folge steigt die Arbeitslosigkeit im Binnenland und die Reallöhne sinken, öffentliche Dienstleistungen werden eingeschränkt. Wenn auch die Bilanz an positiven und negativen Effekten einer Kapitalmarktliberalisierung unter Ökonomen umstritten ist, unbestreitbar bleibt: Wer über weniger elaborierte Schutzmechanismen verfügt, bezahlt den Preis für dieses Marktversagen.

Einschlägige Marktrisiken kamen auch in Kasachstan recht bald zum Vorschein und der erste größere Belastungstest ließ nicht lange auf sich warten. Im Gefolge der internationalen Finanzkrise 2007 (sub-prime crisis) platzte Kasachstans Immobilienblase und hinterließ dem Bankensektor einen hohen Anteil notleidender Kredite. Ausländisches Kapital zog aus Kasachstan ab und unter dem Druck der eingeschränkten Refinanzierungsmöglichkeiten auf internationalen Märkten schränkte der inländische Bankensektor das Kreditvolumen ein (s. Abb. 9.12).

Abb. 9.12 Entwicklung der Kredite an den Privatsektor 2007-2012 (in % zum Vorjahr)

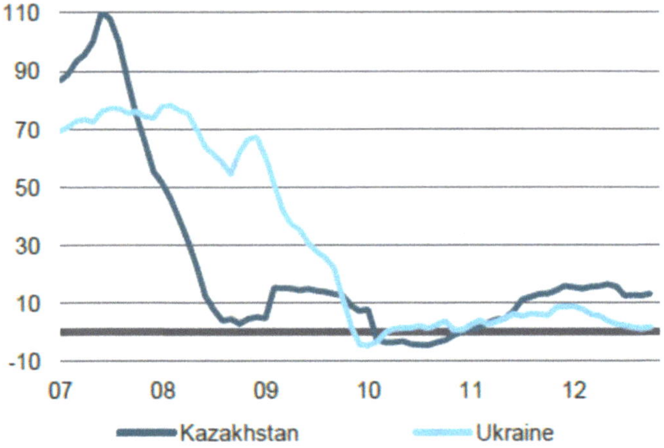

Quelle: IFS

Der Internationale Währungsfonds konzedierte in seinem Länderbericht Mitte 2010, dass viele der Grundlagen – gesetzlich, regulatorisch, infrastrukturell – für eine weitere und tieferreichende Entwicklung der Finanzmärkte (Kreditmarkt, Wertpapiermarkt, Devisenmarkt) in Kasachstan vorhanden seien (Insider sprechen eher von einer Überregulierung, die den Optimierungsstrategien der Fondsmanager zuwider laufe), es jetzt aber angebracht sei, das Augenmerk stärker auf die "zweite Generation" der Reformen zu richten. Das soll heißen, die laufende Strategie auszurichten auf 1) eine Intensivierung der Aktivitäten und die Vertiefung der Märkte; 2) eine erweiterte Beteiligung von Investoren; und 3) eine Vervielfältigung des Finanz-Instrumentariums (IMF 2010:30), d.h. die Einführung neuer Finanzprodukte mit höheren Risikoprämien.

Exkurs 18 Entwicklung der Rentenbeiträge, Struktur der Fonds und der Finanzinstrumente

Tab. 9.6 Umfang und Struktur des Anlagevermögens privater Rentenfonds

Finanzierungsinstrumente	**1.1.2012**	**1.12.2012**
Wertpapiere der Regierung Kasachstans	45,3 %	50,7 %
Wertpapiere ausländischer Unternehmen	5.7 %	5,3 %
Wertpapiere internationaler Finanzorg.	3,6 %	2,1 %
Wertpapiere ausländischer Regierungen	5,0 %	2,4 %
Feingold	5,0 %	3,6 %
Wertpapiere inländischer Unternehmen	28,4 %	25,8 %
Einlagen bei Geschäftsbanken	7,0%	10,1 %
Insgesamt in Tenge (Mrd. KZT)	2546,1	3076,1
Anteil der akkumulierten Renten am BIP	9,6 %	9,9 %
Anteil der Rentenbeiträge am BIP	7,3 %	7,8 %

Quelle: Committee for the control and supervision of the financial market

Bis Jahresmitte 2000 beliefen sich die Einlagen bei den Pensionsfonds bereits auf über $600 Mio., dies entsprach etwa 4 Prozent des BIP (IMF 2001:26), zu Beginn des Dezembers 2012 meldet das Komitee für die Kontrolle und Aufsicht des Finanzmarktes und Finanzorganisationen bei einem Betrag von insgesamt $18,5 Mrd. einen Anteil der akkumulierten Renten am Bruttoinlandsprodukt in Höhe von ca. 10 Prozent (vgl. Abb. 9.13).

Abb. 9.13 Rentenbeiträge, Rentenakkumulation und Renditen aus Investitionen

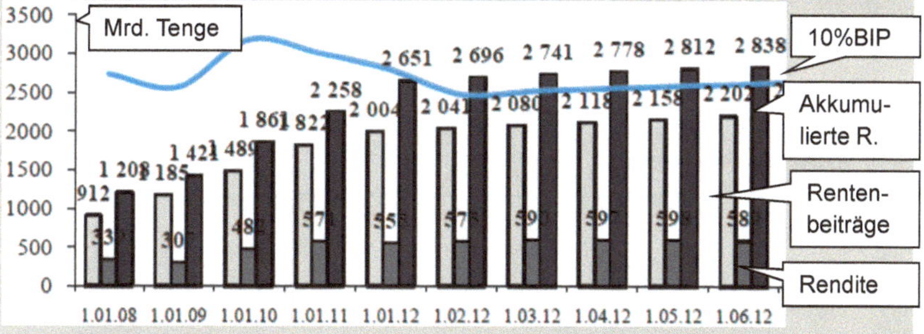

Quelle: Committee for the control and supervision of the financial market

Von den ursprünglich 15 nichtstaatlichen Pensionsfonds waren zum Jahresende 2012 noch 10 aktiv, die sich bis dahin jeweils höchst ungleiche

Marktanteile gesichert hatten (vgl. Abb. 9.14). So entfielen allein auf die vier folgenden Fonds Akkumulationsanteile von insgesamt 74,7 Prozent: Halyk Bank, KZT 1030,5 Mrd. (= 33,1%), Staatlicher Rentenfonds, KZT 602,1 Mrd. (= 19,3%), UlarUmit, KZT 397,4 Mrd. (= 12,7%) und Grantum, KZT 299,0 Mrd. (= 9,6%). Der kleinste Fonds, Industrial Kasachstan JSC, musste sich mit einem Anteil von 0,5 Prozent begnügen, wobei gerade die vier mit den geringsten Einlagen im Verlauf des Geschäftsjahrs 2012 noch an Attraktivität verloren.

Diese relativ schwachen Positionierungen bei geringen Marktanteilen und vorangegangene Zusammenschlüsse ursprünglich unabhängiger Fonds lassen einen unprofessionellen Umgang mit dem Pensionsvermögen vermuten. Tatsächlich sah sich das Fondssystem von Beginn seiner Installierung an mit strikten Auflagen hinsichtlich des Portfolios konfrontiert. Ineffizienzen, ausgelöst durch Überregulierung, führten zur Entwicklung geringer bis negativer Renditen (s. Abb. 9.15).

Abb. 9.14 Rentenkonten bei privaten Pensionsfonds, Jahresbeginn 2013

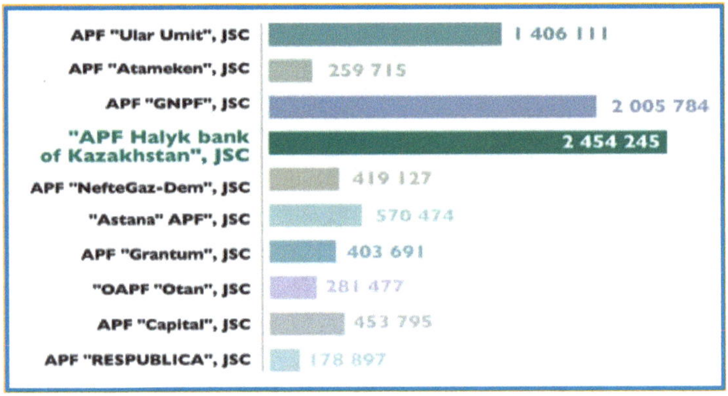

Quelle: Halyk Bank

Abb. 9.15 Performanz der Pensionsfonds im Vergleich (mit Wachstumsraten in Fünfjahresdurchschnitten)

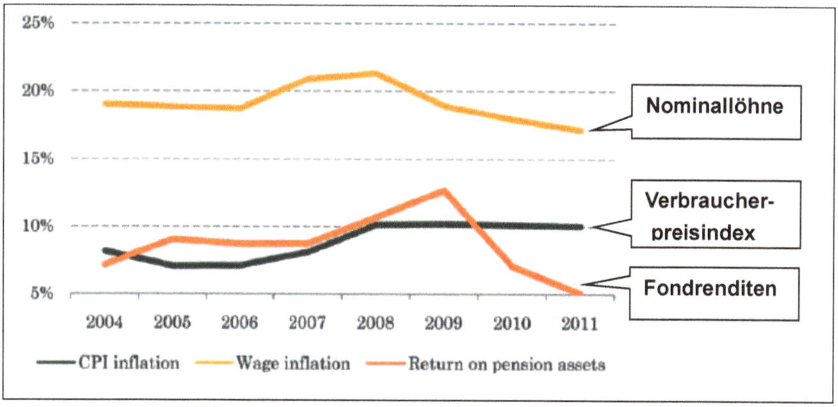

Quelle: World Finance Review, Mai 2012

Die Konstellation zwischen den Raten von Lohnwachstum, Inflation (Veränderungsrate des Verbraucherpreisindex) und Renditen des Pensionsvermögens verdeutlicht die Problematik. Bei Entwurf des Rentenmodells war man ursprünglich davon ausgegangen, dass die Fondsrenditen auf Dauer 3 bis 5 Prozent über den Lohnzuwächsen liegen würden. Tatsächlich tat sich – aus der Jahresperspektive 2012 – in den vorangegangen fünf Jahren eine umgekehrte Distanz von über 10 Prozent auf: Die Löhne waren den Renditen davongezogen. Bis zum Jahre 2012 verloren die Fonds, darunter auch der staatliche Pensionsfonds, über einen Zeitraum von sechs bis acht Jahren mehr als 20 Prozent ihres Realwertes. Nachdem über 13 Jahre lang 10 Prozent der Lohnsumme akkumuliert und investiert worden waren, enthielt das durchschnittliche Rentenkonto 2011 lediglich das Äquivalent von vier bis sechs Monatslöhnen. Diese Entwicklung würde der kommenden Rentnergeneration eine Lohnersatzquote von nur annähernd 20 Prozent bescheren und damit ein Jahreseinkommen unter dem Mindestlebensstandard "garantieren" (Khakimzhanov 2012:19-20).

Mittlerweile haben die Akkumulationsfonds die Möglichkeit erhalten, eine eigene Lizenz für das Management ihres Rentenvermögens zu beantragen. Sie sind seit Beginn des Jahres 2012 verpflichtet zwei Portfolios zu unterhalten: ein konservatives (ohne Aktien) und ein moderates, zwischen denen der Kunde seine Wahl trifft. Sie stehen weiterhin – wie in der Rentenreform vorgesehen – unter dem Management von sieben Unternehmen für Vermögensverwaltung, daneben sind noch elf kommerzielle Banken (1.4.2013) treuhänderisch mit der Vermögensüberwachung betraut.

Zum Jahresbeginn 2013 wurde eine weitere Reformphase eingeleitet, hinter der allerdings weniger soziale als vielmehr finanzielle Überlegungen stehen. Das im staatlichen wie in den privaten Pensionsfonds akkumulierte Vermögen hatte bis zu diesem Zeitpunkt den stattlichen Umfang von annähernd $20 Mrd. erreicht, bei einem Marktanteil des Staatlichen Rentensparfonds von 20 Prozent. Kurz nach der offiziellen Verfügung einer Anhebung der Renten um 9 Prozent überraschte Präsident Nazarbaev die Investoren auf dem heimischen Kapitalmarkt im Januar mit dem Vorschlag, das gesamte Pensionssystem (wieder) zu nationalisieren und der Zentralbank zu übertragen. Hinter diesem Vorstoß steht einerseits die Sorge um ein effiziente(re)s Management der Rentenvermögen und der Gewährleistung ihrer finanziellen Nachhaltigkeit, andererseits die Suche nach zinsgünstigen Kreditquellen zur langfristigen Finanzierung von Inlands-Investitionen, orientiert an der "Business Road Map – 2020". Am 18.2.2013 meldete die Nachrichtenagentur Kazakhstan Today, dass Nationalbank und Regierung ein Gesetz zur Schaffung eines "Single Accumulation Pension Fund" (SAPF bzw. ENPF) vorbereiten, mit der Regierung Kasachstans als Anteilseigner. Danach werden die Vermögen der elf privaten Akkumulationsfonds am 1. Juli in diesen alleinigen Fonds unter der Aufsicht des Finanzministeriums überführt. Das Vermögensmanagement übernimmt die Zentralbank. Die ihrer ursprünglichen Funktion beraubten Pensionsfonds stehen vor der Wahl, entweder ihre völlige Auflösung hinzunehmen oder in die Rolle eines freiwilligen Pensionsfonds zu schlüpfen bzw. sich als Finanzunternehmen in Konkurrenz mit anderen bei der Zentralbank um das Management von Rentenvermögen (Pension Asset Management Company) zu bewerben. Damit bleibt im Prinzip die allgemeine Form des Säulenmodells mit der fondsbasierten Säule als der tragenden erhalten. Die Regierung ging allerdings in ihrem Bestreben nach umfassender Kontrolle noch einen Schritt weiter. Am 4.3.2013 beschloss das Kabinett der Minister, dass der im staatlichen Besitz befindliche staatliche Wohlfahrtsfonds "Samryk-Kazyna" durch Aktienerwerb Teilhaber an folgenden drei privaten Pensionsfonds werde: APF (Accumulating Pension Fund) der Halyk Bank of Kasachstan mit 2,454 Mio Rentenkonten, Grantum (Kazkommertsbank) und Ural Umit (BTA). Mit diesen und weiteren Operationen wäre die Regierung in der Lage, die Majorität freiwilliger Rentenfonds zu kontrollieren und deren Anlegerverhalten am eigenen Infrastrukturprogramm zu orientieren.

9.3 Familie und Haushalt

Im Gegensatz zu Russland kennt Zentralasien in seiner vorsowjetischen Geschichtsphase keine staatlichen Ansätze sozialer Fürsorge. Der soziale Schutz war Teil einer gemeinschaftsorientierten Lebenswelt, er wurde über Clans und Großfamilien gewährt (Maltseva 2012:93). Jede kasachische Hauswirtschaft gehörte dabei einer stammes-verwandtschaftlichen Organisation an. Den primären verwandtschaftlichen Kern dieser Organisation bildete der "aul-kstau" (zusammengesetzt aus z.B. zehn Hauswirtschaften). Eine Vereinigung mehrerer dieser Kerne mündete in eine Sekundärgruppierung, die ihrerseits dann einer Tertiärgruppierung angehörte (Kurylev 1978). Das Wissen um eine wechselseitige Abhängigkeit ergab sich aus den täglichen Erfahrungen ihrer nomadischen Lebensweise und mündete in die Entwicklung horizontaler sozialer Strukturen und Beziehungen, wobei den Älteren besonderer Respekt gezollt wurde. Die moralische Verpflichtung zur wechselseitigen sozialen Unterstützung war derart internalisiert, dass es zu einem Wesens- und Unterscheidungsmerkmal gegenüber anderen Ethnien – insbesondere in der Abgrenzung gegenüber Russen – avancierte. Auch in den Jahren der Transformationskrise wurde diese Haltung wieder sichtbar: "In the most difficult and harsh conditions of the first years of independence, Kazakhs resorted to the tried and tested methods of survival: tribal solidarity and mutual support. That, by the way, has helped many to survive until better times, while Russian-speaking people would die of hunger and despair" (Ketebaev 2012). Bündig gefasst: Kasachen lassen ihre Blutsverwandten nicht hängen (Schatz 2004:63). Besonders ausgeprägt wird diese Form wechselseitiger Unterstützung in den sozialen Netzwerken der "Rückkehrer" gepflegt (Alff 2011:4). Auf der politischen Ebene brachte diese kollektive Orientierung auch die von Dariga Nazarbaeva, der Präsidententochter, angeführte Partei mit der Bezeichnung "Asar" (= Alle zusammen) zum Ausdruck (bis zum Zusammenschluss mit der GPK und "Otan" zur "Nur Otan" (= Licht des Vaterlandes)). Diese Institutionen haben ihre Schutzfunktion bis in die Gegenwart bewahrt, wenn sich auch die Aktionsfelder verlagert haben, von der physischen und materiellen Nachbarschaftshilfe zur monetären: So belief sich im Jahre 2009 die von Freunden und Verwandten geleistete Unterstützung pro Haushalt auf 19 Tsd. Tenge ($ 125). Es ist weit über Transformationsländer hin zu beobachten, dass private Ersparnisse, einschließlich derer von Freunden und Verwandten, als gebräuchliche Quelle zur Finanzierung von kleineren und mittleren Unternehmen dienen, zumal in Zeiten harscher Kreditbeschränkungen. In Zentralasien scheint dies in einem besonderen Maße der Fall zu sein: "For many Kazakhs identity-based networks remain vital because of their ability to meet members' basic needs (such as helping to find employment or material assistance), as well as to fullfil less tangible aspirations (such as laying claim to a grand heritage of clan or regional myths, heroes and cultural distinctiveness)" (Junisbai 2010:237). Insgesamt weisen immer noch relativ wenige Haushalte überhaupt private Ersparnisse aus (13 Prozent der ländlichen Haushalte und 19 Prozent der städtischen).

Tab. 9.7 Struktur der Geldeinkommen (1996)

	Konsumquintil					Gesamt
Formen:	Unterstes	Zweites	Drittes	Viertes	Oberstes	
Primärlohn	45	49	55	51	50	51
Renten	16	21	14	13	9	13
Staatl.Transfers	6	4	4	3	3	3
Zweitbeschäftig.	6	4	6	4	4	5
Eigen-Gewerbe	8	3	7	8	8	7
Verkauf von Lebensmitteln	2	1	1	1	3	2
Private Bartransfers						
Anderes	14	13	9	14	19	15
Insgesamt	4	4	4	4	4	4
	100	100	100	100	100	100
Durchschnittl. Bareinkommen pro Kopf (Tenge)	957	1535	2167	3067	4116	2370
Durchschn. Pro-Kopf-Eink. mit Eigenproduktion	1371	2412	3229	5156	9473	4743

Quelle: Murthi 2002:172

Unter den veränderten Rahmenbedingungen einer Marktwirtschaft, die gegenüber dem sozialistischen Vorgängermodell eine "marktgesellschaftliche" Anpassung im Umgang mit den neuen Institutionen bei erweiterter Selbstverantwortlichkeit und Eigeninitiative des einzelnen Bürgers erfordern (Schrader/Dittrich 2012a:2), sehen sich die Familien mit einer Gemengelage aus alten und neuen Risiken konfrontiert (s.o.). Je nach Risikoakzeptanz und Risikoaversion entwickeln sie in ihrer Lebens- und Haushaltsführung unter den gegebenen ordnungs- und prozesspolitischen Bedingungen eine eigene Bewältigungsstrategie, unter Rückgriff auf die ihnen eigenen Ressourcen an Human-, Sozial-, Natur- und Finanzkapital (Schrader/Dittrich 2012:3). Eine verbreitete Strategieoption besteht in der Differenzierung des jeweiligen Haushaltseinkommens, wobei formelle, informelle und Subsistenzeinkommen kombiniert werden, die sich in Geld und Naturaleinkommen niederschlagen. Wie die Untersuchungen von Schrader und Dittrich bestätigen, spielt im ländlichen Raum die Subsistenzproduktion nach wie vor eine entscheidende Rolle bei der Überlebenssicherung von (armen) Haushalten, – ein Befund, der in einem noch höheren Umfange für die Nachbarrepubliken Kirgisien und Usbekistan gilt. In allen Fällen vollzieht sich diese Generierung von Subsistenzeinkommen im informellen Beschäftigungsbereich. Im Gegensatz zu den zentralasiatischen Nachbarrepubliken stellt die ländliche Bevölkerung in Kasachstan mit ca. 40 Prozent nicht die Majorität der Gesamtpopulation. Umgekehrt ist festzuhalten, dass die Mehrheit aller informell beschäftigten Personen – sie stellten 2009 ein Drittel der Gesamtbeschäftigten in Kasachstans Volkswirtschaft – zu 60 Prozent in der Landwirtschaft aktiv ist (Rutkowski 2011:4). Darunter befinden sich wiederum mehrheitlich mithelfende Familienangehörige, wobei sich vor allem der Beitrag der Frauen nur schwer in exakten monetären Größen fassen lässt. Das Budget der betroffenen Familien setzt sich entsprechend aus mehreren Einkommensquellen zusammen, wobei sich die ersten beiden Positionen in ihrer Dominanz je nach Region abwechseln:

- Arbeit in beständigen Beschäftigungsverhältnissen oder Lohnarbeit auf Zeit (Saisonarbeit) eines oder mehrerer Familienangehöriger;

- Erträge aus privaten bzw. langfristig gepachteten Flächen und Gartenparzellen (mit Nachfolgerechten), ergänzt durch den Verkauf von (Trink-)Wasser,
- Staatliche Transfers für bestimmte soziale Gruppen (Rentner, Kinder, Schüler, Invaliden);
- Zweitbeschäftigung, die aufgrund der Hauptbelastungen nur geringfügig wahrgenommen wird;
- Finanzielle Unterstützung durch Verwandte.

Abb. 9.16 Monatliche Einkommensquellen einer Familie auf dem Lande nach einem regionalen Survey (2005)

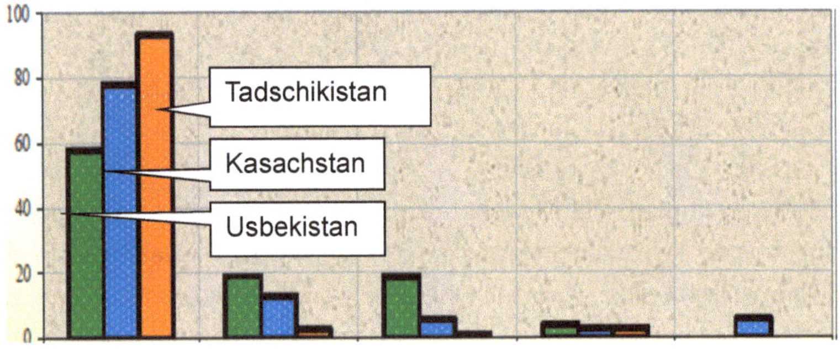

	Hauptbeschäftigung	Private Parzellen	Renten, Beihilfen etc.	Zweitbeschäftigung	Finanzielle Hilfe durch Verwandte
Uz	58,05	19,06	18,9	3.96	
Kz	78,03	13,06	5,81	2,78	5,7
Ta	93,43	2,53	1,01	3,03	

Quelle: Stulina/Senecal (2005):13

Ersparnisse (nicht unbedingt auf Bankkonten deponiert) dienen ebenso als Risikopuffer in Zeiten mit oder ohne geregeltes Einkommen. Ein Drittel der Haushalte wäre in der Lage unter Beibehaltung ihres Lebensstils einen Monat über die Runden zu kommen, ein weiteres Drittel würde drei Monate durchhalten können und das letzte Drittel ein halbes Jahr (Seitenova/O'Brian 2010:20). Die Haushalte haben bei ihrer Sparmotivation allerdings nicht nur die nächste Krise im Blick, es wird vor allem für die Nachkommen gespart (Wohnraum, Bildung). Einen hohen Stellenwert genießen unter den Sparzielen auch Hochzeiten und Beerdigungen. Mit dem Aufwand, der dabei betrieben wird, "erneuern" – so Schrader und Dittrich – "die Familien ihre Reputation und ihr Sozialkapital und sichern sich damit in ihnen zugänglichen sozialen Netzwerken ab" (Schrader/Dittrich 2012a:4).

9.4 Internationale Interventionen

In einzelnen Abschnitten der bisherigen Ausführungen ist immer wieder deutlich geworden, dass maßgebliche Bestimmungsfaktoren von Sozialpolitik im Umfeld der inter- und transnationalen Beziehungen Kasachstans zu verorten sind. Besonders augenscheinlich wurde dies bei den wiederholten Hinweisen auf Beratungs- und Unterstützungsaktionen von internationalen Organisationen. Beispielhaft steht hier die von der Weltbank geförderte Reform der Rentensysteme (s.o.), doch auch weitere Akteure sind hier anzuführen, wie ILO, USAID, ADB, IWF, begleitet von "embedded knowledge networks". Diese Organisationen verbanden ihr Engagement nicht selten mit sozialpolitischen Gestaltungsauflagen und sie spielen auch weiterhin die Rolle von Impulsgebern, Experten, Finanziers und Monitoren. Mitte 2012 stimmte die ILO der Übernahme neuer sozialpolitischer Standards unter der Bezeichnung "Social Protection Floor" (SPF) zu, die von weiteren Gruppierungen wie der UN, G20 und der Weltbank zur Übernahme an ihre Mitgliedsstaaten empfohlen wird (online: http://www.social-proection.org/gimi/gess/ShowRessource.act...) Neben den genannten internationalen Finanzinstitutionen treten noch weitere in der umstrittenen Rolle von "Zuchtmeistern" eines Binnenmarktes auf, wie beispielsweise international agierende Ratingagenturen, deren Bonitätsbewertungen zur Finanznot ganzer Staaten oder strategischer Kapitalgeber beitragen können, aber auch deren Reformbestrebungen zu beschleunigen vermögen.

Abb. 9.17 Einfluss globaler Krisen auf die Armutsentwicklung in Kasachstan

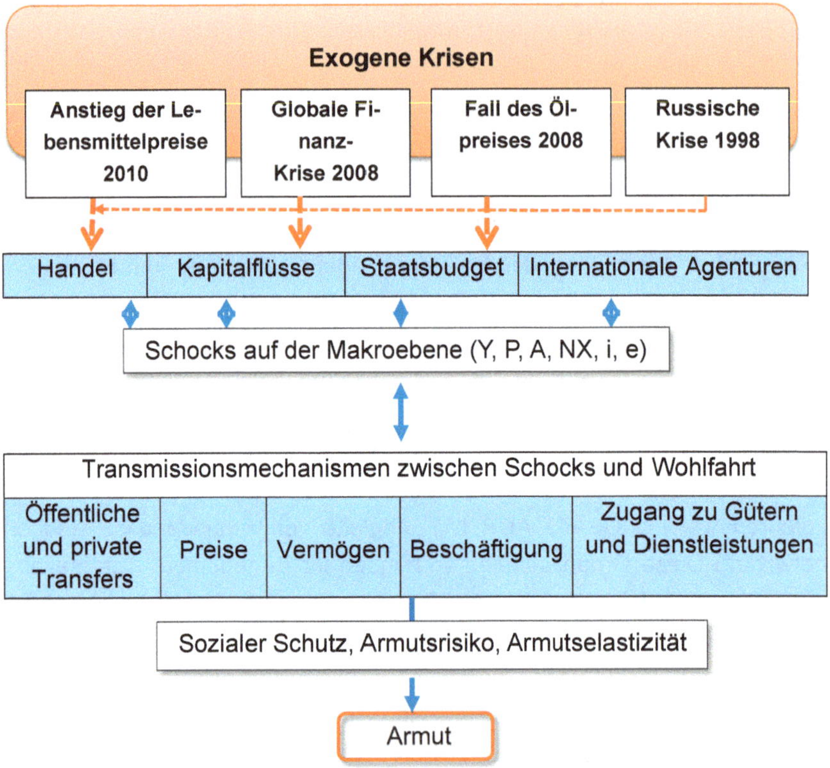

Auf der internationalen Ebene gehen die Anstöße zu wohlfahrtsstaatlichen Interventionen über diesen Kreis von Akteuren noch hinaus. Vertreter der "internationalen Hypothese" sehen die sozialpolitische Regierungspraxis, neben der Staatstätigkeit im Allgemeinen, durch zunehmende internationale Interdependenz, wachsende Weltmarkteinbindung, Liberalisierung des Handels und der Kapitalmärkte sowie durch regionale Integrationsbewegungen bestimmt (Ostheim 2007:75). Den jüngsten Beleg für eine Variante der internationalen Hypothese lieferte die sogenannte "Triple f"-Krise: Der *F*inanzkollaps in Verbindung mit der Lebensmittel- (*f*ood) und Brennstoff-Preiskrise (*f*uel), sowie deren unausweichlichen Folgen für die Einkommensverteilung und Armutsentwicklung, die wiederum soziale Schutzmaßnahmen einem besonderen Belastungstest unterwarfen. Je nachdem, über welche Transmissionskanäle derartige exogene Schocks in eine Gesellschaft einfallen und wie ausgeprägt die Resilienz betroffener Volkswirtschaften ist, sind spezifische soziale Gruppierungen unterschiedlich lange und intensiv betroffen.

Im öffentlichen Bewusstsein am stärksten verhaftet blieb wohl die globale Finanzkrise, angefangen bei ihrem nationalen Ausgangspunkt bis hin zu den internationalen Folgeerscheinungen. Nach der Definition von F.S. Mishkin ist eine Finanzkrise "a disruption to financial markets in which adverse selection and moral hazard problems become much worse, so that financial markets are unable to efficiently channel funds to those who have the most productive investment opportunities." Und wenn dieser Markt nicht mehr effektiv funktioniert, dann führt dies zu einer spürbaren Kontraktion ökonomischer Aktivitäten (Mishkin 1992:117-118).

Das allgemeine Verlaufsmuster dieser Krisenart lässt sich in Form von drei Wellen beschreiben, die im gegebenen Fall weit über das Epizentrum des Bebens – die Subprime-Krise in den USA – hinausreichen. Die erste Welle, die sich ihrerseits über mehrere Stadien aufbaut, ist finanzieller Natur und manifestiert sich in Veränderungen des Wechselkurses (e), der Zinssätze (i), von Bewertungen auf den Aktienmärkten, in zunehmender Verunsicherung u.a.m. In der Transmission vom Finanzsektor zum realen Sektor erscheint die zweite Welle, die dann insbesondere den Bau- und Produktionssektor in Mitleidenschaft zieht, mit deutlichen Einbrüchen bei den Investitionen bis hin zur Umkehrung der Wachstumsdynamik des BIP (Y). Die dritte Welle äußert sich schließlich in den sozialen Einschnitten und Verheerungen auf der Ebene der Haushalte: Verluste an Arbeitsplätzen, Lohneinbußen, Vermögensverluste, steigende Lebenshaltungskosten (P). Diese Negativbilanz kann sich in der Einschränkung von Befähigungen (Bildungserwerb, Ernährung u.a.m.) langfristig fortsetzen (Sumner/Wolcott 2009). In dieses Verlaufsmuster mischte sich im Gefolge der zweiten Welle ein weiterer Verstärkereffekt negativer Art: Entgegen den jahrelangen Erfahrungen von Windfall-Profits stürzte der Ölpreis in der zweiten Hälfte des Krisenjahres 2008 von $145,7 pro Barrel auf $37,9. Die negativen Folgen des engen Öl-Makro-Verhältnisses ließen sich im Staatshaushalt der Republik Kasachstan (bis hin zu den Rückgriffen auf den Stabilisierungsfonds) wie auch bei der Entwicklung der Pro-Kopf-Einkommen ihrer Bürger ablesen (Gronwald/Mayr/Orazbayev 2009).

Während der jüngsten globalen Wirtschafts- und Finanzkrise und in deren Nachfolge offenbarten sich jene spezifischen Anfälligkeiten Kasachstans, die in enger Verbindung mit seiner gering differenzierten Wirtschaftsstruktur stehen. Dabei stellen sich für Kasachstan mehrere Transmissionswege als kritisch für die Beschäftigungs- und Einkommensentwicklung, aber auch für das Armutsrisiko dar:

- Drei Krisen – Transformationskrise, Russland-Krise, globale Finanzkrise – offenbarten die strukturellen Schwächen des Bankensektors, darunter das Fehlen eines kompetenten Systems zur Bewertung von Risiken und der Qualität von Kreditportfolios. Restrukturierungsmaßnahmen sind im Gange und angesichts eines hohen Niveaus notleidender Kredite auch weiterhin notwendig. Zusätzlich zeichnet sich ein weiterer Engpass ab: Für die ehrgeizigen, über Kredite und Anleihen zu finanzierenden Industrialisierungs- und Diversifizierungspläne der Regierung ("National Development Strategy of Kazakhstan-30") könnten sich die Einlagen von Haushalten und Unternehmen im Bankensektor als unzureichend erweisen.
- Der gesamtwirtschaftliche Output entwickelt sich in hoher Abhängigkeit von der globalen Nachfrage nach Öl und Gas. Der Hydrocarbon-Sektor trägt 22 Prozent zum BIP Kasachstans bei, 30 Prozent zu dessen Budgeteinnahmen und 60 Prozent zum Export (2010). Entwicklungen im Energiesektor und Fluktuationen des Wechselkurses verursachen Instabilitäten im fiskalischen Bereich. Die wechselnden Budgetanteile aus Öleinnahmen belegen diese Volatilität. Die extraktive Industrie absorbiert zudem einen Großteil der Investitionsaktivitäten. Mit der branchentypischen hohen Kapitalintensität geht allerdings eine ebenso typische niedrige Beschäftigungselastizität einher.
- Mit ihrem relativ geringen Beitrag zum BIP in Höhe von fünf Prozent bei hoher Beschäftigungsintensität (mit einem Beschäftigungsanteil von über 28 Prozent) und entsprechend niedriger Produktivität erweist sich die Landwirtschaft als ein Bereich mit hohen Armutsrisiken für die dort (vorwiegend in Hauswirtschaften) gebundenen Arbeitskräfte. Anderer-

seits beanspruchen Nahrungsmittel und Energie einen hohen Anteil im Verbraucherkorb des kasachischen Durchschnittskonsumenten (2010: 38,8 % bzw. 11,0%). Ein globaler Preisschock bei Getreide – in Verbindung mit internen Ernteausfällen (wie im Jahre 2010) – schlägt kurzfristig auf die Gesamtinflation (headline inflation) durch und gefährdet zusätzlich Gruppierungen mit ohnehin hohem Armutsrisiko. Im zentralasiatischen Vergleich verfügt Kasachstan zwar über die größeren Kapazitäten seine landwirtschaftliche Überschussproduktion zu exportieren, doch wirken sich damit seine Ernteausfälle bzw. Exportrestriktionen auch stärker auf die gesamte Region aus.

Abb. 9.18 Entwicklung der Brotpreise in zentralasiatischen Ländern

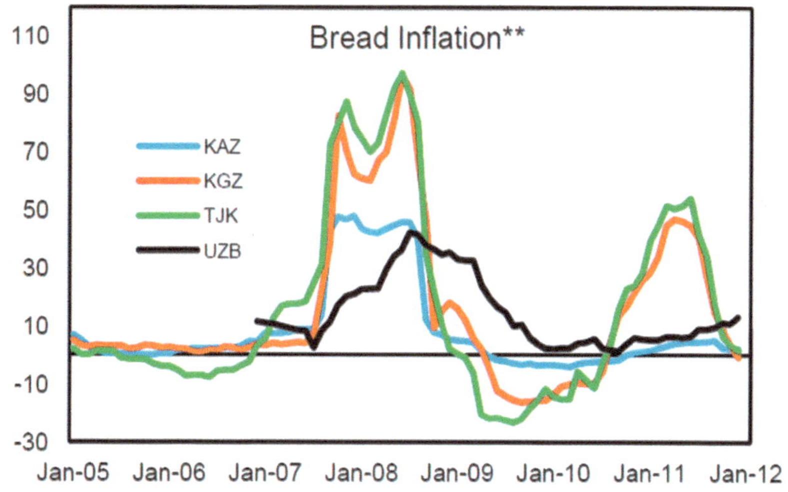

Quelle: Al-Eyd 2012:14

In diesem Geflecht potentieller Wechselwirkungen betonen einzelne Vertreter der "internationalen" Theorieschule die Reaktion des "Innen" auf das "Außen". So erklärt die sogenannte Kompensationsthese die wohlfahrtsstaatliche "Binnen"-Intervention vorwiegend kleiner offener Volkswirtschaften als deren Reaktion auf ihre Abhängigkeit von exogenen Faktoren; sie suchen die vom Weltmarkt ausgehenden Spill-over-Effekte auf sozialpolitischem Wege auszugleichen. Die Effizienzthese unterstreicht dagegen die erodierenden Effekte einer fortschreitenden ökonomischen Verflechtung auf bereits erlangte Sozialstandards. Globalisierung und Binnenmarktprojekte schränken die Handlungsmöglichkeiten auf nationaler Ebene ein und zwingen im sogenannten internationalen Standortwettbewerb zu einem Rückbau von Sozialleistungen. Von "innen" nach "außen" blicken dagegen die Vertreter der These einer "Sozialpolitisierung" der Weltpolitik (socialisation of global politics), wobei es nicht um die empirisch beobachtbare Ausbreitung westlicher Formen staatlicher Sozialpolitik von Land zu Land geht, sondern um eine genuin globale Sozialpolitik, d.h. als "Sozialpolitik auf der Makroebene der Weltgesellschaft" (Leisering 2008:5).

10 Vorläufige Ergebnisse wohlfahrtsstaatlicher Maßnahmen

Nach der Fülle von Aussagen über die makroökonomischen Leistungen Kasachstans und dem summarischen Überblick zu den neuen sozialpolitischen Ansätzen sowie den jeweiligen Beiträgen mit Inputcharakter seitens der einzelnen Wohlfahrtsproduzenten, stellt sich die Frage nach den "Ouputs" und den "Outcomes", also der Performanz Kasachstans als Wohlfahrtsstaat in den sozialen Sektoren Bildung, Gesundheit und sozialem Schutz, im Rahmen dieser Ausführungen vor allem im Bereich "sozialer Schutz". Die entsprechenden Leistungsparameter konzentrieren sich dabei vorwiegend auf drei wohlfahrtsrelevante Aspekte: Wachstum, Verteilung und Beschäftigung, gefolgt von der eigentlichen Zielmatrix, den "Outcomes".

Abb. 10.1 Zusammenhang zwischen Kosteneffizienz und Systemeffizienz im Bereich Sozialpolitik

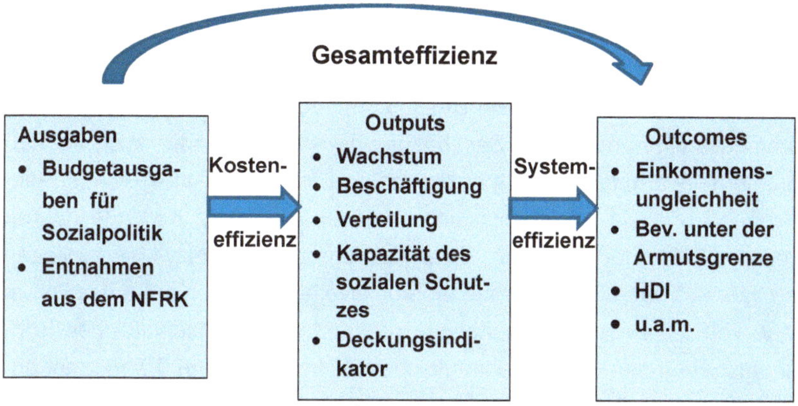

Quelle: Nach einer Vorlage von Esanov 2009:14

Wollte man ein angemessenes, empirisch fundiertes Leistungsbild erhalten, so müssten bei einer Bewertung der Effizienz die Inputs der diversen Wohlfahrtsproduzenten mit den vielfältigen Outputdaten konfrontiert werden, um einerseits die Kosteneffizienz (effectiveness) zu ermitteln, andererseits die Systemeffizienz (institutional efficiency) zu erfassen: "The cost efficiency measures a degree of efficiency in a country in turning inputs into outputs while the system efficiency gauges efficiency of the institutions in transforming outputs into final outcomes" (Esanov 2009:11).

Das primäre Interesse konzentriert sich in den nachfolgenden Ausführungen auf die zentralen wohlfahrtsrelevanten Aspekte und das entsprechende staatliche Engagement, unterstützt durch eine Auswahl aus der Vielfalt der zu den einzelnen Aspekten entwickelten Indikatoren und Indizes. Diese werden herangezogen, um in Einzelfällen die Entwicklung unter Gesichtspunkten der Performanz und einzelner "stratification outcomes" (Esping-Andersen) zu diskutieren. Auf die Frage: "Hat das sozialpolitische Engagement über die Jahre hin etwas bewirkt?", lässt sich nach einem ersten Überblick über verschiedene Kategorien von "Outcomes" zunächst einmal antworten, dass sich in nahezu allen angeführten Bereichen eine Tendenz zu steten Verbesserungen abzeichnet.

Bei der Einleitung positiver Veränderungen bezüglich der "Outcomes" spiel(t)en mehrere Faktoren eine entscheidende Rolle. So leistet nach Auffassung einer Gruppe von Ökonomen insbesondere eine "vernünftige" wirtschaftliche Wachstumsrate (als Output-Kategorie) einen entscheidenden Beitrag zur allgemeinen Einkommenssteigerung und Armutsreduktion (pro poor Growth). Hinter Kasachstans beschleunigter Wachstumsphase nach 1999 steht wiederum ein Ressourcenboom als Impulsgeber für Einkommenssteigerungen und Beschäftigungs-Spillovers, aber auch für Einkommenserwartungen, die über die realen Einkommenssteigerungen hinausgehen und als "mixed blessings" wiederum soziale Konflikte nähren (Toews 2012). Bedenkt man, dass Kasachstan beispielsweise zwischen den Jahren 2001 und 2002 eine eindrucksvolle Wachstumsrate des BIP in Höhe von 9,5 Prozent präsentierte, während die durchschnittlichen Konsumausgaben der Haushalte im gleichen Zeitraum nur um 0,7 Prozent anstiegen, so ist dieses Ergebnis unter sozialpolitischen und Wohlfahrts-Aspekten eher als enttäuschend zu bezeichnen (vgl. Verme 2006:4).

Tab. 10.1 Indikatoren der Wohlfahrt (1998-2010)

Jahr	Head-count Index (2)	Gini (3)	Arbeits-losigkeit (4)	Rente/ Armuts-grenze (5)	Armuts-grenze/ Einkom. (6)	Armuts-grenze (Tenge) (7)	HDI (8)
1998	39,0	0,347	13,1	106,7	38,4	3716	
1999	34,5	0,332	13,5	120,9	28,6	3394	
2000	31,8	0,307	12,8	86,9	34,4	4945	0,663
2001	46,7	0,339	10,4	87,5	32,7	5655	
2002	44,5	0,328	9,3	96,9	29,5	6003	
2003	37,5	0,315	8,8	127,0	27,9	6457	
2004	33,9	0,305	8,4	127,2	24,0	6785	
2005	31,6	0,304	8,1	118,9	22,4	7618	0,721
2006	18,2	0,312	7,8	117,7	20,6	8410	
2007	12,7	0,309	7,3	110,4	18,4	9633	
2008	12,1	0,288	6,6	108,5	20,3	12364	
2009	8,2	0,267	6,6	135,0	18,8	12660	
2010	6,5	0,278	5,8	157,5	17,4	13487	0,744
2011	5,3	0,289					0,750

Quelle: Mussurov 2012:13; ASK 2011

Die Intensität von Wachstum und ein steigendes Durchschnittseinkommen allein reichen offensichtlich nicht immer aus, um breitenwirksame Effekte zu erzielen (siehe zu dieser Diskussion ausführlicher Klasen 2005). Es kommt auch noch auf die Beschaffenheit des Wirtschaftswachstums an, um reduzierend auf die Armut wie auf die Ungleichverteilung der Einkommen zu wirken. Umgekehrt herrscht weitgehend Einigkeit darüber, dass Ungleichheit wirtschaftliches Wachstum behindert und die Armutsbekämpfung untergräbt. Es gilt Wege zu finden und sozialpolitische Maßnahmen zu ergreifen, die dazu führen, dass das durchschnittliche Einkommen ärmerer Schichten schneller wächst als das Durchschnittseinkommen der Bevölkerung insgesamt. Die ADB verfolgt dieses Ziel mit ihrem Konzept des "inklusiven Wachstums". M. Ravallion stellt diesen Zusammenhang nach der Analyse einer Reihe von Daten zu Haushaltseinkommen von Entwicklungsstaaten in einer Ergebnismatrix vor, die eben diesen Zusammenhang zwischen Armut, Wachstum und Verteilung zum Gegenstand nimmt. Daraus wird deutlich, dass die Armutselastizität sehr unterschiedlich ausfallen kann, je nach dem Entwicklungstrend an Ungleichheit. Auffallend ist, dass in Ländern mit steigendem Einkommen und abnehmender Ungleichheit die Armut besonders deutlich abnahm (- -) und bei gegenläufiger Entwicklung dieser Komponenten andererseits besonders deutlich zunahm (++). Er zieht daraus den Schluß, dass Änderungen in der Ungleichheit nicht mit dem ökonomischen Wachstum korrelieren (Ravallion 2001).

Tab. 10.2 Jährliche mittlere Veränderung der Armut

	Sinkende Einkommen	Steigende Einkommen
Zunehmende Ungleichheit	++	-
Abnehmende Ungleichheit	+	--
Quelle: Ravallion 2001	(+) und (-) veranschaulichen die Intensität	

In anderen Studien wird die Auffassung vertreten, dass in Ergänzung zu den Wachstumseffekten vor allem wohlfahrtspolitische Interventionen des Staates eine nivellierende Verteilungswirkung erzielen, bis hin zur Armutsreduzierung, – ein Effekt, der sich am Beispiel Kasachstans bestätigt. So fiel der Armutsindikator in den Folgejahren der globalen Finanzkrise, obschon die Wachstumsrate des (realen) BIP nur mehr 3,3 (2008) bzw. 1,8 Prozent (2009) betrug. Transfers aus dem Nationalen Fonds (NFRK) in das staatliche (Sozial-)Budget wirkten hier stabilisierend. Es finden sich aber neben Vertretern der wohlfahrtsökonomisch orientierten Ungleichheits- und Armutsforschung weitere nicht-wohlfahrtsökonomisch orientierte Ansätze wie der Grundbedürfnisse-Ansatz und der Befähigungs- oder Verwirklichungschancen-Ansatz (Capability Approach). Diese Gruppierung schreibt u.a. dem Niveau sozialer Indikatoren (Alphabetisierungsgrad, medizinische Versorgung u.a.m.) einen entscheidenden Einfluss zu, neben der tragenden Rolle des wirtschaftlichen Wachstums. Kausalitätsverläufe bleiben in diesem Diskussionsfeld strittig und damit auch Klassifizierungen als "Outcomes".

Wenn auch die BIP-Werte indirekte Rückschlüsse auf die allgemeine Entwicklung der Wohlfahrt unter den Mitgliedern einer Bevölkerung zulassen (das BIP ist ja zunächst ausgerichtet auf die Erfassung der Produktionsleistung eines Landes und enthält Komponenten, die nicht direkt zum Wohlergehen der Bürger beitragen), so sind doch komplexere Messungen notwendig, um die Multidimensionalität menschlichen Wohlergehens zu erfassen und international vergleichbar zu machen. Aus dieser Notwendigkeit heraus wurden (und werden weiterhin) eine Fülle alternativer Wohlfahrtsmaße mit monetären oder nicht-monetären Einzel- oder Teilindikatoren entwickelt (einen Überblick bietet das Eingangskapitel von Fleurbaey/Blanchet 2013). Die individuelle Wohlfahrt wird danach nicht ausschließlich aus der Menge der zur Verfügung stehenden Güter, oder aus Größen wie Einkommen oder Konsum, abgeleitet, sondern daraus, welche zusätzliche Faktoren sowohl wirtschaftliches Wohlergehen wie auch die Lebensqualität bestimmen und über welche Möglichkeiten der Verwirklichung eigener Ziele die Bürgern letztlich verfügen (functionings und capabilities).

In dem Bestreben, ein multidimensionales Phänomen wie "Wohlfahrt" so zu erfassen, dass es eindimensional zu betrachten, einfach zu vergleichen und damit auch leichter zu kommunizieren ist, wurde eine Fülle von zusammengesetzten Wohlfahrtsindizes auf der Makro- wie auf der Mikroebene konstruiert: "The main reason to construct a social index is to assist collective decisions, and a motivating assumption might be the idea that the objective of public policy is to maximize 'Social Welfare'" (Osberg 2012:6).

Abb. 10.2 Abbildungsbereiche objektiver und subjektiver Wohlfahrtsindikatoren

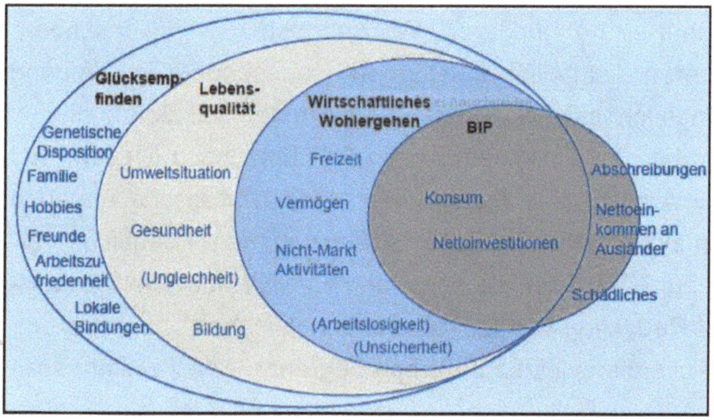

Quelle: Deutsche Bank Research

Folgt man den Weiterungen der obigen Abbildung, so deckt der "Index of Economic Well-being" (IEW-B) den Bereich "wirtschaftliches Wohlergehen" ab. Er setzt sich aus vier Teilindizes zusammen (Konsum, Vermögen, Einkommensverteilung und wirtschaftliche Sicherheit), von denen aus sozialpolitischer Perspektive vor allem die beiden letztgenannten besondere Relevanz haben. Osberg und Sharpe untersuchen in ihrem "named risks"-Ansatz vier zentrale Risiken (Arbeitslosigkeit, Gesundheitsprobleme, Armut von Alleinerziehenden, Armut im Alter), die sie in den "IEWB Index of Economic Security" überführen (Osberg/Sharpe 2012). Sie gehen von der Hypothese aus, dass das wirtschaftliche Wohlergehen einer Gesellschaft einerseits vom Gesamtkonsum und der Gesamtakkumulation als Generationenvermächtnis abhängt, andererseits von der individuellen Ungleichheit und Unsicherheit, die die Verteilung makroökonomischer Aggregate begleiten. Im Ergebnis bleibt das materielle Wohlergehen tendenziell hinter dem BIP-Wachstum zurück. Den wohl bestbekannten zusammengesetzten Index für soziales und wirtschaftliches Wohlergehen hat das Entwicklungsprogramm der Vereinten Nationen (UNDP) nach den kritischen Anregungen von Amartya Sen (capability approach) entwickelt, und zwar aus dem Bestreben heraus, den Bedürfnissen der Menschen besser gerecht zu werden: der Index für menschliche Entwicklung (Human Development Index = HDI; siehe dazu ausführlicher Kap. 10.1). Dieser summarische Wohlfahrtsindex verknüpft drei Komponenten: den materiellen Lebensstandard, den Bildungsstand und die Länge des Lebens.

Im Zentrum der Fragestellung nach den "Outcomes" von Sozialpolitik stehen bei der Beurteilung "jüngerer" Wohlfahrtsstaaten (insbesondere durch die ADB) deren distributive Leistungen, insbesondere im Umgang mit Armut und Ungleichheit (Disparität). Als zentrale Indikatoren dienen dabei die Entwicklung des Gini-Koeffizienten (vor bzw. nach Steuern und Transfers) und der Armutsquote (head count ratio). Statistische Angaben zu diesem Bereich signalisieren im Falle Kasachstans (s.u.) deutliche Verbesserungen, die zum Teil über die sogenannten Milleniumsziele hinausgehen. Neben der Reduktion von Einkommensungleichheit und Armut unterzieht T. Boeri – allerdings jetzt auf Europa begrenzt – zwei weitere sozialpolitische Aktions- und Zielbereiche einem Leistungsvergleich: "protection against uninsureable labour market risk" und "rewards from participation in the labour market" (Boeri 2002:6). Dieser "Schutz gegen nichtversicherbare Risiken des Arbeitsmarktes" wird einerseits über die Gesetzgebung zum Beschäftigungsschutz (employment protection legislation = EPL; siehe dazu ILO's "database EPLex") gewährleistet, andererseits über die Arbeitslosenunterstützung (unemployment benefits = UB). Da beide Instrumente einen ähnlichen Zweck verfolgen, besteht zwischen beiden eine Art von "trade off". Ein Beschäftigungsschutzgesetz schützt – wie die Bezeichnung andeutet – jene, die eine Beschäftigung haben (besonders augenfällig im mediterranen Modell) und es bedarf keinerlei weiteren finanziellen Aufwands in Form von Steuern, um einen Schutz zu aktualisieren. Die Arbeitslosenunterstützung sorgt für einen erweiterten Versicherungsschutz unter der Bevölkerung, dafür bedarf es aber einer steuerlichen Belastung jener, die in (sozialversicherungspflichtiger) Beschäftigung stehen. Der trade-off: "Having a generous unemployment insurance system reduces the need for firing restrictions, and vice versa" (Sapir 2006:377). Die Effizienz dieser Maßnahmen(-kombination) lässt sich über Haushaltsbefragungen ermitteln. Bei dem dritten erwähnten Zielbereich – den "Vergütungen für die Teilnahme am Arbeitsmarkt" – signalisieren Quoten (Erwerbstätigenquote und Arbeitslosenquote) die Stärke des Anreizes zur Mobilisierung des Arbeitskräftepotentials und reflektieren andererseits den Grad der "Dekommodifizierung" eines Sozialmodells. Auf die statistische Erfassung der Erwerbstätigenquote wirkt sich der Umfang der informellen Wirtschaft aus, die gerade im Falle Kasachstans nicht unerheblich ist (s.o.).

Die von der ADB geförderte Strategie des "inklusiven Wachstums" hat nicht nur zum Ziel, mittels effizienter Arbeitsmärkte und gezielter Sozial- und Versicherungsprogramme immer weitere Bevölkerungskreise aus der Armut zu führen, sondern auch die damit verbundene Einkommensungleichheit in der Gesellschaft durch gerechte Teilhabe am Wachstum zu reduzieren. Es geht dabei nicht nur um das Schließen der "Gerechtigkeitslücke" zwischen Arm und Reich, sondern auch um die Einkommensdifferenzen zwischen Stadt und Land, um das Einkommensgefälle zwischen (ölfördernden und landwirtschaftlichen) Regionen und zwischen sozialen Gruppen.

10.1 HDI-Entwicklung

Der Human Development Report von 2001 erklärte bündig: "The most basic capabilities for human development are to lead long and healthy lives, to be knowledgeable, to have resources needed for a decent standard of living and to be able to participate in the life of the community". An diesen Bedingungen orientiert sich der ursprünglich (1990 von der UNDP) konzipierte und im Human Development Report eingesetzte Index der menschlichen Entwicklung (Human Development Index = HDI) und es war ein Abschied von ausschließlich auf monetärer Basis aggregierten Maßen. Der HDI stellt ein synthetisches Wohlfahrtsmaß dar, das die im Eingangszitat genannten Dimensionen menschlicher Entwicklung und damit bewusst "nur" einen begrenzten Bereich des sozialen Fortschritts abbildet: Ein langes und gesundes Leben (LE), Zugang zu Wissen (EDUC) und einen angemessenen materiellen Lebensstandard (INC). Ursprünglich wurden diese Dimensionen mittels dreier Indikatoren erfasst: Die durchschnittliche Lebenserwartung bei der Geburt, der Alphabetisierungsgrad unter Erwachsenen zusammen mit der kombinierten Bruttoeinschulungsquote und das Bruttoinlandsprodukt pro Kopf in Kaufkraftparitäten. Durch Transformation auf eine von 0 bis 1 reichende Skala werden die Indikatoren standardisiert, der Gesamtindex selbst wird schließlich als einfaches arithmetisches Mittel der drei Teilindikatoren ermittelt. Damit lassen sich relative Vergleiche der aktuellen Situation und längerfristiger Trends der menschlichen Entwicklung zwischen Nationen anstellen. Ein Weg zur Einschätzung von Disparitäten besteht im Vergleich der höchsten und niedrigsten HDI-Werte innerhalb einer spezifischen Ländergruppe. Der HDI führt schließlich zu einem Länderranking, das sich von jenem auf reiner BIP-Basis unterscheidet. Gleichwohl bleibt der Index auf Grund seiner Zusammensetzung mit dem BIP bzw. BNE direkt oder indirekt (über die beiden anderen Indikatoren) verbunden und das Gewicht des BIP kommt mit steigendem HDI immer stärker zur Geltung (vgl. Abb. 10.3). Diskrepanzen im Ranking zwischen HDI-Werten und Pro-Kopf-Werten des BIP bringen zum Ausdruck, welche Wahl Individuen bzw. eine Gesellschaft hinsichtlich der Umsetzung ihres Einkommens in menschliche Entwicklung getroffen haben. Kasachstan steht im HDI-Ranking (Platz 69 und damit in der Kategorie "hohe menschliche Entwicklung") um acht Positionen besser als beim BNE-Ranking, wird aber bei der Positionsverbesserung von den vergleichsweise ärmeren Nachbarn Kirgistan und Tadschikistan aus der Kategorie "mittlere menschliche Entwicklung" (positioniert zwischen den Plätzen 95 bis 141) überflügelt: Ersteres rückt um 24 Plätze vor, der zweite fernere Nachbar um 19 (siehe UNDP 2013a, Tab. 1, S. 146).

Schon frühzeitig kam jedoch Kritik dahingehend auf, dass der Index in der gegebenen Zusammensetzung weder ökonomische noch soziale Ungleichheiten abbilde. Ab 2010 wandte man daher ein verfeinertes Konzept an: An die Stelle des Alphabetisierungsgrades und der Bruttoeinschulungsquote rückte die durchschnittliche Schulbesuchsdauer. Das Bruttoinlandsprodukt (BIP) pro Kopf wurde durch das Bruttonationaleinkommen (BNE) ersetzt, dessen Anwendung gerade bei Ländern wie Kasachstan angemessen ist, aus denen erhebliche Teile des Einkommens infolge hoher Präsenz ausländischer Investitionen regelmäßig ins Ausland transferiert werden (vgl. Kap. 8.1). Zusätzlich wurde anstatt des arithmetischen Mittels von nun an das geometrische zur Aggregation der einzelnen Indikatoren verwendet, so dass bescheidenere Werte bei einem der Indikatoren nicht mehr durch höhere Werte eines anderen Indikators ausgeglichen werden können.

Abb. 10.3 HDI versus BIP (in konstanten 2005 US$)

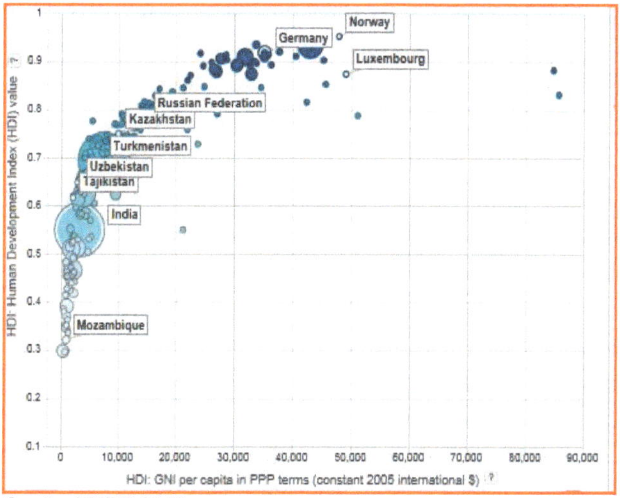

Quelle: UNDP 2013

Doch auch in dieser Fassung bleibt der Grad ungleicher Verteilung (noch) unberücksichtigt. Der erweiterte Index, der sogenannte IHDI (Inequality-adjusted Human Development Index) nimmt diesen Aspekt auf, indem das Augenmerk zusätzlich darauf gerichtet wird, wie ungleich Bildung, Gesundheit und Einkommen unter den Bürgern eines Landes verteilt sind. Entsprechend wird jeder Durchschnittswert dieser Dimensionen um den Grad der Ungleichheit in der jeweiligen Dimension "korrigiert" (wobei sich die Ungleichheitsentwicklungen durchaus gegenläufig zueinander verhalten können). Sind HDI und IHDI identisch (beide Indizes können Werte zwischen 0 und 1 annehmen), herrscht allgemeine Gleichheit in den drei erfassten Dimensionen. Gewöhnlich liegt jedoch der IHDI-Wert unter dem des HDI und je größer die Ungleichheit, desto größer ist der Werte-Abstand zueinander (siehe dazu ausführlicher Hümmer/Xu 2010). Der weltweite Durchschnittsverlust aufgrund der jeweiligen Ungleichverteilungen betrug nach der Umstellung ca. 23,3 Prozent, dabei sind Länder mit niedrigem HDI stärker betroffen (Abzug = ein Drittel), als Länder mit hohem HDI (Abzug = 11 Prozent). Im Falle Kasachstans – einem Land in der Kategorie "hohe menschliche Entwicklung" – schlägt dieser "Diskont" weniger zu Buche. So beträgt der HDI-Wert Kasachstans 0,754 (siehe Exkurs 19), während sein IHDI-Wert bei 0,652 liegt (Gesamtabzug = 13,6 Prozent). Gegenüber seiner internationalen Positionierung nach HDI (= 69) rückt das Land mit seinem IHDI gleichwohl um 3 Rangstufen vor, die Vereinigten Staaten (HDI-Rang = 3) fallen unter Berücksichtigung des Verteilungsaspektes um 13 Stufen zurück. Einen zweistelligen Positionsverlust müssen, mit Ausnahme von Kanada, alle größeren Länder des amerikanischen Kontinents hinnehmen, während bei vergleichsweise schlechterer Gesamtpositionierung zentralasiatische Länder leicht gewinnen; d.h. auf dem jeweils gegebenen Niveau fallen hier die sozialen Disparitäten im Vergleich zu Ländern mit ähnlichem Entwicklungsniveau geringer aus. Unter den Ländern, die sich in die Kategorie "Hohe menschliche Entwicklung" einreihen (Rang 48 bis einschließlich 94 mit einem Durchschnitts-HDI von 0,758), erreichte Kasachstan im Zeitraum 2000 bis 2012 mit 1,08 Prozent eine der höchsten durchschnittlichen jährlichen Wachstumsraten (nach Algerien mit 1,10 Prozent), entsprechend deutlich fallen auch die absoluten Zuwächse in allen drei Dimensionen aus. Das Gros der Partnerländer in dieser Kategorie entwickelte sich dagegen im deutlichen Abstand zur Ein-Prozent-Marke (vgl. UNDP 2013b:180-181).

Exkurs 19 Berechnung des Index der menschlichen Entwicklung für Kasachstan

Der Human Development Index wurde vor der Änderung seiner Berechnungsweise als arithmetisches Mittel der drei Teilindizes berechnet:

$HDI_{vor\ 2010} = 1/3 * (INC + LE + EDUC)$

Ermittlung der jeweiligen Kennzahl = $\frac{Wert(aktuell) - Minimumwert}{Maximumwert - Minimumwert}$

Die jeweiligen Referenzwerte für die Minima und Maxima enthält die nachfolgende Übersicht:

Indikator	Maximum	Minimum
Lebenserwartung	83,6 (Japan 2012)	20
Durchschnittliche Schulbesuchs-dauer in Jahren	13,3 (USA 2010)	0
Voraussichtliche Schulbesuchs-dauer in Jahren	16 (Gekappt)	0
Kombinierter Bildungsindex	0,971 (Neuseeland 2010)	0
BNE pro Kopf (in PPP$)	87478 Khatar 2012)	100

Die landesspezifischen Indikatorenwerte (= aktueller Wert) lauten entsprechend dem Bericht über die menschliche Entwicklung 2013:

Teilindikatoren (Kasachstan)	2013	2000
Lebenserwartung bei der Geburt (in Jahren).........	67,4	63,5
Durchschnittliche Schulbesuchsdauer (in J.).........	10,4	9,9
Voraussichtliche Schulbesuchsdauer (in J.)..........	15,3	12,3
Bruttonationaleink. pro Kopf (in PPP $).............	10451	5039

Index der Lebenserwartung = $\frac{67{,}4-20}{83{,}6-20} = 0{,}745$

Der Wert von 0,745 sagt aus: Kasachstan hat drei Viertel der Wegstrecke (= 74,5 Prozent) zwischen der schlechtesten und besten Leistung in dieser Dimension bewältigt. Ähnliches gilt für die nachfolgenden Werte:

$$\text{Voraussichtliche Schulbesuchsdauer} = \frac{15{,}3-0}{18{,}0-0} = 0{,}850$$

$$\text{Bildungsindex} = \frac{\sqrt{0{,}781 \cdot 0{,}850}-0}{0{,}971-0} = 0{,}838$$

$$\text{Einkommensindex} = \frac{\ln(10451)-\ln(100)}{\ln(87478)-\ln(100)} = 0{,}686$$

$$\text{Human Development Index} = \sqrt[3]{0{,}745 \cdot 0{,}838 \cdot 0{,}686} = 0{,}754$$

Mit diesem Wert fällt Kasachstan in die Kategorie "Hohe menschliche Entwicklung" (0,8 > HDI ≥ 0,71). Weltweit belief sich 2012 der durchschnittliche HDI-Wert auf 0,694.

Weiterführende Literatur: Technische Erläuterung 1 unter http://hdr.undp.org/en/media/HDR_2013_EN_TechNotes.pd. Kritische Bewertung: Ravallion (2010): Troubling Tradeoffs in the Human Development Index. Policy Research Working Paper 5484, World Bank, Washington D.C.

Tab. 10.3 HDI-Indikatoren im internationalen Vergleich 2012

	HDI-Wert	HDI-Rang	Lebens-erwartung bei Geb.	Erwartete Bildungs-jahre	Schuljahre im Durch-schnitt	BNE in PPP US$
Kasachstan	0,754	69	67,4	15,3	10,4	10451
Ukraine	0,74	78	68,8	14,8	11,3	6428
Russ. Föd.	0,788	55	69,1	14,3	11,7	14461
Usbekistan	0,654	114	68,6	11,6	10	3201
Kirgistan	0,622	125	68	12,6	9,3	2009
Tadschik.	0,622	125	67,8	11,5	9,8	2119
Mittl. HDI	0,64	-	69,9	11,4	6,3	5428

Quelle: UNDP 2013:3; UNDP (2013a):3

Diese beiden Indizes werden noch durch einen assoziierten (2010 eingeführten) "Gender Inequality Index" (GII) ergänzt, der geschlechterspezifische Diskrepanzen in drei Dimensionen erfasst: reproduktive Gesundheit, Teilhabe und Erwerbsbeteiligung. Bei einem steigenden Maß an Diskriminierung fällt der HDI (und umgekehrt). Kasachstan bleibt mit seinem GII von 0,312 dank sehr guter Werte im Bildungsbereich und einer hohen Erwerbsbeteiligung von Frauen (= 66,6 Prozent; dies entspricht der Beteiligung der Männer in der Bundesrepublik) unter dem Weltdurchschnitt von 0,463 (UNDP 2013b: Tab. 4).

Hinter den Durchschnittswerten für ein Land verbergen sich – und dies hat der Fall Kasachstan wiederholt gezeigt – erhebliche regionale Disparitäten innerhalb des Landes. So lassen sich in Kasachstan nach den jeweiligen HDI-Werten drei regionale Gruppierungen voneinander unterscheiden. Deutlich über dem landesweiten HDI-Durchschnitt bewegen sich die beiden städtischen Zentren Almaty und Astana sowie die Regionen Atyrau, Mangistau, Westkasachstan, und Aktobe, während die Regionen Zhambyl, Almaty, Südkasachstan und Akmola unterdurchschnittliche Werte ausweisen (UNDP 2009). Dieses Muster deckt sich weitgehend mit dem wirtschaftlichen Leistungsbild der Regionen.

10.2 Einkommens- und Verteilungsentwicklung

Die Verteilung des Einkommens ist eines der wesentlichen Elemente individueller Wohlfahrt und die Einkommensumverteilung zwischen Wirtschaftssubjekten sowie zwischen Regionen zählt zu den zentralen Aufgaben von Wirtschaftspolitik. Die funktionelle Einkommensverteilung, d.h. die Erzielung von Einkommen (Lohn, Profit, Zins und Rente) mittels der Faktoren Arbeit, Kapital und Vermögen (vgl. Kap. 8.1), bleibt zunächst den Märkten überlassen, wird aber in der Regel von der Mehrheit der Bevölkerung – und die Kasachen bilden hier keine Ausnahme – als unbefriedigend empfunden, da auch hier viele Personen über ein unterdurchschnittliches Einkommen verfügen, jedoch nur wenige weit über dem Durchschnitt liegen. Haushalte und Personen erzielen wiederum ihre Einkünfte aus unterschiedlichen funktionalen Einkommensarten (Querverteilung), mit dem Ergebnis einer ungleichen personellen Bruttoeinkommensverteilung, der sogenannten *Primärverteilung.* An diesem Punkt greift in der Regel die sichtbare Hand des Staates ein und gestaltet das den Haushalten und Individuen letztlich für Konsum- und Sparzwecke zur Verfügung stehende, asymmetrisch verteilte Einkommen. Aus diesem Eingriff resultiert die *sekundäre* Einkommensverteilung. Bei diesen Korrektur- und Umverteilungsmaßnahmen, bedient sich die Politik vor allem zweier – interpersonell wie intertemporal wirkender – Instrumente: einer progressiven Besteuerung und sozialer Transfers. Mittels dieser Instrumente lässt sich jedes gegebene Muster einer Einkommensverteilung korrigieren (auch mit regressiven Verteilungseffekten). Das Resultat ist das verfügbare Einkommen, also das Markteinkommen abzüglich der direkten Steuern und der Sozialabgaben, zuzüglich der vom Staat und den Sozialversicherungen empfangenen Transferleistungen (auch *Post Government*-Einkommen genannt; zu den Einkommensbegriffen siehe ausführlicher Schwarze/Elsas 2013). Als dritter Hebel, der in den obigen Ausführungen nicht ausführlicher behandelt wurde, aber in Kasachstan sehr wohl auch zum Einsatz kommt, bieten sich Investitionen in Bildung, Gesundheit und öffentliche Versorgung mit weiteren Dienstleistungen (z.B. in Form des Zugangs zu sauberem Wasser und andere Infrastrukturmaßnahmen) an. Ihre Effekte liegen längerfristig nicht nur in der Verteilung, sondern auch in der erweiterten Teilhabe Betroffener am sozialen und kulturellen Leben der Gesellschaft, also der Reduzierung sozialer Exklusion (Shedenova/Beimisheva 2013).

Wenn es um die Einschätzung der tatsächlichen Verteilungssituation in einem Lande geht, so zieht man empirische Indikatoren der Ungleichheit als Maßstab heran. Theorie und Empirie der Einkommensverteilung unterscheiden – wie bereits angesprochen – die *funktionelle* und die *personelle* Einkommensverteilung. Grundlage der empirischen Aussagen bildet die Volkswirtschaftliche Gesamtrechnung. Der bereits oben angesprochenen (bereinigten) Lohnquote – als Ausdruck der *funktionellen* Einkommensverteilung – kommt als Verteilungsmaß zwar nur noch geringere Bedeutung zu (u.a. auf Grund der Querverteilung), sie zeigt aber im Falle Kasachstans an, dass hier im internationalen Vergleichsmaßstab noch erhebliche Verteilungsspielräume zwischen Kapital und Arbeit, zu Gunsten des Faktors Arbeit bestehen.

Die *personelle* Einkommensverteilung (als Markteinkommen *vor* bzw. als verfügbares Einkommen *nach* staatlicher Einflussnahme unabhängig von der Quelle des Einkommens) gibt dagegen an, wie viele Personen bzw. Haushalte sich jeweils in den verschiedenen Einkommensklassen befinden, und zeigt somit die Einkommensunterschiede bzw. die Beteiligung am Wohlstand der Gesellschaft auf (ergänzbar durch weitere Verteilungsaspekte: Alter, Geschlecht, regionale Gliederung u.a.). Das entsprechende Datenwerk wird gewöhnlich über Einkommens- und Verbrauchsstichproben oder mittels Wiederholungsbefragungen von Haushalten und Personen (wie durch das Sozio-ökonomische Panel in Deutschland) ermittelt (im

Falle Kasachstans durch den Kazakhstan Household Budget Survey = KHBS, s. Hare/Naumov 2008; eine Übersicht zu weiteren Surveys bieten Brück/Esenaliev/u.a. 2012). Die personelle Einkommensverteilung ist insofern von gesellschaftlicher Bedeutung, als sie nicht nur die Beteiligung am Wohlstand einer Gesellschaft reflektiert, sondern darüber hinaus auch die potentielle Teilhabe am politischen, kulturellen und gesellschaftlichen Leben bestimmt. An Stelle von Einkommen lassen sich auch Konsum oder Vermögen als Indikatoren der Wohlfahrt verwenden (u.a. können mit diesen Ansätzen die Auswirkungen des informellen Sektors besser einbezogen werden).

Um die Einkommensverteilung in einem Lande zu veranschaulichen, bietet sich als einfache Möglichkeit die graphische Wiedergabe der Häufigkeitsverteilung der Einkommen bzw. der klassierten Einkommen an; d.h. es werden Einkommensklassen (auf der Basis von Äquivalenzeinkommen, s. Exkurs 20) festgelegt und nach ihrer jeweiligen Besetzungsstärke (Dichte) in einem Histogramm bzw. einem gleitenden Histogramm abgebildet. Wie bei vielen Länderbeispielen, so ist auch in Kasachstan das verfügbare (Haushalts-)Einkommen nicht symmetrisch verteilt, und es ist zu erwarten, dass es in der graphischen Wiedergabe linkssteil bzw. rechtsschief verläuft, d.h. mehr als die Hälfte der erfassten Personen/Haushalte haben ein (verfügbares) Einkommen, das unterhalb des Mittelwertes liegt (wie die Angaben von Verme (2006) bestätigen).

Tab. 10.4 Beispiel für die Einkommensentstehung und -verteilung in einem kasachischen Haushalt (Monatliches Geldeinkommen, 2013)

	Erw.	Erw.	Kind 15 J.	Kind 7 J.	Haushalt insg.
Lohneinkommen	129014*	87879**	0	0	216893
Sonstige Markteink.	0	0	0	0	0
Beitrag Sozialvers.	12901	8788	-	-	21689
Einkommenssteuer***	12901	8788	-	-	21689
Transferzahlungen****	-	-	-	-	-
Verfügbares Eink.	-	-	-	-	173515
Verfügbares Einkommen der Personen. Äquivalenzskala					
Pro-Kopf (1+1+1+1)	43379	43379	43379	43379	
OECD (1+0,5+0,5+0,3)	75441	75441	75441	75441	
ASRK (3,75)	46271	46271	46271	46271	

*) Monatlicher (Brutto-)Durchschnittslohn für Männer, Juni 2013

**) Monatlicher Durchschnittslohn für Frauen, Juni 2013 nach ASRK

***) Ab 2007 führte die Regierung bei Lohneinkommen eine Flat rate (10%) ein.

Exkurs 20 Äquivalenzeinkommen

Um Vergleichbarkeit zwischen Haushalten unterschiedlicher Größe und Zusammensetzung hinsichtlich der individuellen Wohlfahrt herzustellen, die ein bestimmtes Einkommen stiftet, operieren Statistiker mit sogenannten Äquivalenzskalen bzw. Äquivalenzeinkommen. Die Bedarfe eines Haushalts steigen zwar mit jedem zusätzlichen Mitglied, sind aber nicht gleich verteilt (Erwachsener versus Kind; demographische Komponente). Außerdem müssen sich die entsprechenden Ausgaben nicht proportional zur steigenden Mitgliederzahl entwickeln, da sich viele Güter (wie Wohnung, Möbel, Elektrizität etc.) gemeinschaftlich nutzen lassen (Skaleneffekt-Komponente). Ein Vier-Personen-Haushalt muß also nicht über das Vierfache eines Single-Haushaltes verfügen, um den gleichen Lebensstandard zu genießen, sondern je nach Ansatz lediglich das 3,4-fache (vgl. Tab. 10.5). Kurz: "Equivalence scales differ in their detail and complexity, but commonly recognise that the extra resources required by larger groups of people living together are not directly proportional to the number of people in the group. They also typically presume that children have fewer needs than adults" (OECD 2013:173). So berechnet sich das Äquivalenzeinkommen (gewichtetes Pro-Kopf-Einkommen) nach der OECD-Skala wie folgt: Erste erwachsene Person im Haushalt = 1,0; jede weitere Person ab 14 Jahren = 0,5 und Kinder unter 14 Jahren = 0,3. Das heißt, ein Haushalt mit zwei Erwachsenen und zwei Kindern im Alter von 12 und 16 Jahren erhält die Äquivalenzzahl 2,3. Das Äquivalenzeinkommen ergibt sich mittels Division des Haushaltseinkommens durch die jeweilige Äquivalenzzahl und ist somit Ausdruck einer innerfamilialen Einkommensverteilung. Ökonomische Wohlfahrt kann auch durch den realisierten Konsum gemessen werden und so operiert Kasachstans staatliche Agentur für Statistik (ASRK) u.a. mit einer vom europäischen Muster abweichenden Äquivalenzskala für Haushaltsausgaben (vgl. nachfolgende Tabelle).

Tab. 10.5 Äquivalenzskalen für Haushalte unterschiedlicher Größe in Kasachstan

Anzahl der Personen im Haushalt	Einfacher Durchschnitt	Modifizierte OECD-Skala EUROSTAT	ASRK Einkommens-Äquivalenz ab 2001	Äqui-Valenz-Kasach-Variante nach ILO	Ausgaben-Äquivalenz Kasachstans	Quadratwurzel-Skala (Square Root Scale)
Single	1	1	1	1	1	1
1 Erw. + Kind	2	1,3	1,69	1,8	1.69	1,4
2 Erwachs.	2	1,5	2,16	1,8	2,16	1,4
2 Erw. + Kind	3	1,8	2,81	2,6	2,81	1,7
2 Erw. + 2 K.	4	2,1	3,75	3,4	3,767	2,0
2 Erw. + 3 K.	5	2,4	3,75	4,2	3,767	2,2

Quelle: ILO 2012, Hare/Naumov 2008

Andere Untersuchungen operieren bei der Festlegung von Konsumäquivalenten ausschließlich mit Skaleneffekten, wobei jedes weitere Haushaltsmitglied mit 0,8 gewichtet wird (Roelen/Gassmann 2012:13).

In der Forschungspraxis sind verschiedene Verfahren zur Ermittlung von Äquivalenzskalen entwickelt worden (theoriegeleitete Skalen, Experten-skalen), die bei der Analyse von Einkommensungleichheit und Armut zur Anwendung kommen. Die meisten Skalen benutzen die Merkmale Anzahl und Alter der Haushaltsmitglieder als Unterscheidungsmerkmal. Zu beachten bleibt: Je nach verwendeter Äquivalenzskala verschieben sich in Verteilungsanalysen zwangsläufig auch Armutsgrenzen und Einkommensungleichheiten.

Weiterführende Literatur: Schwarze/Elsas 2013; OECD 2013.

Ist die Streuung um den Durchschnitt klein, so wird die jeweilige Einkommensverteilung als gleichmäßig – wenn auch nicht zwangsläufig als gerecht – bezeichnet. In der Praxis der Ungleichheitsmessung gilt es zu berücksichtigen, dass Personen in unterschiedlich großen Haushalten leben, mit entsprechend variierenden Lebenshaltungskosten, da ein Haushalt mit wachsender Mitgliederzahl Skalenerträge realisieren kann (vgl. Exkurs 20 zum Äquivalenzeinkommen).

Als gebräuchliche Ansätze dienen bei der Beschreibung der jeweiligen Einkommenssituation die Verteilung von Einkommen zwischen "Dezilen" der Bevölkerung oder aggregierte Indikatoren wie die "Lorenz-Kurve" und der "Gini-Koeffizient" (und dazu ergänzend der "Theil"-Koeffizient, der nicht nur Einkommensunterschiede zwischen Gruppen, sondern auch jene innerhalb von Gruppen anzeigt). Der Gini-Koeffizient ist nur einer von mehreren summarischen Indizes zur Abbildung einer landesspezifischen Einkommensverteilung; es handelt sich bei diesem Koeffizienten um ein skalares Ungleichheitsmaß, d.h. die Informationen einer Einkommensverteilung werden in einem einzigen Maß verdichtet. Mit einer Wertspanne von 0 bis 100 (bzw. 0 bis 1) reicht der Gini-Koeffizient von absoluter Gleichverteilung des Einkommens unter der Bevölkerung bis hin zur völligen Ungleichverteilung (siehe dazu ausführlicher den anschließenden Exkurs 21).

Die Veränderungen einschlägiger Werte zeigen den Wirkungsgrad verteilungspolitischer Maßnahmen an: Steigen die öffentlichen Transfers an die unteren Einkommensbezieher und nimmt die progressive Besteuerung zu, so fällt der Gini-Koeffizient und die (Netto-)Einkommen gleichen sich an, sie erscheinen "gerechter" verteilt. Der Einsatz dieser Indikatoren und Koeffizienten erlaubt auch Vergleiche im internationalen Rahmen und ein entsprechendes Ranking von Ländern. Danach zeichnen sich selbst innerhalb der Gemeinschaft europäischer Staaten weder ein identisches Verteilungsmuster ab, noch eine konvergierende Verteilungsdynamik im Zeitablauf. Es lassen sich eher Lagerbildungen im Sinne der oben angesprochenen Wohlfahrtsregime ausmachen (Nord versus Süd). Skandinavische Länder bewegten sich nach Angaben von Eurostat im Beobachtungsjahrzehnt 1997-2007 bei ihren Werten des Gini-Koeffizienten (für Netto-Einkommen) zwischen 20 und 25 (bei generell aufsteigender Tendenz), während südeuropäische Länder Werte von knapp über 30 bis knapp über 35 ausweisen (bei partiell aufsteigenden wie absteigenden Tendenzen je nach Länderfall).

Exkurs 21 Das Messen von Ungleichheit

Um die Gestalt einer gegebenen Einkommensverteilung abzubilden, werden allgemein sogenannte Einkommensquantile genutzt. Dazu werden zunächst die Personen nach der Höhe ihres Einkommens sortiert und anschließend die gesamte Population in gleich große Teile geteilt, um letztlich den Bevölkerungsanteilen die ihnen zur Verfügung stehenden Einkommensanteile (y) gegenüber zu stellen. Gängige Quantile der Verteilung sind: Median, Quartile, Quintile und Decile.

Der einfachste Ansatz zur Messung der ungleichen Verteilung von Einkommen (und Vermögen) ist die Relation zwischen dem obersten *Einkommensdezil* (bzw. *Quintil*) der Bevölkerung einer regionalen/nationalen Einheit gegenüber deren unterstem Dezil (bzw. Quintil). Um diesen "assets coefficient" (aus der Kategorie "income differentiation index") zu erhalten, arrangiert man eine Bevölkerung entsprechend der Einkommenshöhe von "arm" nach "reich", unterteilt diese Anordnung in Zehntel (Dezile) und ordnet ihnen den jeweiligen relativen Einkommens- bzw. Ausgabenanteil zu. Beim Vergleich des zehnten Dezils mit dem untersten wird die Lage der dazwischen liegenden 80 (bzw. 60) Prozent von Einkommensbeziehern "übersehen".

Die *Lorenzkurve* vermittelt eine graphische Abbildung der gesamten Einkommens(ungleich)verteilung. Bevölkerungseinheiten (Personen, Haushalte) sind ihrem Einkommensniveau nach (von niedrig bis hoch) auf der x-Achse aufgereiht, während der entsprechende kumulative Anteil am Gesamteinkommen auf der y-Achse abgebildet wird. Eine Verlagerung des Streckenzugs der Lorenzkurve von a (2001) nach b (2011) in Richtung Gleichverteilungslinie stellt sich ein, wenn positive Einkommensbeträge mittels staatlicher Eingriffe von besser gestellten Einkommensgruppen zu relativ ärmeren transferiert werden und/oder sich die Markteinkommen infolge spezifischer Entwicklungen auf den Arbeits- und Kapitalmärkten über die Jahre neu verteilt haben. Die Abbildung der Lorenzkurve für Kasachstan (s.u.) lässt eine erste Einschätzung zu. Danach verfügte das oberste Dezil der kasachischen Haushalte im Jahre 2011 über ca. 24 Prozent der Einkommen, während das unterste Dezil sich mit einem Anteil von 4 Prozent am Gesamteinkommen zu begnügen hatte; d.h., die entsprechende Relation betrug 6,0 (ähnlich dem für Schweden ermittelten Wert von 6,2 für das Jahr 2005; USA = 15,9). Die ersten 50 Prozent erhielten demnach ca. 30 Prozent der Einkommen.

Abb. 10.4 Lorenzkurven Kasachstans (2001, 2011)

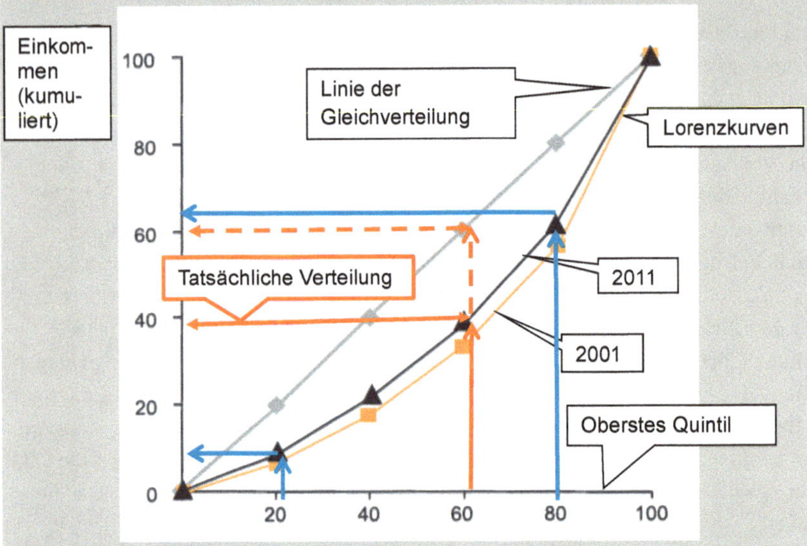

Quelle: Ėkonomika i Statistika 1, 2013

Abb. 10.5 Einkommensquintile und Lorenzkurve Kasachstans, 2009

Einkommens-quintile	%-Anteile am Gesamt-einkommen	Kumu-lative Anteile
Unterstes Quintil	9,2	9,2
Zweites Quintil	13,1	22,3
Drittes Quintil	16,9	39,2
Viertes Quintil	22,0	61,2
Oberstes Quintil	38,8	100

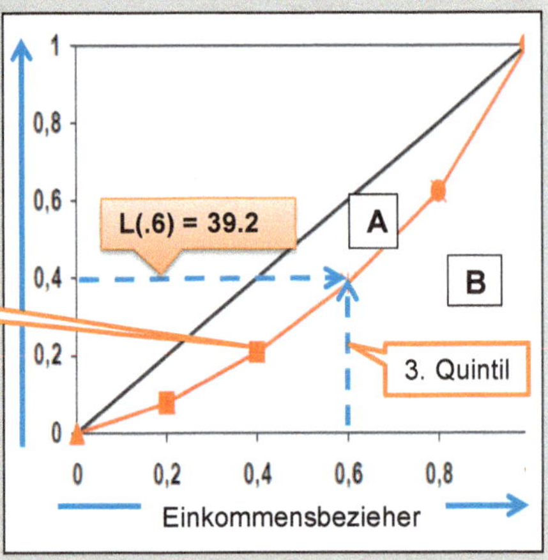

Der *Gini-Koeffizient* (Fläche A/Fläche A + B) ist ein verbreitetes Maß zur Quantifizierung der Ungleichheit bei einer gegebenen Verteilung von Einkommen (bzw. Konsumausgaben). Als ein Maß der Einkommensungleichheit bzw. als ein Maß zur

Quantifizierung der relativen Konzentration einer Einkommensverteilung reicht dessen Wert von 0 bis 1 (bzw. 100). Je größer sein Wert, desto größer die Ungleichverteilung. Mittels der Abweichung der Lorenzkurve von der Linie der perfekt gleichen Verteilung lässt sich der Gini-Koeffizient veranschaulichen und bestimmen.

Verfügt jede Person genau über das Durchschnittseinkommen der beobachteten Grundgesamtheit, so ist die Lorenzkurve identisch mit der Gleichverteilungskurve (= Diagonale) und der Gini-Koeffizient nimmt den Wert Null an. Nimmt die Ungleichverteilung unter den Einheiten der Gesamtheit zu, so wandert die Lorenzkurve nach Außen, die Fläche A wird größer und der Gini-Koeffizient nimmt steigende Werte an, im Extremfall den Wert 1 (bzw. 100), wenn sich das gesamte Einkommen auf eine Person bzw. einen Haushalt konzentriert; d.h. die Lorenzkurve verläuft entlang der beiden Achsen und die Fläche B ist Null. Einzelne afrikanische und mittelamerikanische Länder erreichen Indexwerte von über 60. Am Ende des internationalen Rankings stehen mit einem Konzentrationsmaß von weniger als 25 skandinavische Länder, neben Slowenien, Ungarn und Montenegro. Ein Nachteil des Gini-Koeffizienten liegt darin, dass er sich nicht ausdifferenzieren lässt in Ungleichheiten innerhalb und zwischen einzelnen Gruppen. Derartige Binnendifferenzierungen lassen sich im zeitlichen Ablauf mittels dieses Koeffizienten nicht eindeutig erfassen und zuschreiben.

Tab. 10.6 Die Entwicklung weiterer Indikatoren ungleicher Einkommensverteilung in Kasachstan

Indikatoren	2007	2008	2009	2010	2011
Relation des obersten Einkommensdezil zum untersten	7,2	6,2	5,3	5,7	6,1
Anteil der Bevölkerung mit einem Einkommen unter dem Subsistenzniveau (head count ratio)	12,7	12,1	8,2	6,5	5,3
Anteil der Bevölkerung mit einem Einkommen unter dem minimalen Nahrungsmittelkorb	1,4	1,2	0,6	0,4	0,5
Armutslücke (durchschnittliche Distanz zwischen Einkommen der Armen und Subsistenzniveau in Anteilen am Subsistenzniv.; income gap ratio)	2,4	2,3	1,3	1,1	0,9
Armutsintensität (poverty gap index; bezogen auf Gesamtbev.)	0,8	0,7	0,3	0,3	0,3

Quelle: Statistical Yearbook "Kazakhstan in 2011": 49

Ungleichheiten in der Einkommensverteilung können noch durch weitere Indikatoren verdeutlicht werden: Anteil der Bevölkerung mit einem Einkommen unterhalb des Subsistenzniveaus; Anteil der Bevölkerung mit einem Einkommen unterhalb der Kosten eines Nahrungsmittelkorbes (nach WHO-Norm); Armutslücke u.a.m.

Da mit jedem Ungleichheitsmaß eine andere Bewertung der Einkommensverteilung einhergeht, sollten zur Beschreibung einer derartigen Verteilung verschiedene Ungleichheitsmaße (Gini-Koeffizient, Spannbreite, Varianz, Variationskoeffizient) herangezogen werden.

Weiterführende Literatur: OECD 2008; Wilkinson/Prickett 2010.

Der zentralasiatische Raum weist in der Entfaltung der jeweiligen Verteilungsbilder auch spezifische Muster aus. Wie in nahezu allen GUS-Staaten zu beobachten, so nahmen auch in Kasachstan über die 90er Jahre hin die Einkommensdifferenzen zu, belegt durch den steigenden Wert des Gini-Index (Einkommensgleichheit-Koeffizient: 1993 = 32,7 und 1996 = 35,2; verbunden mit einer Verlagerung der Lorenz-Kurve nach rechts unten). Milanovič sieht die Ursache dieser sich verstärkenden Ungleichheit in der Ablösung der relativ komprimierten Lohnskala im Staatssektor durch die erweiterte Spreizung der Löhne im aufkommenden Privatsektor (Milanovič 1999). Nach einem Kulminationspunkt Ende der 90er Jahre stabilisierte sich in Kasachstan der Index, um nach 2001 wieder bis auf einen Wert von 31 abzufallen (Agrawal 2008:98). Das heißt, die Ungleichverteilung hatte sich über den Zyklus geringeren Wachstums verstärkt und sich in der Phase wirtschaftlicher Beschleunigung wieder reduziert. Dieses Verlaufsmuster wiederholt sich praktisch unter dem Eindruck der Krisenjahre 2006 und 2007: Der Index steigt gegenüber den Vorjahren an, um nach den beiden genannten Jahren wieder den Weg in Richtung Gleichverteilung einzuschlagen. Hinter dieser Entwicklung steht ein einfaches Reaktionsmuster: In Phasen eines wirtschaftlichen Einbruchs sind Lohnbezieher gewöhnlich disproportional härter betroffen und der Staat ist angesichts der eigenen fiskalischen Schwäche kaum in der Lage deren Einbußen über Transferzahlungen (gänzlich) zu kompensieren. Bei der gesamten (positiven) Einkommensentwicklung über den Zeitraum 2001 bis 2010 fällt auf, dass sich die Realeinkommen des untersten Dezils dynamischer als die der übrigen Dezile entwickeln. Als Folge verlieren die oberen Dezile (8,

9, 10) an Einkommensanteilen, die unteren gewinnen dazu. Vereinigten die Dezile 1 bis 7 im Jahre 2001 zusammen 45,6 Prozent des Einkommens auf sich, so waren es 2010 bereits 50,1 Prozent. Kasachstan bewegt sich im zentralasiatischen Vergleich beim Pro-Kopfeinkommen (BIP gemessen in SPPP = Salary Purchasing Power Parity) weit über dem Niveau seiner zentralasiatischen Nachbarn und weist gleichzeitig auch eine mindere Ungleichverteilung aus. Besonders deutlich fällt der positive Abstand zu Usbekistan aus (vgl. Abb. 10.6).

Abb. 10.6 Einkommen und Ungleichheit im internationalen Vergleich, 2005

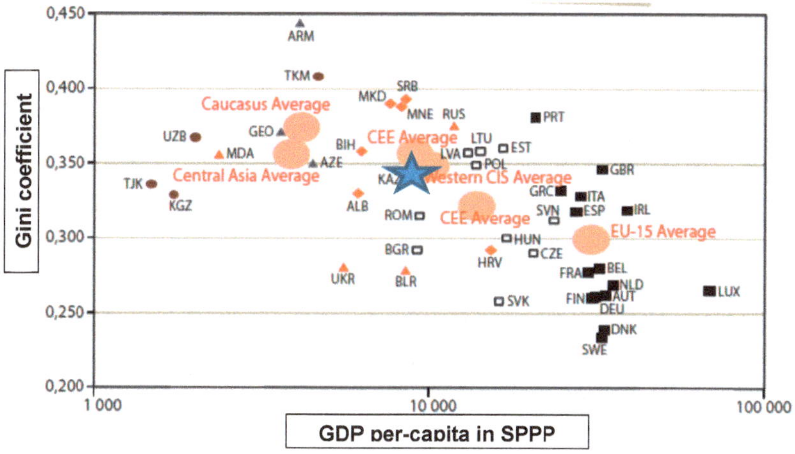

Quelle: UNDP 2011:17

10.3 Häufigkeit und Intensität von Armut

Im Rahmen dieser partiell vergleichenden Beschreibung Kasachstans als sich entwickelnder Wohlfahrtsstaat wird zwar keine systematische Effizienz- und Wirkungsanalyse vorgenommen, aber schon der einfache Vergleich mit den unmittelbaren Nachbarn, die ja aus einem weitgehend identischen Wohlfahrtsregime heraus in die Transformation aufgebrochen waren, zeigt, dass sich Kasachstan – dem Wohlfahrtsindex der Bertelsmann-Stiftung nach – offensichtlich stärker um den Ausbau einzelner wohlfahrtsstaatlicher Elemente bemüht hat. Bestätigt wird dies durch das vorzeitige Erreichen des ersten Milleniumsziels (Millenium Development Goal =

MDG), nämlich extreme Armut und Hunger bis zum Jahr 2015 zu eliminieren. Aufgeteilt in zwei, national angepasste Teilziele lauteten die Vorgaben: Reduzierung des Bevölkerungsanteils mit einem Einkommen unter dem Subsistenzniveau, d.h. mit einem Tageskonsum von weniger als USD 4,30 (PPP), um die Hälfte im Vergleich zu 2001, und Reduzierung des Anteils von Armen um ein Drittel (orientiert an der national definierten Armutsgrenze in Form von "Food basket cost"). Die Impulse zur gezielten Armutsreduktion waren ab dem Jahre 2000 durch zwei Staatsprogramme (Programm zum Kampf gegen die Armut 2000-2002 und das Anschlussprogramm zur Armutsreduktion 2003-2005) mit einem Ausgabenumfang von KZT 610 Mrd. (entsprach ca. $4,55 Mrd.) gesetzt worden.

Weil früh erreicht (vgl. Abb. 10.7), wurden beide (oben zitierte) Ziele – und nicht nur diese – in Form von "MDGs+" (2007) nochmals nachgebessert: Die Bekämpfung von Armut und der damit verbundenen sozialen Exklusion konzentriert sich jetzt auf ländliche Regionen, dort soll der Anteil der Bevölkerung mit einem Einkommen unter dem Subsistenzniveau bis 2015 halbiert werden. Hunger ist bei dem Getreide(überschuss)produzenten Kasachstan kein unmittelbares Problem und so wurde Teilziel zwei in Richtung einer "ausgewogenen Ernährung", insbesondere für Kinder, modifiziert. Im Jahre 2009 lag der Anteil der Bevölkerung mit Einkommen unter dem Subsistenzniveau bei 8,2% (UN 2010:18).

Das Anti-Armuts-Programm mit seinem Hauptinstrument der "Gezielten Sozialen Unterstützung" (targeted social assistance) zeigt(e) begrenzte Wirkung. Unter dieses Programm fallen Familien und Einzelpersonen, deren Einkommen 40 Prozent unter dem Subsistenzminimum liegt (vgl. Exkurs 8). Eine erneute Armutsgefährdung erwächst allerdings aus den weltweit steigenden Getreidepreisen. Erhöhungen von Lebensmittelpreisen sind für Arme ein zweischneidiges Schwert: Einerseits profitieren jene von steigenden Preisen, die Lebensmittel produzieren, andererseits sind jene in ihrer Kaufkraft zusätzlich eingeschränkt, denen diese Möglichkeit verschlossen ist. Nach dem *Global Food Security Index 2012* (mit den drei Dimensionen "affordability", "availability", "utilisation") erreicht Kasachstan einen Wert von 51,1 (von möglichen 100). Dies positioniert das Land in einem weltweiten Ranking von 105 Ländern auf Platz 53 und gleichzeitig weit vor seine zentralasiatischen Nachbarn (Usbekistan = Rang 72). Was die Qualität, Sicherheit und ausreichende Versorgung mit Nahrung betrifft, so liegt Kasachstan über den weltweiten Durchschnitten, ein deutliches Gefährdungspotential ergibt sich aus der Volatilität der Ernten und der Korruption (Economist Intelligence Unit 2012).

Abb. 10.7 Die Einkommenslücke wird schmaler (Entwicklung des Gini-Index (rechte Skalierung) und Entwicklung des Bevölkerungsanteils unter dem Subsistenzniveau)

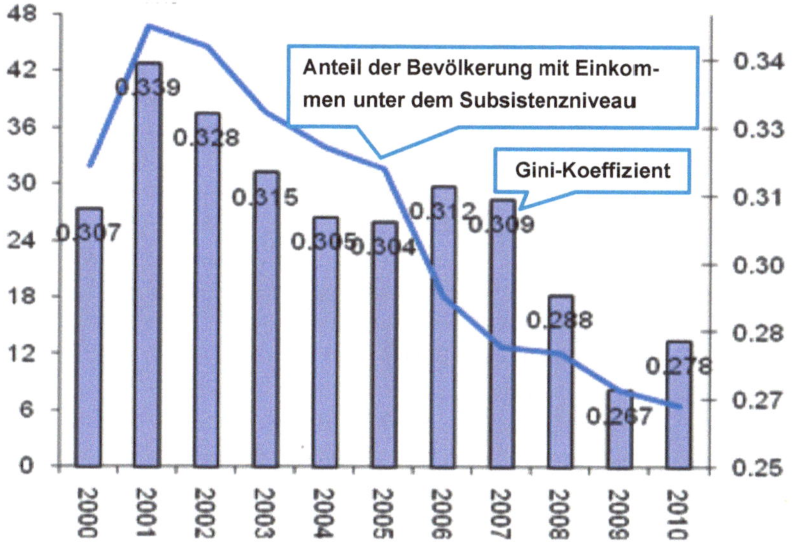

Quelle: ASRK, ATFBank Research

Die seit 1999 rückläufigen Werte des "poverty gap index" weisen ferner darauf hin, dass nicht nur die Anzahl der Armutsfälle selbst rückläufig ist, sondern dass sich die Lage der verbliebenen Armen in den wirtschaftlichen Wachstumsphasen verbessert, d.h. der Armutsgrenze (von unten her) angenähert hat. Gestützt auf Kasachstans Household Budget Surveys für die Jahre 2001-2004 analysierte Esanov (2006) die Auswirkungen hoher Wachstumsraten auf die Armutsentwicklung und kam zu dem Schluß, dass die entscheidende treibende Kraft hinter der deutlichen Armutsreduktion die rückläufige Ungleichheit war. Dies deutete darauf hin, dass die "Armen" in ihrer Einkommensentwicklung relativ mehr von der allgemeinen

Wachstumsdynamik profitierten als die "Nicht-Armen" (pro poor Growth). Die entscheidende Rolle spielte bei dieser Entwicklung der Verteilungsfaktor. In den Folgejahren der Finanzkrise (2007-2009) drohte diese positive Bewegung wieder zum Erliegen zu kommen. Tatsächlich wirkten aber Stabilisierungs- und Umverteilungsmaßnahmen der Regierung einem erneuten Einbruch entgegen.

Exkurs 22 Wachstumsinzidenzkurve (growth incidence curve)

Das Konzept setzt bei der Einkommensverteilung an. Benötigt werden zwei vergleichbare Household Surveys mit den (gewichteten) Einkommensvariablen (oder Konsumvariablen) in konstanten Währungseinheiten. Die Stichprobe wird nach aufsteigender Größe sortiert und in 100 Teile (Perzentile) zerlegt. Das 20-te Perzentil gibt dann beispielsweise den Einkommenswert an, der von 20 Prozent aller Einkommen unterschritten wird. Zwischen den zwei Zeitpunkten der Surveys verändern sich gewöhnlich die Einkommen. Die growth incidence curve bildet diesen Einkommenszuwachs (bzw. -verlust) pro Perzentil der Einkommensverteilung zwischen den Erfassungszeitpunkten ab und wird nun mit dem Durchschnitt der Wachstumsraten der Perzentileinkommen bzw. mit der Wachstumsrate des Durchschnittseinkommens konfrontiert. Daraus lässt sich entnehmen, in welchen Perzentilen ein überdurchschnittlicher bzw. unterdurchschnittlicher Einkommenszuwachs stattgefunden hat. Im Zeitraum 2001-2002 waren die Wachstumsraten der Einkommen bis zum 40-sten Perzentil höher als der Durchschnitt der Wachstumsraten der Perzentileinkommen; d.h., die Bezieher der niedrigen Einkommen verzeichneten dank Umverteilungen (relativ) überdurchschnittliche Einkommenszuwächse, während die oberen Perzentile unter dem Durchschnitt der Perzentilzuwächse blieben.

Abb. 10.8 Wachstumsinzidenzkurve Kasachstans, 2001-2002

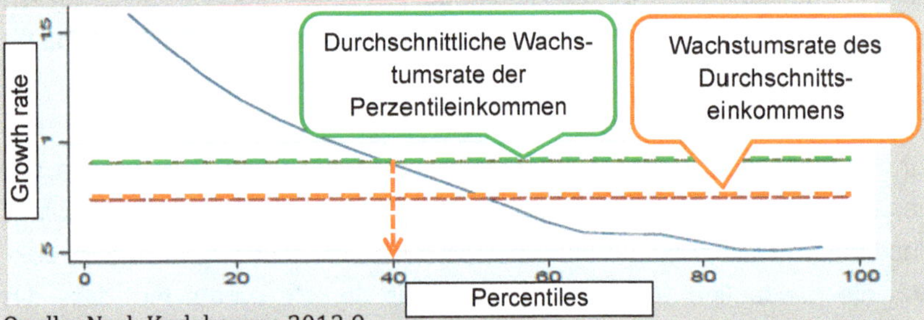

Quelle: Nach Kudebayeva 2012:9

Tab. 10.7 Beispiel für die Ermittlung von Durchschnittswerten

Variablen	Einkommen		Wachstumsrate des Durchschnitts-einkommens	Wachstumsrate des Perzentils	Durchschnitt der Wachstumsraten der Perzentileink.
	Periode 1	Periode 2	(=100x(b-a)/a)		(= (c+d)/2)
Person in Perzentil x	5000	5086		1,72 (c)	
					0,96
Person in Perzentile y	10400	10422		0,21 (d)	
Durchschnitts-einkommen	7700 (a)	7754 (b)	0,70		

Eine strukturelle Besonderheit zeigt nach wie vor Wirkung als stete Quelle der Ungleichheit: Es sind dies die Divergenzen in den Lebensbedingungen zwischen den einzelnen Gebieten (Oblast), bezogen auf Konsumausgaben, Einkommen, Nutzung öffentlicher Dienstleistungen oder medizinische Versorgung. Hier besteht die Gefahr, dass sich Armutszirkel und lokale Fiskalschwächen wechselseitig verstärken. Bei der Interpretation einschlägiger Daten gilt es daher nicht nur die im Zeitverlauf inkonsistente Definitions- und Datenlage (z.B. bezüglich der "Armutsgrenze") zu berücksichtigen, sondern auch die Tatsache, dass sich hinter den nationalen Durchschnitten massive regionale und sektorale Variationen verbergen. Entsprechend variiert auch die Armutsreduktion über die Regionen hin. Einer deutlichen Armutselastizität des Wachstums in den Regionen Südkasachstan und Almaty (Region wie Stadt) in Höhe von (-) 2,0 bis (-) 2,51 (im Zeitraum 2001-2010) stehen schwache Wirkungen in Astana (-0,65) und den ressourcenreichen Regionen (Aktobe -1,18, Kyzyl-Orda -1,10, Mangistau -1,25, West-Kasachstan -1,32) gegenüber (Mussurov 2012:5). Bei letzteren handelt es sich um Regionen, die sich durch kapitalintensives und weniger durch beschäftigungsintensives Wachstum auszeichnen; d.h. umgekehrt, dass die Armutselastizität in Regionen mit einer arbeitsintensiven Produktionsfunktion und einer breiteren lokalen Produktionspalette eindeutig höher ist und das dort generierte Wirtschaftswachstum "pro poor" wirkt (Mussurov 2012:9). Zu berücksichtigen bleibt ferner, dass sich einzelne Bevölkerungsgruppierungen, insbesondere in ländlichen Regionen und aus dem "armutsgefährdeten" Segment, saisonal in die Armut und wieder aus der Armut bewegen (können). Feststellbar wird diese "Häufigkeit der Armutserfahrung" (frequency of poverty experience) über den Jahresverlauf hin durch die vierteljährigen Wiederholungsintervalle der Haushaltsbefragungen. Die Region Mangistau fällt hier durch ihren hohen Anteil an chronischer Armutserfahrung (über alle vier Jahresabschnitte) aus dem Rahmen (weitere Angaben zu saisonalen Variationen finden sich bei Roelen/Gassmann 2012:25).

Exkurs 23 Armutsmaße und Armutselastizitäten

Trends in der Armutsentwicklung sind arithmetisch verbunden mit Wachstumstrends des Pro-Kopf-Einkommens und der Einkommensverteilung. Hat man die Armutsmaße zur Hand, lassen sich Elastizitäten der Armut bezüglich der Veränderungen im Durchschnittseinkommen und in der Einkommensverteilung (ausgedrückt durch den Gini-Koeffizienten) ermitteln. So sagt die Wachstumselastizität der Armut über den Zeitraum 2001 bis 2011 aus, dass mit jedem Wachstumsprozent (+) des Durchschnittseinkommens die Armutsquote ("poverty headcount") um 0,71 Prozent zurückging (prozentuale Änderung der Armutsquote/prozentuale Änderung des Pro-Kopf-Einkommens). Gleiches lässt sich für die anderen Armutsmaße feststellen.

Tab. 10. 8 Armutsmaße, Veränderungen und Elastizitäten, 2001-2011

	2001	2002	2010	2011
Poverty headcount	46,7	44,5	6,5	5,3
Pro Kopf BIP	5900	6300	12700	13200
Poverty gap	14,8	13,3	1,1	0,9
Severity of poverty	6,5	5,5	0,3	0,3
Gini	0,339	0,328	0,278	0,289
Prozentuale Veränderung in:		2001-2002	2010-2011	2001-2011
Poverty headcount		-4,71	-18,46	-88,6
Pro Kopf BIP		+6,78	+3,94	+123,7
Poverty gap		-10,14	-18,18	-93,9
Severity of Poverty		-15,38	0	-95,4
Gini		-3,24	+3,96	-14,75
Wachstumselastizität der Armut		-0,7	-4,7	-0,71
Verteilungselastizität der Armut		1,45	-4,66	6,0

Quelle: Kudebayva (2012) und eigene Berechnungen. Die Wachstumsrate des Pro-Kopf-BIP ist dem CIA-Factbook entnommen.

Andererseits sind die Armutselastizitäten bezüglich der Verteilungsänderung positiv: Das Fallen (Steigen) des Gini-Koeffizienten korrespondiert mit einer Reduktion (einem Anstieg) von Armut. Veränderungen in den Anteilen armer Personen lassen sich entsprechend in eine Wachstumskomponente und eine Verteilungskomponente zerlegen. Auffallend ist, dass die Reaktion auf Verteilungsänderungen deutlich stärker ausfällt als bei Wachstumsänderungen. Die relativ stärkere Rolle der Verteilungskomponente in der Armutsreduktion schlägt bei weiteren statistischen Zerlegungsschritten noch mehr zu Buche: Je tiefer die Armut desto elastischer reagiert Armut auf Veränderungen im Durchschnittseinkommen (Verme 2006:10).

Die Reduzierung der Ungleichheit in der Verteilung kann eine dreifache Wirkung haben: a) sie reduziert Armut bei einem gegebenen Einkommensniveau; b) sie verstärkt den armutsmindernden Einfluss wirtschaftlichen Wachstums, und c) sie kann zu einer größeren Wachstumsrate beitragen.

Weiterführende Literatur: Subramanian, S. (2001): Measurement of inequality and poverty. Oxford University Press. Volkert, J./G. Klee, R. Kleimann, U. Scheurle, F. Schneider (2004) Operationalisierung der Armuts- und Reichtumsmessung. Schlussbericht an das Bundesministerium für Gesundheit und Soziale Sicherung. Institut für Angewandte Wirtschaftsforschung, Tübingen. Zur Kritik von Armutsmaßen (The poverty of poverty measurement) siehe UN (2009):45-63.

Um der Multidimensionalität von Armut besser gerecht zu werden und um diese im Kontext menschlicher Entwicklung genauer zu erfassen, führte die UNDP erstmals in ihrem Human Development Report von 1997 den sogenannten *Human Poverty Index for Developing Countries (HPI-1)* ein. In Anlehnung an den *Human Development Index (HDI)* bezog er sich auf drei Dimensionen des menschlichen Lebens: Lebensdauer, geistige Bildung und angemessene Lebensstandards. Die Weiterentwicklung des Index, der HPI-2 von 1999, behielt diese Dimensionen bei, legte aber neue Maße an. Der Human Development Report 2000 für Kasachstan führte schließlich einen speziell auf die kasachischen Verhältnisse zugeschnittenen HPI-3 ein, aus folgenden vier Indikatoren bestehend (UNDP 2004:17):

- Anteil der Bevölkerung mit einem Konsum unter dem Subsistenzniveau;
- Bevölkerungsanteil mit einer Lebenserwartung von maximal 60 Jahren;
- Anteil der 16-Jährigen mit abgebrochener Schulbildung;
- Anteil der arbeitslosen Bevölkerung.

In den ersten vier Jahren seiner Verwendung (1998-2002) zeigte der Index eine positive Entwicklung an: Sein Wert fiel von 31,0 auf 22,4 Prozent. Dahinter standen 2002 folgende Anteile: P_1 = 24,2 Prozent mit einem Einkommen/Konsum unter dem Subsistenzniveau, P_2 = 31,1 Prozent mit einer Lebenserwartung unter 60 Jahren, P_3 = 3,1 Prozent der 16-Jährigen ohne angemessenen Schulabschluss und P_4 = 9,3 Prozent der arbeitsfähigen Bevölkerung (labour force) waren ohne Arbeit. Die entsprechende Ermittlungsformel lautete: $HPI\text{-}3 = [(P_1^3 + P_2^3 + P_3^3 + P_4^3)/4]^{1/3}$.

Selbst diese vier Erfassungsdimensionen wurden noch als unzureichend empfunden, vor allem in Bezug auf Entwicklungsländer mit deren vielfältigen Einschränkungen im Zugang zu Märkten und öffentlichen Gütern. Arme Menschen leiden in der Regel in zahlreichen Dimensionen gleichzeitig Mangel. 2010 wurde daher im Bericht über die menschliche Entwicklung (Human Development Report) der an der Universität Oxford entwickelte "multidimensionale Armutsindex (Multidimensional Poverty Index – MPI) eingeführt. Er wird eher der Tatsache gerecht, dass Armut als Verstärker weiterer Missgeschicke wirkt.

Der MPI gibt sowohl die Häufigkeit von Armut (headcount ratio of poverty = H) wieder (in diesem Fall den Anteil der multidimensional armen Bevölkerung), wie auch die durchschnittliche Intensität von Armut, d.h. den durchschnittlichen Anteil von Indikatoren mit bestätigten Mängeln aus der gesamten Deprivationsliste (= A). Häufigkeit multipliziert mit der Durchschnittsintensität ergibt den MPI (H x A = MPI). Eine Person gilt nach diesem Identifikationsschema als arm, wenn sich in ihrer aktuellen Lebenslage wenigstens ein Drittel der gewichteten Indikatoren bestätigt findet (vgl. Exkurs 24).

Exkurs 24 Aufbau des Multidimensional Poverty Index (MPI)

Der MPI wird auf der Basis von Haushaltsdaten ermittelt. Er misst Armut in den drei Dimensionen "Gesundheit", "Bildung" und "Lebensqualität", die ihrerseits in weitere gewichtete Indikatoren aufgeteilt sind. Mit Hilfe dieser zehn Indikatoren wird ein Armutsprofil der Untersuchungseinheiten (Person oder Haushalt) erstellt, wobei jene Indikatoren identifiziert werden, in denen die Betroffenen gleichzeitig einen Mangel (deprivation) aufweisen. Diese Mängel werden aufsummiert (deprivation score) und wer in mehr als 30 Prozent der Summe (cross-dimensional cutoff k = 3) Mangel leidet, gilt als arm. Die Zahl der armen Personen und das Ausmaß ihrer Deprivation (d.h. die Intensität ihrer Armut) gehen in das abschließende Armutsmaß ein (Alkire, Conconi, Roche 2013).

Ungleichheiten innerhalb der armen Bevölkerungsgruppe lassen sich damit nicht erfassen.

Tab. 10.9 Die drei Dimensionen und zehn Indikatoren der Armut

1. Gesundheit (jeder Indikator ist mit 1/6 gewichtet)

- Kindersterblichkeit: Im Haushalt ist mindestens ein Kind gestorben.
- Ernährung: Mindestens eine Person im Haushalt ist offiziell unterernährt.

2. Bildung (jeder Indikator ist mit 1/6 gewichtet)

- Schuljahre: Kein Haushaltsmitglied ist mindestens 5 Jahre zur Schule gegangen.
- Schulbesuch: Mindestens ein Kind besucht nicht die Schule bis zur 8. Klasse.

3. Lebensstandard (jeder Indikator ist mit 1/18 gewichtet)

- Elektrizität: Der Haushalt hat keinen Zugang zu Elektrizität.
- Verbesserte Toiletten: Die Toilette des Haushalts ist unhygienisch (offen und ohne Spülung) oder wird geteilt.
- Verbessertes Trinkwasser: Die Wasserquelle des Haushalts ist ungeschützt oder mehr als 30 Minuten entfernt.
- Fußboden: Der Fußboden des Haushalts besteht aus Sand, Erde oder Dung.
- Brennstoff: Der Haushalt kocht mit Dung, Holz oder Holzkohle.
- Materielle Güter: Der Haushalt besitzt keinen PKW und höchstens eins von 7 Gütern (Radio, TV, Telefon, Handy, Fahrrad, Motorrad oder Kühlschrank)

Quelle: Alkire/Santos 2010:4

Beispiel: Zur Erinnerung: Jede der drei Dimensionen verfügt über ein Gewicht von 3,33. Die Dimensionen umfassen ihrerseits 10 Indikatoren. Der Cut-off ist folgendermaßen festgelegt: Jeder Haushalt gilt als arm, dessen Summe an (gewichteten) Indikatoren mit festgestellten Mängeln die Drei erreicht oder überschreitet. Die Gewichte der Indikatoren selbst sind auf folgende Weise verteilt:

- Gesundheit: 1,67 für jeden der zwei Indikatoren (1/6 von 10).
- Bildung: 1,67 für jeden der zwei Indikatoren (1/6 von 10).
- Lebensstandard: 0,55 für jeden der sechs Indikatoren (1/18 von 10).

Ein Haushalt, der beispielsweise einen Mangel-Indikator aus den beiden ersten Dimensionen ausweist sowie drei aus der Dimension "Lebensstandard" gilt demnach als arm (1,67 + 0,55 + 0,55 + 0,55 = 3,32).

Die betroffene Bevölkerung lässt sich noch detaillierter nach "Gefährdung" und "Tiefe der Armut" differenzieren, indem zusätzlich unterschieden wird nach "armutsgefährdet" (vulnerable to poverty, mit einem Deprivationsgrad von 20 bis 33 Prozent) und jenen, die in "schwerer Armut" stecken (severe poverty, mit einem Deprivationsgrad von 50 Prozent und mehr). Für Kasachstan ergibt sich auf der Grundlage der Haushaltsbefragung von 2006 im Vergleich zu zentralasiatischen Nachbarn folgender Multidimensionaler Armutsindex:

Tab. 10.10 MPI Kasachstans im Vergleich (2006)

Land	MPI (MPI = HxA)	Anteil armer Personen (H)	Durchschnittsintensität (A)	Anteil der armutsgefährdeten Personen	Anteil der Pers.in schwerer Armut
Aserbaid.	0,021	5,3%	39,4%	12,5%	0,6%
Kasachst.	0,002	0,6%	36,9%	5,0%	0,0
Kirgistan	0,019	4,9%	38,8%	9,2%	0,9%
Usbekist.	0,008	2,3%	36,2%	8,1%	0,1%
Tadsch.*	0,068	17,1%	40,0%	23,0%	3,1%
Quelle: OPHI Country Briefing 2013; *) Haushaltsbefragung 2005					

Die Übersichtsdaten bestätigen, dass Kasachstans Regierung sozialpolitisch erfolgreicher agierte und zwar nicht nur – wie zu erwarten – im Vergleich zu den "ärmeren" Nachbarn, sondern besonders deutlich im Performanzvergleich zum "Ölnachbarn" Aserbaidschan, der offenbar weitaus stärker dem "Ressourcenfluch" unterliegt. Beschränkt man sich auf die binnennationale Lage und unterzieht die Ergebnisse verschiedener Armutsmaße einem Vergleich, so fällt die Diskrepanz zwischen dem Wert des MPI und der ausschließlich an der Armutslinie orientierten "headcount ratio" (2006 = 18,2%) auf. Konfrontiert mit den monetären Einkommensmaßen der Weltbank (≤ $1,25 pro Tag bzw. ≤ $2,00 pro Tag) bewegt sich der MPI Kasachstans mit seinen 0,6% knapp über dem Prozentanteil von 0,4 der ersten Kategorie (≤ $1,25). In die zweite Kategorie (≤ $2,00) fielen im Vergleichsjahr 3,3 Prozent der kasachischen Bevölkerung. Die Zusammensetzung des MPI ermöglicht die Suche nach dem Indikator, dessen Deprivationsintensität den Gesamtindikator am stärksten beeinflusst: Es ist in allen zentralasiatischen Ländern – Kasachstan eingeschlossen – die Kindersterblichkeit (für Kirgistan lagen dazu keine Daten vor). Die kasachische Regierung strebt hier entscheidende Korrekturen an: Nach der Zielsetzung des "Strategischen Entwicklungsplanes der Republik Kasachstan bis 2020" soll die Mütter- und Kindersterblichkeit innerhalb eines Zehnjahres-Zeitraums um die Hälfte reduziert werden. Eine Durchsicht der Armutsquote macht überdies deutlich, dass Haushalte mit mehr Kindern auch häufiger in die Kategorie der "monetär Armen" fallen. Nahezu die

Hälfte aller Haushalte (49 Prozent) mit drei Kindern oder mehr (unter sechs Jahren) wurde als "arm" klassifiziert, gegenüber 11 Prozent der Haushalte ohne Kinder (unter sechs Jahren). Diese Haushaltskategorie repräsentierte 48,7 Prozent aller Armen (2008), der Anteil der letzteren belief sich auf 5 Prozent. Dazwischen stellten die Ein-Kind-Familien knapp ein Drittel der "armen" Haushalte (31 Prozent). Nach dem Haushaltssurvey von 2009 lebten sieben Prozent der Kinder (unter 18 Jahren) in Haushalten mit einem Konsum unter 60 Prozent des minimalen Subsistenzniveaus (Roelen/Gassmann 2012:24).

Als Zwischenergebnis bleibt festzuhalten, dass nach den angewandten Konzepten zur Identifikation und der Messung von Armut

- das Ausmaß der Armut,
- die Intensität der Armut und
- die Disparität innerhalb der Gruppe der Armen

deutlich rückläufig sind. Das Ausmaß dieser Rückläufigkeit – gemessen anhand des rein monetären Armutsmaßes der Weltbank (von $2 als Armutslinie) – fällt im asiatischen Vergleichsrahmen besonders eindrucksvoll aus, als Kasachstan – zumindest im Zeitraum 2005 bis 2008 – die Spitzenstellung bei der Reduktion der Armutsquote hielt.

Abb. 10.9 Prozentuale Veränderung der Armutsquote zwischen 2005-2008 (Armutslinie: $2 pro Tag)

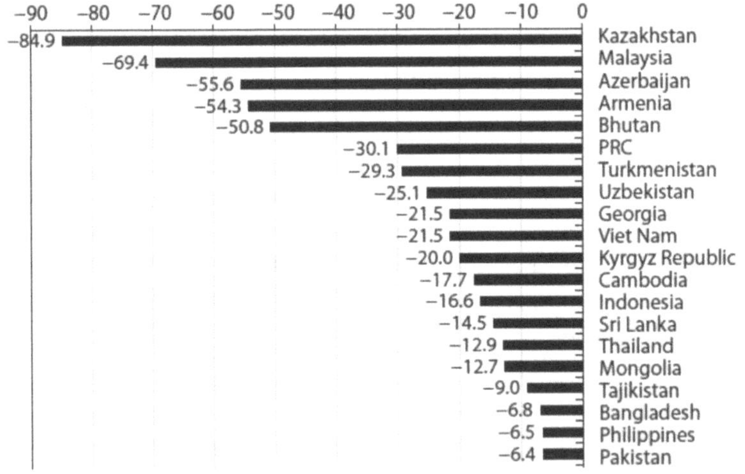

Quelle: Wan/Sebastian 2011:12

10.4 Arbeitsmarktrisiken und deren Bewältigung

Der nationale Arbeitsmarkt bietet in seiner Entwicklung ein zentrales Beobachtungsfeld für die Analyse des Wirkungsgrades von Maßnahmen allgemeiner Arbeitsmarkt- und Beschäftigungspolitik sowie des sozialen Schutzes. Im Gesamtbild fällt über die Jahre hin zunächst einmal die deutliche Zunahme an Beschäftigung ins Auge, begleitet von Anpassungen in der Zusammensetzung der Erwerbsbevölkerung. Diese Dynamik stand unter dem Einfluss des rapiden Wachstums der kasachischen Volkswirtschaft (s.o.) sowie deren strukturelle Änderungen. Über den Beobachtungszeitraum 2000 bis 2012 nahm die Erwerbsbevölkerung um 26,6 Prozent zu (vgl. Tab. 10.12), während im gleichen Zeitraum die Gesamtbevölkerung lediglich um 13,3 Prozent gewachsen war. Da in der Kategorie "Erwerbsbevölkerung" alle Personen ab 15 Jahren (einschließlich der Arbeitslosen) erfasst werden, kann diese Divergenz zwischen der demographischen und der erwerbsorientierten Wachstumsrate nur bedeuten, dass viele Personen, die vormals dem Arbeitsmarkt aus unterschiedlichsten Gründen ferngeblieben waren bzw. dort keine Möglichkeit einer Anstellung gefunden hatten, sukzessive wieder zurückkehrten, ermutigt durch neue Beschäftigungsoptionen und gestiegene Löhne. Diese Entwicklung spiegelt sich ebenso in der stetigen Abnahme der Arbeitslosenquote und der Reduzierung der durchschnittlichen Dauer von Arbeitslosigkeit (s. Tab. 10.12). Erweiterte Beschäftigungsfelder boten vor allem der Dienstleistungssektor und die zyklusanfällige Baubranche, weniger die Unternehmen in Industrie und Bergbau. Über Steuernachlässe und andere Begünstigungen hatte die Regierung aber auch lokale Verwaltungen und große regionale Arbeitgeber veranlasst, von Entlassungen abzusehen.

Unter jenen, die Beschäftigung suchen, erweisen sich einige Gruppierungen auf dem Arbeitsmarkt als besonders verletzlich: 1. Die langfristig Arbeitslosen, 2. Jugendliche, darunter insbesondere weibliche Jugendliche (vgl. Abb. 10.11), 3. Personen mit einem niedrigen (Aus-)Bildungsniveau, und 4. Immigranten und Repräsentanten nationaler Minderheiten. Dies spiegelt sich auch indirekt in der niedrigen Bezugsquote von Arbeitslosenunterstützung: So haben langfristig Arbeitslose die berechtigte Bezugsdauer überschritten (und fallen jetzt in das TSA-Programm), während Jugendliche, die erstmals eine Beschäftigung aufnehmen wollen, noch keine Bezugsberechtigung erworben haben.

Tab. 10.11 Erwerbsbevölkerung, Beschäftigung, Arbeitslosigkeit

	2000	2004	2008	2009	2010	2012
Erwerbsbevölkerung	7,1	7,8	8,4	8,5	8,6	8,99
Veränderung der Erwerbsbevölkerung (%)	0,7	2,5	2,3	0,5	1,9	2,4
Erwerbsquote (in %)	66,0	69,9	71,1	70,7	70,7	71,9
Beschäftigte (Mio.)	6,2	7,2	7,9	7.9	8,1	8,5
Arbeitslose (Mio.)	0,9	0,7	0,6	0,6	0,5	0,47
AL-Quote	12,8	8,4	6,6	6,6	5,8	5,3
Durchschnittliche Dauer der AL in Monaten	-	14,9	10,0	8,7	8,9	8,4
Quote registrierter AL mit Unterstützung	3,7	1,5	0,6	0,6	0,4	-
Jugendarbeitslosenquote	19,1	14,3	7,4	6,7	5,2	3,8

Quelle: ASRK

Abb. 10.10 Entwicklung der AL-Quote unter Jugendlichen Kasachstans (grau = männl. Jugend, mittlerer Balken = weibl. Jugend, linker Balken = Durchschnittsquote)

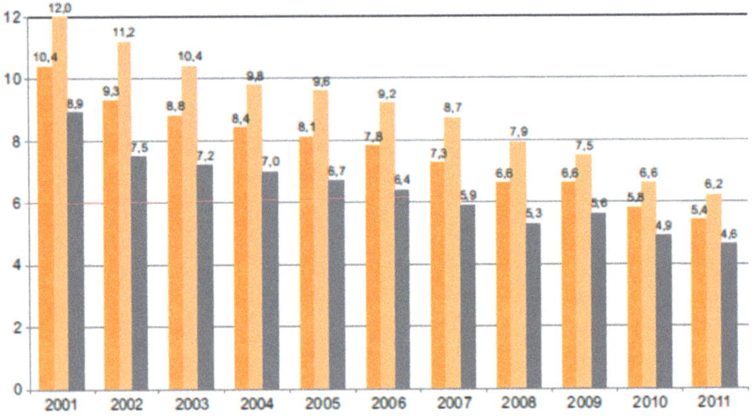

Quelle: ASRK

Allerdings fällt davon unabhängig im Falle Kasachstans die Quote der Arbeitslosen, die Unterstützung vom öffentlichen Beschäftigungsdienst (Public Employment Service = PES) beziehen, nach internationalen Vergleichsmaßstäben äußerst niedrig aus. Während in Russland über 80 Prozent der registrierten Arbeitslosen staatliche Arbeitslosenunterstützung (posobija po bezrabotice) beziehen, sind es in Kasachstan zum Erfassungszeitpunkt 2008 lediglich 0,6 Prozent (vgl. Tab. 10.12), in den Nachbarstaaten Kirgistan und Tadschikistan ebenfalls nur zwei Prozent. Gleichwohl entfiel in Russland ein offiziell registrierter Arbeitsloser auf eine offiziell registrierte Stelle, das Verhältnis in Kasachstan lautete 2,8:1 (Kuddo 2009:79). Diese Relation lässt vermuten, dass dem Beschäftigungsdienst Kasachstans Vakanzen nur unzureichend gemeldet werden (in Russland besteht für Arbeitgeber eine gesetzliche Meldepflicht freier Stellen; Russland beteiligt sich im Gegensatz zu Kasachstan auch an den Surveys von WAPES (= World Association of Public Employment Services) und verfügt über 2233 Organisationseinheiten des öffentlichen Beschäftigungsdienstes; zahlenmäßig entspricht dies annähernd der gesamten personellen Ausstattung aller PES-Einheiten in Kasachstan; diese beschäftigten zum Jahresende 2008 über das Staatsgebiet hin 2249 Personen (Kuddo 2012:112)).

Der eingangs des Kapitels angesprochene "Index of economic well-being" (IEWB) enthält als eine seiner vier Domainen den Teilindex "Wirtschaftliche Sicherheit"; in der Konzeption von Osberg und Sharpe: economic security from job loss and unemployment, illness, family breakup, and poverty in old age. Damit sind die Risiken aufgezählt, unter denen das wirtschaftliche Wohlbefinden steht. Drei dieser Risikokomponenten setzen sich ihrerseits aus mehr als einer Variablen zusammen. So ist das Risiko, das von der Arbeitslosigkeit für den Lebensunterhalt ausgeht, durch zwei Variablen bestimmt: die Arbeitslosenquote und den Verdienstanteil, der durch die Arbeitslosenunterstützung ersetzt wird. Jeder der entsprechenden Werte wird skaliert und anschließend mit einem Gewicht von 0,8 bzw. 0,2 summiert. Aus dieser gewichteten Summe resultiert die Arbeitslosenkomponente des Sicherheitsindex (vgl. Beispiel in Exkurs 25).

Exkurs 25 Index der wirtschaftlichen Sicherheit (Osberg/Sharpe)

Der IEWB umfasst als zusammengesetzter Index folgende vier Domänen der ökonomischen Wohlfahrt: Pro-Kopf-Konsum, Pro-Kopf-Vermögen, Ökonomische Gleichheit und Wirtschaftliche Sicherheit. Die Komponente "Wirtschaftliche Sicherheit" selbst ist wiederum aufgegliedert in:

- Risiko durch Arbeitslosigkeit,
- Finanzielles Risiko durch Krankheit,
- Armutsrisiko für Alleinerziehende,
- Armutsrisiko im Alter.

Das Risiko durch Arbeitslosigkeit (E) mit seinen zwei Teilindizes (A + C) kann zum "Index of Livelihood Security" (I) erweitert werden (+F+ G).

Tab. 10.12 Komponenten der Sicherheit vor Verlust des Lebensunterhalts

Land	A	B	C	D	E	F	G	H	I
USA	9,3	0,737	13,6	0,258	0,641	1,4	1,0	0,647	0,641
D	7,7	0,782	23,7	0,451	0,716	2,2	0,0	0,652	0,714
Mexiko	5,2	0,853	0,0	0,000	0,682	13,5	16,0	0,561	0,666
Vietnam	2,4	0,932	0,0	0,000	0,747	57,9	36,5	0,444	0,571

A = Arbeitslosenquote
B = Skalierte AL-Quote
C = Lohnersatzquote
D = Skalierte Bruttoersatzquote
E = Index der Sicherheit vor Arbeitsl.
E = (0,8 * B) + (0,2 * D)

F = Landw. Beschäftigung in %
G = FAO Food Production Index in %-Abweichung vom Trend
H = skaliert von G
I = Index der Lebenshaltungssicherheit
I = H * (F/100) + E * (1 – (F/100))

Osberg und Sharpe erweitern in derartigen Fällen die Risikokomponente Arbeitslosigkeit zu einem "*Index of Livelihood Security*" (weitere Details siehe Osberg/Sharpe 2012:17):

IEWB Index of Livelihood Security = $P_E * I_E + P_A * I_A$

= (% der beschäftigten Bevölkerung im Nicht-Agrarsektor) * (Index der Sicherheit vor Arbeitslosigkeit) + (% der Beschäftigten in der Landwirtschaft) * (Index der Sicherheit des landwirtschaftlichen Lebensunterhalts).

Für entwickelte Länder, in denen unfreiwillige Arbeitslosigkeit gleichbedeutend mit dem Verlust des Lebensunterhalts ist, erscheint die Risikoerfassung durch die zwei genannten Variablen angemessen. In weniger entwickelten Ländern wie Kasachstan oder bei dessen noch ärmeren Nachbarn stellt sich die Risikolage für arbeitsfähige Bürger infolge der Aufteilung in einen formellen und informellen Arbeitsmarkt, der verbreiteten Subsistenzwirtschaft im Agrarsektor und ebenso verbreiteter schattenwirtschaftlicher Aktivitäten komplexer dar.

Aus einer Ranking-Liste von 70 Vergleichsnationen, an deren Spitze Dänemark steht, lassen sich für Kasachstan und weitere GUS-Länder folgende (skalierte) Daten für die vier Risikoareale entnehmen:

Tab. 10.13 Schätzungen der Komponentenwerte des Index für wirtschaftliche Sicherheit (2008; Ranking nach dem Gesamtindex)

Land		Index für wirtsch. Sicherheit	Index für Lebens-haltungs-sicherheit	Index für Sicherheit vor Krank-heitsko-sten	Index für Sicherheit vor Armuts risiko für Alleinerz.	Index f. Sicherheit vor Alters-armut
Dänemark	1	0,915	0,841	0,908	0,974	0,938
Deutschl.	11	0,871	0,714	0,912	0,962	0,897
Kasachst.	28	0,801	**0,528**	0.836	0,920	0,918
Ukraine	31	0,783	0,587	0,661	0,942	0,942
USA	34	0,771	0,641	0,873	0,849	0,722
Russ. F.	41	0,739	0,605	0,882	0,720	0,748
Aserbaid.	50	0,716	0,491	0,544	0,945	0,884

Quelle: Osberg/Sharpe 2012:24-25

Ohne die in der Tabelle vorgestellten Werte im Einzelnen zu diskutieren, lässt sich doch eine länderübergreifende Gemeinsamkeit feststellen: Um den Index für Lebenshaltungssicherheit ist es durchwegs schlechter bestellt als um die übrigen Indizes. Die mit dem Arbeitseinkommen verbundenen Risiken sind im Falle Kasachstans und Aserbaidschans überdies deutlich höher (der niedrigere Wert signalisiert geringere Sicherheit). Den Betroffenen stehen bei der Suche nach Schutz vor potentiellen wirtschaftlichen Verlusten auch weniger Möglichkeiten zur Verfügung, erhöhte Risiken durch Beteiligungen an privaten Versicherungs- und Kapitalmärkten zu dämpfen.

10.5 Soziale Inklusion

Im Eingangsabschnitt dieses Kapitel (s. 10.1) sind aus soziologischer Sicht bereits kurz die Bereiche von drei zentralen Strukturproblemen auf gesellschaftlicher Ebene angesprochen worden, und zwar unter den Stichworten "soziale Ex-/Inklusion", "Lebensqualität" und "Lebenschancen". Bei dem ersten Stichwort handelt es sich um ein Konzept, das die gegenwärtigen Formen sozialer Benachteiligungen in Gestalt von "Armut" und "sozialer Exklusion" charakterisiert. Armut ist ein Mangel an ökonomischen Ressourcen und damit eine wesentliche Ursache für "soziale Exklusion". Diese ist wiederum definiert als "the involuntary exclusion of individuals and groups from society's political, economic and societal processes, which prevents their full participation in the society in which they live" (Atkinson/Marlier 2010:1). Was mit dieser Partizipation im Einzelnen gemeint ist, wird deutlich, wenn man sich eine Gegen-Agenda sozialer Inklusion vor Augen führt. Im Bestreben eine "society for all" zu schaffen, zielt sie darauf ab, jeden Bürger mit den Ressourcen, Chancen (opportunities) und Fähigkeiten auszustatten, nämlich zum 1. Lernen durch Teilhabe an Bildung und Ausbildung; 2. Arbeiten durch Teilhabe am Arbeitsmarkt, in freiwilligen Engagements, sowie in Familie und Pflege; 3. zur Kontaktaufnahme zu Mitbürgern und zur Nutzung von Ressourcen der lokalen Gemeinschaft; 4. zur aktiven Stellungnahme gegenüber und zur Beeinflussung von Entscheidungen, die jeden Bürger unmittelbar betreffen (nach dem Australian Social Inclusion Board). Zurück gewendet heißt dies, der Exklusionsbegriff ist mehrdimensional angelegt und reicht hinein bis in die räumliche Differenzierung in Form territorialer Ausgrenzung (Stichweh 2010:245).

Abb. 10.11 Soziale Exklusion und Unzufriedenheit mit dem Lebensstandard

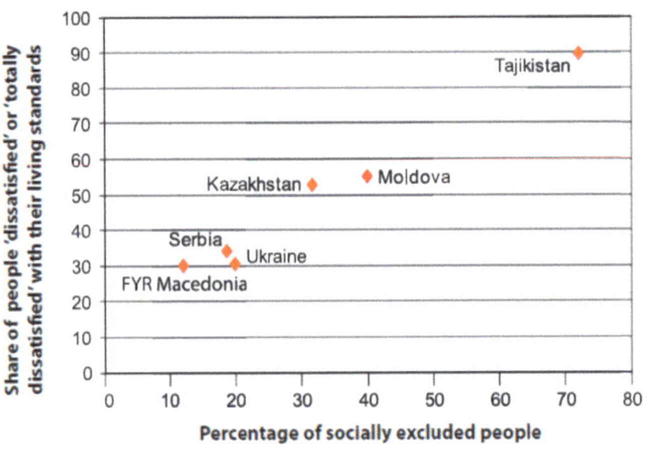

Quelle: UNDP 2011

Um soziale Exklusion zu messen und deren Entwicklung zu verfolgen, kommt ein mehrdimensionaler Index zum Einsatz (zum Aufbau dieses Index und zur Auswahl der Indikatoren siehe UNDP 2011:95-105). Die Deprivationen werden in einem Survey anhand von 24 Indikatoren ermittelt, zusammengefasst in Achtergruppen für je eine der drei Dimensionen sozialer Exklusion (Ökonomische Exklusion, Exklusion von sozialen bzw. öffentlichen Dienstleistungen, Exklusion von der Teilhabe am bürgerlichen und sozialen Leben sowie der Teilhabe an Netzwerken). Ein Drittel der Indikatoren reflektiert individuelle Charakteristiken, zwei Drittel beziehen sich auf Charakteristika des Haushalts. Ein Individuum gilt definitionsgemäß als "sozial ausgeschlossen", wenn bei mindestens neun Indikatoren (= cut-off) ein Defizit/Fehlen registriert wird. Im Rahmen des Survey von 2009 fielen 32 Prozent der Befragten (headcount) Kasachstans in diese Kategorie (vgl. Abb. 10.11), davon konzentriert sich das Gros (= 40 Prozent) auf dem Lande. Die Betroffenen wiesen im Schnitt 10,5 Deprivationen auf, verteilt über alle drei Dimensionen. Dies entspricht einem durchschnittlichen Deprivationsanteil von 44 Prozent [= (10,5 / 24)x100] und ergibt somit einen "Social Exclusion Index"-Wert von 14 [= (32 x 44)/100]. Die Mehrheit jener, die unter den Deprivationsanteil fallen, betrachten sich allerdings selbst *nicht* als "ausgeschlossen". Grundsätzlich liegt der Anteil jener Personen, die mit ihrem Lebensstandard unzufrieden sind (in Kasachstan über 50 Prozent), noch über jenem der sozial ausgeschlossenen (vgl. Abb. 10.11). Diese Diskrepanz resultiert aus der individuellen Perzeption, dass persönliche Fähigkeiten und Kapazitäten nicht adäquat zum Einsatz kommen.

Eingeführt als Ersatz für rein ökonomische Indikatoren bezieht sich "Lebensqualität" auf Situationen von Individuen in verschiedenen Lebensbereichen (Beschäftigung, Wohnen, Lebensstandard, Familienbeziehungen, Gesundheit u.a.m.) und geht als Konzept von einer Mikroperspektive aus, in der die Bedingungen (living conditions) und deren Wahrnehmungen durch die Individuen eine Schlüsselrolle spielen, insbesondere der Indikator "Zufriedenheit" (Satisfaction) oder alternativ dazu "Glück" (Happiness) in den gegebenen Lebensumständen. In seiner Kombination von objektiven und subjektiven Indikatoren hatte sich das Konzept zwischenzeitlich zu einem attraktiven policy tool entwickelt, mit dem sich sozialer Wandel verfolgen und Wohlstand messen lassen (Fahey et al., 2004). Neben Vorbehalten methodischer Art (Wallace, Abbot 2007:111) besteht der zentrale Einwand gegen diesen Ansatz darin, dass er weitgehend a-theoretisch sei, also Abbildungen in Form einer Liste beschreibender Indikatoren ohne einen theoretischen (Bezugs-)Rahmen liefere. Ein weiterer Einwand: Im Hintergrund stehe als Referenzrahmen ein universaler Wohlfahrtsstaat skandinavischer Prägung. Doch was einem Schweden Sorge bereitet, muss einem Kasachen noch lange nicht um den Schlaf bringen. Angesichts der persönlichen Erfahrungen aus den Folgen einer "sozialen Implosion" sind dessen Sorgen mehr grundsätzlicher Natur: (Un-)Glück und (Un-)Zufriedenheit stellen sich in einem anderen "sozialen Raum" ein, der entsprechend dem "Social Quality"-Ansatz aus vier konstitutiven Faktoren besteht: Sozioökonomische Sicherheit (die notwendigen materiellen Ressourcen), soziale Kohäsion (ein notwendiges Minimum an allseitig akzeptierten Normen und Werten), soziale Inklusion (der Zugang zum institutionellen und infrastrukturellen Umfeld) und soziale Befähigung (das Ausmaß der Kontrolle über das eigene Leben und die Fähigkeit zum Handeln). Die Überschneidungen mit vorgenannten Ansätzen sind offensichtlich, doch ist der "Social Quality"-Ansatz mehr als eine bloße Ansammlung von Indikatoren rein ökonomischer oder individualistischer Natur: "It measures the extent to which the quality of daily life provides for an acceptable standard of living, taking account of the structural features of societies and their institutions, as assessed by reference to their impact on citizens" (Wallace, Abbot 2007:116).

Damit ist der Handlungs- und Partizipationsraum, der soziale Raum der Bürger umrissen. Dem Beobachter wird beides vor Augen geführt: Die Qualität einer Gesellschaft und die subjektive Qualität individueller Leben in dieser Gesellschaft, jeweils als Produkt eines dialektischen und rekursiven Verhältnisses zwischen dem befähigten Individuum als (wählerisch) handelndes Subjekt ("agency") und den objektiven Wohlfahrtsbedingungen ("structure"). Auf diese Verhältnisse wirken "Sozialpolitiken" ein, indem sie beispielsweise für sozioökonomische Sicherheit sorgen und die soziale Inklusion fördern, während umgekehrt die Adressaten ihre Bedürfnisse artikulieren (und "gehört" werden). Die "Soziale Qualität" als Ergebnis dieser Wechselwirkungen ist im Kontext und aus dem Mix der entsprechenden Institutionen und Prozesse, aus dem realen Wohlfahrtsregime, zu beurteilen. Allerdings: "The relationship between social quality and welfare systems still needs to be established" (Wallace, Abbot 2007:121). Während beispielsweise europäische Politikansätze auf die Stärkung sozialer Kohäsion zielen, betont die Mehrzahl asiatischer Gesellschaften die Steigerung sozialer Harmonie ("how will a society be acceptable for all people engaged?"). Damit schiebt sich der Faktor Kultur in die Beobachterperspektive. Zusätzlich enthält die Architektur realer Wohlfahrtsregimes eine Reihe normativer Faktoren: Soziale Gerechtigkeit, Solidarität, gleiche Wertschätzung und Menschenwürde (s. Kap. 6). Aus ihnen besteht das zweite Satz an Faktoren und Mechanismen im "Baukasten" des "Social Quality"-Ansatzes (Lin, Ward, van der Maesen 2009:202), die kulturspezifisch jeweils unterschiedlich gewichtet sind.

11 Zusammenfassung und Perspektiven

Die Zusammensetzung der Attribute für einen "developmental state" variiert von Länderfall zu Länderfall. Kasachstan vereinigt auf idiosynkratische Weise die Attribute eines "market-developing state" auf kapitalistischer Grundlage (state-led capitalism) mit jenen eines "developmental patrimonial state". Daraus resultieren zwangsläufig eigenwillige Profilierungen gegenüber den idealtypischen Zügen eines "klassischen" Entwicklungsstaates, dessen Regierungsmitglieder im Wissen um Widersprüchlichkeiten die Balance zwischen marktkonformen Politiken und staatlichen Interventionen suchen. Als erstes fällt im Falle Kasachstans die von Jahr zu Jahr zunehmende Prägung der Politik durch Praktiken autoritärer Herrschaft auf, ausgeübt durch den engeren Familienkreis des Präsidenten in Kooperation mit regional orientierten, elitären Gruppierungen sowie in enger Zusammenarbeit mit dem Foreign Investor's Council, dem staatlichen Vermögensfonds *Samruk Kazyna* und der Assoziation *Atameken*. Mit dieser Verfügungsmacht und einem wachsenden finanziellen und materiellen Vermögen versehen, löst sich die kasachische Elite (der "weiße Knochen") aus der homogenen Risikomasse der Nation (dem "schwarzen Knochen"). Zum zweiten besteht das dominante Entwicklungsziel in der wirtschaftlichen Entwicklung und der Verbesserung der internationalen Wettbewerbsposition, wobei politische Interventionen (und die damit verbundene Generierung von Renten) Wachstum und damit auch Beschäftigung fördern, gleichzeitig aber auch eine schrittweise Renationalisierung der Volkswirtschaft betreiben; begleitend dazu wird eine zunehmend marktorientierte Sozialpolitik der Wirtschaftspolitik untergeordnet und der Staat tritt sowohl in der Rolle des Regulierers wie auch als Produzent von Wohlfahrt auf. Drittens werden die gesetzten Ziele mittels einer Bürokratie umgesetzt, die weniger meritokratischen Prinzipien folgt als der Orientierung an einer wechselseitig ertragreichen, symbiotischen Beziehung zwischen staatlichen Agenturen und inländischen wie ausländischen Geschäftsgruppierungen, einem spezifischen, dualen "state-business nexus". Obwohl die Beteiligung an einzelnen Sicherungs- und Leistungssystemen jedem Bürger prinzipiell offensteht, ergibt sich – viertens – eine Fragmentierung der

Klientel aus dem Nebeneinander von formeller und informeller Wirtschaft; es zeichnet sich zunehmend die Tendenz ab, nach einzelnen ostasiatischen Vorbildern finanzielle Ressourcen aus der Sozialversicherung für Investitionen in die Infrastruktur zu mobilisieren. Von diesen Vorbildern weicht Kasachstan in der Gesamtschau – als fünfter charakterisierender Punkt – noch insofern ab, als es bei der Umsetzung ostasiatischer Varianten gelungen ist, den Nachweis zu führen, dass sich wirtschaftliche Entwicklung, Demokratie und soziale Inklusion sehr wohl auf erfolgreiche Weise miteinander verknüpfen lassen.

Tab. 11.1 Entwicklungsstaaten (developmental welfare states) und ihre Attribute

Staaten	Attribute	Referenzen
Die Modellstaaten: Japan, Südkorea. Taiwan (Strategiewenden ab Beginn der 90er Jahre mit neuem Verständnis für "developmental social policy"; z.B. "Master Plan for Tackling Unemployment" in Südkorea)	• Wirtschaft auf industrieller Basis mit vertikaler Integration der Branchen • Hohe Wachstumsraten bei kohärenter (exportorientierter) Strategie u. positiven Beschäftigungseffekten • Autoritär agierender Staat mit professioneller Bürokratie • Autonome staatliche Bürokratie bei enger Zusammenarbeit mit Großunternehmungen • Für die wirtschaftliche Entwicklung instrumentalisierte Wohlfahrtsprogramme (welfare developmentalism, company welfare benefits), d.h. zunächst Vermeidung universeller Ansprüche • weiterhin zentrale Rolle der Familie bei der Wohlfahrtsproduktion	Kwon 2007 Leisering 2002 Gough 2000a
China	• Dreifache Transformation: a) von der Agrar- zur urbanen Wirtschaft b) von der Plan- zur sozialistischen Marktwirtschaft c) von der geschlossenen zur offenen Volkswirtschaft • "Populistischer Autoritarismus" • Hohe wirtschaftl. Wachstumsraten bei hohen Spar- und Investitionsquoten • Staatlich kontrollierte strategische Industrien	Ringen/Ngok 2013 Sander/Schmidt Kuhnle 2010

	• Staatliche Investitionen in Infrastruktur, Bildung und Gesundheit (unzureichend) • Anhaltendes Wirtschaftswachstum • Extensives System von öffentlicher Wohlfahrt • Sozialer Schutz kein Instrument der wirtschaftlichen Entwicklung • Wohlfahrtsziel 2020: "Harmonious Society"	
Kasachstan	• Wirtschaft auf Basis natürlicher Ressourcen und ausländischer Direktinvestitionen • Staatliche Investitionskoordination • Zyklische Wachstumsraten • Patrimonialismus • Internationales Rankseeking • Staatliche Investitionen in soziale Protektion, Gesundheit und Erziehung, ferner in die Infrastruktur • Transformative Sozialpolitik mittels Subordination der sozialen Entwicklung unter die ökonomische	Pomfret 2010 Stark/Ahrens 2012

Hat die kasachische Regierung nun ihre transformatorische Aufgabe im Bereich Sozialpolitik und mittels Sozialpolitik erfüllt? Sind die erzielten Ergebnisse zufriedenstellend? Verfügt Kasachstan über eine statische oder dynamische Überlegenheit? Würde es sich um ein Catching-up zu einer eindeutig gezogenen Ziellinie oder in Richtung eines bestimmten Zielmodells handeln, fiele die angemessene Beurteilung leichter.

Der Gegenstand der Betrachtung stellt einerseits für sich selbst ein Transformationsobjekt in ständiger Restrukturierung dar, es steht andererseits in seinen intendierten Funktionen und realen Ergebnissen aber auch für die soziale und politische Qualität der gesamten Transformation. Die Antworten auf die Frage nach der transformatorischen Leistung sind nicht eindeutig (siehe die Divergenzen im Urteil der Bertelsmann-Stiftung, das sich auf die marktwirtschaftlich orientierte Performanz konzentriert, und der an einem multidimensionalen Schutzkonzept orientierte Ansatz der ADB), sie fallen selbst bei identischen Erkenntnisobjekten und Erkenntnisinteressen je nach gewählter Untersuchungsmethode und den angelegten Maßstäben zwangsläufig unterschiedlich aus. So führen Ringen und Ngok mit

Blick auf China eine neue Dimension in den Klassifikationsansatz für Wohlfahrtsstaaten ein, der gleichzeitig auch den Aspekt ihrer jeweiligen Performanz beinhaltet: Sie bezeichnen den Ansatz als "order versus fragmentation". Ausgangspunkt ist die grundlegende Einsicht, "that what determines how well social policies work, for example in poverty protection, is not only the kind and scope of social policy in a country but also how well, within any system, the different components work together" (Ringen/Ngok 2013:4-5). Mit der Bezeichnung "order" (Anordnung, Aufstellung) soll hier hauptsächlich der Grad erfasst werden, in dem ein Staat Vorsorge in allen Kernbereichen des sozialen Schutzes mit entsprechenden Programmen getroffen hat. Danach stellt sich unmittelbar die Frage nach deren Effektivität und wie gut die verschiedenen Programme koordiniert sind bzw. zusammenwirken. So können Wohlfahrtsstaaten durchaus ähnliche "Designs" aufweisen, aber infolge des fragmentierten Charakters ihrer Programme in ihrem Effizienzgrad stark differieren oder sich als vergleichsweise ineffektiv erweisen. Umgekehrt zeigen skandinavische Staaten höchst unterschiedliche Programmdesigns, die sich in der Koordination ihrer Komponenten durchgängig als effektiv beweisen.

Es sind in der Regel zwei Zielparameter, die zur Einordnung eines nationalen Schutzmodells und zur Beurteilung seines Erfolges herangezogen werden: Effizienz und Gerechtigkeit, mit ihren bekannten trade-offs. Die Gewichtung dieser Zielgrößen ist eine Frage der politischen Präferenz. Wie diese Wahl auch ausfällt, so stellt sich unter dem Eindruck der Globalisierung, des strukturellen Wandels und demographischer Prozesse unmittelbar die Frage zu deren Nachhaltigkeit. Orientiert an den genannten Zielparametern und gestützt auf empirische Befunde legt A. Sapir einen Typologieentwurf der europäischen Grundmodelle vor (Sapir 2006:380), dem folgender Maßstab zugrunde liegt: 1. Er klassifiziert ein Modell als effizient, wenn es einen ausreichenden Anreiz zur Arbeitsaufnahme bietet und folglich gesamtgesellschaftlich eine hohe Beschäftigungsquote aufweist; 2. Es wird als gerecht (equitable) erachtet, wenn es das Armutsrisiko relativ niedrig hält (bzw. die "Wahrscheinlichkeit der Armut zu entgehen" (Probability of Escaping Poverty) recht hoch).

Abb. 11.1 Typologie der vier europäischen Modelle

		EFFICIENCY Low	EFFICIENCY High
EQUITY	High	Continentals	Nordics
	Low	Mediterraneans	Anglo- Saxons

Die Gesamteinordnung eines Kandidatenlandes orientiert sich an der Lage seines jeweiligen nationalen Werts zum multinationalen Durchschnittswert. Diese Form einer Zuordnung ließe sich auch für GUS-Länder durchführen bzw. im Vergleich mit Ländern, die der Einkommenskategorie Kasachstans entsprechen (ohne eine Identität mit Modelltypen hochentwickelter Volkswirtschaften aufzuweisen). Kasachstan würde in seiner Einkommensklasse nach dem aktuellen Performanz-Stand in beiden Zielparametern mit "hoch" zu bewerten sein. Angesichts der relativ niedrigen Staatsverschuldung und des Generationen übergreifenden, staatlichen Vermögensfonds weist das Wohlfahrtskonzept zusätzlich Züge von Nachhaltigkeit auf.

Eine Erkenntnis- und Bewertungsschiene zum oben erwähnten Trade-off (mit potentiellen Effizienzverlusten) bewegt sich entlang der Linie "public spending", "governance" und "outcomes", und konzentriert sich auf die Analyse der Kosten- und Systemeffizienz des bisher etablierten Wohlfahrtsystems. Einen ersten Hinweis auf die Effizienz einzelner sozialer Unterstützungsprogramme gibt die Quote von Personen aus der jeweiligen Programmzielgruppe, die tatsächlich in den Genuß der spezifischen Maßnahmen kommen. Im Rahmen des SPI-Rankings ließ die ADB einen entsprechenden "overall coverage indicator" (SPCOV) entwickeln, der programmübergreifend den Beteiligungsgrad der Zielgruppen nach folgendem Muster widerspiegelt (ausführliche Erläuterung zum Aufbau des Indikators und zur Erfassung der Ziel und Referenzgruppen siehe ADB 2008):

Tab. 11.2 Deckungsindikator für soziale Schutzmaßnahmen und Referenzgruppe

Programme mit Zielgruppe	*Referenzgruppe*
Arbeitsmarktprogramme	Arbeitslose + Unterbeschäftigte*
Unterstützung für Ältere	Bevölkerung 60 Jahre +
Gesundheitsfürsorge (Zielgruppe "vulnerable groups" wie mittellose und invalide Personen)	Gesamte Bevölkerung
Soziale Unterstützung für Arme	Gruppe der Armen **
Mikrokredite für Arme	Gruppe der Armen
Unterstützung für Behinderte	Gruppe der Behinderten
Schutz von Kindern	Arme Kinder, 5-14 Jahre ***

*) Unterbeschäftigte definiert als Personen, die weniger als 25 Stunden in der Woche arbeiten, ferner unbezahlt arbeitende Familienangehörige und Saisonarbeiter;
**) Definiert entsprechend der offiziellen nationalen "poverty line";
***) Die Mehrheit der anwendbaren Programme beinhaltet Bildungsunterstützung, besonders für die Primar- und untere Sekundarstufe.

Die Indikatorformel lautet: SPCOV =

$$\sum_{s=1}^{S} w_s \frac{B_s}{R_s}$$

Wobei s = 1.....S Zielgruppen gegeben sind. B_s entspricht der Zahl der jeweiligen Empfänger einer bestimmten Programmleistung, R_s der Referenzgruppe für die jeweilige Zielgruppe s, während w_s dem jeder Zielgruppe zugeteilten Gewicht entspricht.

Tab. 11.3 Wert des Deckungsindikators (SPOCV) nach Ländern und Programmen

Land	Arbeitslos/ Unterbeschäftigt	Rentner	Gesundheit*	Soziale Unter-Stützung f. Arme	Mikrokredit für Arme	Behindert	Kinder	SPOCV
Aserbaidschan	100,0	100,1	17,2	100,5	2,2	100,2	99,9	0,55
Kasachstan	62,5	100,5	2,4	99,7	3,6	99,6	99,8	0,44
Kirgisien	25,0	100,0	83,0	71,0	33,0	56,0	98,0	0,67
Tadschikistan	55,0	10,0	3,0	15,0	3,0	12,0	9,0	0,38
Usbekistan	10,0	66,0	1,0	14,0	11,0	5,0	17,0	0,40

ADB 2008:131-132; *) Die überraschend niedrigen Zahlen beim Gesundheitsschutz sind der Definition von "social protection" geschuldet. Sie schließt die Erfassung jener Dienstleistungen für "Gesundheit" (basic health services) aus, die direkt von der Regierung finanziert werden.

Im asiatischen Vergleich erreichen erwartungsgemäß Japan (= 0,86) und Korea (=0,77) die höchsten Werte, doch folgen nach der Mongolei und den Cook Islands an vierter Stelle (mit jeweils 0,67) bereits vier zentralasiatische Länder auf den nachfolgenden Plätzen, wobei Kirgistan die Spitze hält (= 0,67; vgl. vorstehende Tabelle). Selbst Tadschikistan bewegt sich mit seinem SPCOV von 0,38 noch knapp über dem allasiatischen Durchschnittswert von 0,35.

Eine Antwort auf die eingangs des Kapitels gestellte Frage ließe sich auch über den "Index of Social Progress" finden, ein summarischer Wohlfahrtsindex, der von Richard Estes entwickelt wurde. Er definierte sozialen Fortschritt als "changes in the capacity of individual nations to provide more adequately for the basic and material needs of their populations". Das aktuelle Modell basiert auf einer erweiterten Fassung: "Social progress is the capacity of a society to meet the basic human needs of its citizens, establish the building blocks that allow citizens and communities to enhance and sustain the quality of their lives, and create the conditions for all individuals to reach their full potential" (Porter/Stern, Artavia Loria: The Social Progress Index 2013).

Abb. 11.2 Struktur des Social Progress Index

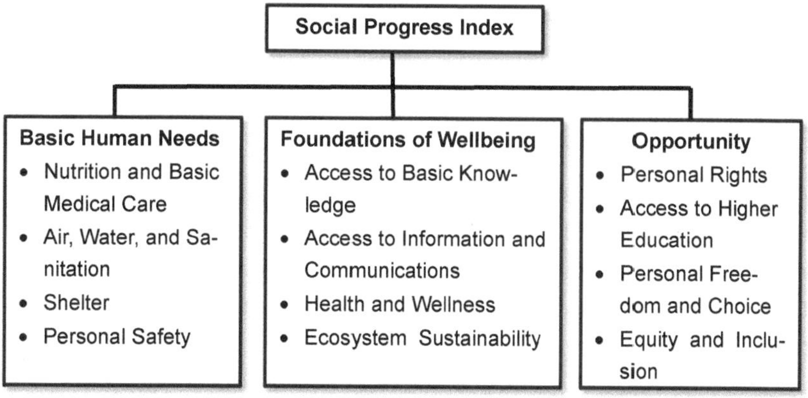

Quelle: Porter/Stern, Artavia Loria 2013:8

Dieses Konzept, das ausschließlich nicht-ökonomische Indikatoren für die Indexbildung heranzieht, konzentriert sich auf "outcome indicators", gestattet einen Vergleich zwischen einer Vielzahl von Ländern (50) und wird als methodisch solide geschätzt (Noll 2002). Obschon der Social Progress Index bewusst keinen ökonomischen Indikator enthält, erscheint es dennoch angebracht, den ökonomischen Aspekt mit den nicht-ökonomischen Aspekten in Verbindung zu setzen. Auf diese Weise wird (erneut) eine wesentliche Korrelation zwischen sozialem Fortschritt und wirtschaftlicher Entwicklung deutlich: Volkswirtschaften mit einem höheren Einkommensniveau sind in der Lage ein größeres Potential zu mobilisieren, um ihre Bevölkerung über die wesentlichen Bedürfnisse hinaus zu versorgen und die Grundlagen des Wohlergehens zu erweitern. Sie sind der Lösung des Keynes'schen Trilemmas näher (der Verbindung von wirtschaftlicher Effizienz, sozialem Fortschritt und individueller Freiheit).

Abb. 11.3 Position Kasachstans nach Sozialem Fortschritt und BIP-Niveau

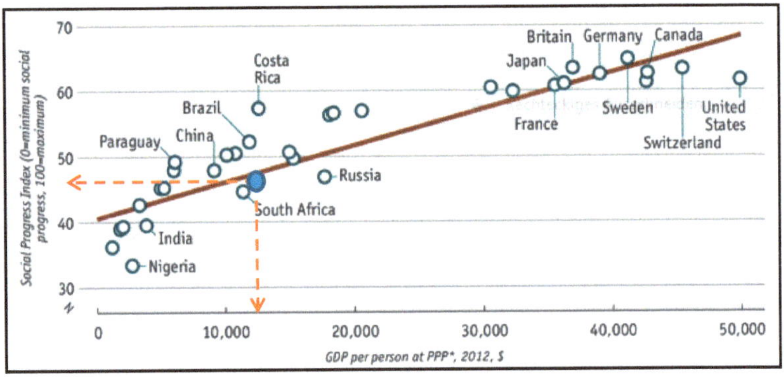

Quelle: Social Progress 2013; IMF

Aus der Länderpositionierung in der vorstehenden Abbildung lässt sich über das Einkommensspektrum hin aber auch eine deutliche Divergenz zwischen sozialem Fortschritt und wirtschaftlicher Entwicklung entnehmen. So operiert beispielsweise Kasachstan im Vergleich zu Russland auf einem deutlich niedrigeren Pro-Kopf-Niveau des BIP (die Differenz beträgt ca. $ 4000), bewegt sich aber auf einem nahezu identischen Indexniveau (Kasachstan Platz 34, Russland Platz 33). Andererseits teilt Kasachstan sein Einkommensniveau mit anderen Ländern (wie Costa Rica), bleibt dabei aber gleichzeitig weit hinter deren Indexwert und Positionierung zurück (Costa Rica, auf Platz 12; vgl. Abb. 11.3).

Mit wirtschaftlicher Entwicklung allein ist sozialer Fortschritt nicht hinreichend zu erklären. Dass es möglich ist, ein eindrucksvolles Niveau an sozialem Fortschritt bei bescheideneren Einkommenswerten zu erreichen, belegen die Länderbeispiele Georgien (Platz 29) und Vietnam (Platz 30; ausführlichere Angaben finden sich in den Abschnitten Country Reports und Data Tables des Social Progress Index 2013).

Tab. 11.4 Zufriedenheit mit öffentlichen Dienstleistungen (Zufriedene in Prozenten der Antwortenden)

Land	AL-Unterstützung		Andere Unterstütz.		Bildung (Tertiäre)		Öff. Gesundheitswesen	
	2006	2010	2006	2010	2006	2010	2006	2010
Kasachst.	42	43	38	50	53	62	39	54
Russ. F.	28	59	25	74	48	79	42	58
Tadschik.	11	38	26	42	45	51	37	57
Usbekist.	14	14	53	48	61	65	48	64
Kirgistan	19	44	43	46	38	56	50	53
Aserbaid.	15	5	21	12	42	54	56	45

Quelle: EBRD 2012:34

Die Ergebnisse staatlichen Wohlfahrtshandelns lassen sich andererseits mit den wertenden Stellungnahmen der Politikadressaten hinsichtlich des Zielparameters "Gerechtigkeit" konfrontieren, wie sie beispielsweise von der EBRD in ihrem "Life in Transition Survey" (2011) präsentiert werden. Für beide Ansätze bieten sich Vergleichsmöglichkeiten im internationalen Kontext an. Doch stellen auf der internationalen Vergleichsebene die Zugänglichkeit und Verlässlichkeit von Daten nach wie vor ein Problem dar, um die Diversität von Wohlfahrtssystemen nach vergleichbaren Kriterien konsistent abzubilden und einem komparativen Performanztest zu unterziehen. Eines hat die Vielzahl derart angelegter Studien allerdings gezeigt, dass es wohl einfacher ist die Ausgaben für Wohlfahrt zu erhöhen als "governance" zu verbessern.

Wie die Entwicklung auf dem Arbeitsmarkt und die vorzeitige Einlösung einzelner Milleniumsziele (MDG 1, MDG 2, MDG 3) als "Outcome" belegen, hat die kasachische Regierung viele Punkte ihrer Wohlfahrtsagenda zielstrebiger eingelöst als das Gros der GUS-Partner. Der betroffene Bürger urteilt allerdings aus seiner eigenen Optik (vgl. Tab. 11.4). So sehen die (befragten) Bürger Kasachstans Möglichkeiten bzw. Notwendigkeiten der Verbesserung gerade im Bereich "governance" wie bei den "persönlichen Freiheiten".

Die Literatur über Wohlfahrtsstaaten und -regimes hat eine Fülle von Klassifikationen und Typologien hervorgebracht, deren Grundlagen – orientiert an westlichen Industriestaaten – R.M.Titmuss und Esping-Andersen mit dem zentralen Kriterium der "Dekommodifizierung" gelegt haben. Aus der Kritik daran entwickelten sich umfassendere Typologien, führten zur Identifizierung weiterer eigenständiger Modelle wie dem Ostasiatischen Modell, das unter Bezeichnungen wie "konfuzianisch" oder "produktivistisch" firmiert. Der ursprünglich qualitative Ansatz bei dem Entwurf einer Typologie des Wohlfahrtsstaates wurde durch quantitativ orientierte Ansätze (wie der hierarchischen Cluster-Analyse) bestätigt (z. B. durch Saint-Arnaud/Bernard 2003). Es lag nahe, diese Analyseform auf Transformationsländer zu übertragen (Fenger 2007), um festzustellen, ob und inwieweit sie sich einerseits zu homogenen empirischen Typen entwickelt haben, d.h. sich in spezifischen Merkmalen ähnlich(er) sind, und andererseits diese Entwicklung in messbarer Unterschiedlichkeit zu den Variablen anderer Typen stattgefunden hat. Die empirische Analyse (Datenlage 2002 bei Fenger) weist klare Differenzen zwischen post-kommunistischen und westlichen Wohlfahrtsstaaten aus, die größer sind als die Differenzen zwischen den Ländern innerhalb dieser Gruppen. Dabei zeichnen sich in der Analyse Fengers die postkommunistischen Staaten durch ein niedrigeres Niveau der Regierungsprogramme und der sozialen Situation aus (zentralasiatische Staaten sind in Fengers Dendrogram nicht enthalten). Der sozialpolitischen Dynamik fehlt in allen zentralasiatischen Staaten die Schubkraft und kritische Masse einer sozialen Bewegung, vergleichbar der historischen Rolle des europäischen Industrieproletariats. Einem spezifischen Typus von *Wohlfahrtsmodell* lässt sich Kasachstan mit den vorliegenden (noch frühen Entwicklungs-)Ergebnissen nicht zuweisen. Kasachstan ist überdies von vielfältigen Dualismen bzw. Fragmentierungen geprägt (Stichworte: demographische Brücke, Zwei-Sektoren-Wirtschaft, formeller/informeller Arbeitsmarkt, state-business-nexus, Opportunity-hoarding u.a.m.), die zusätzlich eine eindeutige Typisierung als *Wohlfahrtsstaat* erschweren. Als "work in progress" ist seine institutionelle Matrix noch zu keiner eindeutigen Form geronnen. Es empfiehlt sich daher, die Anregung I. Gough's und G. Wood's, – entwickelt aus deren Anpassung des Wohlfahrtsstaats-Ansatzes an den Entwicklungsländer-Kontext (Gough/Wood 2004) –, aufzunehmen und über den Wohlfahrtsstaat hinaus das *Wohlfahrtsregime* in den Blick zu nehmen. Dem Betrachter bietet sich dann der im zweiten Eingangskapitel vorgestellte *Wohlfahrtsmix* in einer erweiterten Form: Mit staatlichen Wohlfahrtsregimen koexistieren "Meta-welfare regimes", in denen Individuen eine Vielfalt von Risikovermeidungs-Strategien anwenden. Ein weiterer Dualismus also, bei dem die Meta-Variante allerdings zusehends Teile ihrer Rolle als "benefactor of last resort" in Wohlfahrtsbelangen abgibt und einem Wohlfahrtsstaat mit "produktiven" Zügen zu weichen beginnt. Dieser fördert über seine protektiven Grundverpflichtungen hinaus ein Social-development-Konzept, das einerseits sein Humankapital in Richtung Marktperformanz profiliert und andererseits die akkumulierten Sicherungsfonds über die Finanzmärkte für die Restrukturierung und Modernisierung seiner Volkswirtschaft zu mobilisieren beabsichtigt. Solange die damit anvisierte absolute soziale Mobilität wie bisher hinter der relativen zurücksteht, stellt sich in diesem dynamischen Schutzkonzept die Frage nach der Wahrung des sozialen Friedens durch eine angemessene kollektive Teilhabe am Produktivitätsgewinn.

Literatur

Hinweis: Viele der nachfolgend aufgeführten Titel sind auch online zugänglich, vor allem jene, die von internationalen Organisationen (ADB, EBRD, ILO, IMF, OECD, WB) und nationalen Forschungsinstituten herausgegeben wurden.

Abbott, P./C. Wallace (2012): Satisfaction and Societal Quality in Kazakhstan. In: Selin, H./G. Davey (eds.), Happiness Across Cultures. Views of Happiness and Quality of Life in Non-Western Cultures. Dordrecht, Heidelberg, London, New York, S. 107-120.

ADB (2010): Enhancing Social Protection in Asia and the Pacific. The Proceedings of the Regional Workshop. Mandaluyong City.

ADB (2009): Reforming Kazakhstan's Pension System. Social Protection Project Briefs. October.

ADB (2008): Social Protection Index for Committed Poverty Reduction. Volume 2: Asia. Mandaluyong City.

Adema, W./P. Fron, M. Ladaique (2011): Is the European Welfare State Really More Expensive? Indicators on Social Spending, 1980-2012; and a Manual to the OECD Social Expenditure Database (SOCX). OECD Social, Employment and Migration Working Paper No. 124, Paris.

Adema, W./M. Ladaique (2009): How Expensive is the Welfare State? Gross and Net Indicators in the OECD Social Expenditure Database. OECD Social, Employment and Migration Working Papers, No. 92, Paris.

Adascalitei, D. (2012): Welfare State Development in Central and Eastern Europe: A State of the Art Literature Review. In: Studies of Transition States and Societies, vol. 4, issue 2, S. 59-70.

Agency for Statistics of the Republic of Kazakhstan (2011): Results of the 2009 National Population Census of the Republic of Kazakhstan. Analytical Report. Astana.

Agenstvo Respubliki Kazachstan po Statistike (2012): Ženščiny i Mužčiny Kazachstana 2007-2011.

Agrawal, P. (2008): Economic Growth and Poverty Reduction: Evidence from Kazakhstan. Asian Development Review, vol. 24, no. 2, S. 90-115.

Al-Eyd, A./D. Amaglobeli, B. Shukurov, M. Sumlinski (2012): Global Food Price Inflation and Policy Responses in Central Asia. IMF Working Paper WP/12/86, Washington.

Alber, J./C. Behrendt (2001): Wohlfahrtsstaat/Sozialstaat. In: D. Nohlen (Hrsg.), Kleines Lexikon der Politik, München, S. 580-588.

Aldashev, A./B. Dietz (2012): Economic and Spatial Determinants of Interregional Migration in Kazakhstan, Discussion Paper series, Forschungsinstitut zur Zukunft der Arbeit, No. 6289, urn:nbn:de:101:1-201203145575, http://hdl.handle.net/10419/58719

Alff, H. (2011): Soziale Netzwerke statt staatlicher Hilfe. Mobilität und Integration kasachischer Migranten im "Land ihrer Vorväter". Zentralasien-Analysen Nr. 41, 27.5.2011, S. 2-5.

Alkire, S./S. Conconi, J. M. Roche (2013) : Multidimensional Poverty Index 2013 : Brief Methodological Note and Results. Oxford Poverty & Human Development Initiative (OPHI). Online: http://www.ophi.org.uk/wp-content/uploads/MPI-2013-Brief-M

Alkire, S./M.E. Santos (2010): Acute Multidimensional Poverty: A New Index for Developing Countries. Human Development Research Paper 2010/11. UNDP.

Anderson, B./B. Hancilova (2009): Migrant Labour in Kazakhstan: A cause for concern? Centre on Migration, Policy and Society. Working Paper No. 69, University of Oxford.

Appel, H./M.A. Orenstein (2013): Ideas Versus Resources: Explaining the Flat Tax and Pension Privatization Revolutions in Eastern Europe and the Former Soviet Union. In: Comparative Political Studies 46(2), S. 123-152.

Atkinson, A.B./E. Marlier (2010): Analysing and Measuring Social Inclusion in a Global Kontext. United Nations ST/ESA/325. New York.

Aženov (1973): Izmenenija social'no-klassovoj struktury Kazachstana v processe kommunističeskogo stroitel'stva. Alma-Ata.

Babak, V. (2009): Kazakhstan's Economy in the Grips of the World Financial Crisis. Central Asia and the Caucasus, no. 6(60), S. 79-92.

Banerjee, A.V./E. Duflo (2012): Poor Economics. Plädoyer für ein neues Verständnis von Armut. München.

Baulch B./A. Weber, J. Wood (2008): Social Protection Index for Commted Poverty Reduction. Volume 2: Asia. ADB, Mandaluyong City.

Becker, Ch. M./G. A. Marchenko/S. Khakimzhanov/A.S. Seitenova/V. Ivliev (2009): Social Security Reform in Transition Economies. Lessons from Kazakhstan. New York.

Becker, C.M./A.S. Seitenova (2005): Fertility and Marriage in Kazakhstan's Transition Period: Implications for Social Security Policy. PIE Discussion Paper Series, March.

Beckert, J. (2006): Wer zähmt den Kapitalismus? In: Beckert et al. (Hrsg.), Transformationen des Kapitalismus. Frankfurt am Main, S. 425-442.

Bénassy-Quéré, A./B. Coeuré, P. Jacquet, and J.-Pisani-Ferry (2010) : Economic Policy. Theory and Practice. Oxford.

Bergh, A. /Th. Nilsson (2011): Globalization and Absolute Poverty – A Panel Data Study. IFN Working Paper No. 862, Research Institute of Industrial Economics, Stockholm.

Bertelsmann Stiftung (2009): BTI 2010 – Kazakhstan Country Report. Gütersloh.

Bertelsmann Stiftung (2012): BTI 2012 – Kazakhstan Country Report. Gütersloh.

Beyme, K.v. (1977): Sozialismus oder Wohlfahrtsstaat? München.

Blanke, W./R. Brandel u.a. (2000): Sozialstaat im Wandel. Herausforderungen, Risiken, Chancen, neue Verantwortung. Wissenschaftliche Eingangsuntersuchung für das Ministerium für Frauen, Jugend, Familie und Gesundheit des Landes Nordrhein-Westfalen. Gelsenkirchen, Hannover.

Boeri, T. (2002): Let Social Policy Models Compete and Europe Will Win. Paper presented at a Conference hosted by the Kennedy School of Government, Harvard University, 11-12 April. Online: http://www.hks.harvard.edu/m-rcbg/Conferences/us-eu_relation...

Borchert, J./St. Lessenich (2004): "Spätkapitalismus" revisited. Claus Offes Theorie und die adaptive Selbsttransformation der Wohlfahrtsstaatsanalyse. Zeitschrift für Sozialreform, 50. Jahrgang, Heft 6, S. 563-583.

Briggs, A. (1961): The Welfare State in Historical Perspective. In: European Journal of Sociology 2, S. 221-258.

Brück, T./D. Esenaliev, A. Kroeger, A. Kubebayeva, B. Mirkasimov, S. Steiner (2012): Household Survey Data for Research on Well-Being and Behavior in Central Asia. DIW Discussion Papers 1257, Berlin.

Butterwegge, Ch. (2006): Krise und Zukunft des Sozialstaates. 3. erw. Aufl., Wiesbaden.

Cangiano, M./C. Cottarelli, L. Cubeddu (1998): Pension Developments and Reforms in Transition Economies, IMF Working Paper, October.

Carothers, T. (2002): The end of the transition paradigm. Journal of Democracy, 13 (1), 5-21.

Castello Branco, M. de (1998): Pension Reform in the Baltics, Russia, and other Countries of the Former Soviet Union (BRO). International Monetary Fund Working Paper 98/11.

Castles, F. G. (2008): What Welfare States do: A disaggregated Expenditure Approach. In: JNLSoc. Pol, 38, 1, S. 45-62.

Cerami, A./P. Vanhuysse (eds.) (2009): Post-Communist Welfare Pathways. Theorizing Social Policy Transformations in Central and Eastern Europe. Houndmills, New York.

Cerami, A./P. Stubbs (2011): Post-communist Welfare Capitalisms: Bringing Institutions and Political Agency Back In. EIZ Working Papers 1103. Zagreb.

Cerami, A. (2008): New Social Risks in Central and Eastern Europe. The Need for a New Empowering Politics of the Welfare State. Sociologicky časopis/Czech Sociological Review 2008, Vol. 44, No. 6, S. 1089-1111.

Chawla, M./G. Betcherman, A. Banerij et al. (2007): From Red to Gray. The "Third Transition" of Aging Populations in Eastern Europe and the former Soviet Union. The World Bank. Washington, D.C.

Chudinovskikh, O. (2012): Review of Sources and Quality of Statistics on International Migration in selected countries of the Commonwealth of independent States. United Nations New York and Geneva.

Cockcroft, L. (2012): Global Corruption. Money, Power and Ethics in the Modern World. London, New York.

Collins, K. (2006): Clan Politics and Regime Transition in Central Asia. Cambridge University Press. Cambridge, New York u.a.

Cook, L.J. (2007): Postcommunist Welfare States: Reform Politics in Russia and Eastern Europe. Ithaka and London: Cornell University Press.

Cooley, A. (2012): Great Games, Local Rules. Oxford.

Cummings S. N. (2005): Kazakhstan. Power and the Elite. London, New York.

Daly, J. C. K. (2008): Kazakhstan's Emerging Middle Class. Silk Road Paper. March. Washington.

Deacon, B./P. Stubbs (2013): Global social policy: Conceptual and analytical reflections. In: Global Social Policy 13(1), S. 5-23.

De Broeck, M./L. Ebrill (1998): Output Decline in Transition: The Case of Kazakhstan. IMF Working Paper WP/98/45.

Dietz, B. (2011): Interne Migration in Kasachstan: Ein Motor ökonomischer und sozialer Entwicklung? In: Zentralasien-Analysen Nr. 47, S. 2-15.

Dreher, A./N. Gaston, et al. (2008): Measuring Globalisation: Gauging its Consequences. New York.

Economist Intelligence Unit (2012): Global food security index 2012. An assessment of food affordability, availability and quality. The Economist.

Elisseeff, V. (ed.) (1998): The Silk Roads. Highways of Culture and Commerce. UNESCO, Paris.

Ellman, M. (2000): The Social Costs and Consequences of the Transformation Process. Chapter 5 in: Economic Survey of Europe, No. 2/3, S. 125-145.

Ellman, M. (2012): What did the study of transition economies contribute to mainstream economics? RRC Working Paper, Special Issue No. 2, Russian Research Center, Hitotsubashi University, Tokyo.

Esanov, A. (2009): Efficiency of Public Spending in Resource-Rich Post-Soviet States. Revenue Watch Institute, http//:www.revenuewatch.org, zugegriffen am 29.12.2011.

Esping-Andersen, G. (1990): Three Worlds of Welfare Capitalism. Cambridge.

Europäische Kommission (1994): Weißbuch Europäische Sozialpolitik. Ein zukunftsweisender Weg für die Union. Luxemburg.

EBRD/European Bank for Reconstruction and Development (2011): Life in Transition Survey. London.

Faik, J, (2011): Demografie und Einkommensungleichheit. In: WSI Mitteilungen 1/2011, S. 19-26.

Farnsworth, K. (2013): Bringing Corporate Welfare In. In: Journal of social Policy, 42, 1, S. 1-22.

Fayzullina, K. (2013): Kazakhstan: The House that Nazarbayev Built. Report, Al Jazeera Centre for Studies.

Fenger, H.J.M. (2007): Welfare regimes in Central and Eastern Europe: Incorporating post-communist countries in a welfare regime typology. In: Contemporary Issues and Ideas in Social Sciences, August, S. 1-30.

Fergus, M. with J. Jandosova (2003): Kazakhstan. Coming of Age. London.

Ferrera, M./A. Hemerijck, M. Rhodes (2000): The Future of Social Europe. Recasting Work and Welfare in the New Economy. Oeiras: Celta Editora.

Fjaestad, K./I. Øverland (2012): Energy Elites in Central Asia. Kazakhstan, Turkmenistan and Uzbekistan. RussCasp Working Paper, PETROSAM Programme, Oslo.

Fleurbaey, M./D. Blanchet (2013): Beyond GDP. Measuring Welfare and Assessing Sustainability. Oxford.

Forrat, N. (2012): The Authoritarian Welfare State: a Marginalized Concept. Comparative-Historical Social Science Working Paper Series, Working Paper No. 12-005, Northwestern University.

Forst, R. (2012): Zum Begriff des Fortschritts. In: H. Joas (Hg.), Vielfalt der Moderne. Frankfurt a. M., S. 41-52.

Fox, L. (2003): Safety Nets in Transition Economies. A Primer. World Bank Institute. Social Protection Discussion Paper Series No. 0306. Washington.

Gans, P. (2011): Bevölkerung. Entwicklung und Demographie unserer Gesellschaft. Darmstadt.

Gassmann, F. (2011): Protecting Vulnerable Families in Central Asia: Poverty, vulnerability, and the impact of the economic crisis. UNU-Merit Working Paper Series 2011-042.

Gentilini, U./St. W. Omamo (2009): Unveiling Social Safety Nets. Occasional Paper No. 20, WFP.

Góra, M./O. Rohozynsky, I. Sinitsina, M. Walewski (2009): Social Security Driven Tax Wedge and Its Effects on Employment and Shadow Employment. CASE Network Studies & Analysis No. 398, Warsaw.

Gough, I. (2000): Globalisation and regional welfare regimes: The East Asian case. The Year 2000 International Research Conference on Social Security. Helsinki, 25.-27. September 2000.

Gough, I. (2000a): Welfare Regimes in East Asia and Europe. Annual World Bank Conference on Development Economics Europe 2000. Paris, 27 June 2000.

Gough, I. (2005): European Welfare States: Explanations and Lessons for Developing Countries. Conference Paper. Arusha conference, "New Frontiers of social Policy: Development in a Globalizing World" – December 12-15, 2005.

Gronwald, M./J. Mayr, S. Orazbayev (2009): Estimating the effects of oil price shocks on the Kazakh economy. Ifo Working Paper No. 81, Munich.

Gwartney J./R. Lawson, J. Hal (2013): Economic Freedom of the World. Annual Report, The Fraser Institute, Vancouver.

Haggard, St./R.R. Kaufman (2008): Development, Democracy, and Welfare States: Latin America, East Asia, and Eastern Europe. Princeton, Oxford.

Haghshenas, N. M./A. H. Mehryar (2008): Demographic Transition and Ageing in the ECO Countries. Online: http://epc2008. princeton.edu/papers/80150.

Hamilton, K./E. Ley (2010): Measuring National Income and Growth in Resource-Rich Income-Poor Countries. Economic Premise 28. World Bank, Poverty Reduction and Economic Management Network, Washington, D.C.

Hare P.G./A. Naumov (2008): A Study of Changing Income Distribution in Kazakhstan Using a New Social Accounting Matrix and Household Survey Data. CERT, Discussion Paper 2008/02, Edinburgh. Online: http://www.sml.hw.ac.uk/downloads/cert/wpa/2008/dp0802.pdf

Harrison, A. (2006): Globalization and Poverty. Working Paper 12347. National Bureau of Economic Research, Cambridge MA. Online: http://www.nber.org/papers/w12347

Haughton. J./S.R. Khandker (2009): Handbook on Poverty and Inequality. World Bank. Washington.

Hausmann, R./L.D. Tyson, S. Zahidi (2012): The Global Gender Gap Report 2012. World Economic Forum, Cologny/Geneva.

Hellman, J.S./G. Jones, D. Kaufmann (2000): Seize the State, Seize the Day: An Empirical Analysis of State Capture and Corruption in Transition Economies. World Bank Policy Research Working Paper No. 2402, Washington, D.C.

Hemerijck, A. (2006): Recalibrating Europe's Semi-Sovereign Welfare States. WZB Discussion Papers SP I 2006-103. Berlin.

Hoelscher, P./G. Alexander (2010): Social protection in times of crisis: experiences in Eastern Europe and Central Asia. Journal of Poverty and Social Justice 18 (3), S. 255-268.

Hoerster, N. (2013): Was ist eine gerechte Gesellschaft? Eine philosophische Grundlegung. München.

Hofmann, W. (1956): Die Arbeitsverfassung der Sowjetunion. Berlin.

Holtmann, D./K. Weiß, A.-S. Hirseland u.a. (2012): Die Wohlfahrt der Nationen: 40 Länder-Fallstudien zu den Institutionen und ihrer Performanz. Aachen.

Holzhacker, H. (2012): Kazakhstan. In: European Investment Bank, Banking in the Eastern Neighbours and Central Asia. Challenges and Opportunities. May, S. 44-55.

Holzhacker, H. (2012a): Kasachstans Banken: Gemächlich aus der Krise. In: DWK-Info, 18. Jg., Juni 2012, 5. Ausgabe, S. 3-13.

Holzmann, R./S. Jorgensen (2000): Social Risk Management: A New Conceptual Framework for Social Protection and Beyond. Social Protection Discussion Paper No. 6, Washigton: World Bank.

Hudson John/St. Kühner (2011): Analysing the Productive and the Protective Dimensions of Welfare: Looking beyond the OECD. Compass Working Paper 63, http://www.compass.org, zugegriffen am 24.11.2011.

Hümmer, V./g. Xu (2010): Die Folgen der Ungleichheit: Ein neues Maß der menschlichen Entwicklung. Wochenbericht des DIW Berlin, Nr. 47.

ILO (2003): The Republic of Kazakhstan. Final Report: Assessment of Targeted Social Assistance Scheme. Decent Work: Integrated Approach to Social Sphere in Kazakhstan. Astana.

ILO (2008): World of Work Report 2008: Income Inequalities in the Age of Financial Globalization. Geneva.

ILO (2012): The Methodologies of the Subsistence Minimum Determination in Kazakhstan: the Ways and Approaches to Improve. Moscow.

ILO (2013): Global Wage Report 2012/13. Wages and equitable growth. Geneva.

IMF (2001): Republic of Kazakhstan: Selected Issues and Statistical Appendix. IMF Country Report No. 01/20. Washington.

IMF (2010): Republic of Kazakhstan: Selected Issues. IMF Country Report No. 10/237. Washington.

IMF (2011): Sixth Edition of the IMF'sBalance of Payments and International Investment Position Manual (last updated August 2011). Washington D.C.

IMF (2012): Regional Economic Outlook. Middle East and Central Asia. Washington, D.C.

Inglot, T. (2008): Welfare States in East Central Europe, 1919-2004. Cambridge.

Isaacs, R. (2013): *Nur Otan*, Informal Networks and the Countering of Elite Instability in Kazakhstan: Bringing the 'Formal' Back In. In: Europe-Asia Studies, Vol. 65, No. 6, S. 1055-1079.

Isaacs, R. (2011): Party System Formation in Kazakhstan: Between Formal and Informell Politics. London and New York.

Islam, R. (2004): The Nexus of Economic Growth, Employment and Poverty Reduction: An Empirical Analysis. Issues in Employment and Poverty Discussion Paper 14. ILO, Geneva.

Jalling, L. (2003): Environmental Issues in Central Asia. A source of hope or despair? In: T. Everett-Heath (ed.): Central Asia. Aspects of transition. London and New York, S. 167-180.

Junisbai, B. (2010): A Tale of Two Kazakhstans: Sources of Political Cleavage and Conflict in the Post-Soviet Period. In: Europe-Asia Studies, Vol. 62, No. 2, S. 235-269.

Kalyuzhnova, Y. (1998): The Kazakhstani Economy: Independence and Transition. London.

Kahneman, D. (2011) Schnelles Denken, langsames Denken. 7. Aufl., Berlin.

Kaminski, B./S. Mitra (2010): Skeins of Silk: Borderless Bazaars and Border Trade in Central Asia. World Bank. Washington.

Karl, T. L. (2007): Oil-Led Development: Social, Political, and Economic Consequences.CDDRL Working Papers, No. 80, January 2007, Stanford.

Kaufmann, F.-X. (2003): Varianten des Wohlfahrtstaats. Der deutsche Sozialstaat im internationalen Vergleich. Frankfurt a.M.

Kazachskaja SSSR. Ėkonomiko-geografičeskaja charakteristika (1957). Pod obščej redakciej člena-korrespondenta Akademii nauk SSSR N.N. Baranskogo. Moskva

Ketebayev, M. (2012): Why the Kazakhs 'deserved' Nazarbayev. NEWS – otwarty dialog 6. December. Online: http://www.odfoundation.eu/en/urgents/1127/why_the_kazakhs_deserved_nazarbayev. Zugegriffen am 20.6.2013.

Keuschnigg, Chr. (2011): Intra- und intergenerative Gerechtigkeit in der Finanzpolitik. Discussion Paper n. 2011-37. Universität St. Gallen.

Khakimzhanov, S. (2012): Saving Kazakhstan' Pension System from Overregulation. In: World Finance Review, May, S. 19-21.

Kindop, I. (2012): Ocenka dochodov samozanjatogo naselenija: razryv meždu etimi dochodami i zarplatoj uveličivaetsja. RAKURS. Statističeskie zametki No. 27, 16.6.2012.

Klasen, St. (2005): Economic Growth and Poverty Reduction: Measurement and Policy Issues. OECD Development Centre, Working Paper No. 246, Paris.

Klundt. M. (2005): "Saving capitalism from itself"? Entstehung und Entwicklung sozialdemokratischer Wohlfahrtsstaatlichkeit. In: Karl Gabriel (Hg.), Europäische Wohlfahrtsstaatlichkeit – Soziokulturelle Grundlagen und religiöse Wurzeln. Jahrbuch für christliche Sozialwissenschaften 46. Münster, S. 129-146.

Kolzhanov, M./B. Rechel (2007): Kazakhstan: Health System Review. Health Systems in Transition, vol. 9, no. 7.

Kornai, J. (1994): Transformational Recession. The Main Cause's. Journal of Comparative Economics, 19, S. 39-63.

Kudebayeva, A. (2012): Effects of Crisis on Income and Poverty: The Case of Kazakhstan. The wiiw Balkan Observatory. Working Papers 102, December.

Kuddo, A. (2009): Employment Service and Aktive Labor Market Programs in Eastern European and Central Asian Countries. SP Discussion Paper, No. 0918. The World Bank, Human Development Network, Social Protection Team, Washington.

Kuddo, A. (2012): Public Employment Services, and Activation Policies. Social Protection & Labor Discussion Paper No. 1215, The World Bank, Washington.

Kurylev, V.P. (1978): Semejno-rodstvennye gruppy u kazachov konca XIX – načala XX. v. In: Akademija Nauk SSSR: Sem'ja I semejnye obrjady u narodov Srednej Azii I Kazachstana, S. 132-143.

Kwon, H. J. (2007): Transforming the developmental welfare states in East Asia. DESA Working Paper No. 40, Juni 2007.

Laruelle, M./S. Peyrouse (2012): The Chinese Question in Central Asia: Domestic Order, Social Change, and the Chinese Factor. New York.

Laumulin, M. (2013): Influence of the Shadow Economy on the Financial and Economic Development of Kazakhstan. In: Central Asia and the Caucasus. Vol. 14, Issue 1, S. 157-167.

Lee, R./A. Mason (2011): Population Aging and the Generational Economy. A Global Perspective. Cheltenham, Northhampton.

Leibrecht M./: Klien, Ö. Onaran (2010): Globalization, welfare regime and social protection expenditures in Western and Eastern countries. Discussion Papers SFB International Tax Coordination, 30. SFB International Tax Coordination, WU Vienna University of Economics and Business, Vienna.

Leisering, L./U. Davy, F. Berner, U. Schwarze, P. Blömeke (2002): Vom produzierenden zum regulierenden Wohlfahrtsstaat. Literaturstudie zum Projektantrag an die DFG. Regina – Arbeitspapier Nr. 2, Institut für Weltgesellschaft, Universität Bielefeld. Online: http://www.uni-bielefeld.de/(en)/soz/personen/Leisering/pdf/...

Leisering, L. (2002): Die Entstehung "Neuer Wohlfahrtsstaaten" in Ostasien. Stichworte aus der neueren soziologischen Debatte mit perspektivischen Anwendungen auf Behindertenpolitik in Asien. SocialWorld – Working Paper No. 4, Bielefeld.

Leisering, L. (2008): Soziale Globalisierung? Möglichkeiten und Grenzen globaler Sozialpolitik. Social World – Working Paper No. 14. Bielefeld.

Leite, C.A./J. Weidmann (1999): Does Mother Nature Corrupt? Natural Ressources, Corruption, and Economic Growth (June 1999). IMF Working Paper No. 99/85. Available at SSRN: http://ssrn.com/abstract=259928

Lessenich, St. (2012): Theorien des Sozialstaats zur Einführung. Hamburg.

Libman, A. (2008): Government-Business Relations in Post-Soviet Space: The Case of Central Asia. Online: http://www.centralasiaproject.de/index2.php?option=com_docman&task=doc_vie&gid=25&Itemid=7

Lin, K./P. Ward, L.J.G. van der Maesen (2009): Social Quality Theory in Perspective. In: Development and Society, vol. 38, no. 2, S. 201-208.

Loewe, M. (2007): Eine demographische Dividende für die Entwicklungsländer? Konsequenzen des weltweiten Alterungsprozesses. Deutsches Institut für Entwicklungspolitik. Analysen und Stellungnahmen 6/2007. Bonn.

Lubyova, M. (2009): Labour market institutions and politics in the CIS: Post-Transition Outcomes. ILO, Subregional Office for Eastern Europe and Central Asia, Working Paper No. 4, Moscow.

Luecke, M. (2011): Stabilization and Savings Funds to Manage Natural Resource Revenues: Kazakhstan and Azerbaijan versus Norway. Comparative Economic Studies vol. 53, no. 1, S. 35-56.

Madison, B. Q. (1968): Social Welfare in the Soviet Union. Stanford.

Makhmutova, M. (2010): Migration and survey of remittance senders in Kazakhstan. World Bank, International Workshop on the Economic and Social Impact of Migration, Remittances, and Diaspora. Yerevan, June 24-25.

Maltseva, E. (2012): Welfare Reforms in Post-Soviet States: A Comparison of Social Benefits Reform in Russia and Kazakhstan. A thesis submitted for the Degree of Doctor of Philosophy, University of Toronto.

Martens, P./M. Raza (2009): Globalization in the 21st Century: Mesuring Regional Changes in Multiple Domains. In: The Integrated Assessment Journal vol. 9, Iss. 1, S. 1-18.

Martin, V. (2002): Nomadic Land Claims in the colonized Kazakh Steppe. In: St. Lederer/B. Streck (Hg): Akkulturation und Selbstbehauptung. Beiträge des Kolloquiums am 14.12.2001. Halle, S. 65-74.

Meinhard, St./N. Potrafke (2011): The Globalization-welfare State Nexus Reconsidered. University of Konstanz, Department of Economics, Working Paper Series 2011-27. Online: http://www.wiwi.uni-konstanz.de/workingpaperseries

Milanovič, B. (1999): Explaining the Increase in Inequality during Transition. In: Economics of Transition, vol. 7 (2), S. 299-341.

Milanovič, B./L Ersado (2008): Reform and Inequality during the Transition. An Analysis Using Panel Household Survey Data, 1990-2005. World Bank, Policy Research WP 4780, Washington.

Mishkin, F. S. (1992): Anatomy of a financial crisis. In: Journal of Evolutionary Economics 2, S. 115-130.

Mogilevskii, R. (2012) Trends and patterns in foreign trade of Central Asian countries. In: World Commerce Review, September. Online: www.worldcommercereview.com

Murthi, M./M. Pradhan and K. Scott (2002): Poverty and Economic Transition in Kazakhstan. In: Poverty, Income Distribution and Well-Being in Asia During the Transition. Edited by A. Lu and M.F. Montes. Houndmills, Basingstoke; New York, S. 159-186.

Musabek, E. /Sagynbaeva, A (2012): Demografičeskoe razvitie Respubliki Kazachstan. In: Ėkonomika i statistika No. 2, S. 15-18.

Mussurov, A. (2012): Economic Growth and Poverty Reduction: The Kazakh Story. Regional Competence-Building for Think-Tanks in the South Caucasus and Central Asia. KIMEP University, Almaty.

Myant, M./J. Drahokoupil (2011): Transition Economies: Political Economy in Russia, Eastern Europe, and Central Asia. Hoboken.

Nazarbaev, N. (2009): The Kazakhstan Way. Almaty.

Nickel, C./J. Almenberg (2006): Ageing, pension reforms and capital market development in transition countries. EBRD Working Paper No. 99.

Nida-Rümelin, J. (2000): Die ethischen Grundlagen des Sozialstaates. In: W. Kersting (Hrsg.), Politische Philosophie des Sozialstaates. Weilerswist, S. 333-350.

Noll, H.-N. (2002): Globale Wohlfahrtsmaße als Instrumente der Wohlfahrtsmessung und Sozialberichterstattung: Funktionen, Ansätze und Probleme. In: Glatzer, W./R. Habisch, K.U. Mayer (Hrsg.), Sozialer Wandel und gesellschaftliche Dauerbeobachtung. Festschrift für Wolfgang Zapf. Opladen, S. 317-336.

North, D.C./J.J.Wallis, B.R. Weingast (2011): Gewalt und Gesellschaftsordnungen. Eine Neudeutung der Staats- und Wirtschaftsgeschichte. Tübingen.

Obinger, H./B. Kittel (2003): Parteien, Institutionen und Wohlfahrtsstaat. Politisch-institutionelle Determinanten der Sozialpolitik in OECD-Ländern. In: H. Obinger, U. Wagschal, B. Kittel (Hrsg.), Politische Ökonomie. Demokratie und wirtschaftliche Leistungsfähigkeit. Wiesbaden., S. 355-383.

OECD (2008): Mehr Ungleichheit trotz Wachstum? Einkommensverteilung und Armut in OECD-Ländern. Paris.

OECD (2011): Anti-Corruption Network for Eastern Europe and Central Asia. Istambul Anti-Corruption Action Plan. Second Round of Monitoring. Kazakhstan. Monitoring Report. Paris. Online: www.oecd.org/corruption/acn

OECD (2012): Society at a Glance: Asia/Pacific 2011. Paris.

OECD (2013): OECD Framework for Statistics on the Distribution of Household Income, Consumption and Wealth. Paris.

Olcott, M. B. (2002): Kazakhstan: Unfulfilled Promise. Washington.

Olcott, M. B. (2010): Kazakhstan: Unfulfilled Promise? Washington.

Olson, M. (1993): Dictatorship, Democracy and Development. In: American Political Science Review 87, no. 3, S. 567-576.

Orenstein, M.A. (2000): How Politics and Institutions Affect Pension Reform in Three Postcommunist Countries. World Bank Policy Research Working Paper 2310, Washington, D.C.

Orenstein, M.A. (2008): Postcommunist Welfare States. Journal of Democracy vol. 19, No. 4, S. 80-94.

Orszag, P. R. (1999): Individual Accounts and Social Security. Does Social Security Really Provide a Lower Rate of Return? Center on Budget and Policy Priorities, Washington, D.D., March 1999.

Osberg, L./A. Sharpe (2012): Measuring Economic Insecurity in Rich and Poor Nations. CSLS Research Report 2012-03, Centre for the Study of Living Standards, Ottawa.

Ostheim, T. (2007): Die internationale Hypothese. In: M.G. Schmidt, T. Ostheim, N.A. Siegel, R. Zohlnhöfer (Hrsg.), Der Wohlfahrtsstaat. Eine Einführung in den historischen und internationalen Vergleich. Wiesbaden, S. 75-84.

Ostrowski, W. (2010): Politics and Oil in Kazakhstan. London and New York.

Ottaway, M. (2003): Democracy Challenged: The Rise of Semi-Authoritarianism. Washington D.C.

Oxford Poverty and Human Development Initiative (2013): Kazakhstan Country Briefing, Multidimensional Poverty Index Data Bank. OPHI, University of Oxford. Online: www.ophi.org.uk/multidimensional-poverty-index/.

Pavlenko, V.F. (1980): Mežotraslevye kompleksy Srednej Azii. Moskva.

Peyrouse, S. (2008): Chinese Economic Presence in Kazakhstan. Chinas Resolve and Central Asia's Apprehension. In: China Perspectives No. 3, S. 33-49.

Pollack, D. (2008): Theoriefortschritte in der Transformationsforschung? Erfahrungen mit der Schwerkraft der Modernisierungstheorie beim Versuch ihrer Überwindung. In: F. Bönker und J. Wielgohs (Hg.), Postsozialistische Transformation und europäische (Des-)Integration. Marburg, S. 41-61.

Pomfret, R. (2010): Exploiting Energy and Mineral Resources in Central Asia, Azerbaijan and Mongolia. Comparative Economic Studies vol. 53, no.1, S. 5-33.

Popov, V. (2005): Shock Therapy Versus Gradualism Reconsidered. CEFIR/New Economic School Working Paper No. 68, New Economic School, Moscow.

Porter, M. E./S. Stern, R. Artavia Loria (2013): Social Progress Index 2013. Washington, D.C.

Potrafke, N. (2013): Globalization and Labor Market Institutions: International Empirical Evidence. Ifo Working Paper No. 154, München.

Potrafke, N. (2013 a): Globalisierung und Arbeitsmarktinstitutionen. Ifo Schnelldienst 4/2013, 66. Jahrgang, 27.2.2013, München, S. 32-35.

Raballand, G. (2004): Permanence conceptuelles et fonctionnelles du système économique soviétique en Asie centrale. In : Cahiers d'Asie centrale 13/14, S. 163-174.

Ravallion, M. (2001) : Growth, Inequality and Poverty : Looking Beyond Averages. In: World Development 29 (11), S. 1803-1815.

Ringen S./K. Ngok (2013) : What Kind Of Welfare State Is Emerging In China? Asian Studies Centre St. Antony's College, University of Oxford. Online: http://www.sant.ox.ac.uk/asian/ChinaWelfareStateII.pdf

Robalino, D.A./L. Rawlings, I. Walker (2012): Building Social Protection and Labor Systems. Concepts and Operational Implications. Social Protection & Labor Discussion Paper No. 1202, World Bank, Washington.

Roelen, K./F. Gassmann (2012): Child-Wellbeing in Kazakhstan. Institut of Development Studies, Maastricht University. July 2012.

Rosanvallon, P. (2013): Die Gesellschaft der Gleichen. Hamburg.

Roy, O. (2005): The New Central Asia. The Creation of Nations. New York.

Rumer, B.Z. (1989): Soviet Central Asia. "A tragic experiment". London, Sydney, Wellington.

Rutkowski, J. (2011): Promoting Formal Employment in Kazakhstan. Overview. The World Bank. 5/15/2011.

Ruziev, K./T. Majdov (2013): Differing Effects of the Global Financial Crisis on the Central Asian Countries: Kazakhstan, the Kyrgyz Republic and Uzbekistan. In: Europe-Asia Studies. Vol. 65, No. 4, S. 682-716.

Sadovskaya, Y. (2012): Chinese labour migration to Kazakhstan at the beginning of the 21st century. Norwegian Institute of International Affairs. Oslo.

Saint-Arnaud, S. /P. Bernard (2003): Convergence or Resilience? A Hierarchical cluster analysis of the Welfare Regimes in Advanced Countries. In: Current Sociology 51 (5):499-527.

Sakwa, R. (2012): Modernisation, neo-modernisation, and comparative democratisation in Russia. East European Politics vol. 28, no. 1, S. 43-57.

Sambt, J./A. Prskawetz (2011): National Transfer Accounts for Austria: low levels of education and the generosity of the social security system. In: Lee/Mason 2011: 256-268.

Sander, A./Chr. Schmitt, St. Kuhnle (2010): Towards a Chinese welfare state? Tagging the concept of social security in China. ISSA, 6th International Policy and Research Conference on Social Security, Luxembourg, 29.9.-1.10.2010.

Satpaev, D. (2007): An Analysis of the Internal Structure of Kazakhstan's Political Elite and an Assessment of Political Risk Level. In: Tomohito Uyama (ed.), Empire, Islam, and Politics in Central Asia. Sapporo, S. 283-300.

Satpajew, D./T. Umbetalijewa (2011): Die Dynamik von Machterhalt und -nachfolge. Die politische Elite in Kasachstan und Perspektiven für den Machtwechsel. In: Zentralasien-Analysen Nr. 39, 25.3.2011, S. 2-5.

Scharpf, F.W. (2002): The European social model: Coping with the challenges of diversity. In: Journal of Common Market Studies, 40, 4, S. 645-670.

Schatz, E. (2004): Modern Clan Politics. The Power of "Blood" in Kazakhstan and Beyond. Seattle and London.

Schimank, U. (2011): Wohlfahrtsgesellschaften als funktionaler Antagonismus von Kapitalismus und Demokratie. Ein immer labilerer Mechanismus? MPIfG Working Paper 11/2. Köln.

Schmid, G./K. Schömann (2004): Managing Social Risks Through Transitional Labor Markets: Towards a European Social Model. TLM.NET Working Papers No. 2004-01, Amsterdam: SISWO/Institute for the Social Sciences.

Schmid, J. (2010): Wohlfahrtsstaaten im Vergleich. Soziale Sicherung in Europa: Organisation, Finanzierung, Leistungen und Probleme. 3., aktualisierte und erweiterte Auflage. Wiesbaden.

Schmitz-Veltin, A. (2011): Gesellschaft im demographischen Wandel – Szenarien zur Zukunft des Wohnens in der Stadtregion. Inauguraldissertation, Mannheim.

Schneider, F./A. Buehn, C. E. Montenegro (2010): Shadow Economies All over the World. New Estimates for 162 Countries from 1999 to 2007. World Bank, Policy Research Working Paper 5356, Washington, D.C.

Schrader, H./E. Dittrich (2012): Households in Central Asia. Research findings from an explorative study in Kazakhstan and Kyrgystan. Arbeitsbericht Nr. 62, Internet-Fassung, Institut für Soziologie, Universität Magdeburg.

Schrader, H./E. Dittrich (2012a): Wie (über)leben private Haushalte in Kasachstan und Kirgistan? Eine vergleichende empirische Untersuchung. Zentralasien-Analysen Nr. 59, 30.11.2012.

Schwarze, J./S. Elsas (2013): Analyse von Einkommensverteilungen. Ansätze, Methoden und Empirie. Schriften aus der Fakultät Sozial- und Wirtschaftswissenschaften der Otto-Friedrich-Universität Bamberg, Bd. 8.

Seitenova, A./D. O'Brian (2010): Financing Social Protection in Kazakhstan. RAKURS, Social-Demographic Sector Notes, No. 3.4, March, Almaty.

Seys, F.O. (2009): Les dynamiques demographiques au Kazakhstan, un modele specifique depuis l'independance. Espace populations societes, no.2. p. 243-261. Online : http://eps.revues.org/idex3690.html.

Seisebayev, D. (2012) : Kazakhstan's Financial Market : Growth Hampered by Structural Weaknesses. In: World Finance Review, May, S. 22-23.

Seldadyo, H./J. de Haan (2006): The Determinants of Corruption. A Literature Survey and New Evidence. Paper prepared for the 2006 EPCS Conference, Turku, Finland, 20-23 April 2006. Online: http://conferences.wcfia.harvard.edu/files/gov2126/files/sel...

Shedenova, N./A. Beimisheva (2013): Territorial Availability of social and Economic Infrastructure in Kazakhstan: Comparative Analysis of Urban and rural Households. In: World Academy of Science, Engineering and Technology 74, S. 544-549.

Shevchik Ketenci, N. (2008): Kazakhstani Enterprises in Transition. The Role of Historical Regional Development in Kazakhstan's Post-Soviet Economic Transformation. Stuttgart.

Shlapentokh, V. (2013): Corruption, the power of state and big business in Soviet and post-Soviet regimes. In: Communist and Post-Communist Studies 46, S. 147-158.

Singh, A./S. Jain-Chandra, A. Mohammad (2012): Out of the Shadows. In: Finance & Development, June, Vol. 49, No. 2, S. 42-45.

Smailov, A.A. (2012): National Accounts of the Republic of Kazakhstan 2006-2010. Statistical Compendium. Astana.

Stark, M./J. Ahrens (2012): Economic reform and institutional change in Central Asia: towards a new model of the developmental state? PFH Forschungspapiere Research Papers No. 2012/05, Göttingen.

Stichweh, R. (2010): Inklusion/Exklusion, funktionale Differenzierung und die Theorie der Weltgesellschaft. In: Beck, U./A. Poferl (Hrsg.): Große Armut, großer Reichtum. Zur Transnationalisierung sozialer Ungleichheit, S. 240-260, Berlin.

Stiglitz, J. E./J. A. Ocampo, S. Spiegel, R. French-Davis, D. Nayyar (2006): Stability with Growth. Macroeconomics, Liberalization, and Development. Oxford, New York.

Stiglitz, J.E. (2006): Good Numbers Gone Bad. In: Fortune, Oct. 2.

Streeck, W. (2013): Die gekaufte Zeit. Die vertagte Krise des demokratischen Kapitalismus. Berlin.

Stulina, G.V./C. Senecal (2004): Gender, Water, and Agricultural in Central Asia. Almaty Online: http://www.gender.cawater-info.net/publications/pdf/stulina_seneca_e.pdf

Stulina, G.V/A. Torguzova (2005): Gender Aspects of Integrated Water Resources Management. Tashkent. Online: http://www.gender.cawater-info.net/publications/pdf/gender_iwrm_eng.pdf

Sumner, A./S. Wolcott (2009): What are the Likely Poverty Impacts of the current Crises? IDS In Focus Policy Briefing 7.2, March 2009. Online: http://www.ids.ac.uk/download.cfm?objectid=3EB0C4C-5056-817...

Syroezhkin, K. (2011) : Chinas Presence in Kazakhstan : Myth and Reality. In: Central Asia's Affairs 1 (42), 17-25.

Tausch, A. (2011): The efficiency and effectiveness of social spending in the eu-27 and the OECD – a 2011 reanalysis. MPRA Paper No. 33516, posted 19. September 2011. Online: http://mpra.ub.uni-muenchen.de/33516/

Treisman, D. (2003): Postcommunist corruption. In: Campos, N.F./J. Fidrmuc (eds.): Political Economy of Transition and Development. Institutions, Politics and Policies. Boston/Dordrecht/London, S. 201-226.

Todoroki, E./K. Celik, M. Kholmatov (2011): Alternative Remittance Systems in Kazakhstan. The World Bank , July, Washington.

Toews, G. (2012): Mixed Blessings of an Oil Boom: Evidence from the Oil Rich Region in Kazakhstan. CSAE Conference 2012: Economic Development in Africa. Oxford, 19.3.2012.

Tolesh, F.A. (2012): The population history of Kazakhstan. Paper presented at the European Population Conference 2012, 13.-16. June, Stockholm.

Torm, N. (2003): The Nexus of Economic Growth, Employment and Poverty during Economic Transition: An Analysis of Armenia, Kazakhstan, Kyrgystan, Moldova, Tajikistan and Uzbekistan. Discussion Paper. International Labour Office, Geneva October 2003.

Tulepbaev, B. A. (1984): Socialističeskie agrarnye preobrazovanija v Srednej Azii I Kazachstane. Moskva.

UN (2008): National report on the achievement of Kazakhstan's strategic priorities to 2030 in the light of the Millenium Development Goals (MDGs). Astana.

UN (2009): Rethinking Poverty. Report on the World Social Situation 2010. Department of Economic and Social Affairs. New York.

UN (2010): Millenium Development Goals in Kazakhstan. Astana.

UN (2011): World Population Prospects. The 2010 Revision. Vol. II: Demographic Profiles. New York.

UNCTAD (2012): Trade and Development Report, 2012. Geneva.

UNDAF (2009): United Nations Development Assistance Framework for the Republic of Kazakhstan. 2010- 2015. Astana.

UNDP (2001): Human Development Report. Kazakhstan 2000. Fighting Poverty for a Better Future. Almaty.

UNDP (2005): The Great Generation of Kazakhstan: Insight into the Future. Almaty.

UNDP (2009): From Exclusion to Equality: Realizing the Rights of Persons with Disabilities in Kazakhstan, National Human Development Report 2009. United Nations Development Programme, Astana.

UNDP (2011): Beyond Transition. Towards Inclusive Societies. Regional Human Development Report. Bratislava.

UNDP (2011): Human Development Report 2011. Sustainability and Equity: A Better Future for All. Explanatory note on 2011 HDR composite indices.

UNDP (2013): The Rise of the South: Human Progress in a Diverse World. Explanatory note on 2013 HDR composite indices. Uzbekistan.

UNDP (2013a): The Rise of the South: Human Progress in a Diverse World. Explanatory note on 2013 HDR composite indices. Kazakhstan.

UNDP (2013b): Bericht über die menschliche Entwicklung 2013. Der Aufstieg des Südens: Menschlicher Fortschritt in einer ungleichen Welt. DGVN, Berlin 2013.

UNDP Kazakhstan (2004?): Poverty in Kazakhstan: Causes and Cures. No. UNDPKAZ 08.

UNESCAP (2005): Income Generation and Poverty Reduction: Experiences of Selected Asian Countries. Development Papers No. 26, New York.

UNESCAP (2011): Statistical Yearbook for Asia and the Pacific.

UNICEF (2009): Kazakhstan. Country programme document 2010-2015. Online: http://www.unicef.org/about/execboard/files/Kazakhstan_final...

Utegenova, A. R, (2010): Die Strategie der Entwicklung Kasachstans bis zum Jahr 2030: Bedeutung und erste Ergebnisse. In: OSZE-Jahrbuch. Baden-Baden, S. 149-160.

Veit-Wilson, J. (2000): States of Welfare: A Conceptual Challenge. In: Social Policy & Administration, Vol. 34, No. 1, March, S. 1-25.

Verme, P. (1998): Unemployment, Labour Policies and Health in Transition: Evidence from Kazakhstan. The United Nations University, World Institute for Development Economics Research (WIDER), Working Papers No. 151.

Verme, P. (2006): Pro-poor Growth during Exceptional Growth. Evidence from a Transition Economy. In: The European Journal of Comparative Economics vol. 3, n. 1, S. 3-14.

Verme, P. (2007): A Structural Analysis of Growth and Poverty in the Short-Term. Working paper No. 05/2007, Dipartimento di Economia "S.Cognetti de Martiis", Torino.

Von der Lippe (2010): Einführung in die Armutsmessung. Axiomatik von Armuts- und Disparitätsmaßen. Online: http://www.von-der-Lippe.org/dokumente/Armut.pdf.

Wagener, H.-J. (2011): Wirtschaftsordnung im Wandel. Zur Transformation 1985-2010. Marburg.

Wallace, C./P. Abbott (2007): From Quality of Life to Social Quality: Relevance for Work and Care in Europe. In: Revista Calitatea Vietii, 1-2, S. 109-123.

Wan, G./I. Sebastian (2011): Poverty in Asia and the Pacific: An Update. ADB Economics Working Paper Series No. 267, August 2011.

Wandel, J./B. Kazbogarova (2009): Kazakhstan: Economic Transformation and Autocratic Power. Country Brief No. 4, Mercatus Policy Series.

Wegerich, K (2003): Water: the difficult path to a sustainable future for Central Asia. In: T. Everett-Heath (ed.): Central Asia. Aspects of transition, S. 244-263. London and New York.

White Paper (2012): Corporate Social Responsibility (CSR) in Kazakhstan. Online: http://www.norvegia.kz/Global/SiteFolders/webast/white Paper...

Wilensky, H. L. (2002): Rich Democracies. Political Economy, Public Policy, and Performance. Berkeley, Los Angeles, London.

Wilkinson, R./Prickett, K (2010): Gleichheit ist Glück: warum gerechte Gesellschaften für alle besser sind. Berlin.

Wood, J. (2009): A Social Protection Index for Asia. APPAM Conference. January, http//:www.welfareacademy.org/pubs/international/policy.../asp.../2301.pdf, zugegriffen am 2.1.2012.

World Bank (1994): Averting the Old Age Crisis: Policies to Protect the Old and Promote Growth. Washington, D.C.

World Bank (1998): Kazakhstan. Living Standards During the Transition. Report NO. 17520-KZ, Washington.

World Bank (2000): Balancing Protection and Opportunity: A Strategy for Social Protection in Transition Economies. Washington D.C.

World Bank (2004): Kazakhstan. Dimensions of Poverty in Kazakhstan. Volume I: Policy Briefing. Report No. 30294-KZ. Washington D.C.

World Bank (2005): Poverty Manual, Revision of August 8.

Załęski, P. (2006): Elity władzy politycznej Kazachstanu. Warszawa.

Index

C

D

E

F

G

H

P

Q

R

S

T

U

V

W

X

Z

SOVIET AND POST-SOVIET POLITICS AND SOCIETY

Edited by Dr. Andreas Umland

ISSN 1614-3515

1 *Андреас Умланд (ред.)*
Воплощение Европейской конвенции по правам человека в России
Философские, юридические и эмпирические исследования
ISBN 3-89821-387-0

2 *Christian Wipperfürth*
Russland – ein vertrauenswürdiger Partner?
Grundlagen, Hintergründe und Praxis gegenwärtiger russischer Außenpolitik
Mit einem Vorwort von Heinz Timmermann
ISBN 3-89821-401-X

3 *Manja Hussner*
Die Übernahme internationalen Rechts in die russische und deutsche Rechtsordnung
Eine vergleichende Analyse zur Völkerrechtsfreundlichkeit der Verfassungen der Russländischen Föderation und der Bundesrepublik Deutschland
Mit einem Vorwort von Rainer Arnold
ISBN 3-89821-438-9

4 *Matthew Tejada*
Bulgaria's Democratic Consolidation and the Kozloduy Nuclear Power Plant (KNPP)
The Unattainability of Closure
With a foreword by Richard J. Crampton
ISBN 3-89821-439-7

5 *Марк Григорьевич Меерович*
Квадратные метры, определяющие сознание
Государственная жилищная политика в СССР. 1921 – 1941 гг
ISBN 3-89821-474-5

6 *Andrei P. Tsygankov, Pavel A.Tsygankov (Eds.)*
New Directions in Russian International Studies
ISBN 3-89821-422-2

7 *Марк Григорьевич Меерович*
Как власть народ к труду приучала
Жилище в СССР – средство управления людьми. 1917 – 1941 гг.
С предисловием Елены Осокиной
ISBN 3-89821-495-8

8 *David J. Galbreath*
Nation-Building and Minority Politics in Post-Socialist States
Interests, Influence and Identities in Estonia and Latvia
With a foreword by David J. Smith
ISBN 3-89821-467-2

9 *Алексей Юрьевич Безугольный*
Народы Кавказа в Вооруженных силах СССР в годы Великой Отечественной войны 1941-1945 гг.
С предисловием Николая Бугая
ISBN 3-89821-475-3

10 *Вячеслав Лихачев и Владимир Прибыловский (ред.)*
Русское Национальное Единство, 1990-2000. В 2-х томах
ISBN 3-89821-523-7

11 *Николай Бугай (ред.)*
Народы стран Балтии в условиях сталинизма (1940-е – 1950-е годы)
Документированная история
ISBN 3-89821-525-3

12 *Ingmar Bredies (Hrsg.)*
Zur Anatomie der Orange Revolution in der Ukraine
Wechsel des Elitenregimes oder Triumph des Parlamentarismus?
ISBN 3-89821-524-5

13 *Anastasia V. Mitrofanova*
The Politicization of Russian Orthodoxy
Actors and Ideas
With a foreword by William C. Gay
ISBN 3-89821-481-8

14 *Nathan D. Larson*
Alexander Solzhenitsyn and the Russo-Jewish Question
ISBN 3-89821-483-4

15 *Guido Houben*
Kulturpolitik und Ethnizität
Staatliche Kunstförderung im Russland der neunziger Jahre
Mit einem Vorwort von Gert Weisskirchen
ISBN 3-89821-542-3

16 *Leonid Luks*
Der russische „Sonderweg"?
Aufsätze zur neuesten Geschichte Russlands im europäischen Kontext
ISBN 3-89821-496-6

17 *Евгений Мороз*
История «Мёртвой воды» – от страшной сказки к большой политике
Политическое неоязычество в постсоветской России
ISBN 3-89821-551-2

18 *Александр Верховский и Галина Кожевникова (ред.)*
Этническая и религиозная интолерантность в российских СМИ
Результаты мониторинга 2001-2004 гг.
ISBN 3-89821-569-5

19 *Christian Ganzer*
Sowjetisches Erbe und ukrainische Nation
Das Museum der Geschichte des Zaporoger Kosakentums auf der Insel Chortycja
Mit einem Vorwort von Frank Golczewski
ISBN 3-89821-504-0

20 *Эльза-Баир Гучинова*
Помнить нельзя забыть
Антропология депортационной травмы калмыков
С предисловием Кэролайн Хамфри
ISBN 3-89821-506-7

21 *Юлия Лидерман*
Мотивы «проверки» и «испытания» в постсоветской культуре
Советское прошлое в российском кинематографе 1990-х годов
С предисловием Евгения Марголита
ISBN 3-89821-511-3

22 *Tanya Lokshina, Ray Thomas, Mary Mayer (Eds.)*
The Imposition of a Fake Political Settlement in the Northern Caucasus
The 2003 Chechen Presidential Election
ISBN 3-89821-436-2

23 *Timothy McCajor Hall, Rosie Read (Eds.)*
Changes in the Heart of Europe
Recent Ethnographies of Czechs, Slovaks, Roma, and Sorbs
With an afterword by Zdeněk Salzmann
ISBN 3-89821-606-3

24 *Christian Autengruber*
Die politischen Parteien in Bulgarien und Rumänien
Eine vergleichende Analyse seit Beginn der 90er Jahre
Mit einem Vorwort von Dorothée de Nève
ISBN 3-89821-476-1

25 *Annette Freyberg-Inan with Radu Cristescu*
The Ghosts in Our Classrooms, or: John Dewey Meets Ceauşescu
The Promise and the Failures of Civic Education in Romania
ISBN 3-89821-416-8

26 *John B. Dunlop*
The 2002 Dubrovka and 2004 Beslan Hostage Crises
A Critique of Russian Counter-Terrorism
With a foreword by Donald N. Jensen
ISBN 3-89821-608-X

27 *Peter Koller*
Das touristische Potenzial von Kam''janec'–Podil's'kyj
Eine fremdenverkehrsgeographische Untersuchung der Zukunftsperspektiven und Maßnahmenplanung zur Destinationsentwicklung des „ukrainischen Rothenburg"
Mit einem Vorwort von Kristiane Klemm
ISBN 3-89821-640-3

28 *Françoise Daucé, Elisabeth Sieca-Kozlowski (Eds.)*
Dedovshchina in the Post-Soviet Military
Hazing of Russian Army Conscripts in a Comparative Perspective
With a foreword by Dale Herspring
ISBN 3-89821-616-0

29 *Florian Strasser*
Zivilgesellschaftliche Einflüsse auf die Orange Revolution
Die gewaltlose Massenbewegung und die ukrainische Wahlkrise 2004
Mit einem Vorwort von Egbert Jahn
ISBN 3-89821-648-9

30 *Rebecca S. Katz*
The Georgian Regime Crisis of 2003-2004
A Case Study in Post-Soviet Media Representation of Politics, Crime and Corruption
ISBN 3-89821-413-3

31 *Vladimir Kantor*
Willkür oder Freiheit
Beiträge zur russischen Geschichtsphilosophie
Ediert von Dagmar Herrmann sowie mit einem Vorwort versehen von Leonid Luks
ISBN 3-89821-589-X

32 *Laura A. Victoir*
The Russian Land Estate Today
A Case Study of Cultural Politics in Post-Soviet Russia
With a foreword by Priscilla Roosevelt
ISBN 3-89821-426-5

33 *Ivan Katchanovski*
Cleft Countries
Regional Political Divisions and Cultures in Post-Soviet Ukraine and Moldova
With a foreword by Francis Fukuyama
ISBN 3-89821-558-X

34 *Florian Mühlfried*
Postsowjetische Feiern
Das Georgische Bankett im Wandel
Mit einem Vorwort von Kevin Tuite
ISBN 3-89821-601-2

35 *Roger Griffin, Werner Loh, Andreas Umland (Eds.)*
Fascism Past and Present, West and East
An International Debate on Concepts and Cases in the Comparative Study of the Extreme Right
With an afterword by Walter Laqueur
ISBN 3-89821-674-8

36 *Sebastian Schlegel*
Der „Weiße Archipel"
Sowjetische Atomstädte 1945-1991
Mit einem Geleitwort von Thomas Bohn
ISBN 3-89821-679-9

37 *Vyacheslav Likhachev*
Political Anti-Semitism in Post-Soviet Russia
Actors and Ideas in 1991-2003
Edited and translated from Russian by Eugene Veklerov
ISBN 3-89821-529-6

38 *Josette Baer (Ed.)*
Preparing Liberty in Central Europe
Political Texts from the Spring of Nations 1848 to the Spring of Prague 1968
With a foreword by Zdeněk V. David
ISBN 3-89821-546-6

39 *Михаил Лукьянов*
Российский консерватизм и реформа, 1907-1914
С предисловием Марка Д. Стейнберга
ISBN 3-89821-503-2

40 *Nicola Melloni*
Market Without Economy
The 1998 Russian Financial Crisis
With a foreword by Eiji Furukawa
ISBN 3-89821-407-9

41 *Dmitrij Chmelnizki*
Die Architektur Stalins
Bd. 1: Studien zu Ideologie und Stil
Bd. 2: Bilddokumentation
Mit einem Vorwort von Bruno Flierl
ISBN 3-89821-515-6

42 *Katja Yafimava*
Post-Soviet Russian-Belarussian Relationships
The Role of Gas Transit Pipelines
With a foreword by Jonathan P. Stern
ISBN 3-89821-655-1

43 *Boris Chavkin*
Verflechtungen der deutschen und russischen Zeitgeschichte
Aufsätze und Archivfunde zu den Beziehungen Deutschlands und der Sowjetunion von 1917 bis 1991
Ediert von Markus Edlinger sowie mit einem Vorwort versehen von Leonid Luks
ISBN 3-89821-756-6

44 *Anastasija Grynenko in Zusammenarbeit mit Claudia Dathe*
Die Terminologie des Gerichtswesens der Ukraine und Deutschlands im Vergleich
Eine übersetzungswissenschaftliche Analyse juristischer Fachbegriffe im Deutschen, Ukrainischen und Russischen
Mit einem Vorwort von Ulrich Hartmann
ISBN 3-89821-691-8

45 *Anton Burkov*
The Impact of the European Convention on Human Rights on Russian Law
Legislation and Application in 1996-2006
With a foreword by Françoise Hampson
ISBN 978-3-89821-639-5

46 *Stina Torjesen, Indra Overland (Eds.)*
International Election Observers in Post-Soviet Azerbaijan
Geopolitical Pawns or Agents of Change?
ISBN 978-3-89821-743-9

47 *Taras Kuzio*
Ukraine – Crimea – Russia
Triangle of Conflict
ISBN 978-3-89821-761-3

48 *Claudia Šabić*
"Ich erinnere mich nicht, aber L'viv!"
Zur Funktion kultureller Faktoren für die Institutionalisierung und Entwicklung einer ukrainischen Region
Mit einem Vorwort von Melanie Tatur
ISBN 978-3-89821-752-1

49 *Marlies Bilz*
Tatarstan in der Transformation
Nationaler Diskurs und Politische Praxis 1988-1994
Mit einem Vorwort von Frank Golczewski
ISBN 978-3-89821-722-4

50 *Марлен Ларюэль (ред.)*
Современные интерпретации русского национализма
ISBN 978-3-89821-795-8

51 *Sonja Schüler*
Die ethnische Dimension der Armut
Roma im postsozialistischen Rumänien
Mit einem Vorwort von Anton Sterbling
ISBN 978-3-89821-776-7

52 *Галина Кожевникова*
Радикальный национализм в России и противодействие ему
Сборник докладов Центра «Сова» за 2004-2007 гг.
С предисловием Александра Верховского
ISBN 978-3-89821-721-7

53 *Галина Кожевникова и Владимир Прибыловский*
Российская власть в биографиях I
Высшие должностные лица РФ в 2004 г.
ISBN 978-3-89821-796-5

54 *Галина Кожевникова и Владимир Прибыловский*
Российская власть в биографиях II
Члены Правительства РФ в 2004 г.
ISBN 978-3-89821-797-2

55 *Галина Кожевникова и Владимир Прибыловский*
Российская власть в биографиях III
Руководители федеральных служб и агентств РФ в 2004 г.
ISBN 978-3-89821-798-9

56 *Ileana Petroniu*
Privatisierung in Transformationsökonomien
Determinanten der Restrukturierungs-Bereitschaft am Beispiel Polens, Rumäniens und der Ukraine
Mit einem Vorwort von Rainer W. Schäfer
ISBN 978-3-89821-790-3

57 *Christian Wipperfürth*
Russland und seine GUS-Nachbarn
Hintergründe, aktuelle Entwicklungen und Konflikte in einer ressourcenreichen Region
ISBN 978-3-89821-801-6

58 *Togzhan Kassenova*
From Antagonism to Partnership
The Uneasy Path of the U.S.-Russian Cooperative Threat Reduction
With a foreword by Christoph Bluth
ISBN 978-3-89821-707-1

59 *Alexander Höllwerth*
Das sakrale eurasische Imperium des Aleksandr Dugin
Eine Diskursanalyse zum postsowjetischen russischen Rechtsextremismus
Mit einem Vorwort von Dirk Uffelmann
ISBN 978-3-89821-813-9

60 *Олег Рябов*
«Россия-Матушка»
Национализм, гендер и война в России XX века
С предисловием Елены Гощило
ISBN 978-3-89821-487-2

61 *Ivan Maistrenko*
Borot'bism
A Chapter in the History of the Ukrainian Revolution
With a new introduction by Chris Ford
Translated by George S. N. Luckyj with the assistance of Ivan L. Rudnytsky
ISBN 978-3-89821-697-5

62 *Maryna Romanets*
Anamorphosic Texts and Reconfigured Visions
Improvised Traditions in Contemporary Ukrainian and Irish Literature
ISBN 978-3-89821-576-3

63 *Paul D'Anieri and Taras Kuzio (Eds.)*
Aspects of the Orange Revolution I
Democratization and Elections in Post-Communist Ukraine
ISBN 978-3-89821-698-2

64 *Bohdan Harasymiw in collaboration with Oleh S. Ilnytzkyj (Eds.)*
Aspects of the Orange Revolution II
Information and Manipulation Strategies in the 2004 Ukrainian Presidential Elections
ISBN 978-3-89821-699-9

65 *Ingmar Bredies, Andreas Umland and Valentin Yakushik (Eds.)*
Aspects of the Orange Revolution III
The Context and Dynamics of the 2004 Ukrainian Presidential Elections
ISBN 978-3-89821-803-0

66 *Ingmar Bredies, Andreas Umland and Valentin Yakushik (Eds.)*
Aspects of the Orange Revolution IV
Foreign Assistance and Civic Action in the 2004 Ukrainian Presidential Elections
ISBN 978-3-89821-808-5

67 *Ingmar Bredies, Andreas Umland and Valentin Yakushik (Eds.)*
Aspects of the Orange Revolution V
Institutional Observation Reports on the 2004 Ukrainian Presidential Elections
ISBN 978-3-89821-809-2

68 *Taras Kuzio (Ed.)*
Aspects of the Orange Revolution VI
Post-Communist Democratic Revolutions in Comparative Perspective
ISBN 978-3-89821-820-7

69 *Tim Bohse*
Autoritarismus statt Selbstverwaltung
Die Transformation der kommunalen Politik in der Stadt Kaliningrad 1990-2005
Mit einem Geleitwort von Stefan Troebst
ISBN 978-3-89821-782-8

70 *David Rupp*
Die Rußländische Föderation und die russischsprachige Minderheit in Lettland
Eine Fallstudie zur Anwaltspolitik Moskaus gegenüber den russophonen Minderheiten im „Nahen Ausland" von 1991 bis 2002
Mit einem Vorwort von Helmut Wagner
ISBN 978-3-89821-778-1

71 *Taras Kuzio*
Theoretical and Comparative Perspectives on Nationalism
New Directions in Cross-Cultural and Post-Communist Studies
With a foreword by Paul Robert Magocsi
ISBN 978-3-89821-815-3

72 *Christine Teichmann*
Die Hochschultransformation im heutigen Osteuropa
Kontinuität und Wandel bei der Entwicklung des postkommunistischen Universitätswesens
Mit einem Vorwort von Oskar Anweiler
ISBN 978-3-89821-842-9

73 *Julia Kusznir*
Der politische Einfluss von Wirtschaftseliten in russischen Regionen
Eine Analyse am Beispiel der Erdöl- und Erdgasindustrie, 1992-2005
Mit einem Vorwort von Wolfgang Eichwede
ISBN 978-3-89821-821-4

74 *Alena Vysotskaya*
Russland, Belarus und die EU-Osterweiterung
Zur Minderheitenfrage und zum Problem der Freizügigkeit des Personenverkehrs
Mit einem Vorwort von Katlijn Malfliet
ISBN 978-3-89821-822-1

75 *Heiko Pleines (Hrsg.)*
Corporate Governance in post-sozialistischen Volkswirtschaften
ISBN 978-3-89821-766-8

76 *Stefan Ihrig*
Wer sind die Moldawier?
Rumänismus versus Moldowanismus in Historiographie und Schulbüchern der Republik Moldova, 1991-2006
Mit einem Vorwort von Holm Sundhaussen
ISBN 978-3-89821-466-7

77 *Galina Kozhevnikova in collaboration with Alexander Verkhovsky and Eugene Veklerov*
Ultra-Nationalism and Hate Crimes in Contemporary Russia
The 2004-2006 Annual Reports of Moscow's SOVA Center
With a foreword by Stephen D. Shenfield
ISBN 978-3-89821-868-9

78 *Florian Küchler*
The Role of the European Union in Moldova's Transnistria Conflict
With a foreword by Christopher Hill
ISBN 978-3-89821-850-4

79 *Bernd Rechel*
The Long Way Back to Europe
Minority Protection in Bulgaria
With a foreword by Richard Crampton
ISBN 978-3-89821-863-4

80 *Peter W. Rodgers*
Nation, Region and History in Post-Communist Transitions
Identity Politics in Ukraine, 1991-2006
With a foreword by Vera Tolz
ISBN 978-3-89821-903-7

81 *Stephanie Solywoda*
The Life and Work of Semen L. Frank
A Study of Russian Religious Philosophy
With a foreword by Philip Walters
ISBN 978-3-89821-457-5

82 *Vera Sokolova*
Cultural Politics of Ethnicity
Discourses on Roma in Communist Czechoslovakia
ISBN 978-3-89821-864-1

83 *Natalya Shevchik Ketenci*
Kazakhstani Enterprises in Transition
The Role of Historical Regional Development in Kazakhstan's Post-Soviet Economic Transformation
ISBN 978-3-89821-831-3

84 *Martin Malek, Anna Schor-Tschudnowskaja (Hrsg.)*
Europa im Tschetschenienkrieg
Zwischen politischer Ohnmacht und Gleichgültigkeit
Mit einem Vorwort von Lipchan Basajewa
ISBN 978-3-89821-676-0

85 *Stefan Meister*
Das postsowjetische Universitätswesen zwischen nationalem und internationalem Wandel
Die Entwicklung der regionalen Hochschule in Russland als Gradmesser der Systemtransformation
Mit einem Vorwort von Joan DeBardeleben
ISBN 978-3-89821-891-7

86 *Konstantin Sheiko in collaboration with Stephen Brown*
Nationalist Imaginings of the Russian Past
Anatolii Fomenko and the Rise of Alternative History in Post-Communist Russia
With a foreword by Donald Ostrowski
ISBN 978-3-89821-915-0

87 *Sabine Jenni*
Wie stark ist das „Einige Russland"?
Zur Parteibindung der Eliten und zum Wahlerfolg der Machtpartei im Dezember 2007
Mit einem Vorwort von Klaus Armingeon
ISBN 978-3-89821-961-7

88 *Thomas Borén*
Meeting-Places of Transformation
Urban Identity, Spatial Representations and Local Politics in Post-Soviet St Petersburg
ISBN 978-3-89821-739-2

89 *Aygul Ashirova*
Stalinismus und Stalin-Kult in Zentralasien
Turkmenistan 1924-1953
Mit einem Vorwort von Leonid Luks
ISBN 978-3-89821-987-7

90 *Leonid Luks*
Freiheit oder imperiale Größe?
Essays zu einem russischen Dilemma
ISBN 978-3-8382-0011-8

91 *Christopher Gilley*
The 'Change of Signposts' in the Ukrainian Emigration
A Contribution to the History of Sovietophilism in the 1920s
With a foreword by Frank Golczewski
ISBN 978-3-89821-965-5

92 *Philipp Casula, Jeronim Perovic (Eds.)*
Identities and Politics During the Putin Presidency
The Discursive Foundations of Russia's Stability
With a foreword by Heiko Haumann
ISBN 978-3-8382-0015-6

93 *Marcel Viëtor*
Europa und die Frage nach seinen Grenzen im Osten
Zur Konstruktion ‚europäischer Identität' in Geschichte und Gegenwart
Mit einem Vorwort von Albrecht Lehmann
ISBN 978-3-8382-0045-3

94 *Ben Hellman, Andrei Rogachevskii*
Filming the Unfilmable
Casper Wrede's 'One Day in the Life of Ivan Denisovich'
Second, Revised and Expanded Edition
ISBN 978-3-8382-0044-6

95 *Eva Fuchslocher*
Vaterland, Sprache, Glaube
Orthodoxie und Nationenbildung am Beispiel Georgiens
Mit einem Vorwort von Christina von Braun
ISBN 978-3-89821-884-9

96 *Vladimir Kantor*
Das Westlertum und der Weg Russlands
Zur Entwicklung der russischen Literatur und Philosophie
Ediert von Dagmar Herrmann
Mit einem Beitrag von Nikolaus Lobkowicz
ISBN 978-3-8382-0102-3

97 *Kamran Musayev*
Die postsowjetische Transformation im Baltikum und Südkaukasus
Eine vergleichende Untersuchung der politischen Entwicklung Lettlands und Aserbaidschans 1985-2009
Mit einem Vorwort von Leonid Luks
Ediert von Sandro Henschel
ISBN 978-3-8382-0103-0

98 *Tatiana Zhurzhenko*
Borderlands into Bordered Lands
Geopolitics of Identity in Post-Soviet Ukraine
With a foreword by Dieter Segert
ISBN 978-3-8382-0042-2

99 *Кирилл Галушко, Лидия Смола (ред.)*
Пределы падения – варианты украинского будущего
Аналитико-прогностические исследования
ISBN 978-3-8382-0148-1

100 *Michael Minkenberg (ed.)*
Historical Legacies and the Radical Right in Post-Cold War Central and Eastern Europe
With an afterword by Sabrina P. Ramet
ISBN 978-3-8382-0124-5

101 *David-Emil Wickström*
Rocking St. Petersburg
Transcultural Flows and Identity Politics in the St. Petersburg Popular Music Scene
With a foreword by Yngvar B. Steinholt
Second, Revised and Expanded Edition
ISBN 978-3-8382-0100-9

102 *Eva Zabka*
Eine neue „Zeit der Wirren"?
Der spät- und postsowjetische Systemwandel 1985-2000 im Spiegel russischer gesellschaftspolitischer Diskurse
Mit einem Vorwort von Margareta Mommsen
ISBN 978-3-8382-0161-0

103 *Ulrike Ziemer*
Ethnic Belonging, Gender and Cultural Practices
Youth Identitites in Contemporary Russia
With a foreword by Anoop Nayak
ISBN 978-3-8382-0152-8

104 *Ksenia Chepikova*
‚Einiges Russland' - eine zweite KPdSU?
Aspekte der Identitätskonstruktion einer postsowjetischen „Partei der Macht"
Mit einem Vorwort von Torsten Oppelland
ISBN 978-3-8382-0311-9

105 *Леонид Люкс*
Западничество или евразийство? Демократия или идеократия?
Сборник статей об исторических дилеммах России
С предисловием Владимира Кантора
ISBN 978-3-8382-0211-2

106 *Anna Dost*
Das russische Verfassungsrecht auf dem Weg zum Föderalismus und zurück
Zum Konflikt von Rechtsnormen und -wirklichkeit in der Russländischen Föderation von 1991 bis 2009
Mit einem Vorwort von Alexander Blankenagel
ISBN 978-3-8382-0292-1

107 *Philipp Herzog*
Sozialistische Völkerfreundschaft, nationaler Widerstand oder harmloser Zeitvertreib?
Zur politischen Funktion der Volkskunst im sowjetischen Estland
Mit einem Vorwort von Andreas Kappeler
ISBN 978-3-8382-0216-7

108 *Marlène Laruelle (ed.)*
Russian Nationalism, Foreign Policy, and Identity Debates in Putin's Russia
New Ideological Patterns after the Orange Revolution
ISBN 978-3-8382-0325-6

109 *Michail Logvinov*
Russlands Kampf gegen den internationalen Terrorismus
Eine kritische Bestandsaufnahme des Bekämpfungsansatzes
Mit einem Geleitwort von Hans-Henning Schröder und einem Vorwort von Eckhard Jesse
ISBN 978-3-8382-0329-4

110 *John B. Dunlop*
The Moscow Bombings of September 1999
Examinations of Russian Terrorist Attacks at the Onset of Vladimir Putin's Rule
Second, Revised and Expanded Edition
ISBN 978-3-8382-0388-1

111 *Андрей А. Ковалёв*
Свидетельство из-за кулис российской политики I
Можно ли делать добро из зла? (Воспоминания и размышления о последних советских и первых послесоветских годах)
With a foreword by Peter Reddaway
ISBN 978-3-8382-0302-7

112 *Андрей А. Ковалёв*
Свидетельство из-за кулис российской политики II
Угроза для себя и окружающих (Наблюдения и предостережения относительно происходящего после 2000 г.)
ISBN 978-3-8382-0303-4

113 *Bernd Kappenberg*
Zeichen setzen für Europa
Der Gebrauch europäischer lateinischer Sonderzeichen in der deutschen Öffentlichkeit
Mit einem Vorwort von Peter Schlobinski
ISBN 978-3-89821-749-1

114 *Ivo Mijnssen*
The Quest for an Ideal Youth in Putin's Russia I
Back to Our Future! History, Modernity, and Patriotism according to *Nashi*, 2005-2013
With a foreword by Jeronim Perović
Second, Revised and Expanded Edition
ISBN 978-3-8382-0368-3

115 *Jussi Lassila*
The Quest for an Ideal Youth in Putin's Russia II
The Search for Distinctive Conformism in the Political Communication of *Nashi*, 2005-2009
With a foreword by Kirill Postoutenko
Second, Revised and Expanded Edition
ISBN 978-3-8382-0415-4

116 *Valerio Trabandt*
Neue Nachbarn, gute Nachbarschaft?
Die EU als internationaler Akteur am Beispiel ihrer Demokratieförderung in Belarus und der Ukraine 2004-2009
Mit einem Vorwort von Jutta Joachim
ISBN 978-3-8382-0437-6

117 *Fabian Pfeiffer*
Estlands Außen- und Sicherheitspolitik I
Der estnische Atlantizismus nach der wiedererlangten Unabhängigkeit 1991-2004
Mit einem Vorwort von Helmut Hubel
ISBN 978-3-8382-0127-6

118 *Jana Podßuweit*
Estlands Außen- und Sicherheitspolitik II
Handlungsoptionen eines Kleinstaates im Rahmen seiner EU-Mitgliedschaft (2004-2008)
Mit einem Vorwort von Helmut Hubel
ISBN 978-3-8382-0440-6

119 *Karin Pointner*
Estlands Außen- und Sicherheitspolitik III
Eine gedächtnispolitische Analyse estnischer Entwicklungskooperation 2006-2010
Mit einem Vorwort von Karin Liebhart
ISBN 978-3-8382-0435-2

120 *Ruslana Vovk*
Die Offenheit der ukrainischen Verfassung für das Völkerrecht und die europäische Integration
Mit einem Vorwort von Alexander Blankenagel
ISBN 978-3-8382-0481-9

121 *Mykhaylo Banakh*
Die Relevanz der Zivilgesellschaft bei den postkommunistischen Transformationsprozessen in mittel- und osteuropäischen Ländern
Das Beispiel der spät- und postsowjetischen Ukraine 1986-2009
Mit einem Vorwort von Gerhard Simon
ISBN 978-3-8382-0499-4

122 *Michael Moser*
Language Policy and the Discourse on Languages in Ukraine under President Viktor Yanukovych (25 February 2010–28 October 2012)
ISBN 978-3-8382-0497-0 (Paperback edition)
ISBN 978-3-8382-0507-6 (Hardcover edition)

123 *Nicole Krome*
Russischer Netzwerkkapitalismus
Restrukturierungsprozesse in der Russischen Föderation am Beispiel des Luftfahrtunternehmens "Aviastar"
Mit einem Vorwort von Petra Stykow
ISBN 978-3-8382-0534-2

124 *David R. Marples*
'Our Glorious Past'
Lukashenka's Belarus and the Great Patriotic War
ISBN 978-3-8382-0574-8 (Paperback edition)
ISBN 978-3-8382-0675-2 (Hardcover edition)

125 *Ulf Walther*
Russlands "neuer Adel"
Die Macht des Geheimdienstes von Gorbatschow bis Putin
Mit einem Vorwort von Hans-Georg Wieck
ISBN 978-3-8382-0584-7

126 *Simon Geissbühler (Hrsg.)*
Kiew – Revolution 3.0
Der Euromaidan 2013/14 und die Zukunftsperspektiven der Ukraine
ISBN 978-3-8382-0581-6 (Paperback edition)
ISBN 978-3-8382-0681-3 (Hardcover edition)

127 *Andrey Makarychev*
Russia and the EU in a Multipolar World
Discourses, Identities, Norms
ISBN 978-3-8382-0629-5

128 *Roland Scharff*
Kasachstan als postsowjetischer Wohlfahrtsstaat
Die Transformation des sozialen Schutzsystems
Mit einem Vorwort von Joachim Ahrens
ISBN 978-3-8382-0622-6

ibidem-Verlag

Melchiorstr. 15

D-70439 Stuttgart

info@ibidem-verlag.de

www.ibidem-verlag.de
www.ibidem.eu
www.edition-noema.de
www.autorenbetreuung.de

FSC
www.fsc.org
MIX
Papier | Fördert gute Waldnutzung
FSC® C083411

Kolibri 360 GmbH
Ferdinand-Jühlke-Straße 7
99095 Erfurt, Deutschland
produktsicherheit@kolibri360.de